Winfried Kalfa

Betriebssysteme

Informatik · Kybernetik · Rechentechnik

Herausgegeben von der Akademie der Wissenschaften der DDR
Zentralinstitut für Kybernetik und Informationsprozesse

Band 24

Betriebssysteme

von Winfried Kalfa

Betriebssysteme

von Winfried Kalfa

Akademie-Verlag Berlin 1988

Verfasser: Prof. Dr. sc. techn. Winfried Kalfa
Technische Universität Dresden
Informatik-Zentrum

Der Titel wurde vom Originalmanuskript des Autors reproduziert.

ISBN 3-05-500477-9
ISSN 0232-1351

Erschienen im Akademie-Verlag Berlin, DDR-1086 Berlin, Leipziger Str. 3—4

Lizenznummer: 202 · 100/407/88
Printed in the German Democratic Republic
Gesamtherstellung: VEB Druckerei „Thomas Müntzer", 5820 Bad Langensalza
Lektor: Dipl.-Math. Gesine Reiher
LSV 1084
Bestellnummer: 763 815 9 (9112)

05000

VORWORT

Ein Rechner wird heute nicht mehr ohne Betriebssystem genutzt. Jeder, der sich eines Rechners bedient, kommt also zwangsläufig mit ihm in Berührung. Das sind

- Nutzer eines Rechnersystems,
- Autoren von Programmen,
- Bediener als menschlicher Teil des Systems beim Betreiben des Rechners,
- Entwickler von Betriebssystemen und
- Administratoren zur Pflege von Betriebssystemen.

Das vorliegende Buch wendet sich mehr oder weniger an alle diese Gruppen, die etwas erfahren möchten über die Hintergründe, Aufgaben und Prinzipien von Betriebssystemen, sowohl an diejenigen, die bereits praktisch tätig sind, als auch an Auszubildende. Letztere sind insbesondere Studenten der Informatik und diejenigen Studenten der Naturwissenschaften, Technik und Ökonomie, die eine vertiefende Ausbildung in Informatik erhalten.

Es soll schnellstens der Mangel an Literatur über Betriebssysteme überwunden werden. Eine umfassende Monographie in der Art des Knuthschen Werkes zur Programmierung /KNU68/ konnte deshalb nicht erstrebenswert sein, sondern vielmehr eine Einführung, in der Prinzipien im Vordergrund stehen. Damit soll in der praktischen Tätigkeit aller der angeführten Gruppen das Verständnis für Ziele und Motive, aber auch für Unzulänglichkeiten des konkreten Systems erreicht werden. Das Buch soll auch helfen, Generierungen und Ergänzungen von Betriebssystemen und ggf. den Entwurf kleiner Betriebssysteme effektiv zu gestalten.

Damit sehe ich mich der Kritik all derer ausgesetzt, die ihre Ansprüche an ein Buch über Betriebssysteme nicht erfüllt sehen. Es werden weder Handbücher konkreter Systeme noch theoretische Betrachtungen zu Modellen von Betriebssystemen überflüssig. Das vorliegende Buch kann aber das Studium spezieller Betriebssysteme und theoretischer Modelle auf der Basis der hier vorherrschenden ingenieurmäßigen Behandlung erleichtern. Es sollte deshalb nicht das einzige bleiben. Kritik im Rahmen dieser generellen Zielstellung wird jedoch gern gesehen.

Der Zugang zu dem komplexen Ingenieurprodukt Betriebssystem ist m.E. durch zwei grundsätzliche Voraussetzungen geprägt. Die heutigen Rechner haben seit vier Jahrzehnten eine Von-Neumann-Architektur und werden sie noch ein bis zwei Jahrzehnte behalten. Zum zweiten haben sich einige Invarianten bei der Konstruktion von Betriebssystemen herausgebildet. Diese Prinzipien stehen in diesem Buch im Vordergrund, von spezifischen Details einzelner Systeme wird abgesehen. Im 8. Kapitel werden im umgekehrten Sinne einige weitverbreitete Betriebssysteme bez. dieser Prinzipien analysiert.

Die Diktion des Buches leitet sich von einer eigenen Lehrveranstaltung Betriebssysteme (45 Std. Vorlesung, 45 Std. Ubungen, 15 Std. Praktikum) für Informatik-Studenten ab. Die Informatikstudenten der 82.-84. Matrikel der TU Dresden haben also auch ihren Beitrag zu diesem Buch geleistet, wofür ihnen Dank gebührt.

Im Mittelpunkt dieses Buches stehen

- die Dualität Prozeß - Betriebsmittel und
- die Dienste des Betriebssystems.

Die Idee der virtuellen Maschine von Dijkstra /DIJ71/ in der Weiterentwicklung zu einer Schichtenstruktur von Betriebssystemen wird im Kapitel 2 dargestellt. Dem folgt im Kapitel 3 die Behandlung von Prozessen, ihre Darstellung und Steuerung. Betriebssysteme stellen insofern eine Besonderheit dar, als daß Steuerung und gesteuerte Objekte in einem System liegen. Die Zergliederung in Schichten stellt jedoch die Übersichtlichkeit wieder her, eine höher privilegierte Schicht steuert die Prozesse einer niederprivilegierten Schicht.

Kapitel 4 behandelt die Betriebsmittel, ihre Darsstellung und Zuteilung zu den Prozessen. Im Vordergrund stehen Prozessor, Hauptspeicher und Geräte.

Dem schließt sich im Kapitel 5 die Steuerung der Geräte an, dafür wird das Prozeßkonzept genutzt. Das Interruptsystem stellt sich dabei als ein besonderer Prozeßumschalter heraus, so daß die im Kapitel 3 eingeführten Mittel der Prozeßsteuerung angewendet werden können.

Kapitel 6 ist der Datenverwaltung gewidmet. Die drei Kategorien Filezugriffszeit, Speicherverwaltung der Datenträger und Implementierung des Filezugriffs werden eingeführt, um die verwirrende Begriffswelt kommerzieller Betriebssysteme durchsichtiger zu gestalten.

Ein Rechnersystem arbeitet immer in einer realen Umgebung von technischen, technologischen oder anderen Prozessen oder von Menschen. Die damit notwendige Kommunikation zwischen Rechnersystem und Umgebung ist Gegenstand des Kapitels 7.

Im Kapitel 8 werden Betriebssysteme als komplexe Systeme in dem Zyklus Entwurf - Realisierung - Bewertung - Entwurf - ... betrachtet und einige gängige Betriebssysteme im Sinne der vorangehenden Kapitel als Fallstudien diskutiert.

Für das Lesen des Buches werden Kenntnisse der Programmierung in höheren Sprachen und im Assembler, von Datenstrukturen, der Rechnerarchitektur und mathematischer Grundlagen (u.a. Graphentheorie, Stochastik) erwartet. Algorithmen werden als Implementationen angegeben. Sie sind nicht vollständig ausprogrammiert, da konkrete Betriebssysteme stark von den Randbedingungen der unterliegenden Hardware abhängen. Sie sind in der Sprache C geschrieben, wenn Details für das Verständnis erforderlich sind bzw. verbal als Kommentar angegeben.

Die eingangs erwähnten Invarianten haben leider keine einheitliche Bezeichnung gefunden (z.B. Prozeß - Task), weder in der angloamerikanischen Originalliteratur noch in der deutschen. Ich habe die Begriffe gewählt, die mir der Sache am besten angepaßt erscheinen und am weitesten verbreitet sind, ohne dabei Rücksicht auf Fremdsprachlichkeit zu nehmen.

Dank schulde ich Herrn Prof. Löffler für die Anregung zu diesem Buch und den Kollegen, die mir während der Erstellung manche andere Arbeit verständnisvoll abnahmen, besonders Herrn Prof. Loeper. Meinen Assistenten bin ich für ihre Kritik bei der Erarbeitung und der Durchsicht des Manuskripts dankbar, besonders Herrn Dr. Hamann, der die Zusammenstellung der Aufgaben übernahm und in vielen Diskussionen zur Verbesserung des Manuskriptes beitrug. Zu danken habe ich auch in besonderm Maße Frau Kammel, die den Originaltext erfaßte und die immer wieder auftretende Korrekturen geduldig vornahm, sowie Frau Rudolph für die Erstellung der Zeichnungen und handschriftlichen Ergänzungen. Dem Akademie-Verlag Berlin und seiner Lektorin Frau Reiher gilt der Dank für das Entgegenkommen zur schnellen Herausgabe im Offsetverfahren und für zahllose Hinweise bei der Manuskripterstellung.

Dresden, September 1987 W. Kalfa

INHALT

1. EINLEITUNG

Rechner treten heute der Umwelt nicht mehr als reine Hardwaregebilde gegenüber. Sie sind mit mannigfaltiger Software ausgestattet, die von allen genutzt wird und i.allg. die Basis für die einzelnen Anwendungen (Applikationen) ist. Diese gemeinsamen Programme heißen **Systemprogramme** und bestehen aus

- dem Sprachsystem,
- dem Betriebssystem und
- dem Dienstleistungssystem.

Zum **Sprachsystem** gehören Übersetzer und deren Laufzeitroutinen. Die Übersetzer haben die Aufgabe, in einer Quellsprache formulierte Algorithmen in eine Zielsprache zu übersetzen. Wenn die Zielsprache der Anweisungscode des Rechners ist und die Programme lauffähig sein sollen, kann man dazu Assembler, Compiler, Interpreter und auch Binder (Linker) zählen. Laufzeitroutinen sind vorübersetzte Programme, die aus Bibliotheken entnommen und in das lauffähige Programm eingefügt werden. Dieser Teil der Systemsoftware wird ausführlich z.B. in /LOE87/ behandelt.

Die Hauptaufgabe der Programme des **Dienstleistungssystems** besteht in der Konvertierung der Darstellung, der Träger und der Folge von Daten. Dazu zählen Editoren, Formalisierungsprogramme, Sortierungsprogramme, Umspeicherprogramme zwischen Datenträgern, aber auch Programme zur Pflege von Files (=Dateien) und Bibliotheken und zur Abrechnung, Statistik und Zugangsberechtigung der Nutzer des Rechnersystems.

Während die Nutzer durch Programme der beiden ersten Kategorien individuell bedient werden, bedienen die Steuerprogramme des **Betriebssystems** die Nutzer kollektiv. Dienstleistungen und Ressourcen sind sowohl parallel als auch sequentiell zuzuteilen. Damit erhalten die Nutzer den Eindruck, einen komfortableren Rechner benutzen zu können:

- Parallelbetrieb mehrerer Applikationsprogramme (Multiprogramming),
- Realisierung der Unabhängigkeit bzw. einer definierten Abhängigkeit (Synchronisation) zwischen den Applikationsprogrammen,
- Dienste für die Ein-/Ausgabe,
- Dienste für die Datenverwaltung (Filesystem),
- Schutz der Nutzer gegen Fehler anderer.

Vom Standpunkt der Betriebssysteme sind die Programme des Sprach- bzw. Dienstleisungssystems den Applikationsprogrammen gleichzusetzen.

Im weiteren soll Rechner das Synonym für die Hardware (=RA=Rechenanlage=Computer=...) sein, und Rechner plus Betriebssystem (BS) soll als Rechnersystem (RS) bezeichnet werden.

1.1. NUTZER DES BETRIEBSSYSTEMS

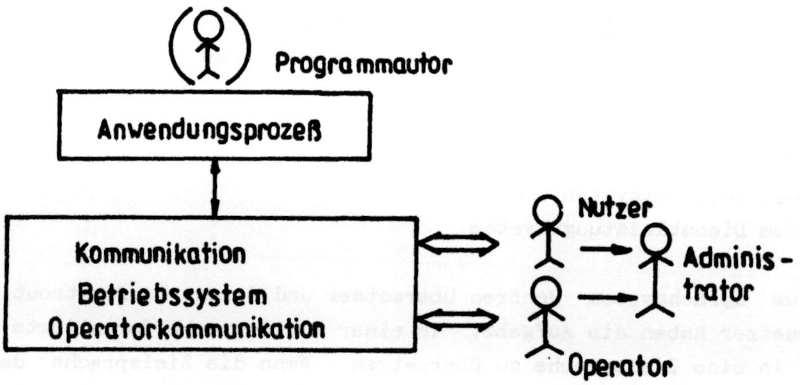

Abb.1.1. Nutzer

Man kann vier verschiedene Nutzer von Betriebssystemen unterscheiden (Abb.1.1). Der "eigentliche" Nutzer wird über ein Protokoll mit dem Betriebssystem kommunizieren, um

- Anwendungsprozesse zu starten,
- Betriebsmittelzuordnungen zu vereinbaren,
- Dienstprogramme (Kommandos) in Anspruch zu nehmen,
- über das Filesystem Informationen zu erhalten usw.

Der Operator (=Bediener) kommuniziert mit dem Betriebssystem über ein besonderes Protokoll, um es in seiner Arbeit zu unterstützen, indem er

- auf Fehlerreaktionen reagiert,
- Datenträgeranforderungen befriedigt,
- in die Abarbeitungsfolge von Jobs eingreift usw.

Der Administrator benutzt die beiden obigen Protokolle, um

- das Betriebssystem zu konfigurieren,
- die grundsätzliche Abarbeitungstechnologie festzulegen,
- das Filesystem zu pflegen usw.

Der Programmautor nutzt das Betriebssystem direkt, indem er dessen Dienste beim Programmieren in Anspruch nimmt, und indirekt, indem er sich des

Sprachsystems und des Dienstleistungssystems bedient. Von seinem Standpunkt stellt sich ihm die Gesamtheit der Systemprogramme als **Programmiersystem** oder Programmierumgebung dar. Mit Editoren können Quelltexte erstellt werden, mit Compilern und Bindern können diese zu abarbeitungsfähigen Programmen umgewandelt werden, und mit Testhilfen (Debugger) werden diese Applikationsprogramme verifiziert.

Letztendlich laufen aber alle Programme auf der Hardware, sie soll also im folgenden etwas näher betrachtet werden.

1.2. RECHNER

Auch die heutigen Rechner arbeiten alle nach Konstruktionsmerkmalen, die von Burks, Goldstine und John von Neumann 1946 in dem Artikel /BUR46/ niedergelegt wurden. Der wesentliche Aspekt dabei ist, daß die Maschine Rechner nicht nach einer fest vorgegebenen Steuerung arbeitet, sondern durch Informationen gesteuert wird, die beliebig geändert werden können. Es ist das herausragendste Verdienst John von Neumanns, die

Äquivalenz von Steuerung und Information

aufgedeckt zu haben. Diese Äquivalenz von Steuerung und Information ist in ihrer Bedeutung vergleichbar mit anderen Äquivalenzen z.B. aus der Physik, wie Wärme - mechanische Arbeit (Meyer), Masse - Energie (Einstein) u.a.

Die folgenden Merkmale sind typisch für einen Von-Neumann-Rechner:

- Rechner sind in räumlich getrennte, funktionell verschiedene Bausteine strukturiert: Steuereinheit, Recheneinheit, interner Speicher, periphere Einheiten.
- Der interne Speicher ist in Speicherzellen strukturiert, die fortlaufende Adressen (natürliche Zahlen) besitzen und je eine Informationseinheit (Datum) aufnehmen können,
- Befehle und Verarbeitungsinformationen stehen in demselben internen Speicher, wobei Sequenzen von Befehlen in Speicherzellen mit aufeinanderfolgenden Adressen stehen,
- Anweisungen (Maschinenbefehle) werden sequentiell abgearbeitet,
- die Sequenz der Abarbeitung kann durch unbedingte oder durch die Verarbeitungsinformationen bedingte Sprünge unterbrochen werden,
- zur Darstellung von Befehlen und Daten wird das Dualsystem verwendet.

Von-Neumann-Rechner sind in die Kategorie der SISD-Rechner (Single Instruction Single Data) einzuordnen, d.h., in einem Takt wird nur ein Befehl mit einem Datum verarbeitet. Nach einer anderen Klassifikation sind Von-Neumann-Rechner Steuerflußmaschinen. Das Ergebnis wird durch die Angabe der Steuersequenz von Befehlen über Daten erzeugt. Im folgenden sollen BS nur für derartige Rechner betrachtet werden. Uns interessieren also nur die funktionellen und die strukturellen Prinzipien, von Einzelheiten einer konkreten Rechenanlage (RA) wollen wir absehen. Es interessiert nicht, wie die Maschinenanweisungen aufgebaut sind, welcher Adreßraum existiert usw. Im einzelnen werden die Dinge, die für BS relevant sind, im Abschnitt 2.3. diskutiert.

1.3. AUFGABEN DES BETRIEBSSYSTEMS

Es ist vielfach versucht worden, BS zu definieren. In der DIN 44300 /DIN72/ heißt es z.B.

> "...die Programme eines digitalen Rechensystems, die zusammen mit den Eigenschaften dieser Rechenanlage die Basis der möglichen Betriebsarten des digitalen Rechensystems bilden und die insbesondere die Abwicklung von Programmen steuern und überwachen ..."

Hoare /HOA72/ unterscheidet Zweck und Ziele eines BS. Der Zweck eines BS besteht darin, die Betriebsmittel eines Computersystems auf eine Anzahl parallel laufender Programme zu verteilen, wobei die Programme nicht vorab definierte Anforderungen an Betriebsmittel stellen. Das Ziel dabei ist

- die Betriebsmittel maximal auszulasten,
- eine hohe Zuverlässigkeit zu gewährleisten,
- eine bestimmte Bedienungsleistung zu gewährleisten und
- die Nutzung einfach zu gestalten.

Alle diese Definitionsversuche sind diskussionswürdig. In einem interaktiven Rechnersystem (RS) steht mit Sicherheit eine kurze Antwortzeit im Vordergrund und nicht eine maximale Auslastung der Betriebsmittel. Im Abschnitt 4.3. werden wir sehen, daß diese beiden Ziele einander widersprechen, ein Kompromiß ist also erforderlich. Die Ziele beim Entwurf und bei der Implementierung eines BS hängen wesentlich von den Randbedingungen (Kapitel 8) ab, d.h. einmal von den vorgesehenen Anwendungen und zum anderen von der vorgegebenen Hardware.

Wir wollen statt dessen die Aufgaben eines BS

- Anpassung des RS an die Nutzer,
- Steuerung des Betriebsablaufes,
- Verwaltung der Betriebsmittel,
- Protokollierung, Messung und Abrechnung sowie
- Schutzfragen

betrachten.

Bei der Realisierung von BS muß natürlich auf die Effektivität geachtet werden, der Aufwand für das BS muß unter den gegebenen Randbedingungen in einem vernünftigen Verhältnis zu den Leistungen stehen, die für die angestrebten Ziele relevant sind. Es sollte **nicht** die scherzhafte Definition eines BS /COL73/ gelten

" Was ist ein Elefant ? "
" Eine Maus mit einem Betriebssystem ! "

1.3.1. ANPASSUNG DER HARDWARE AN DIE NUTZER

Ein BS ist eine Menge von Anweisungssequenzen, die die Steuerung aller Vorgänge in einem Rechner auf einem höheren Abstraktionsniveau realisiert. Es trägt damit wesentlich zu einer effektiven Nutzung des Rechners bei. Man kann es auch so auffassen, daß der Rechner **und** das BS einen neuen Rechner, eine virtuelle Maschine, definieren. Dem Anwendungsprozeß in Abb. 1.1 steht also nicht mehr die "nackte" Hardware gegenüber. Diese Anweisungssequenzen stellen also bez. der virtuellen Maschine für den Anweisungsprozeß eine (komplexe) Anweisung dar, die Realisierung einer **Funktion**, eines **Dienstes**.

Betrachten wir zunächst ein RS, das nur einen einzigen Prozessor (≙Steuerwerk + Rechnereinheit) enthält. Die Anweisungen sowohl der Anwendungen als auch der Dienste können nur rein sequentiell abgearbeitet werden, beide sind also zwangsweise synchronisiert. Die Anweisungssequenz (=Programm) der Anwendung übergibt den Prozessor an die Dienstprogramme, ggf. noch mit Übergabe von Parametern, und wartet, bis diese mit einer eventuellen Ergebnisrückgabe abgearbeitet sind. Eine derartige Organisation wird als Prozedur bezeichnet (Abb. 1.2).

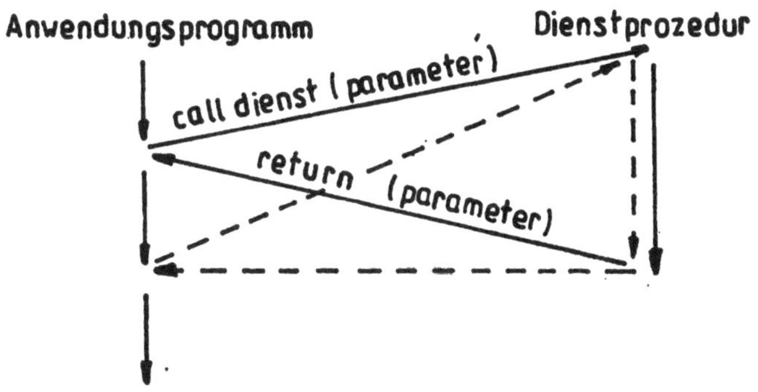

Abb. 1.2. Nutzung von Dienstprozeduren

Ein BS enthält eine Menge von Prozeduren für die verschiedensten Dienste, wie Bedienung von peripheren Geräten (Kapitel 5) und Arbeit mit Files (=Dateien, Kapitel 6). Das Anwendungsprogramm steuert z.B. die peripheren Geräte nicht mehr selbst, sondern überläßt diese schwierige Aufgabe dem BS. Die Anweisungssequenz zur Steuerung der peripheren Geräte ist ohnehin nur einmal im internen Speicher.

Selbst bei derartigen Rechnern entsteht ein weiteres Problem: Wie kommt ein Anwendungsprogramm in den Rechner ?

Dazu ist also eine Kommunikation mit der Umwelt erforderlich (Kapitel 7). Dies ist durch eine Betriebssystemprozedur zu realisieren, die die folgenden Aufgaben wahrzunehmen hat:

- Laden und Starten von Anwendungsprogrammen,
- Laden von besonderen Betriebssystemprozeduren,
- Annahme von größeren Aufträgen (mehrere abzuarbeitende Anwendunsprogramme),
- Zuordnung von Namen in Programmen zu realen Objekten in der virtuellen Maschine, wie Geräte, Datenträäger, Files,
- Anzeigen zum Systemzustand (welcher Speicher, welche Files stehen zur Verfügung usw.).

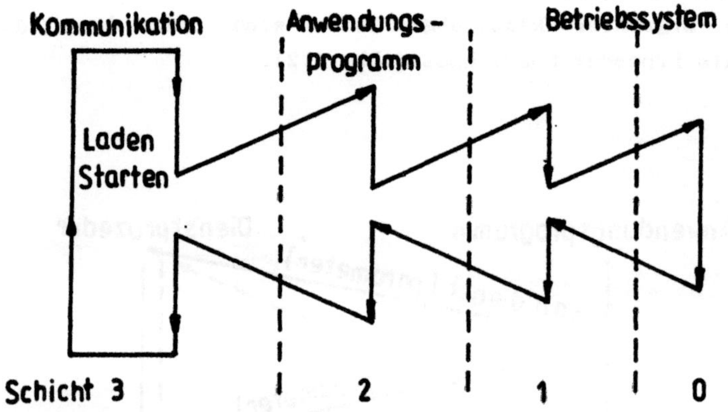

Abb. 1.3. Betriebssystemstrukturen für RS mit einem Prozessor

Damit kann man sich das System in Ebenen oder Schichten strukturiert vorstellen, wie prinzipiell in Abb. 1.3 dargestellt (Kapitel 2). Typische Vertreter derartiger BS sind das CP/M und MS-DOS (Abschnitt 8.1., 8.4.) mit den Schichten

Schicht 3: CCP bzw. COMMAND und Anwendungsprozesse
Schicht 2: BDOS
Schicht 1: BIOS
Schicht 0: Hardware.

Die Inbetriebnahme des RS ist nun zurückgeführt auf das Starten des BS. Das erfolgt bei allen modernen Rechnern nach dem Bootstrapping-Prinzip. Im Rechner ist entweder eine verdrahtete Steuerung oder ein Programm in einem ROM-Speicher (Nur-Lese-Speicher) enthalten, die bei jedem Einschalten von einem bestimmten peripheren Speicher ein kleines Programm, den sogenannten Betriebssystemlader, in den internen Speicher holt und diesem die Steuerung zum Laden des BS (Kommunikationsprozedur und Dienstprozeduren) übergibt. Danach wird das zyklische Programm Kommunikationsprozedur gestartet, und der Rechner ist zur Nutzung bereit.

1.3.2. STEUERUNG DES BETRIEBSABLAUFS

Wenn mehrere Prozessoren oder neben dem einzigen Prozessor selbständig arbeitende Gerätesteuereinheiten vorhanden sind, können mehrere Programme parallel arbeiten. Dasselbe ist prinzipiell auch bei einem Prozessor denkbar, wenn mit ihm im Dialog gearbeitet wird. Wenn ein Nutzer "denkt", kann durchaus das Programm eines anderen Nutzers arbeiten, diese Programme laufen dann "quasi"parallel. Die Strukturierung in Anwendungsprogramme und Betriebssystemprozeduren ist dann jedoch nicht mehr haltbar. Deshalb wird der Begriff des Prozesses (=Task) eingeführt. Die Nutzeraufgaben und die Dienstaufgaben des Betriebssystems werden als Prozesse organisiert (Kapitel 3). Da der Dienstprozeß durch einen anderen Prozessor vorangetrieben wird, kann der Anwendungsprozeß parallel dazu nach der Dienstanforderung fortgesetzt werden. Der den Dienst anfordernde Prozeß muß also irgendwie erfahren, daß der Dienst abgeschlossen wurde. Es können aber auch mehrere Anwendungsprozesse **kooperativ** an einer Aufgabe arbeiten. Ein Prozeß liest Daten in einen Eingabepuffer, ein zweiter verarbeitet diese Daten und ein dritter schreibt die Resultate auf einen Datenträger. Anwendungsprozesse untereinander und Anwendungsprozesse und BS-Prozesse müssen sich synchronisieren. Das erfolgt i.allg. durch weitere Dienste des BS.

Voraussetzung dafür ist eine Verwaltung der Prozesse. Für jeden Prozeß existiert eine Verwaltungseinheit, ein sogenannter Process Control Block (PCB), der die wesentlichen Charakteristika enthält (Abschnitt 3.3.). Das sind vor allem die dem Prozeß zugeordneten Betriebsmittel (Kapitel 4), wie Prozessor, interner Speicher, Gerät, als auch Betriebsmittel des Betriebssystems, wie File, Nachricht, Signal. Die Prozesse konkurrieren um die Betriebsmittel, damit entstehen Konflikte, die Prozesse müssen gegeneinander geschützt werden und müssen sich ggf. untereinander synchronisieren. Der Anwendungsprozeß muß z.B. erfahren, ob der in Anspruch genommene Dienst durch den entsprechenden BS-Prozeß schon beendet wurde.

Wie im Kapitel 2 ausführlich dargelegt wird, kann bzw. muß man verschiedene Schichten des BS unterscheiden, in denen Prozesse unterschiedlicher Hierarchien laufen. Die Prozesse einer Schicht werden dann durch einen besonderen Prozeß der hierarchisch höheren Schicht, den sogenannten Prozeßumschalter (PUM), gesteuert. Der PUM regelt vor allem die Vergabe der Betriebsmittel an die Prozesse. Durch die exklusive Nutzung eines Betriebsmittels durch einen Prozeß und Forderungen nach weiteren Betriebsmitteln könnte es zu Verklemmungen (Deadlock, Abschnitt 3.5.) kommen. Der PUM hat dies durch entsprechende Strategien für die Vergabe der Betriebsmittel zu verhindern.

1.3.3. VERWALTUNG DER BETRIEBSMITTEL

Den Prozessen stehen in RS die Betriebsmittel gegenüber. Das BS muß diese ebenso verwalten wie die Prozesse. Für jedes Betriebsmittel ist eine Verwaltungseinheit im BS zu führen, die insbesondere Informationen über seine Verfügbarkeit enthält.

Betriebsmittel sind einmal die durch die Hardware bereitgestellten, wie Prozessor, Hauptspeicher, periphere Geräte (Magnetplatte, Drucker, Magnetband usw.), aber auch Übertragungsleitungen. Zum anderen definiert das BS in höheren Schichten neue Betriebsmittel, wie Files (=Dateien), Programmtexte, Nachrichten, Semaphore, Ereignisse (=Signale) u.w. Es gibt nicht das Betriebsmittel schlechthin im BS, sondern es ist immer an eine bestimmte Schicht gebunden. Besondere Prozeduren oder Prozesse des BS nehmen eine Transformation der Betriebsmittel vor. Ein herausragendes Beispiel dafür sind die Files, die auf externe Speichermedien abgebildet werden.

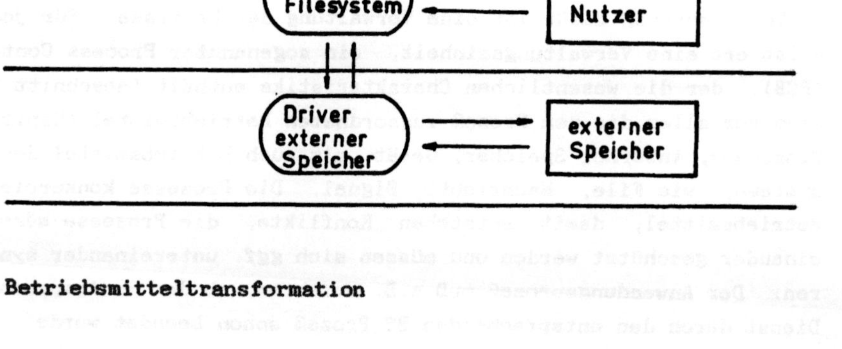

Abb. 1.4. Betriebsmitteltransformation

Neben der reinen Verwaltung und der Transformation von Betriebsmitteln gehören auch die Zuteilungsstrategien zu den Aufgaben des BS. Die **Strategie** wird durch die Anforderungen der vorgesehenen Nutzung des BS vorgegeben. In interaktiven Systemen wird gefordert, daß der Prozessor den Dialogprozessen so zugeteilt wird, daß Prozesse mit Forderungen nach kurzen Bedienzeiten bevorzugt werden. Das kann sowohl durch das **Verfahren** Roundrobin als auch durch Shortest-Job-next (Abschnitt 5.3.) erreicht werden. Oft unterscheidet man Strategie und Verfahren nicht und spricht von Scheduling der Betriebsmittel. Wenn im BS auch die Nutzer selbst verwaltet werden, kann man einen Schutz der Betriebsmittel vor Nutzung durch Prozesse unbefugter Nutzer organisieren, wie es z.B. im UNIX (Abschnitt 8.3.1) für Files realisiert wurde.

1.3.4. PROTOKOLLIERUNG, MESSUNG UND ABRECHNUNG

Es gibt kein BS, das die Forderungen **aller** Anwendungen gleichermaßen optimal befriedigt. Die meisten BS sind parametrisierbar, sie können also einer vorgegebenen Aufgabenklasse angepaßt werden. Dazu müssen sie aber Angaben über die Belegung von Betriebsmitteln, deren Nutzungshäufigkeiten und die Wartezeiten auf Betriebsmittel bzw. auf Erledigung von BS-Diensten unter realen Bedingungen kennen. Die Routinen für die BS-Dienste werden nicht alle im HS gehalten, ein Teil wird erst bei Anforderung in einen Transientbereich des BS nachgeladen. Das kostet aber Zeit. Im BS OS/ES (Abschnitt 8.3.4.) kann man deshalb eine Statistik über die Nutzungshäufigkeit der Routinen führen lassen um zu ermitteln, welche Routinen resident in einem fest vorgegebenen Transientbereich zu halten sind.

Zur kommerziellen Abrechnung in einem großen RS mit vielen parallelen Anwendungsprozessen muß ein Maß für die tatsächlichen Leistungen des RS gefunden werden. Das ist mit Sicherheit nicht die Liegezeit der Prozesse im Rechner, es könnte aber eine komplexe Abrechnung über verwendete Betriebsmittel, wie Prozessorzeit, HS-Größe, externe Speicher, Dienste für periphere Geräte usw. sein. Neben der Erfüllung der BS-Dienste sind also auch Informationen für die Abrechnung zu ermitteln.

Um das Verhalten eines RS unter gegebenen Einsatzbedingungen vorherzusagen, werden komplexe Modelle (Kapitel 7) von RS aufgestellt. Für die Optimierung der Betriebsführung sind die Parameter dieser Modelle zu ermitteln. Dann kann man mit einer gewissen Fehlerquote Angaben über das Leistungsverhalten machen, wie Durchsatz (Anzahl abgearbeiteter Jobs pro Zeiteinheit) und Auslastung der Betriebsmittel. Letzteres dient auch zur Analyse von Engpässen in RS, um eine möglichst ausgewogene Auslastung der Betriebsmittel zu erreichen. Diese Ausgewogenheit kollidiert aber eventuell mit einer Forderung nach verstärktem Schutz und Sicherheit. Die Entwurfsziele eines BS geben letztendlich die Kriterien für die Bewertung des BS vor. Forderungen nach hoher, gleicher Auslastung aller Betriebsmittel und hoher Sicherheit bzw. hohem Schutz sind nicht gleichzeitig erfüllbar.

1.3.5. SICHERHEIT UND SCHUTZ

BS haben auch die Sicherheit der Arbeit und einen Schutz von Betriebsmitteln zu gewährleisten. Ein sicherer Betrieb erfolgt vor allem durch eine sichere Erfüllung der Dienste des BS. Das setzt voraus, daß die Programme des BS selbst sicher sind, und das ist insbesondere in großen BS nicht immer gegeben. In der Literatur wird berichtet, daß bei jeder neuen Version des BS OS/360 Ende der 60er Jahre bis zu 1000 Maschinenanweisungen geändert werden mußten. Diese Fragen müssen aber bereits beim Entwurf berücksichtigt werden. Gekettete Listen sollten vor- und rückwärts gekettet sein, um bei Verlust einer Kettung die Liste wieder herstellen zu können. Speicherbelegungstabellen für externe Speicher im BS MS-DOS (Abschnitt 8.3.2.) werden z.B. mehrfach angelegt. Auch muß das BS ggf. mit gedoppelten Hardware-Komponenten (Prozessor, externe Speicher) arbeiten, um besonderen Sicherheitsanforderungen gerecht zu werden. Die Operationen werden generell doppelt ausgeführt, bzw. bei Ausfall einer Komponente schaltet das BS automatisch auf das Double um. Diese Redundanz geht

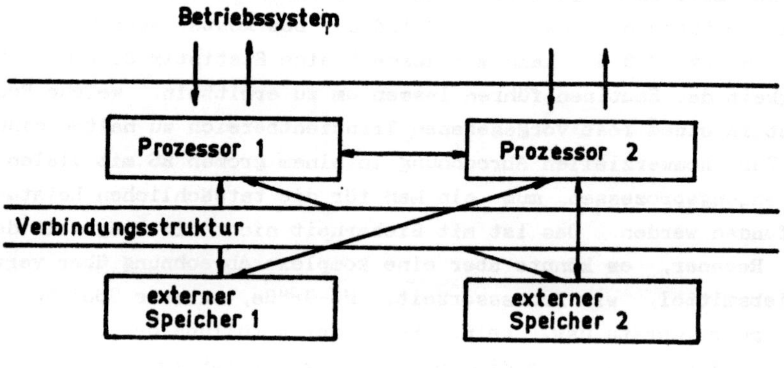

Abb. 1.5. "Sicherheits"hardware

natürlich zu Lasten einer effektiven Auslastung.

Ein anderes Problem ist der Schutz der Prozesse untereinander bez. der im System vorhandenen Betriebsmittel. Ein Prozeß sollte z.B. nur Zugriff zu seinem eigenen HS-Bereich haben, sofern nicht über das BS ausdrücklich eine gemeinsame Nutzung (UNIX ab System V) geregelt ist. Im OS/ES erfolgt das durch eine starke Hardwareunterstützung (Speicherschutzschlüssel).

Eine besondere Bedeutung besitzt der Schutz des Filesystems. Oft wird dafür der Name des Nutzers an die Benutzungserlaubnis seiner Files, mitunter auch für die unterschiedlichsten Dienste (Lesen, Schreiben, Ausführen), gekoppelt. Ein einfacher Schutz kann auch über eine geregelte Namensvergabe (eventuell hierarchisch) erfolgen. Im Prinzip kann man hierzu auch die Problematik der kritischen Abschnitte (Abschnitt 4.4.1.) zählen, wo für einen Teilprozeß die exklusive Nutzung (d.h. ein dynamischer Schutz) eines Betriebsmittels erzwungen werden kann.

1.4. KLASSIFIKATION VON BETRIEBSSYSTEMEN

BS für Von-Neumann-Rechner enthalten mehr oder weniger Komponenten, die die Aufgaben gemäß Abschnitt 1.3 zu erfüllen haben. Welche Komponenten besonders ausgeprägt sind, hängt weitgehend von den Entwurfszielen ab. Dementsprechend wird auch der Umfang des BS sein. Ein BS-Kern für eingebettete Mikrorechneranwendungen (OEM: Original Equipment Manufacturing), wie das BS KOMI /WER85/, wird nur wenige KByte umfassen, während ein BS für Großrechner, z.B. OS/ES /ROB73/, einige MByte umfaßt, von denen ständig 200 - 400 KByte im HS sind. Für eine Klassifikation ist die Größe nicht geeignet, besser wären die Kriterien

- Kommunikation mit der Umwelt,
- Einsatzvielfalt und
- Nutzeranzahl.

Bez. der Kommunikation kann man drei Klassen unterscheiden

- Jobsysteme,
- interaktive Systeme und
- Echtzeit-Betriebssysteme.

Im Kapitel 7 wird ausführlich darauf eingegangen. Die drei Klassen unterscheiden sich im wesentlichen durch die garantierte Antwortzeit des BS: In Jobsystemen kann sie beliebig groß sein, in interaktiven Systemen wird eine obere Grenze für den Erwartungswert der Antwortzeit eingehalten, und in Echtzeit-BS gibt es eine obere Grenze für die Antwortzeit selbst. BS können gleichzeitig sowohl Jobsysteme als auch interaktive Systeme sein (OS/ES, UNIX, MS-DOS).

BS können Einzweck- oder Universalsysteme sein. Während man das OS/ES zum letzteren zählt, ist z.B. ein Datenbank-BS ein Einzweck-BS für einen Aufgabenkomplex. Einzwecksysteme sind effektiv für einen bestimmten Aufgabenkreis, für andere Zwecke jedoch kaum einsetzbar.

Einnutzer-BS können nur einen Nutzer bedienen, sind in ihrer Anwendung aber für viele Aufgaben geeignet. Mit den BS CP/M, MS-DOS u.a. kann man

Probleme der Textverarbeitung, der Datenspeicherung, aber auch der Programmentwicklung lösen.

1.5. GESCHICHTE DER BETRIEBSSYSTEME

Zum Abschluß des einführenden Kapitels soll ein kurzer Abriß der historischen Entwicklung der BS gegeben werden, die weitgehend vom Entwicklungsstand der Hardware geprägt wurde

Bis - 1955

Operationsgeschwindigkeit und Operativspeicher sind bescheiden. Externe Speicher existieren nicht, die Kommunikation mit der Umwelt erfolgt über ein Steuerpult. Daten und Anweisungen sind als Dualzahlen einzugeben. Für den Speicher muß der Nutzer einen Speicherbelegungsplan selbst erstellen. Es gibt keine Kommunikation und keine Ablaufsteuerung. Bediener, Programmierer und Nutzer sind die gleiche Person direkt am Steuerpult (Openshop-Betrieb).

1956 - 1960

Operationsgeschwindigkeit und Operativspeicher werden größer, die Magnettrommel ändert ihre Funktion vom HS zum externen Speicher neben Magnetbändern. Periphere Ein-/Ausgabegeräte (Lochband-, Lochkartenein-/Ausgabe, Drucker) und eine Bedienerkonsole kommen hinzu. Es gibt die ersten Sprachsysteme (Assembler, ALGOL60, FORTRAN), Programme und vorprogrammierte Routine (Numerik, Ein-/Ausgabe) werden in Bibliotheken auf externen Speichern geführt. Funktionen eines BS schlagen sich in diesen Routinen und in der Bibliotheksverwaltung nieder, d.h., diese Routinen stellen eine Vorstufe von BS-Diensten dar. Die Rechner werden mit Hilfe der Sprachsysteme und des bescheidenen BS für ihre eigene Programmierung genutzt. Anfänge eines Stapelbetriebes sind zu verzeichnen, abzuarbeitende Programme und Daten werden auf Magnetband gespeichert (teilweise auf einer gesonderten Rechenanlage) und mit Hilfe eines Monitors unabhängig vom Nutzer zur Abarbeitung gebracht (Closed-shop-Betrieb).

1961 - 1965

Durch die Transistorisierung wird die Leistungsfähigkeit wesentlich gesteigert. Ein-/Ausgabeoperationen (1 ms/Byte) und Speicheroperationen (5 μs/Byte) unterscheiden sich wesentlich, was durch Parallelarbeit mehrerer Prozesse im Rechner ausgeglichen wird. Der Prozeßbegriff und die Multiprozeßarbeit kennzeichnen diese Etappe mit den neuen Aufgaben für das BS, wie Kooperation, Synchronisation und Schutz der Prozesse untereinander.

1966 – 1970

Charakteristisch für diesen Zeitabschnitt sind die durch MSI und LSI erreichte weitere Steigerung der Leistungsfähigkeit der Rechner, der Einsatz von Magnetplatten als externe Direktzugriffsspeicher und das Auftreten von Rechnerfamilien (PDP/11, IBM/360, SIEMENS 2000, BESM, URAL, ESER). Für das vorgesehene Einsatzgebiet kann ein Rechner aus den einzelnen kompatiblen Komponenten der Systemfamilie konfiguriert werden. Aufgrund der gemeinsamen Maschinensprache und Architektur gibt es nur noch ein einheitliches, ebenfalls konfigurierbares (generierbares) BS (OS/360, DOS/360, DOS/ES, BSV 4000, GEORGE III, ...). Das Multiprocessing wird ebenso weiter ausgebaut wie die Jobverarbeitung (SPOOL-Systeme). Die Magnetplatten eröffnen die Einführung von Filesystemen. Der Closed-Shop-Betrieb wird zur Perfektion gebracht. Es entstehen auch die ersten interaktiven Mehrnutzersysteme (MULTICS, RSX-11).

1971 – 1975

Es werden Hardware-Komponenten für die Realisierung eines virtuellen Speichers eingeführt. Die interaktive Arbeit löst die reine Jobverarbeitung ab (TSO, THS). Das BS UNIX wird entworfen und auf einer PDP-7 implementiert (Abschnitt 8.3.1.). Größere Kapazitäten externer Speicher führen zur Implementierung von Datenbanken als integraler Bestandteil oder als Subsystem von BS. Die ersten Anfänge von Rechnernetzen (ARPANET) sind im Entstehen. Prinzipiell ist die Entwicklung der BS abgeschlossen. Die bekannten Prinzipien werden akzeptiert und in einzelnen kommerziellen oder wissenschaftlichen BS nur noch variiert.

1976 – 1980

Die mit der VLSI-Technologie geschaffenen Mikroprozessoren führen zum massenhaften Einsatz von Personalcomputern. Aufgrund des enormen Preisverfalls bestimmen nicht mehr die elektronischen Baugruppen den Preis der Rechner, die Prozessorauslastung spielt nicht mehr die wesentliche Rolle. Für diese dezentral eingesetzten Einnutzerrechner werden einfache BS eingesetzt, bei denen das Filesystem im Vordergrund steht. Diese BS (CP/M, RIO, Apple-DOS, ...) stellen in der Entwicklung der BS eigentlich einen Rückschritt dar. Die Großrechner gewinnen als zentrale Hosts in Rechnernetzen bzw. umfangreichen (z.T. weltweiten) Terminalsystemen eine zunehmende Rolle (DELTA, EURONET, CYCLADES, ..). In ihnen laufen mitunter mehrere BS parallel (SVM in OS/370 und OS/ES).

1981 – 1985

Aus den 8-Bit-Mikroprozessoren werden 16- und 32-Bit-Mikroprozessoren, damit werden die BS wieder komfortabler und umfangreicher. Die weitgehende Integration von Informationsverarbeitung und -übertragung mit Hilfe von WAN und LAN führt zur verteilten Verarbeitung und damit zu verteilten BS.

Ab 1986

In den hochindustrialisierten Ländern werden Programme gestartet zur Entwicklung von neuen Rechnerarchitekturen, die auch neue Betriebssysteme erfordern. Schlagwörter dieser Entwicklung (5. Rechnergeneration) sind Parallelverarbeitung, Wissensverarbeitung, lernende und adaptive Systeme, verteilte Verarbeitung und eine qualitativ neue Rechner - Mensch -Kommunikation (Sprache, Bild).

1.6. AUFGABEN

1. Was ist ein Betriebssystem, welche Aufgaben besitzt es? Untersuchen Sie, inwieweit die Ihnen bekannten BS diese Aufgaben erfüllen!
2. Machen Sie sich an Hand eines Ihnen vertrauten Beispiels möglichst vollständig die Aktivitäten bewußt, die das BS zur Abarbeitung eines Nutzerprogramms auszuführen hat!
3. Woraus resultiert die Notwendigkeit, BS bereitzustellen?
4. Verschaffen Sie sich für die wichtigsten Rechnerfamilien Großrechner - Kleinrechner - Kleinstrechner (PC, BC, KC, AC) Informationen über
   - Hauptspeichergröße,
   - durchschnittliche Operationsgeschwindigkeit,
   - Namen, Umfang und Eigenschaften zugehöriger BS,
   - typische Konfigurationen (angeschlossene periphere Geräte)!
5. Kennzeichnen Sie die BS OS/ES, RSX-11 und CP/M (bzw. analoge Systeme) bez. Kommunikationsmöglichkeiten, Nutzeranzahl und Einsatzmöglichkeiten!
6. Erläutern Sie das von-Neumannsche Rechnermodell! Wo liegen seine Grenzen?

2. SCHICHTENSTRUKTUR

Für komplexe Systeme - wie es letztlich auch BS sind - wird immer versucht, ein "ganzheitliches Modell", eine allgemeine Theorie zu finden. Das gilt sowohl für ingenieurmäßig hergestellte, künstliche Systeme, wie ein Bauwerk, eine Maschine oder eine komplexe Fertigungsstrecke, als auch für natürliche Systeme. Für letztere ist das weit mehr geglückt. Es sei nur an solch umfangreiche Modelle, wie das System der Maxwellschen Gleichungen für alle elektrischen Erscheinungen, die Quantenmechanik für die Erscheinungen des Atoms, erinnert. Für technische Systeme kommt aber neben dem erklärenden Aspekt noch hinzu, daß diese entworfen und realisiert werden müssen. In diesem Sinne gibt es bisher auch für BS keine geschlossene umfassende Theorie. Lediglich für einzelne Aspekte werden Modelle herangezogen, um nur diese zu beschreiben, beispielsweise

- Mengentheorie und Schemata zur Beschreibung von Prozessen und Prozeßsystemen (Kapitel 3),
- Petrinetze zum Prüfen der Lebendigkeit (Abschnitt 3.5),
- Modelle von Instanzen und Kanälen für Kommunikationsbeziehungen in BS,
- Bedienungstheorie zur Darstellung des Zeitverhaltens (Abschnitt 4.3),
- Graphentheorie für die Datenverwaltung (Kapitel 6),
- Sprachen für den Entwurf von BS (Kapitel 8).

Letztendlich sind BS große Programmsysteme. Auf sie treffen alle Anforderungen an eine Programmierung im Großen zu, also an Programmierungstechnik und der Softwaretechnologie. Auf diese Probleme des Entwurfs und der Implementierung von BS wird in Kapitel 8 etwas ausführlicher eingegangen.

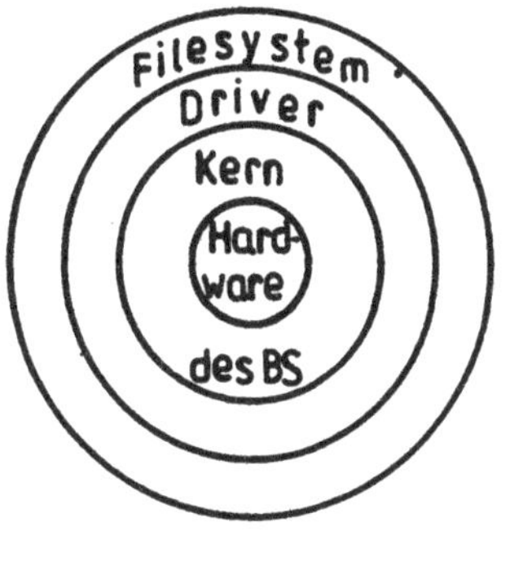

Abb. 2.1. Schalenmodell eines Betriebssystems

Dieses technische Gebilde "Betriebssystem" ist zwar dadurch in seinem Verhalten determiniert, aber durch die Programmgröße nicht mehr überschaubar. Der Programmumfang von Betriebssystemen beträgt ca. 2 KByte für eine einfache Prozeßverwaltung bis zu einigen MByte für komfortable Multiprozeßsysteme, wobei allerdings nicht alle Programme resident im internen Speicher sind. Die Wirkung eines BS ist also - vor allem für den praktischen Gebrauch - durch den Programmtext nicht einfach erkennbar. Man schafft Modelle von BS, um den einen oder den anderen Aspekt hervorzuheben und ggf. einer mathematischen Behandlung zugänglich zu machen. Mit dieser Modellierung begibt man sich auch auf ein anderes Abstraktionsniveau. Während der Programmtext die

"Mikrowelt" eines BS beschreibt, widerspiegeln die Modelle die "Makrowelt", das BS oder Teile davon als Ganzes.

Das globale Modell eines BS stellt sich in seiner Architektur dar. Diese ist gekennzeichnet durch

- die Strukturierung in einzelne Bestandteile und ihre Beziehungen untereinander,
- die Funktionalität seiner einzelnen Bestandteile und
- die Einbettung des BS in seine Umwelt.

Eine insbesondere für die Nutzer wichtige Modellierung besteht in der Darstellung einer Schichtenstruktur. In vielen BS-Dokumentationen wird das so nicht ausgewiesen, de facto liegt jedoch immer eine derartige Strukturierung vor. Verbreitet sind heute sowohl sogenannte Schalenmodelle als auch eine hierarchische Schichtenstruktur von BS. Schalenmodelle (Abb. 2.1) haben den entscheidenden Nachteil, daß die Einbettung des RS mit BS in seine Umgebung (z.B. die der Nutzer bzw. Basisprozesse) nicht darstellbar ist. Wir wollen uns deshalb einer hierarchischen Schichtenstruktur zuwenden, die gerade die Kommunikation mit der Umwelt in den Vordergrund rückt und die sowohl für den Entwurf als auch für die Implementation von BS gleichermaßen gut geeignet ist.

Ausgangspunkt für eine derartige Modellierung ist eine Arbeit von Dijkstra /DIJ71/, in der ein Rechner mit BS als eine Folge virtueller Maschinen aufgefaßt wird, die aufeinander aufbauen.

In Abb. 2.2 ist ein Beispiel aus /BER78/ angegeben. Jede Schicht wird als eine abstrakte Maschine aufgefaßt, die sich durch ein Tupel

$$S^i = (L^i, M^i),$$

L^i : Sprache der Schicht i ,

M^i : Maschine, die diese Sprache L^i "abarbeitet",

angeben läßt.

2.1. HIERARCHISCHE SCHICHTENSTRUKTUR VON BETRIEBSSYSTEMEN

Die Strukturierung von BS in hierarchische Schichten ist aus mehreren Gründen sinnvoll

- Modularisierung,
- funktionelle Hierarchie,
- Hierarchie der Steuerung und
- Einbettung in die Umwelt.

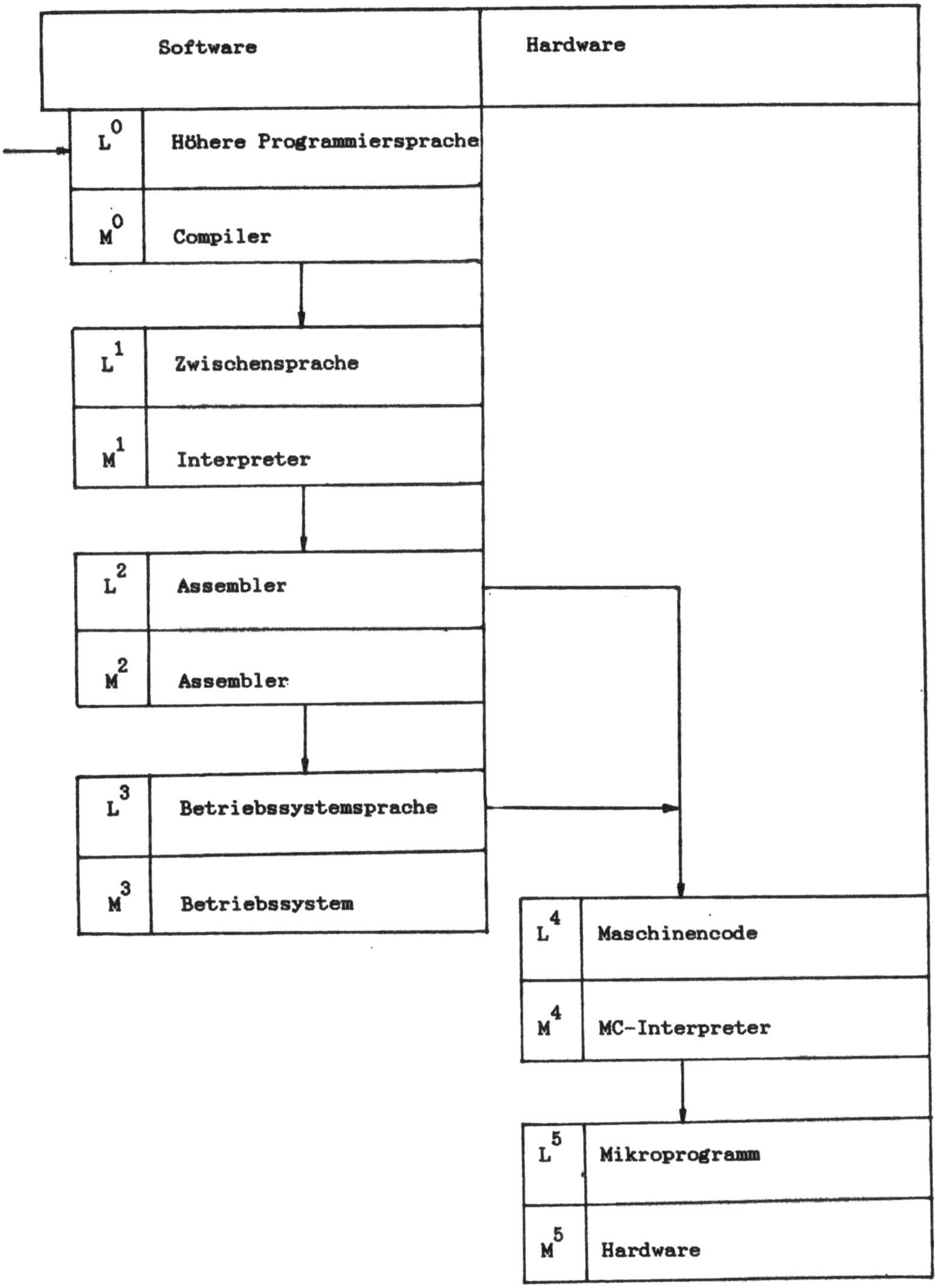

Abb. 2.2. Beispiel für eine hierarchische Schichtung

2.1.1. MODULARISIERUNG IN DER SCHICHTENSTRUKTUR

Das große Programmsystem "Betriebssystem" wird man entsprechend den heutigen gesicherten Erkenntnissen der Informatik möglichst in Module strukturieren. Gleichgültig, ob diese Module als Prozesse oder Prozeduren ausgebildet sind, ist die Anzahl der Relationen R zwischen den n Modulen sehr groß:

$$|R| = \sum_{i=1}^{n} (n-i) = n * (n-1) / 2 \tag{2.1}$$

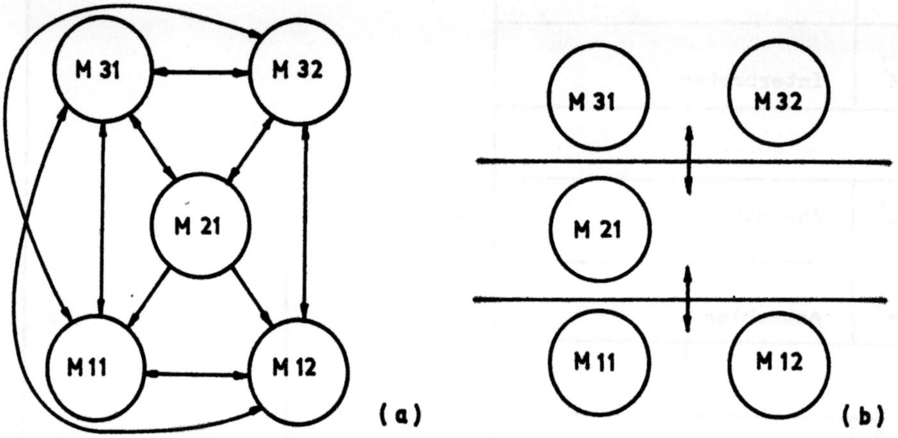

Abb. 2.3. Relationen zwischen Modulen bei völliger Gleichberechtigung (a) und in einer Schichtenanordnung(b).

Ordnet man die Module in eine Struktur von m Schichten ein und läßt Relationen R_S nur zwischen Modulen benachbarter Schichten über eine allgemeine Schnittstelle zwischen beiden Schichten zu, so verringern sich die Relationen auf

$$|R_S| = m - 1 \tag{2.2}$$

2.1.2. FUNKTIONELLE HIERARCHIE

Die Relationen der Komponenten von BS sind vor allem auch dadurch gekennzeichnet, daß eine Komponente (Prozeß, Prozedur) einen Auftrag an eine andere erteilt und ein Ergebnis erwartet. Bei einer völligen Gleichberechtigung der Komponenten kann es zu gefährlichen Zyklen (Abb.2.4) kommen, die zu Verklemmungen führen können (Abschnitt 3.5.). Ordnet man die Kompo-

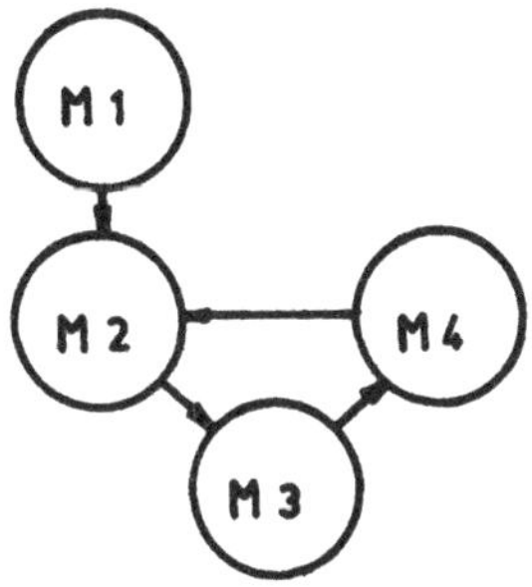

Abb. 2.4. Zyklen in BS

nenten in Schichten ein, so daß ein Auftrag nur an eine Komponente der darunterliegenden Schicht erteilt werden kann, erhält man dadurch zwangsläufig eine Ordnung, eine Hierarchie /PAR70/. Betrachtet man als Beispiel das BS OS/ES, so ergibt sich eine Struktur nach Abb. 2.5.

Der Jobverwalter erhält einen Auftrag aus der Umwelt über ein Protokoll (JCL). Der Jobschrittverwalter gliedert die Jobs in Jobschritte auf und initiiert je Jobschritt einen Nutzprozeß. Diese Nutzprozesse beauftragen den Prozeßumschalter mit der Zuteilung des physischen Prozessors an die einzelnen Nutzprozesse. Die Fileverwaltung erledigt Dienste zur Fileverarbeitung und beauftragt dazu einen Geräteprozeß mit der Bereitstellung der Daten von den externen Speichern. Die Geräteprozesse wiederum nehmen Funktionen der Hardware in Anspruch, um diese Daten von Datenträgern zu lesen bzw. auf ihnen zu schreiben.

Diese hierarchische Ordnung verhindert zwangsläufig das Auftreten von Zyklen. Würde man die Geräteprozesse, die Prozeßumschalter und die Nutzerprozesse gleichberechtigt anordnen, würden Zyklen zwangsläufig auftreten, die zum Systemzusammenbruch führen.

Betrachtet man diese Situation in umgekehrter Richtung, stellen die Prozesse einer niedrigeren Schicht (die aber höher privilegiert ist) den Prozessen der darüberliegenden Schicht Funktionen oder Dienste bereit. Die darunterliegende Schicht ist also im Detail verborgen, es wird das Secretary-Prinzip /DIJ71/ eingehalten. In der Sprechweise moderner Programmiersprachen stellt die darunterliegende Schicht einen Monitor /BRI77/ dar, den Prozessen der darüberliegenden Schicht sind nur die Objekte und die erlaubten Funktionen über diese Objekte bekannt, ohne sie selbst direkt manipulieren zu können. Der funktionelle Aspekt der hierarchischen Schichtung entspricht also weitgehend dem Bild aufeinander aufbauender virtueller Maschinen (Abb. 2.2). Geht man davon aus, so existiert für jede virtuelle Maschine M^i eine Sprache L^i, die durch M^i verarbeitet wird und die aus einer wohldefinierten Menge von Konstrukten, Datentypen und Operationen besteht. Es ist nun möglich, in der Sprache L^i neue Konstrukte zu formulieren, die die Sprache L^{i+1} und damit die Schicht S^{i+1} mit neuen Funktionen darstellen. Dies wird durch folgende drei Techniken in RS erreicht /DEN73/:

procedural extension

Es werden Prozeduren in der Basissprache L^i zur Verfügung gestellt, die durch ihre erweiterten Funktionen ein neues funktionelles Niveau repräsentieren (z.B. VOPP Numerik als höheres Niveau gegenüber FORTRAN für numerische Aufgaben).

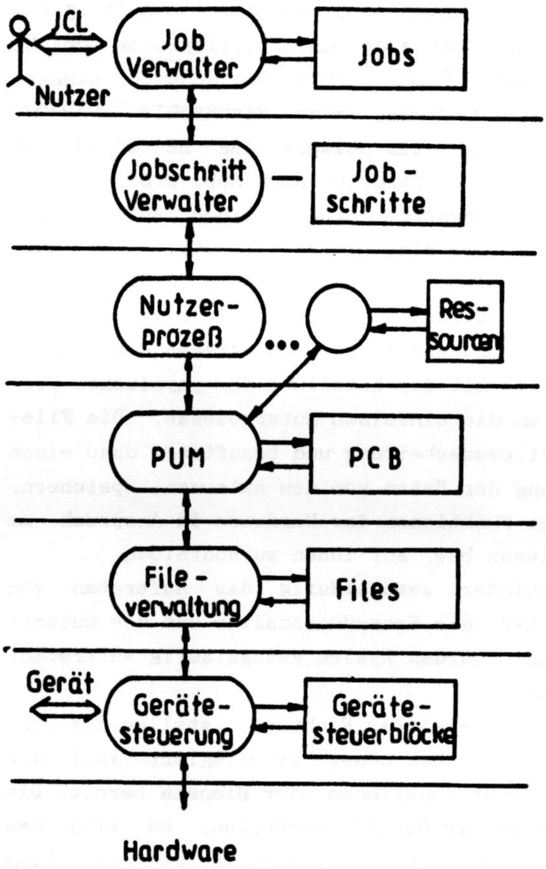

translation

Die in L^{i+1} definierten Konstrukte werden durch einen besonderen Prozeß in S^{i} in Konstrukte der Sprache L^{i} übersetzt und stehen auf dem Niveau S^{i} zur weiteren Transformation bereit (z.B. FORTRAN-Compiler von der Schicht FORTRAN in Assembler).

interpretation

Die in L^{i+1} definierten Konstrukte werden durch S^{i} Element für Element sofort weitertransformiert, d.h. abgearbeitet (z.B. BASIC-Interpreter). In dem Sinne, daß die Schicht S^{i+1} erweiterte Funktionen zur Verfügung stellt, kann man die Schicht S^{i+1} als höher gegenüber S^{i} bezeichnen.

Abb. 2.5. Funktionelle Hierarchie im BS OS/ES

2.1.3. HIERARCHIE DER STEUERUNG

In BS laufen viele Vorgänge parallel ab, insbesondere die Prozesse (Kapitel 3). Diese Prozesse sind informationelle Vorgänge, deren Steuerung ebenfalls wieder durch Informationen erfolgt. In BS sind gesteuerte und steuernde Objekte a priori strukturell nicht getrennt. Eine in die zu steuernden Objekte integrierte Steuerung (dezentrale Synchronisation, Abschnitt 3.4.2.3) hat sich nicht als tragfähig in der Praxis erwiesen. Eine zentrale Steuerung aller Prozesse durch einen einzigen Koordinator ist aus Gründen der Übersicht und der Realisierung der beiden voranstehenden Aspekte nicht effizient. Eine hierarchische Schichtenstruktur erlaubt also eine Trennung in gesteuerte und steuernde Prozesse. Alle Prozesse der Schicht S^{i+1} werden durch einen Prozeß der Schicht S^{i} gesteuert, den sogenannten Prozeßumschalter (PUM). Bei dieser Verwendung der Hierarchie

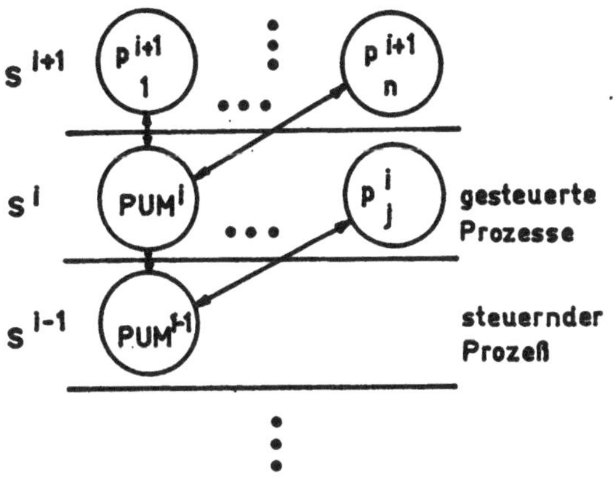

Abb. 2.6. Steuerung in einer hierarchischen Schichtenstruktur

ist offenbar die Schicht S^i gegenüber der Schicht S^{i+1} privilegiert. Die Prozesse einer Schicht sind also gleichberechtigt und können durch einen und nur durch einen Prozeß der privilegierten Schicht gesteuert werden.

2.1.4. KOMMUNIKATION

In RS existieren zwei grundsätzlich unterschiedliche Formen der Kommunikation

- Kommunikation von Bestandteilen innerhalb des RS und
- Kommunikation von Bestandteilen des RS mit der Umwelt.

Die Schichtenstruktur schränkt die Kommunikation **innerhalb** beträchtlich ein, es ist nur eine Kommunikation zwischen Elementen benachbarter Schichten über die Schnittstelle zwischen beiden möglich durch die Anforderung und der Ausführung von Diensten. Aber auch die Kommunikation zwischen Elementen einer Schicht ist möglich durch Inanspruchnahme eines Dienstes zum Nachrichtentransfer. Für diesen Dienst "Messagehandler" ist der Inhalt irrelevant. Er vermittelt nur die Übergabe zwischen den beiden Partnern. Für die beiden Elemente (i.allg. Prozesse) ist der Inhalt deutungsvoll, sie verständigen sich über ein Protokoll (Abschnitt 2.2.).

Abb. 2.7. Kommunikation zwischen zwei Elementen einer Schicht

Darüber hinaus muß es eine Kommunikation mit der **Umwelt** geben, damit ein RS überhaupt verwendet werden kann. In der Einleitung, (Abb. 1.1) wurde das schon anhand der Kommunikation zwischen verschiedenen Komponenten des BS in verschiedenen Schichten und den Nutzern dargestellt. In modernen RS ist die eigentliche Prozessorarbeit aber weitgehend entkoppelt von der Peripherie, so daß eine Kommunikation von Hardwarebestandteilen bzw. von Komponenten in den verschiedenen Softwareschichten über Protokolle mit der Peripherie erforderlich ist (Abschnitt 5.3.). Eine Strukturierung der Kommunikation in verschiedene Schichten gestaltet diese wesentlich übersichtlicher.

2.1.5. ARCHITEKTUR UND IMPLEMENTIERUNG

Es soll nochmal herausgestellt werden, daß eine hierarchische Schichtenstruktur von BS für

- Architektur und
- Implementierung

als grundlegende Modellierung geeignet ist. Die Architektur eines BS kennzeichnet

- sowohl in der Phase des Entwurfs
- als auch in der Betriebsphase

die Struktur des BS hinsichtlich seiner Funktionalität. Beim Entwurf wird man ausgehend von den Anforderungen und den Randbedingungen (Abschnitt 8.2.), gemäß entsprechender Entwurfsverfahren (Bottom-up, Top-down o.ä.) zu einer Schichtenstruktur gelangen. Für den Betrieb wird dann dieselbe Schichtenstruktur herangezogen, um nur die Funktionalität, also die Architektur, eines BS darzustellen. Die unterschiedlichen Nutzer können sich entsprechend ihren speziellen Bedürfnissen in die Schichtenstruktur einordnen.

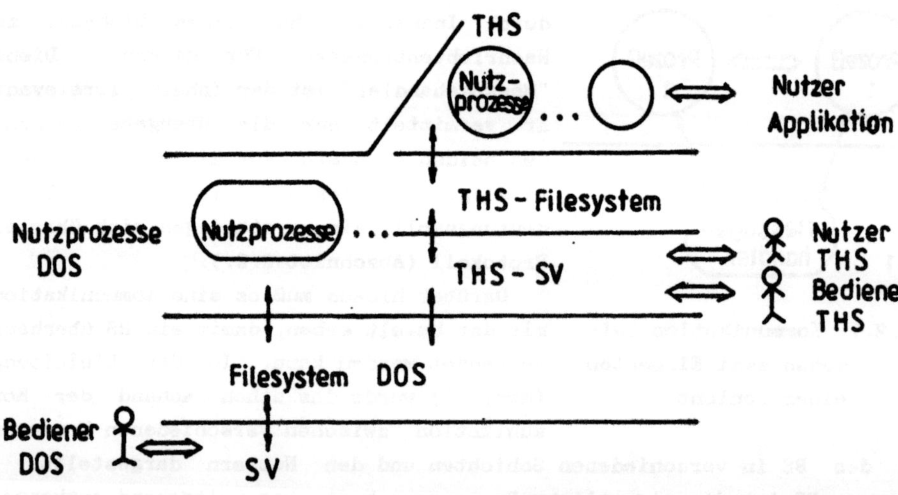

Abb. 2.8. Erweiterung eines BS

Die Funktionalität des BS wird selbst wieder durch steuernde Programme hergestellt. Die Implementation der Architektur sollte in der gleichen Schichtenstruktur erfolgen. Der Dienst, der an der Schnittstelle einer Schicht angeboten wird, sollte eben in dieser Schicht durch einen Modul (Prozedur oder Prozeß) erbracht werden. Das ist in den meisten BS auch so realisiert, wenngleich es in Einzelfällen auch Abweichungen gibt.

Eine Implementierung in der gleichen Schichtenstruktur wie für die Architektur erleichtert mögliche Erweiterungen des BS. Als Beispiel sei das interaktive System THS /KAL77/ der TH Leipzig erwähnt, wo in der Applikationsschicht des DOS/ES mehrere Subschichten für den interaktiven Betrieb entworfen und implementiert wurden.

2.1.6. KONSISTENZ DER SCHICHTUNG

Bisher wurde davon ausgegangen, daß Relationen nur zwischen Komponenten benachbarter Schichten existieren.

Definition 2.1

Eine Schichtung heißt **konsistent**, wenn Objekte der Schicht S^i nur Funktionen der Schicht S^{i-1} benutzten und wenn Rückinformationen nur an Objekte der Schicht S^i gehen.

In vielen RS wird das aus Effizienzgründen nicht immer eingehalten, bzw. es wird bewußt darauf verzichtet. Viele Applikationsprogramme für das BS MS-DOS nutzen nicht den BS-Dienst "Ausgabe auf Display", sondern schreiben direkt in den Bildwiederholspeicher, der integraler Bestandteil des HS ist. Das geht zwar wesentlich schneller, aber die Applikationsprogramme sind nicht ohne weiteres portabel auf ein anderes RS, da hier zwar die MS-DOS-Schnittstelle korrekt implementiert ist, der Zugriff zum Bildwiederholspeicher aber anders organisiert ist.

Man kommt dann zu dem sogenannten Treppenmodell (Abb. 2.9).

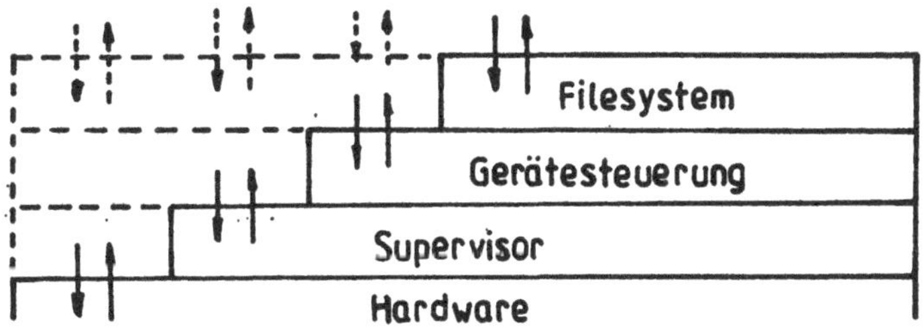

Abb. 2.9. Treppenmodell eines BS

In jedem Fall sollte die folgende Definition gelten

Definition 2.2

Eine Schichtung heißt **quasikonsistent**, wenn Objekte der Schicht S^i Funktionen der Schichten $S^{i-1},\ldots,S^0$ nur so nutzen, daß Rückinformationen an das Objekt nur von der Schicht kommen, deren Funktion beansprucht wurde.

Man kann sich dabei leicht den Übergang zur konsistenten Schichtung vorstellen, indem die Dienste durch die Schichten ohne Transformation einfach durchgereicht werden. Beispielsweise kann im BS MS-DOS der Nutzerprozeß die DOS-Dienste, die BIOS-Dienste oder direkt die Hardware nutzen. Bei Nutzung des DOS-Dienstes erhält der dienstanfordernde Prozeß die Rückinformation auch immer von der DOS-Schicht. Anders ist es im BS OS/ES. Ein Nutzer der FORTRAN-Schnittstelle erhält bei Auftreten einer Ausnahmesituation (Maschinen- oder Programmfehler) nicht etwa eine Mitteilung des von ihm genutzten FORTRAN-Systems, sondern vom Supervisor eine lapidare Mitteilung in Form des aktuellen Programmstatuswortes. Hier liegt also noch nicht einmal eine quasikonsistente Schichtung vor.

2.2. PRINZIPIEN DER SCHICHTEN-STRUKTURIERUNG

2.2.1. REFERENZMODELL DER ISO

Mit der Entwicklung von Rechnernetzen /LOE84/ oder allgemein von verteilten Rechnersystemen machte es sich erforderlich, eine gemeinsame Basis für die gekoppelten unterschiedlichsten Rechnersysteme zu finden. Als Grundprinzip für die Standardisierung auf dem Gebiet der verteilten Rechnersysteme wurde eine konsistente Schichtenstruktur gewählt. In dem ISO-Standard D.P.7498 /ISO81/ werden, aufbauend auf die bisherigen Kenntnisse in lokalen Rechnersystemen, die Prinzipien der Schichtung in verteilten Rechnersystemen dargestellt. Diese Strukturierung stellt eine allgemeine Basis für weitere Standardisierung dar und erlaubt, existierende Standards bzw. Systeme in dieses Referenzmodell (RM) einzuordnen. Es sind also im Standard 7498 keine Details der Implementierung bzw. Realisierung enthalten.

Da ein BS in einem RS immer durch Kommunikation mit der Umwelt, also mit anderen informationsverarbeitenden Systemen, verbunden ist, wollen wir für die Schichtenstruktur von BS diesem Referenzmodell folgen, soweit es die allgemeinen Aussagen zur Schichtung betrifft. Im Standard heißt es dazu

> "Open Systems interconnection (OSI) refers to standard for the exchange of information among terminal devices, computers, people, networks, processes etc ..."

Wie im Abschnitt 2.1. bereits hervorgehoben wurde, soll uns dieses

Modell nicht nur für die Architektur, sondern auch für die Implementation hilfreich sein. Selbst ein lokales RS kommt ohne eine Teilung in mehrere, durch Kommunikation verbundene Systme nicht mehr aus. Im Kapitel 5 wird die Ein-/Ausgabesteuerung auf der Grundlage dieses Modells betrachtet.

Im OSI-RM wird gefordert, die folgenden Prinzipien bei einem Schichtenmodell einzuhalten:

- Es sollen nicht zu viele Schichten entworfen werden, damit ihre Beschreibung und Integration in das System nicht zu schwierig wird.
- Die Grenzen einer Schicht sollen so gewählt werden, daß die Dienste möglichst einfach beschrieben werden können und die Wechselwirkungen über die Grenze hinaus minimiert werden.
- Es sollen getrennte Schichten entworfen werden, um Funktionen zu unterscheiden, die offensichtlich durch die Prozesse bzw. Technologien verschieden sind.
- Ähnliche Funktionen sollten in einer Schicht gesammelt werden.
- Grenzen zwischen Schichten sollten an solche Stellen gelegt werden, die aus Erfahrung eine erfolgreiche Implementierung versprechen.
- Eine Schicht von Funktionen sollte so entworfen werden, daß diese Schicht total neu entworfen und die Protokolle geändert werden könnten, um die Vorteile neuer Hardware, und Software zu nutzen, ohne dabei die Dienste und Schnittstellen zwischen den benachbarten Schichten ändern zu müssen.
- Die Grenze zwischen zwei Schichten sollte so festgelegt werden, daß zu irgendeinem Zeitpunkt nützlich sein könnte, ein entsprechendes standardisiertes Interface zu haben.
- Eine Schicht sollte dann definiert werden, wenn es notwendig ist, auf einem höheren Abstraktionsniveau mit Daten umzugehen.
- Funktionen und Protokolle einer Schicht sollten geändert werden können, ohne andere Schichten zu beeinflussen.
- In jeder Schicht gibt es nur zwei Schnittstellen, eine zur nächsten höheren und eine zur nächsten niedrigeren Schicht.
- Es sollten Subschichten gebildet werden, wenn die Dienste sich in einzelne Funktionsgruppen einteilen lassen.
- Es sollten zwei oder mehr Subschichten festgelegt werden mit allgemeinen minimalen Interfaceoperationen mit den benachbarten Schichten.
- Das Überspringen von Subschichten ist erlaubt.

Man kommt damit zu dem Grundmodell von Abb. 2.10.

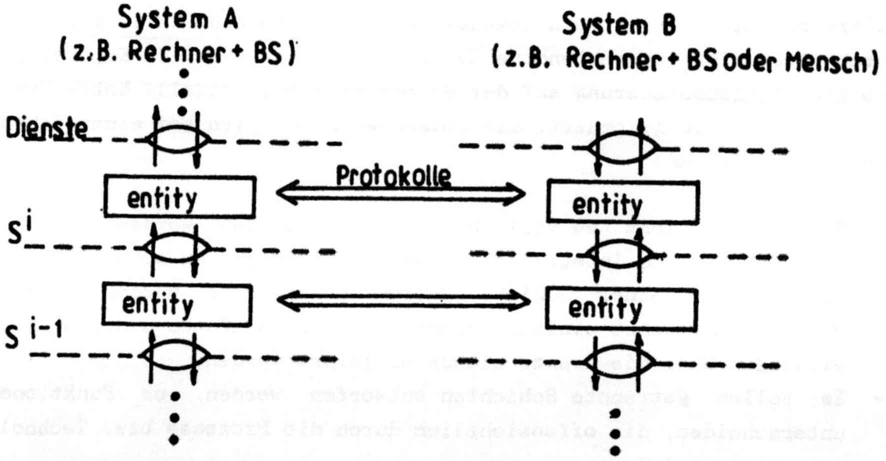

Abb. 2.10. Grundmodell der Schichtenstrukturierung

2.2.2. FORMALE BESCHREIBUNG DER SCHICHTENSTRUKTUR

Definition 2.3

Eine hierarchische Schichtenstruktur von RS H(RS) = (S;f) liegt dann vor, wenn

(1) das RS in m Schichten S^i aufgeteilt ist

$$S = \bigcup_{i \in m} S^i ,$$

(2) es eine eineindeutige Zuordnung aller Komponenten K^i_j des RS zu den Schichten S^i gibt derart, daß

$$K^i = \{K^i_j\} \subseteq S^i ,$$

$$K = \bigcup_{i \in m} K^i \quad \& \quad \forall i, i', i \neq i' \; (K^i \cap K^{i'} = \emptyset),$$

(3) Relationen nur zwischen benachbarten Schichten definiert sind, d.h.

$$\forall i \in m \; (f^i \quad S^i \longrightarrow S^{i-1}) \qquad \text{und}$$

(4) eine Basisschicht S^0 existiert, die keine Schnittstelle nach unten besitzt.

Mit dieser Definition wird das RS in Schichten strukturiert mit Komponenten, die jeweils nur einer Schicht angehören. Der Systemcharakter wird bisher nur durch die Relationen (3) in Def. 2.3 zum Ausdruck gebracht, die

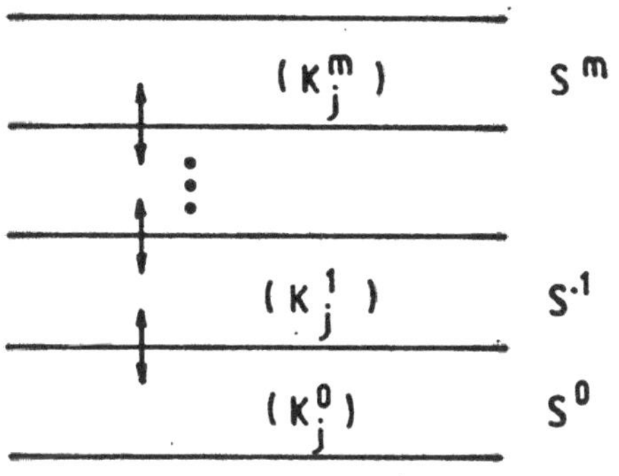

die Transformation einer Schicht auf die andere durch eine Funktion darstellt. Um zu einer deutlicheren Darstellung des Systemcharakters zu kommen, soll die Definition Def.2.3 erweitert werden.

Abb. 2.11. Hierarchie von Schichten

Definition 2.4

Eine **erweiterte Komponente** ${}_{e}K^{i}$ ist ein Element (d.h. eine Teilmenge von K') der Potenzmenge von K^{i}

$$ {}_{e}K^{i} \in 2^{K} $$

Wir erhalten damit weitere Relationen von Komponenten innerhalb einer Schicht durch die Zuordnung von Teilmengen zu den neuen (und damit auch identifizierbaren) erweiterten Komponenten. Die Komponenten einer Schicht können wir als die Betriebsmittel des Systems in dieser Schicht interpretieren (Kapitel 4) und die erweiterten Komponenten als die Prozesse (Kapitel 3).

2.2.3. SCHNITTSTELLEN UND PROTOKOLLE

Jede Schicht unseres hierarchischen RS enthält

- die Menge der Komponenten in der Schicht S^{i} und
- die Menge der erweiterten Komponenten ${}_{e}K^{i}$

Definition 2.5

Eine **Schnittstelle** zwischen der Schicht S^{i} und der Schicht S^{i-1}

(1) ist eine Transformation der Komponenten K_{j}^{i} in die Menge der Komponenten K_{j}^{i-1},

$$ \forall j \quad (f_{j}^{i} \; (\{ K_{j}^{i} \}) = K_{j}^{i-1}) $$

(2) vermittelt die Definition der erweiterten Komponenten$\{{}_eK^i\}$ in

S^i durch die Schicht S^{i-1}, wobei

$$\forall e \; (f_e^{-i} \; (\{ K_j^i \}) = K_e^i)$$

die Zuteilung der Komponenten in der Zeit t darstellt.

Während (1) im wesentlichen eine Abbildung darstellt, also eine statische Angelegenheit ist, bringt (2) den dynamischen Aspekt zum Ausdruck. Insbesondere für die Implementation ist es wesentlich, daß die Funktionen f^i und f^{-i} nur von S^{i-1} bzw. S^i und sonst keinen Schichten abhängen. Ein anderer Aspekt, die Dynamik, ist dadurch gekennzeichnet, daß die Erzeugung von erweiterten Komponenten bzw. die Vergabe oder der Entzug von Komponenten durch die Schicht S^{i-1} erfolgt, d.h., die Schicht S^{i-1} ist gegenüber der Schicht S^i privilegiert. Auch darin drückt sich der Vorteil einer hierarchischen Schichtenordnung aus, der besonders noch bei der Implementation deutlich wird. Die Schnittstelle der Schicht S^{i-1} stellt also Dienste für die Prozesse der Schicht S^i zur Verfügung, einmal für die Zuteilung der Betriebsmittel in der Schicht S^i und zum anderen für die Definition und Verwendung neuer Betriebsmittel in der Schicht S^i. Wenn die Schicht S^i einen Dienst der Schicht S^{i-1} in Anspruch nimmt, ist das bez. der Schicht S^i eine unteilbare Operation. Im Abschnitt 3.4. werden wir die Bedeutung der unteilbaren Operation für die Synchronisation von Prozessen erkennen. Somit lassen sich die drei Klassen von Prozessen (erweiterten Komponenten) in jeder Schicht S^i (i>0) unterscheiden in

- Nutzprozesse,
- ein Steuerprozeß (Prozeßumschalter) und
- Transformationsprozesse für Betriebsmittel

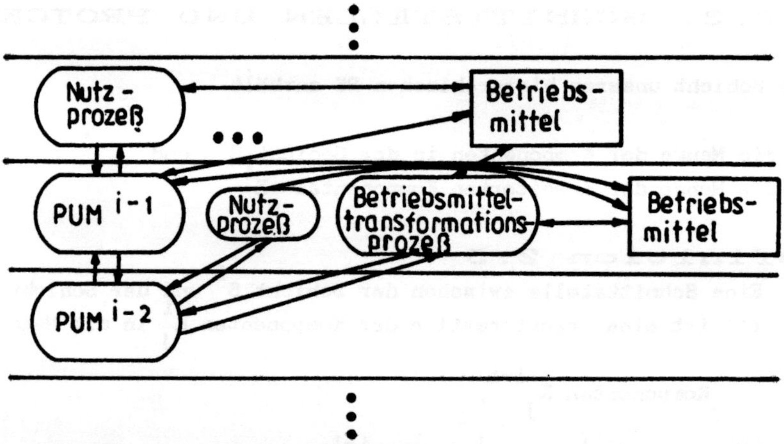

Abb. 2.12. Drei Prozeßklassen in jeder Schicht

Je Schicht kann es nur einen PUM geben, sonst müßten durch irgendeinen anderen Steuerungsprozeß wieder diese PUM gesteuert werden. Es können jedoch mehrere Nutz- und Transformationsprozesse existieren.

Wieviele Schichten ein BS enthält, hängt wesentlich vom Entwurf ab. Im allgemeinen wird man jedoch eine hierarchische Struktur nach Abb. 2.13 finden. Wichtig aber ist, daß für die Architektur (funktioneller Aspekt) sowie die Implementierung und Realisierung (Steuerungsaspekt) die gleiche Schichtenstruktur benutzt wird.

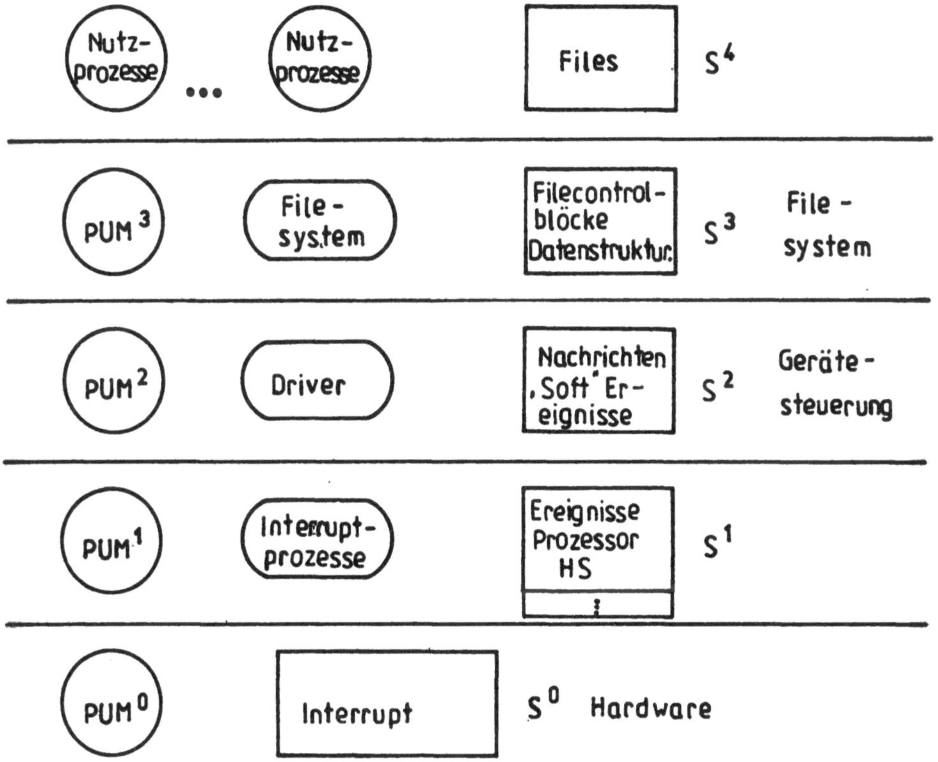

Abb. 2.13. Schichtenstruktur eines BS

Die Leistungsfähigkeit der hierarchischen Schichtenstruktur kommt außerdem noch bei der Beziehung des RS zur Umwelt, d.h. zu anderen informationsverarbeitenden Systemen, zum Ausdruck. Diese Relationen werden in einer Kommunikation ausgedrückt. Es ist notwendig, zwei Systeme zu betrachten, die miteinander in Kommunikation stehen, wobei das zweite ein reines RS sein kann oder eine Kombination RS und Mensch.

Definition 2.6

Zwei hierarchische Systeme H und H' sind miteinander **kommunikationsfähig**, wenn es eine Relation $R \subseteq S \times S'$ gibt, für die gilt $R \neq \emptyset$.

Das bedeutet, daß die Kommunikation von zwei Systemen auf die Kommunikation von Schichten zurückgeführt wird, wobei mindestens eine Kommunikation existieren muß. Die Kommunikation zwischen zwei Systemen kann nur zwischen erweiterten Komponenten der jeweils i. Schicht stattfinden.

Definition 2.7

Mit der Existenz des Paares (K'^{i}_{e}, K^{i}_{e}) ist eine Form der Informationsübergabe, ein **Protokoll**, verbunden, das allein durch K^{i}_{e} bestimmt wird.

Das Protokoll stellt den gemeinsam verständlichen Code von Sender und Empfänger (im Falle des Dialoges ist jeder Partner Sender und Empfänger) dar. Wie der Kanal implementiert und realisiert wird, ist auf diesem Kommunikationsniveau ohne Interesse. Die Abwicklung des Protokolls erfolgt also durch einen Prozeß der Schicht S^{i} indem Dienste der Schicht S^{i-1} in Anspruch genommen werden. Die Kommunikation zwischen zwei Partnern wird nach festen Vorschriften über den Inhalt der auszutauschenden Information (Nachricht, Protokolleinheiten) und die Folge der zu erwidernden Protokolleinheiten geregelt. Jeder Partner kennt nur einen bestimmten Vorrat von Protokolleinheiten, die der andere an ihn richtet, und erwidert entsprechend der angekommenen Protokolleinheit mit einer, die der andere wiederum verstehen muß.

Im Prinzip kann in jeder Schicht des Betriebssystems ein Protokoll vorgesehen sein. Selbst auf Hardwareebene existieren Protokolle. Beispielsweise betrifft die Ausgabe eines Zeichens auf dem Drucker die drei Systeme Zentraleinheit (ZE), Gerätesteuerung (GS) und Drucker. Erst wenn von der GS die Protokolleinheit "Puffer leer" eingetroffen ist, kann das

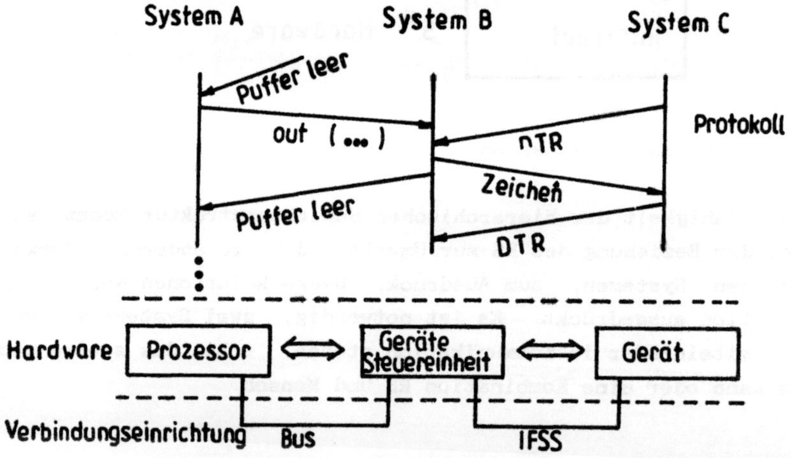

Abb. 2.14. Protokolle auf Hardwareebene

Zeichen an die Gerätesteuereinheit weitergegeben werden. Diese kann das Zeichen erst dann an den Drucker geben, wenn die Protokolleinheit DTR (Data Terminal Ready) eingetroffen ist.

2.3. BASISRECHNERSYSTEM

In Definition 2.3 wurde die Basisschicht S^0 besonders hervorgehoben. Sie ist dadurch gekennzeichnet, daß es in ihr nur einen einzigen Prozeß geben kann. Es gibt keine darunterliegende Schicht, in der ein PUM die Steuerung der Prozesse in S^0 vornehmen könnte. Der einzige Prozeß in S^0 ist ein Prozeßumschalter. Dieser PUM muß also in der Hardware, der Basisschicht für das BS, existieren. In allen modernen RS ist dies das Interruptsystem. Dieser PUM^0 ist ein zyklischer Prozeß, der nur auf das Betriebsmittel Ereignis, hier ein Interruptsignal, wartet und sofort die Steuerung erhält, da er in der hierarchischen Schichtenstruktur die höchste Privilegierung besitzt. Der Sender dieses Ereignisses kann ein synchroner Interrupt sein, eine durch den aktiven Prozeß erzeugte Ausnahmesituation (Adressierungsfehler, falsche Prozessoroperation, Maschinenfehler oder Trap=SVC-Befehl) oder ein asynchroner Interrupt einer tatsächlich zum Prozessor parallel arbeitenden Einheit (Spezialprozessor, Gerätesteuerung). Dieser PUM^0 ist i.allg. durch die Hardware in seiner Strategie weitgehend festgelegt. Zu jedem Signal gibt es eine HS-Adresse als Eintrittspunkt für die dazugehörige Interruptbehandlungsroutine (IBR). Dieser IBR-Prozeß (Abschnitt 5.8.8) rettet die Prozeßumgebung des unterbrochenen Prozesses, verarbeitet das Interruptsignal und gibt die Steuerung über die Hierarchie des PUM^i wieder ab. In der hierarchischen Schichtenstruktur ordnet sich das Interruptsystem organisch als höchstprivilegierter PUM ein.

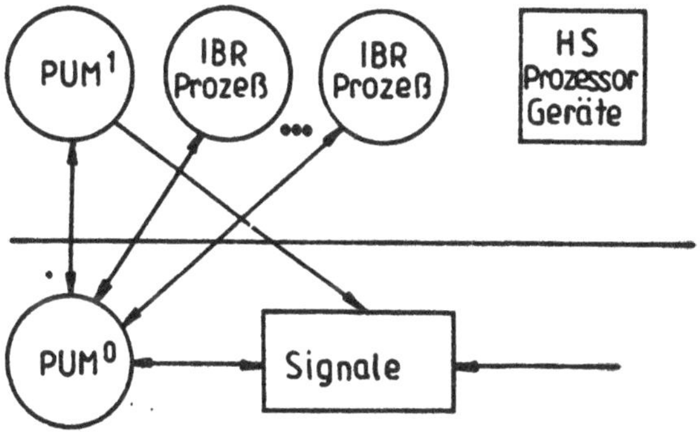

Abb. 2.15. Interruptsystem als PUM^0

Die Dienste an der Schnittstelle zur Hardware bestehen aus vier Kategorien:

- Steuerung der Anweisungsfolge,
- Arithmetik und sogenannte logische Anweisungen (ALU = Arithmetic Logical Unit),
- Datentransfer zwischen HS und Prozessor sowie
- Datentransfer zwischen HS und Peripherie.

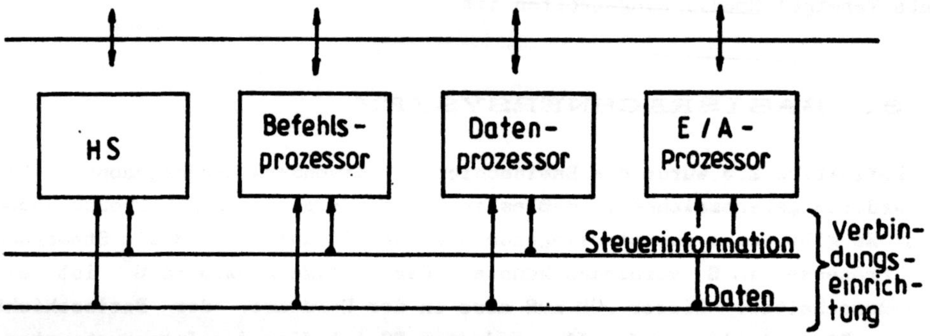

Abb. 2.16. Schnittstelle der Hardware

Die Hardware selbst ist nach /GIL81/ als Rechnerarchitektur wie folgt definiert:

Rechnerarchitektur::= (Operationsprinzip, Struktur)
Operationsprinzip::= (Informationsstruktur, Steuerstruktur)
(Hardware-)Struktur::= (Betriebsmittel, Kooperationsregeln, Kommunikationsregeln)
Betriebsmittel::= (Prozessoren, Speicher, Verbindungseinrichtungen, Ein-/Ausgabe)
Kooperationsregeln::= (Zusammenwirken der Betriebsmittel)
Kommunikationsregeln::= (Protokolle zwischen Betriebsmitteln)
Informationsstruktur::= (Typen der Informationskomponenten, Repräsentation, Operationen) | (abstrakte Datentypen)
Steuerstruktur::= (Spezifikation der Algorithmen für Interpretation und Transformation der Informationskomponenten)

Diese Darstellung beschreibt also Rechner vom Von-Neumann-Typ, die im weiteren ausschließlich Basis des BS sein soll.

Leider gibt es sowohl auf der Hardwareebene als auch in den höheren Schichten von BS bisher keine Normen. Ausnahmen bilden nur die Schnittstelle der höheren Programmiersprachen (FORTRAN 77, COBOL) und Schnittstellen (V.24, 20mA-Stromschleife) und Protokolle von Geräten (DTR, XON-XOFF u.w.).

2.4. AUFGABEN

1. Geben Sie einen Überblick über Möglichkeiten der Modellierung von Rechnersystemen! Charakterisieren Sie die Anwendbarkeit dieser Modelle, indem Sie jeweils Voraussetzungen und erzielbare Ergebnisse sowie Vor- und Nachteile zusammenstellen!
2. Wie ist ein hierarchisches Schichtenmodell eines BS aufgebaut? Welche Eigenschaften und welche Vorteile besitzen derartige Modelle?
3. Beschreiben Sie verbal die Schichtenstruktur eines Ihnen bekannten BS!
4. Erläutern Sie die Begriffe "Schnittstelle" und "Protokoll"! Geben Sie möglichst detailliert je ein Beispiel dazu an, etwa im Zusammenhang mit der Ausgabe eines Textes auf einen Drucker!
5. Durch welche Besonderheiten zeichnet sich die Basisschicht eines RS aus? Wie erfolgt die Umschaltung der Prozesse in dieser Schicht?

3. PROZESSE

Solange in einem Rechnersystem nur ein einziger Prozessor vorhanden ist, der Aktivitäten entwickeln kann, gibt es nur ein einziges Programm, das in einem Zeitintervall ausgeführt werden kann. Es gibt also keinen zweiten Prozessor oder eine mehr oder weniger selbständig arbeitende Gerätesteuereinheit für die Ein-/Ausgabe oder eine Uhr. Das war v.a. bei Rechnern der 1. Generation der Fall, wo die Ein-/Ausgabe vollständig im Prozessor (=zentrale Verarbeitungseinheit =ZVE) integriert war. Das Betriebssystem stellt dann nur eine Sammlung von Unterprogrammen dar, die vom Anwendungsprogramm u.U. mehrmals aufgerufen werden. Diese Betriebssystem-Unterprogramme wollen wir Prozeduren nennen (Abb. 3.1), die gekennzeichnet sind durch folgende Aspekte:

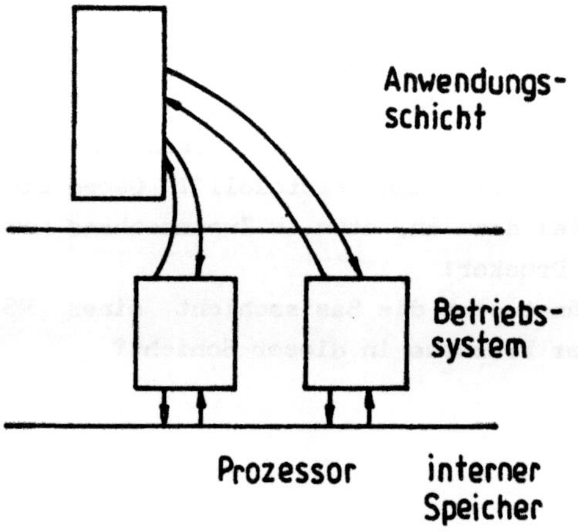

Abb. 3.1. Prozedurorientiertes BS

- Solange ein Aufruf bearbeitet wird, kann kein zweiter Aufruf der Prozedur erfolgen.
- Die Prozedur wird vollständig abgearbeitet, bevor der Rücksprung erfolgt.

Wir wollen uns diese Vorgehensweise merken, da die Grundidee auch in modernen Betriebssystemen in einem erweiterten Sinne Anwendung findet als Monitor.

Betrachten wir nun einige Fälle, die mit der Weiterentwicklung der Rechner verbunden waren und die durch ein prozedurorientiertes Betriebssystem nicht gelöst werden konnten:

1. Es gibt zwei Prozessoren, die je ein Programm abarbeiten können. Neben dem Prozessor werden jedoch weitere Betriebsmittel benötigt, wenigstens der interne Speicher (=Hauptspeicher, =HS). Man könnte den HS nun grundsätzlich teilen und den beiden Prozessoren je einen Teil zuteilen. Dann wäre ein Deus ex machina nötig, der das vornimmt. Da Rechner aber wieder selbst durch Informationen, durch Programme gesteuert werden, entstehen Probleme mit diesem dritten Programm.
2. Es wurden selbständige Gerätesteuereinheiten entwickelt, um das Mißverhältnis der Ausführungszeiten von arithmetisch-logischen Operationen (einige Mikrosekunden) und Ein-/Ausgabeanweisungen (das Einlesen ei-

ner Lochkarte erfordert 100 ms !) auszugleichen. Während die Lochkarte eingelesen wird, könnten 10 000 bis 100 000 arithmetisch-logische Operationen erledigt werden. Bei dieser parallelen Arbeit von Arithmetik und Ein-/Ausgabe treten jedoch zwei grundsätzliche Probleme auf:

- Beide Aktivitäten könnten auf dasselbe Betriebsmittel, z.B. auf den Hauptspeicher, zugreifen. Dadurch sind die Werte nicht mehr konsistent. Die arithmetische Aktivität erwartet Werte, wie sie im HS waren, durch die Eingabe wurden sie jedoch bereits verändert.
- Andererseits muß die arithmetische Aktivität das Ende der Ein-/Ausgabe erfahren. Die Probleme der Kooperation und der Synchronisation müssen geklärt werden.

3. Wenn im Dialog mit dem Rechner gearbeitet wird, treten relativ große "Denkpausen" (Sekunden bis Minuten) des Nutzers auf. Es könnte gleichzeitig ein zweites Programm für einen zweiten Nutzer arbeiten. Die Umschaltung des einzigen Prozessors auf den anderen Nutzer könnte z.B. durch einen Zeitgeber erfolgen, so daß beide Nutzer denken, sie hätten einen eigenen Prozessor, nur mit der halben Geschwindigkeit. Es ist also das Problem der Koordination des echt parallel arbeitenden Zeitgebers mit dem Prozessor zu lösen.

Mitte der 60er Jahre entwickelte man deshalb das Prozeßkonzept, um diese Probleme lösen zu können.

Wir haben im Kapitel 2 das Betriebssystem in Schichten mit Schnittstellen zwischen diesen Schichten strukturiert. Diese Schnittstellen sind gekennzeichnet durch zwei Klassen von Komponenten der einzelnen Schichten:

- Objekte (Operanden), die verändert werden können, und
- Subjekte (Operationen), die Objekte verändern können.

Betrachten wir z.B. die Schnittstelle oberhalb der Hardware, dann sind Objekte (Operanden) der darüberliegenden Schicht Register, HS-Plätze, usw., und Subjekte (Operationen) sind Prozessoren. Zur Lösung einer Aufgabe sind nun mehrere aufeinanderfolgende Operationen erforderlich. Diese Folge von Operationen (=Befehlsfolge) beschreibt nun zwar, welche Operation zu jedem Zeitpunkt (Von-Neumann-Rechner arbeiten die Operationen taktweise sequentiell ab) abgearbeitet werden. Allerdings können oberhalb der Schnittstelle gewisse Befehlsfolgen parallel abgearbeitet werden, da diese zur Lösung verschiedener Aufgaben gehören (Abb. 3.3). Es ist also durchaus sinnvoll, diese parallel ausführbaren Befehlsfolgen besonders zu kennzeichnen. Die Folge dieser Operationen der einzelnen Befehlsfolgengruppen ist also nicht gleich der Aufeinanderfolge an der Schnittstelle. Wir wollen deshalb diese Operationen **Aktionen** nennen und deren Folge **Prozeß**.

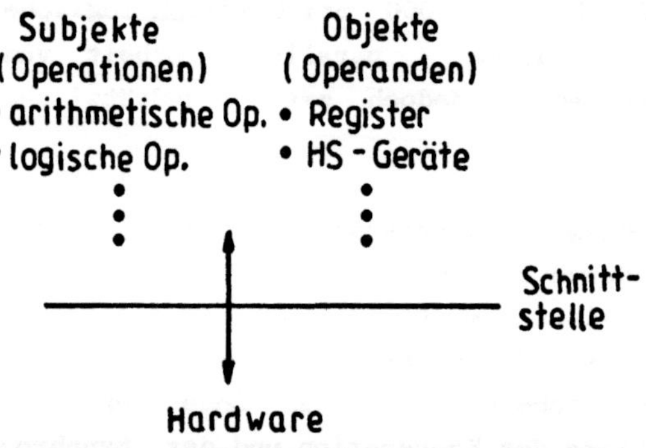

Abb. 3.2. Subjekte und Objekte oberhalb der Schnittstelle der Hardware

Definition 3.1
Ein **Prozeß** ist eine zu einer Aufgabe gehörige zusammenhängende Folge von **Aktionen** über zu diesem Prozeß gehörenden **Operanden**, wobei i.allg. mehrere Prozesse parallel existieren.

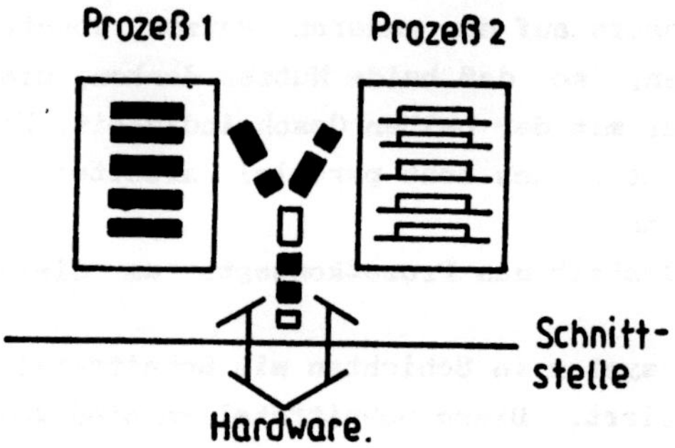

Abb. 3.3. Parallele Befehlsfolgen

Wenn es mehrere Prozesse gibt, müssen sie natürlich identifizierbar sein. Sie repräsentieren letztendlich die Dynamik in einem BS. Die Operanden wollen wir im weiteren als **Betriebsmittel** bezeichnen. Diese Betriebsmittel können mit verschiedenen Werten belegt werden, sie können verschiedene Zustände besitzen, die durch die Aktionen geändert werden.

Die Prozesse entstehen, wenn eine Aufgabe erledigt werden soll, und verschwinden wieder, wenn die Aufgabe erledigt wurde.

Alle gleichzeitig existierenden Prozesse sollen erst einmal zeitlich voneinander unabhängig sein. Jeder Prozeß weiß eigentlich nichts von der Existenz des anderen. Es kann also möglicherweise zu Situationen kommen, wo sie sich gegenseitig stören könnten. Dann ist durch das BS zu sichern, daß diese Störungen verhindert werden.

Es kann aber durchaus sinnvoll sein, daß Prozesse voneinander wissen und sich sogar wechselseitig in eine gewisse Abhängigkeit bez. ihrer Teilprozeßfolgen bringen wollen. Dann ist also eine Synchronisation erforderlich. Mit dieser Synchronisation kann auch ein Nachrichtentransfer, d.h. eine Kommunikation zwischen den Prozessen, verbunden sein.

Da sich alle Prozesse um den gemeinsamen Fonds an Betriebsmitteln bemühen, können bei dynamisch auftretenden Forderungen an Betriebsmittel durch ungeschickte Verteilung Situationen eintreten, daß mehrere Prozesse auf die Freigabe von Betriebsmitteln anderer Prozesse warten und solange keine weiteren Aktionen ausführen können.

Bevor wir diese Probleme und ihre Lösung durch das BS diskutieren, soll noch ein kurzer Blick auf die Geschichte des Prozeßbegriffs geworfen werden. Mit der zunehmenden Leistungsfähigkeit der Rechner Anfang der 60er Jahre kam es zu einem Mißverhältnis der Geschwindigkeiten von Prozessor und Peripherie. Das mechanische Einlesen der 80 Bytes einer Lochkarte benötigte ca. 0,1 s, das Speichern im HS jedoch nur ca. 0,2 ms. Der Prozessor wurde während der Eingabe nur mit 0,2% ausgenutzt. Es bot sich an, ihn parallel zur Eingabe eine weitere Aufgabe lösen zu lassen. Damit kam man zu dem klassischen Modell eines SPOOLING-Systems (Abschnitt 7.3.) mit den drei parallel zu erledigenden Aufgaben nach Abb. 3.4.

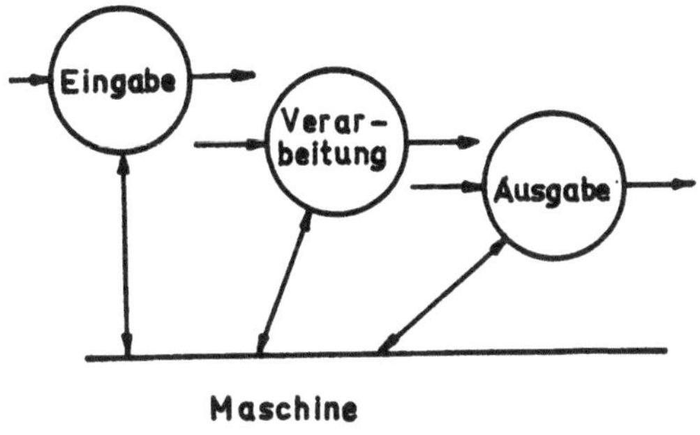

Abb. 3.4. Drei Prozesse in SPOOLING-Systemen

Die geeignete Form für die parallele Verarbeitung war und ist die Realisierung durch Prozesse. In einem der ersten BS dieser Art, dem DOS bzw. OS von IBM /KAT73/, werden sie allerdings Task genannt. Diese Bezeichnung bringt auch mehr den aufgabenbezogenen Aspekt des Prozeßbegriffs zum Ausdruck.

Sehr bald genügten die im Closed-shop-Betrieb arbeitenden RS nicht mehr den gewachsenen Ansprüchen. Interaktive BS wurden entwickelt. Der Partner des Nutzers am Terminal mußte eine geeignete Einrichtung im RS sein, was zwangsläufig zum Prozeß führte. Erste BS dieser Art waren MULTICS /DAL68/ und das T.H.E. /DIJ68/. **Dijkstra** definiert den Prozeß

> "... what happens during such a program execution is called a **sequential** process."

Man darf aber keineswegs Prozeß gleich Programm setzen. Ein Programm stellt lediglich eine Befehlsfolge für einen Prozessor oder besser für eine virtuelle Maschine in irgendeiner Schicht dar. Ein und dieselbe (ggf. auch nur die gleiche, also eine Kopie) kann durchaus von mehreren Prozessen gemeinsam genutzt werden. Das Programm ist nur ein **notwendiges**, aber nicht das einzige Betriebsmittel für einen Prozeß und vor allem nicht der Prozeß selbst.

Neben dieser Abgrenzung des Prozesses vom Programm soll noch die Abgrenzung des Prozesses vom Prozessor erklärt werden. Oft wird die Darstellung von Prozessen identifiziert mit der Prozessorausführung. Das drückt sich in der theoretischen Modellierung von Prozessen durch Automaten mit Zuständen /POL76/ oder durch Automaten ohne Zustände als sogenannte uninist. Derartige Darstellungen können zwar bestimmte Aspekte verdeutlichen, reichen aber nicht aus für den Entwurf und die Implementierung von BS. Wir werden diese Form der Darstellung für einen speziellen Aspekt, die Determiniertheit von Prozessen (Abschnitt 3.3.), verwenden. In einer anderen, sehr pragmatischen Sprechweise spricht man von Fileprozessoren, Textprozessoren u.ä. Eigentlich sind damit virtuelle Maschinen gemeint, die neue Operationen (Funktionen, Dienste,...) und neue Operanden (Betriebsmittel) bereitstellen. Wenn man derartige Begriffe prägt, darf man nicht den funktionellen Aspekt dieser virtuellen Maschinen in den Vordergrund stellen und die dazugehörigen Betriebsmittel vergessen. Eigentlich sind es also Fileprozesse, Textprozesse usw.

3.1. BETRIEBSMITTEL (VORLÄUFIG)

In jeder Schicht unserer Schichtenstruktur existieren Komponenten, die nur dieser Schicht angehören. Diese einfachen Komponenten der Schichten sind die Betriebsmittel. Ohne Beschränkung der Allgemeinheit und ohne uns auf eine Schicht festzulegen, wollen wir die drei Betriebsmittel

- Speicher M ,
- Prozessoren Γ und
- Programmtexte P

betrachten. Wir wollen jedoch ausdrücklich betonen, daß sich alle folgenden Betrachtungen immer auf genau eine Schicht beziehen. Es werden also nicht Betriebsmittel unterschiedlicher Schichten gleichzeitig betrachtet.

Jedes Betriebsmittel (z.B. Speicher M) ist eine Menge von Elementen (m), die je ein Tupel

$$m = (adr, w) \tag{3.1}$$

von Adresse und Wert darstellen mit

$$\begin{aligned} adr &\in ADR ,\\ w &\in W ,\\ m &\in ADR \times W \end{aligned} \tag{3.2}$$

Die Mächtigkeit der beiden Mengen hängt, immer unter der Voraussetzung eines Von-Neumann-Rechners (Dualsystem !), von der Anzahl der Bit bw für w und ba für adr ab:

$$\begin{aligned} |W| &= 2^{bw}\\ |ADR| &= 2^{ba} \end{aligned}$$

Ein Zustand Z des Betriebsmittels ist durch die Belegung aller seiner Elemente gekennzeichnet. Insgesamt gibt es

$$|Z| = \left(2^{bw}\right)^{2^{ba}} \qquad (3.3)$$

verschiedene Zustände des Betriebsmittels.
Nehmen wir als Beispiel die 8-Bit-Prozessorfamilie mit

$$bw = 8 \quad ,$$
$$ba = 16 \quad ,$$

so erhält man für

$$|Z| = (2^{8})^{2^{16}} = 2^{2^{3} \cdot 2^{16}} = 2^{2^{19}} \approx 2^{500\,000} \approx 10^{150\,000} \; .$$

$$(2^{10} \approx 10^{3})$$

Das Betriebsmittel Speicher M kann insgesamt $10^{150\,000}$ verschiedene Zustände annehmen, ein bestimmtes Element m jedoch nur 256. Die Richtigkeit von Programmsystemen (und damit auch von BS) durch Untersuchung aller Zustände aller Betriebsmittel untersuchen zu wollen, ist also ein aussichtsloses Unterfangen (Kapitel 8).

Ebenso wie ein Speicherelement m M kann auch ein Prozessor verschiedene Zustände annehmen, die durch die Wertebelegungen der Register gekennzeichnet sind. Diese Werte und die des Speichers können unter Wirkung einer Anweisung an einen Prozessor geändert werden. Eine solche Anweisung stellt also eine Transformation f^k dar

$$f^{k} : \quad (M \times \Gamma) \dashrightarrow (M \times \Gamma) \; . \qquad (3.4)$$

Das Betriebsmittel Programmtext p beinhaltet nun

- die Menge der auszuführenden Funktionsanweisungen F und
- die Steuerkomponente, die die Reihenfolge festlegt. (Wir setzen natürlich wieder Von-Neumann-Rechner voraus).

Programmtexte selbst müssen irgendwo in einem Speicher existieren. Im Gegensatz zu anderen Rechnertypen gibt es in Von-Neumann-Rechnern keinen besonderen Speicher, für Programmtexte, sie könnten also prinzipiell verändert werden. Wir wollen das ausschließen, wie das in modernen BS auch ausdrücklich vorgeschrieben ist (UNIX). Die Menge F der Funktionsanweisungen eines Programmtextes ist also unveränderlich. Man unterscheidet dabei

- wiederverwendbare Programmtexte (reusable) und
- wiedereintrittsfähige Programmtexte (reentrant).

Wiederverwendbare Programmtexte können von Prozessen insgesamt sequentiell nacheinander benutzt werden. Wiedereintrittsfähige Programmtexte können von mehreren Prozessen gleichzeitig genutzt werden. Für jeden Prozeß gibt es einen eigenen Datenbereich. Als Steuerkomponente wollen wir der Einfachheit halber eine Reihenfolge k annehmen. Es gilt also für das Betriebsmittel Programmtexte

$$P = \{ p \}$$

mit

$$p = (\{ p^k \} , pc) ,$$

$$p^k = (f^k , r^k)$$

$$f^k \in F \text{ und } r^k \in \mathbb{N} . \qquad (3.5)$$

F ist die Menge der in diesem Programmtext p genutzten Anweisungen und $\mathbb{N}$ die Menge der natürlichen Zahlen, die selbst eine Ordnung besitzen. Die unterschiedlichen Zustände des Betriebsmittels Programmtext p sind durch die Nummern der nächsten abzuarbeitenden Anweisungen in pc gegeben.

Es sei nochmals ausdrücklich darauf hingewiesen, daß ein Programmtext noch keine Verarbeitung darstellt, dazu sind immer noch die Betriebsmittel Prozessor und Speicher notwendig. Diese drei Betriebsmittel Programmtext, Prozessor und Speicher sind unbedingt erforderliche Betriebsmittel für Prozesse in jeder Schicht.

Betriebsmittel besitzen gewisse Eigenschaften, nach denen man sie klassifizieren kann. Der Durchschnitt zweier Klassifikationsmengen ist jedoch nicht leer, denn ein Betriebsmittel hat mehrere Eigenschaften und kann also mehreren Klassifikationsmengen gleichzeitig angehören. Soweit es für dieses Kapitel notwendig ist, soll die Klassifikation kurz beschrieben werden.

Hardware - Software

Wir gehen grundsätzlich von der Schichtenstruktur eines BS aus. Dennoch kann man auch in höheren Schichten von Hardware-Betriebsmitteln sprechen, wenn sie praktisch ohne weitere Transformation einfach durch die Schichten "durchgereicht" werden. Ein Nutzprozeß kann also durchaus ein Gerät, wie Drucker o.ä., verlangen.

Hardware-Betriebsmittel: Prozessoren, HS, Geräte, externe Speicher, Übertragungsleitungen;

Software-Betriebsmittel: Programmtexte, Files, Signale, Nachrichten.

Als Betriebsmittel können auch Teile davon auftreten, z.B. ein HS-Bereich, zwei Zylinder einer Magnetplatte, 5 Sekunden Prozessorzeit usw.

wiederverwendbar - verbrauchbar

Wiederverwendbare Betriebsmittel können von mehreren Prozessen nacheinander verwendet werden. Verbrauchbare Betriebsmittel werden von Prozessen erzeugt bzw. verbraucht. Sie haben nur eine endliche Lebensdauer, es sei denn, ihre Existenz wird durch fehlerhaftes Prozeßverhalten "vergessen". Verbrauchbare Betriebsmittel benötigen für ihre Repräsentation andere Betriebsmittel. Das ist in unserer Schichtenstruktur jedoch einfach gegeben durch die Betriebsmittel-Transformationsprozesse.

wiederverwendbare Betriebsmitel (reusable resources): Prozessor, HS, Programmtext, File, Gerät;

verbrauchbare Betriebsmittel (consumable resources): Signal, Nachricht, lokales Datum eines Prozesses.

entziehbar - nicht entziehbar

Verbrauchbare Betriebsmittel sind nicht entziehbar, denn wenn sie benutzt wurden, sind sie nicht mehr existent. Wiederverwendbare Betriebsmittel sind prinzipiell immer entziehbar. Es ist natürlich eine Frage des Aufwandes, denn die Werte des Betriebsmittels müssen gerettet werden, damit sie wiederhergestellt werden können bei erneuter Zuteilung zu dem ersten Prozeß

entziehbare Betriebsmittel (preemptible resources): Prozessor, HS, Gerät;

nicht entziehbare Betriebsmittel (non-preemptible resources): File, Magnetplatte, Magnetband, verbrauchbare Betriebsmittel.

exklusiv - mehrfach benutzbar

Betriebsmittel können in einem Zeitpunkt einem Prozeß oder mehreren zugeteilt sein. Programmtexte (nicht der dazugehörige Bereich lokaler Daten) können von mehreren Prozessen gleichzeitig genutzt werden. Einen Drucker mehreren Prozessen gleichzeitig zuteilen zu wollen, wäre unsinnig. Die Druckzeichen als Ausgabe mehrerer Prozesse würden wirr durcheinander erscheinen.

exklusive Betriebsmittel (exclusive resources): Prozessor, Signal, Drucker;

mehrfach nutzbare Betriebsmittel (multiplex resources): HS, File, Magnetplatte, Übertragungsleitung.

3.2. PROZESS-SYSTEME

3.2.1. SEQUENTIELLER PROZESS

Definition 3.2

Ein **sequentieller Prozeß** π_j^i in einer Schicht S^i des RS ist eine erweiterte Komponente mit folgenden Merkmalen:

(1) Der Prozeß π_j^i identifizierbar.

(2) Die Dynamik eines Prozesses ist durch eine Sequenz von Transformationen des Programmtextes p

$$f^k : (M \times \Gamma) \dashrightarrow (M \times \Gamma)$$

$$\text{bzw.} \quad f^k : (b^1 \times b^2 \times \ldots \times b^m) \dashrightarrow (b^1 \times b^2 \times \ldots \times b^m)$$

in der Reihenfolge r^k gekennzeichnet, wobei b^i ein Betriebsmittel bezeichnet.

(3) Der Prozeß π_j^i besitzt in jedem Zeitpunkt einen Betriebsmittel-Forderungsvektor

$$F_{B_j^i} = (F_{b^i}, .. , F_{b^m}).$$

(4) Der Prozeß π_j^i besitzt in jedem Zeitpunkt einen Vektor der ihm zugeteilten Betriebsmittel

$$z_{B_j^i} = (z_{b^1}, \ldots, z_{b^m})$$

(5) Die dem Prozeß zugeteilten Betriebsmittel besitzen bei der Zuteilung Werte, die den Anfangszustand des Prozesses kennzeichnen

$$W(z_{B_i^j}) = {}_oW_j^i .$$

Da wir uns im folgenden immer auf eine bestimmte Schicht S^i beziehen wollen, wird der Schichtindex weggelassen.

Zusammenfassend kann man also einen Prozeß π_j durch ein Tupel

$$\pi_j = (name_j, F_{B_j}, z_{B_j}, {}_oW_j) \qquad (3.6)$$

kennzeichnen.

Das gesamte System wird repräsentiert durch die Menge der Prozesse und die insgesamt zur Verfügung stehenden Betriebsmittel B

$$\Pi = \{\Pi_j\} \quad \text{und}$$

$$B = (b^1,\dots,b^m) \tag{3.7}$$

3.2.2. PROBLEME IN PROZESS-SYSTEMEN

Bisher wurden keine Annahmen über die Zuordnung der Betriebsmittel gemacht. Es ist also durchaus zulässig, daß ein und dasselbe Betriebsmittel mehreren Prozessoren zugeordnet ist. Im allgemeinen werden aber auch die Betriebsmittel nicht vollständig den Prozessen für deren ganze Lebenszeit zugeordnet. Die Prozesse besitzen Betriebsmittel und forderr noch weitere an, sie erzeugen aber auch Betriebsmittel (Ereignisse, Nachrichten), die wieder von anderen Prozessen angefordert und verbraucht werden. Die Prozesse eines Systems (einer Schicht) sind also nicht unabhängig voneinander, sondern sie sind über die Betriebsmittel gekoppelt. Für eine geordnete **Kooperation** bedarf es also einer sinnvollen Steuerung der Prozesse.

Definition 3.3

Kooperierende Prozesse sind dadurch gekennzeichnet, daß sie Betriebsmittel **gemeinsam** nutzen und **mindestens zwei** Prozessoren existieren, die diese Prozesse parallel vorantreiben können.

Das können durchaus virtuelle Prozessoren sein, die durch einen Scheduler aus einem realen Prozessor erzeugt werden (Abschnitt 4.3.). Solange Prozesse nur ihre eigenen, ausschließlich ihnen zugeordneten ("lokalen") Betriebsmittel nutzen, kommt es zu keiner Störung der Kooperation und damit zu keiner Notwendigkeit einer Steuerung. Von Seiten des BS sind nur die Funktionen

$$f^k \in F$$

von Interesse, die ein Betriebsmittel fordern bzw. abgeben oder dessen Benutzung einschränken oder erweitern. Der eigentliche, den Prozessen unterliegende Algorithmus spielt für das BS keine Rolle. Wir können einen Prozeß aufspalten in Folgen von Teilprozessen t^k, die schon durch ihre erste Funktion

$$\bar{f}^k \quad : \text{Fordern von Betriebsmitteln}$$

und die letzte Funktion

$$\underline{f}^k \quad : \text{Abgeben von Betriebsmitteln}$$

für die Belange des BS hinreichend charakterisiert sind. Die dazwischenliegenden Aktionen bez. lokaler Betriebsmittel braucht das BS nicht zu kennen, die entsprechenden Prozesse sind für das BS uninterpretiert. Die Dynamik der Prozesse wird damit durch eine Teilprozeßfolge

$$t^0 t^1 = f^{-0} \underline{f}^{0} f^{-1} \underline{f}^{1}$$

beschrieben.

Wir wollen in den nächsten Abschnitten vier Problemkreise näher betrachten.

(1) Determiniertheit

Ein System kooperierender Prozesse, in dem die erzielten Resultate nicht von der relativen Ausführungsgeschwindigkeit der Prozesse zueinander abhängen, wird als **determiniert** bezeichnet. Nicht determinierte Systeme können vorliegen, wenn ein Betriebsmittel von mehreren Prozessen gleichzeitig genutzt wird. Die Reihenfolge der auf einem Drucker ausgegebenen Zeichen hängt dann von der jeweiligen Prozeßgeschwindigkeit ab. Für determinierte Systeme wird gefordert, daß die Ergebnisse eines Prozesses bei denselben Eingabewerten immer die gleichen sind, gleichgültig in welcher Umgebung weitere Prozesse und in welchem Zeitraum der Prozeß abläuft. Um aus nichtdeterminierten Systemen determinierte Prozeßsysteme zu schaffen, muß das BS entsprechende Vorkehrungen treffen. Es wird jedoch nicht verlangt, daß die Prozesse sich wechselseitig ihrer Existenz bewußt sind (Abschnitt 3.3.)

(2) Wechselseitiger Ausschluß

Die Prozesse sind sich wechselseitig ihrer Existenz bewußt, ohne daß ein Prozeß die anderen im einzelnen identifizieren kann. Ein Prozeß weiß, daß auch andere Prozesse ein bestimmtes Betriebsmittel benutzen. Er will nun für eine begrenzte Teilprozeßfolge die **exklusive** Nutzung des Betriebsmittels erzwingen (**kritischer Abschnitt**). Das kann durch spezielle Aktionen f^i, die letztendlich Dienste des BS darstellen, erreicht werden (Abschnitt 3.4.)

(3) Synchronisation von Prozessen

Die Prozesse sind sich wechselseitig ihrer Existenz mit Kenntnis von deren Identifikation bewußt. Mehrere Prozesse sind an der Lösung eines gemeinsamen Problems beteiligt. Ein Nutzprozeß verlangt die Ausgabe an ein peripheres Gerät durch einen Driverprozeß. Der Nutzprozeß benötigt Informationen über die Erledigung des Ausgabeauftrages, beide müssen sich verständigen, sich **synchronisieren**. Es werden geeignete Mechanismen benötigt, um den Prozeß bis zum Eintreffen des Synchronisationsereignisses zu verzögern. Wie im Abschnitt 3.5. gezeigt wird, ist das nur durch eine zentralisierte Steuerung im BS realisierbar.

(4) Kommunikation

Die Synchronisation erzwingt eine durch die Prozesse selbst gesteuerte Sequenz von Teilprozeßfolgen. Koppelt man an die reine Synchronisation noch den Austausch verbrauchbarer Betriebsmittel (Nachrichten), so kommt man zur **Kommunikation** von Prozessen (IPC=Inter Process Communication).

(5) Verklemmung

Wenn Prozesse mehr Betriebsmittel fordern, als im System noch vorhanden sind, können Schwierigkeiten auftreten. Dabei sind die Forderungen des einzelnen Prozesses kleiner als die insgesamt im System vorhandenen Betriebsmittel. Da aber jeder Prozeß schon Betriebsmittel besitzt, stehen für die anstehenden Forderungen nicht mehr genügend zur Verfügung. Aufgrund der fehlenden Betriebsmittel können die Prozesse nicht mehr fortschreiten, sie blockieren sich wechselseitig. Eine solche Situation nennt man **Verklemmung (Deadlock)**. Geeignete Strategien der Betriebsmittelvergabe können solche Situationen vermeiden (Avoidance) bzw. verhindern (Prevention) oder sie erkennen (Detection) und mit möglichst geringen Kosten beseitigen (Abschnitt 3.6.).

3.2.3. GLOBALE PROZESS-ZUSTÄNDE

Ein Prozeß kann in seiner Ausführung immer dann fortschreiten, wenn er alle von ihm benötigten Betriebsmittel besitzt.

Definition 3.4

Ein Prozeß Π_j ist **aktiv**, wenn im Sinne einer Halbordnung

$$^{F}B_j \leq {}^{Z}B_j$$

gilt.

Für alle Komponenten der beiden Vektoren $^{F}B_j$ und $^{Z}B_j$ muß das Zeichen $\leq$ gelten. Ein aktiver Prozeß führt also die Funktionen f^k gemäß der Reihenfolge r^k aus. Das kann eine Vielzahl von Anweisungen innerhalb eines Teilprozesses sein. Erst irgendeine Änderung des Betriebsmittel-Zuteilungsvektors führt zur Änderung des Globalzustandes. Das kann einmal durch den Prozeß selbst erfolgen bei Anforderung eines weiteren Betriebsmittels oder durch das BS, das dem Prozeß ein Betriebsmittel entzieht.

Definition 3.5

Ein Prozeß Π_j ist wartend, wenn gilt

$$^{F}B_j \nleq {}^{Z}B_j \; .$$

Der Wartezustand ist durch das Fehlen mindestens eines Betriebsmittels gekennzeichnet. Er wird oft noch weiter differenziert je nach dem fehlenden Betriebsmittel. Im BS VMS sind das z.B. 13 Zustände:

Tab. 3.1. Aufgliederung des Wartezustandes im BS VMS

(1) **COLLIDED PAGE WAIT (CPG)**: Wartend auf eine Seite, die gerade auf den Hintergrund geschrieben oder von dort eingelesen wird
(2) **MUTEX AND MISC. RESOURCE WAIT (MWT)**: wartend auf ein dynamisch vergebenes Betriebsmittel
(3) **COMMON EVENT FLAG WAIT (CEF)**: wartend auf Signal von einem anderen Prozeß
(4) **PAGE FAULT WAIT (PFW)**: Übertragung einer Seite in den HS
(5) **LOCAL EVENT FLAG WAIT (LEF)**: wartend auf ein Signal vom E/A-System
(6) **LOCAL EVENT FLAG WAIT (OUT OF BALANCE SET) (LFO/LEFO)**: wie LEF, Prozeß jedoch ausgelagert auf externen Speicher
(7) **HIBERNATE WAIT (HIB)**: wartend auf explizites Wecken durch einen anderen Prozeß oder durch den Zeitgeber
(8) **HIBERNATE WAIT (OUT OF BALANCE SET) (HBO/HIBO)**: wie HIB, jedoch auf externem Speicher ausgelagert
(9) **SUSPENDED WAIT (SSP/SUSP)**: wartend auf Wiederstart durch einen anderen Prozeß
(10) **SUSPENDED WAIT (OUT OF BALANCE SET) (SPO/SUSPO)**: wie SSP, jedoch auf externen Speicher ausgelagert
(11) **FREE PAGE WAIT (FPG)**: wartend auf eine freie HS-Seite
(12) **COMPUTE (COM)**: bereit
(13) **COMPUTE (OUT OF BALANCE SET) (CMO/COMO)**: ausgelagert bereit; um aktiv zu werden, muß dieser Prozeß
1. in den Hauptspeicher gebracht werden,
2. den Prozessor zugeteilt erhalten.

Wenigstens wird der Wartezustand ausgezeichnet, der durch das Fehlen des Prozessors gegeben ist.

Definition 3.6

Ein Prozeß Π_j ist bereit, wenn er alle Betriebsmittel außer dem Prozessor besitzt

$$^{F}B_j \leq {}^{Z}B_j \quad \text{außer } b^i = \gamma \in \Gamma$$

Aus der Sicht des BS können beliebig viele Prozesse erzeugt und beendet werden. Wir wollen diese Prozesse durch einen weiteren globalen Zustand kennzeichnen.

Definition 3.7

Ein Prozeß ist **nicht existent**, wenn er im BS nicht identifizierbar ist und keine Betriebsmittel besitzt.

Damit können wir das Zustandsdiagramm für Prozesse in Abb. 3.5 angeben.

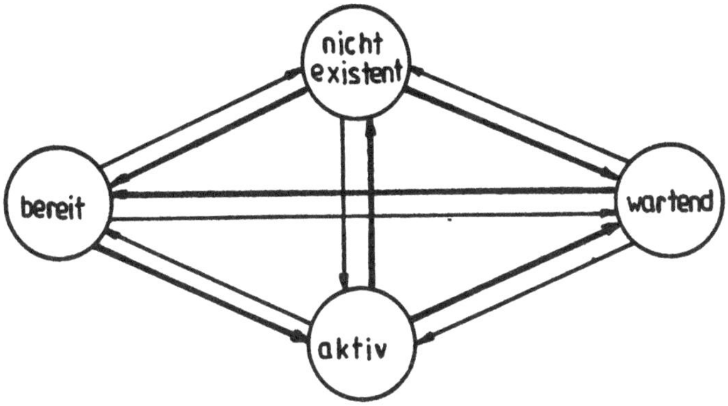

Abb. 3.5. Zustandsdiagramm eines Prozesses

Die hauptsächlichen Zustandsübergänge sind durch die stark ausgezogenen Pfeile gekennzeichnet. Der Prozeß selbst kann nur die Übergänge aus dem aktiven Zustand initiieren. Ein Prozeß kann von einem anderen Prozeß erzeugt und durch den PUM aus dem Zustand **nicht existent** in einen der drei anderen Zustände übergeführt werden. Die übrigen Zustandsübergänge werden durch PUM auf der Grundlage der Strategien der Scheduler der einzelnen Betriebsmittel verursacht (Kapitel 4). Wenn der PUM des BS einem Prozeß ein Betriebsmittel entzieht, müssen die Werte dieses Betriebsmittels in einer geeigneten Weise gerettet werden, damit der Prozeß bei erneuter Zuteilung dieses Betriebsmittels mit derselben Wertebelegung fortsetzen kann. Es wird also wenig sinnvoll sein, einem Prozeß das Betriebsmittel externer Speicher oder File zu entziehen, denn wo sollte man dann die Werte speichern ?

3.2.4. PARALLELE PROZESSE

Die bisherigen Ausführungen haben gezeigt, daß es durchaus sinnvoll ist, wenn auch bei einem einzigen Prozessor mehrere Prozesse gleichzeitig vorliegen. Da es aber nur einen einzigen Prozessor gibt, kann immer nur ein Prozeß aktiv sein. (Der Prozessor ist ein notwendiges Betriebsmittel !)

Trotzdem wollen wir von parallelen Prozessen sprechen.

Definition 3.8

Prozesse heißen **parallel**, wenn sie im selben Zeitpunkt existieren.

Uns interessiert vom Standpunkt des BS nur diese **äußere** Parallelität und nicht die **innere**, die durch den Algorithmus bedingt ist. Dieser Algorithmus ist dem BS nicht bekannt. Die Prozesse sind für das BS in diesem Sinne uninterpretierte Schemata.

Dennoch können in einer Schicht mehrere Prozesse "echt" gleichzeitig voranschreiten. Dann ist für die Prozesse notwendig, daß für ihre Betriebsmittelvektoren gilt

$$\forall_j \quad ({}^F B_j \le {}^Z B_j)$$

$$\forall_{j,j'} \quad ({}^Z B_j \cap {}^Z B_{j'} = \sigma) \qquad (3.8)$$

In realen Systemen kann man sich vorstellen, daß ein Nutzprozeß mit dem Arithmetik-Prozessor und einem HS-Bereich und ein Driverprozeß mit einem E-/A-Prozessor und einem anderen HS-Bereich gleichzeitig aktiv sind. Der Zugriff zum HS wird durch die HS-Steuerung (ausschließlich Hardware) geregelt. Aber auch in höheren Schichten kann es aus der Sicht dieser Schicht mehrere aktive Prozesse geben. Ein Betriebsmitteltransformationsprozeß erzeugt aus dem einen realen Arithmetik-Prozessor (Hardware) durch Time-sharing (Abschnitt 4.3.) k virtuelle Arithmetik-Prozessoren mit der auf 1/k verringerten Operationsgeschwindigkeit. Auch hierbei hilft uns die Schichtenstruktur, die Probleme besser zu verstehen. Prozesse sind immer an eine bestimmte Schicht S_i gebunden. In der untersten Schicht S_0, d.h. der hierarchisch höchsten, darf es jedoch nur einen einzigen Prozeß geben. Wie im Abschnitt 3.4. dargelegt wird, gibt es kein praktisch relevantes Verfahren zur Steuerung der Prozesse einer Schicht durch sich selbst. Dieser einzige Prozeß in S_0 ist der durch das Interruptsystem der Hardware unterstützte Prozeßumschalter PUM_0.

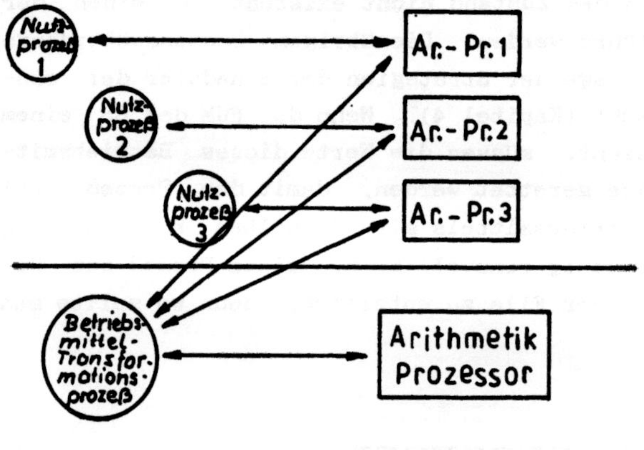

Abb. 3.6. Virtuelle Arithmetik-Prozessoren

3.2.5. VERWALTUNG DER PROZESSE

Die Prozesse sind also neben den Betriebsmitteln weitere Einheiten (allerdings einer anderen Klasse) im BS, die verwaltet werden müssen. Dazu gibt es für jeden Prozeß eine Verwaltungseinheit, den sogenannten Prozeßsteuerblock (Process Control Block=PCB), in dem mindestens die folgenden Informationen enthalten sind:

- Name des Prozesses (zur Prozeßidentifikation),
- Globalzustand,
- Priorität,
- Betriebsmittelforderungsvektor ${}^{F}B_j$,
- Betriebsmittelzuteilungsvektor ${}^{Z}B_j$,
- Werte des Prozessors,
- Werte weiterer entzogener Betriebsmittel.

Die beiden letzteren Angaben sind notwendig, wenn ein Betriebsmittel entzogen wird. Jedes Betriebsmittel besitzt aktuelle Werte, die den augenblicklichen lokalen Prozeßzustand (die sogenannte Prozeßumgebung) charakterisieren. Das sind für den Prozessor die Werte der Register, für das Betriebsmittel Programmtext die Nummer der nächsten auszuführenden Anweisung usw. Wenn das Betriebsmittel HS entzogen wird, müssen dessen Werte gerettet werden. Es wäre unsinnig, das im HS zu tun, wo die PCB geführt werden. Werte des HS werden auf externen Speichern gerettet, im PCB werden lediglich die Adressen des ausgelagerten HS-Bereiches und die Adressen des externen Speichers vermerkt, wohin diese Werte gerettet wurden. Bei der erneuten Zuteilung des entsprechenden Betriebsmittels müssen dann die Werte wiederhergestellt werden. Die PCB sind nicht für die Prozesse in der Schicht S^{i} relevant, sie sind letztendlich Betriebsmittel für den Prozeßumschalter in der Schicht S^{i-1}. Beim Entwurf eines BS-Kerns muß man vor allem

- den Umfang der PCB,
- die Verwaltung der PCB und
- die Dienste des PUM

berücksichtigen, wobei sich natürlich diese drei Aspekte wechselseitig bedingen.

Die PCB können wesentlich mehr Informationen enthalten, als oben angegeben. Gelegentlich wird der PCB geteilt, die wesentlichen Daten werden im HS geführt und die umfangreichen Daten auf einem externen Speicher. Der PCB ist also ein Repräsentant für den eigentlichen Prozeß. Eintragungen und Veränderungen darf nur der PUM vornehmen. Dadurch wird vor allem gesichert, daß die Daten im PCB immer konsistent sind.

Die Implementation der PCB erfordert das Betriebsmittel HS und ggf. noch das Betriebsmittel externer Speicher. In realen Betriebssystemen werden die PCB in einem besonderen, dem PUM vorbehaltenen HS-Bereich (Systemdatenbereich) geführt, manchmal jedoch im Datenbereich des Nutzprozesses. Im letzten Fall muß es dann ggf. einen Rumpf-PCB im Systemdatenbereich geben, da der HS-Bereich dem Nutzprozeß eventuell entzogen werden kann.

Die PCB werden in Listen verwaltet. Für jeden der definierten globalen Prozeßzustände gibt es eine Ankeradresse (Abb. 3.7), die auf die vorwärts und rückwärts gekettete Liste von PCB der Prozesse zeigt, die in dem entsprechenden Globalzustand sind. Statt dieser doppelt geketteten Ringlisten können auch einfach gekettete Listen verwendet werden (Abb. 3.8). Diese sind natürlich nicht so sicher im Vergleich zu den doppelt geketteten Listen. Außerdem erleichtert die Vor- und Rückwärtskettung das Suchen nach einem PCB.

Die Verwaltung von Listen der PCB und auch von Informationen ist ein wesentliches Kennzeichen der BS-Kerne. Deshalb existieren im BS-Kern Prozeduren zur Listenverarbeitung. Die Elemente der Listen werden oft als

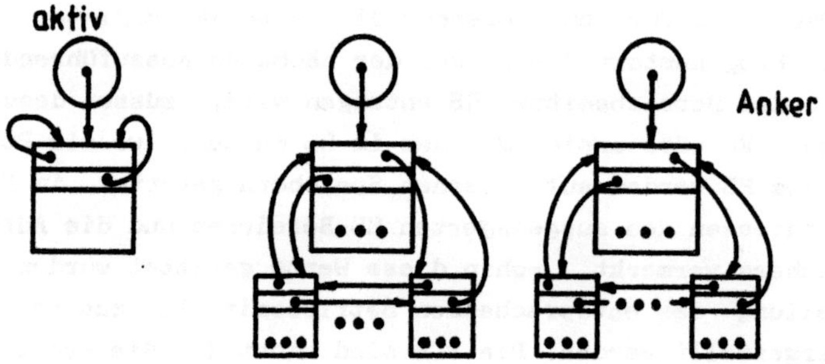

Abb. 3.7. Verwaltung der PCB

Puffer bezeichnet. Die wesentlichen Funktionen dieser Pufferverwaltung sind

- Puffer anfordern,
- Puffer freigeben,
- Puffer in Liste einketten,
- Puffer aus Liste ausketten
- nächste/vorangehende Pufferadresse in Anker eintragen.

Abb. 3.8. Lineare Liste von PCB

Das Systemoverhead des BS wird also wesentlich durch die Ausführungszeiten der Pufferverwaltung und durch die Zeit für das Retten von Werten von Betriebsmitteln bestimmt. Die Ausführungszeit für den Zuteilungswechsel ergibt sich aus den Bestandteilen

- Retten der Register für den aktiven Prozeß,
- Einketten von dessen PCB in die Liste der bereiten Prozesse,
- Auswählen eines Prozesses aus den bereiten Prozessen gemäß dem entsprechenden Schedulingalgorithmus und
- Wiederherstellen der Register für den neuen aktiven Prozeß.

Die Zeiten bewegen sich je nach BS für eine gleichschnelle Hardware zwischen 0,1 ms und 0,1 s ! Da i. allg. mit der Inanspruchnahme jedes der folgenden BS-Dienste ein Prozessorwechsel einhergeht, ist beim Entwurf und der Implementation eines BS auf diesen Teil ein besonderes Augenmerk zu richten.

Das BS - oder besser die Schnittstellen der Schichten des BS - stellt Dienste für die Prozeßverwaltung bereit. Das sind im wesentlichen

- Kreieren eines Prozesses (create, load and start,.),
- Beenden eines Prozesses (terminate, kill,...),
- Änderung des Betriebsmittel-Forderungsvektors,
- Änderung globaler Eigenschaften (Priorität usw.)

Oft wird im PCB auch der Name des erzeugenden Prozesses festgehalten. Die Nutzprozesse stellen dann eine Baumstruktur (Abb. 3.9) hinsichtlich ihrer Erzeugung dar. Wird ein Sohnprozeß beendet, vererbt er alle seine Söhne an den Vater usw. Der Urvater aller Prozesse ist Bestandteil des BS und nicht zu beenden. Ein Beispiel für eine derartige Prozeßorganisation ist UNIX (Abschnitt 8.3.1).

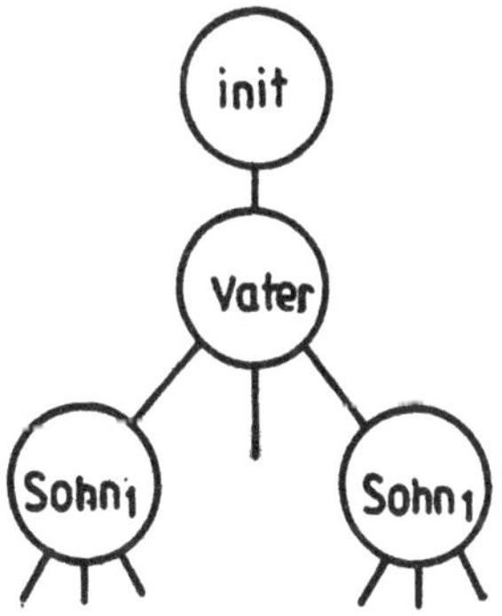

Abb. 3.9. Baumstruktur von Nutzprozessen

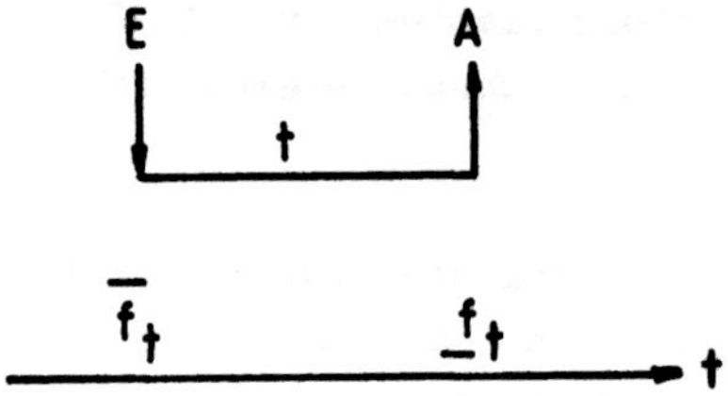

Abb. 3.10. Zur Definition des Teilprozesses

3.3. DETERMINIERTE PROZESSE

Bei der Untersuchung von Prozeßsystemen spielt die Determiniertheit der beteiligten Prozesse eine große Rolle. Dabei wird ein Prozeßsystem als determiniert betrachtet, wenn die Wertebelegungen der Betriebsmittel als Folge der Teilprozesse unabhängig sind von einer Permutation erlaubter Teilprozeßfolgen. Gleichgültig in welcher Reihenfolge die Teilprozesse aller Prozesse ablaufen, sollen die Folgen von Wertebelegungen von Betriebsmitteln eines Prozesses immer gleich sein. Betriebssysteme müssen also dafür sorgen, daß Prozesse bei gleicher Anfangsbelegung in einer beliebigen Umgebung anderer paralleler Prozesse immer die gleichen Wertebelegungen der für den jeweiligen Prozeß relevanten Betriebsmittel besitzen. Weniger strenge Festlegungen sind die folgenden:

- Nur die Endwerte der vom Prozeß genutzten globalen Betriebsmittel sind unabhängig von der Prozeßumgebung.
- Nur die Wertefolgen, die über Protokolle die Kommunikation mit der Umwelt darstellen, sollen von der Folge der Transformationen (3.4) aller Prozesse unabhängig sein.

Wir wollen den uninterpretierten Schemata /KAR69/ folgen, d.h., der innere Algorithmus der Prozesse bleibt unbestimmt. Die Prozeßdefinition Definition 3.2 soll dahingehend vereinfacht werden, daß

- die durch den Programmtext festgelegten Transformationen durch einen oder mehrere zugeordnete Prozessoren entsprechend der Steuerkomponente des Programmtextes ausgeführt werden und
- jeder Prozeß in Teilprozesse zerfällt.

Damit können wir schreiben

$$\Pi = \{ \Pi_j \},$$
$$\Pi_j = (F_j, C_j),$$
$$C_j = (T_j, R_j), \qquad (3.9)$$
$$T = \{ T_j \}, \quad j=1, \ldots, n.$$

Den Begriff des Teilprozesses t wollen wir in diesem Abschnitt etwas enger fassen als sonst (Abb. 3.10).

Definition 3.9

Ein **Teilprozeß** t eines Prozesses Π_j wird durch folgende Merkmale charakterisiert:

(1) Die erste Funktion $\underline{f}^{t}$ eines Teilprozesses t benutzt (liest) Werte von globalen (von mehreren Prozessen genutzten) Betriebsmitteln $E_t \subseteq B$.

(2) Die letzte Funktion $\underline{f}^{t}$ eines Teilprozesses t verändert (schreibt) Werte von globalen Betriebsmitteln $A_t \subseteq B$.

(3) Die dazwischen liegenden Funktionen f^i benutzen nur lokale (exklusiv von diesem Prozeß genutzte) Betriebsmittel.

Es wird von allen lokalen Veränderungen abgesehen, und nur solche Funktionen werden berücksichtigt, die zu irgendeiner Beeinflussung des Prozesses durch andere über Betriebsmittel führen können.

Definition 3.10

Die **Ordnungsrelation** R_j auf der Menge der Teilprozesse T_j ist zweistellig, wobei $(t^i, t^{i'}) = t^i R_j t^{i'}$ bedeutet, daß t^i beendet sein muß, bevor $t^{i'}$ beginnt. Außerdem sei R_j

- transitiv, d.h. $(t^k, t^{k'}), (t^{k'}, t^{k''}) \dashrightarrow (t^k, t^{k''})$ und

- asymmetrisch, d.h. $(t^k, t^{k'}) \in R_j \dashrightarrow (t^{k'}, t^k) \notin R_j$.

Durch diese Definition der Ordnungsrelation der Steuerkomponente eines Prozessors haben wir die Folge der Teilprozesse zwangsweise sequentialisiert. Das Konstrukt Zyklus einer Programmiersprache wird dadurch in die tatsächlich ausgeführte Sequenz von Ausführungsfunktionen aufgelöst. Das dient zur besseren Überschaubarkeit des Folgenden.

Die Ordnungsrelationen R_j lassen sich durch Präzedenzgraphen bzw. durch Präzedenzmatrizen angeben. Es sei hier nur erwähnt, daß mit diesem Apparat bei Vorliegen der Präzedenzgraphen aller Prozesse durch geeignete Algorithmen die maximale Parallelität von Teilfolgen von Teilprozessen bestimmt werden kann. Zur Ausnutzung dieser maximalen Parallelität müßten dann neue Prozesse auf der Basis laufender Teilprozeßfolgen definiert werden.

Die Aktionsfolge eines uninterpretierbaren Prozeßsystems ist nun gegeben als

$$\alpha = f^1 \, f^2 \, \ldots \, f^{21} \quad \text{mit } l = |T_j| \tag{3.10}$$

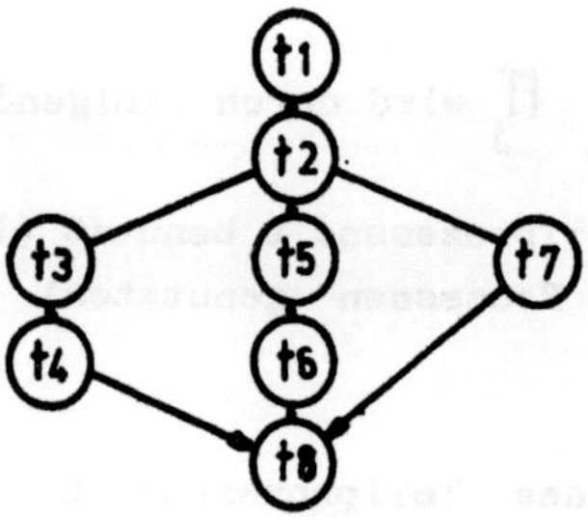

R	1	2	3	4	5	6	7	8
1	0	1	1	1	1	1	1	1
2	0	0	1	1	1	1	1	1
3	0	0	0	1	0	0	0	1
4	0	0	0	0	0	0	0	1
5	0	0	0	0	0	1	0	1
6	0	0	0	0	0	0	0	1
7	0	0	0	0	0	0	0	1
8	0	0	0	0	0	0	0	0

Abb. 3.11. Beispiel eines Prozeßsystems

Betrachten wir das Beispiel aus Abb. 3.11. Gültige Aktionsfolgen sind z.B:

$\bar{f}^{t1} \, \underline{f}^{t1} \, \bar{f}^{t2} \, \underline{f}^{t2} \, \bar{f}^{t3} \, \underline{f}^{t3} \, \bar{f}^{t4} \, \underline{f}^{t4} \, \bar{f}^{t5} \, \underline{f}^{t5} \, \bar{f}^{t6} \, \underline{f}^{t6} \, \bar{f}^{t7} \, \underline{f}^{t7} \, \bar{f}^{t8} \, \underline{f}^{t8}$ oder

$\bar{f}^{t1} \, \underline{f}^{t1} \, \bar{f}^{t2} \, \underline{f}^{t2} \, \bar{f}^{t5} \, \underline{f}^{t5} \, \bar{f}^{t6} \, \underline{f}^{t6} \, \bar{f}^{t7} \, \underline{f}^{t7} \, \bar{f}^{t3} \, \underline{f}^{t3} \, \bar{f}^{t4} \, \underline{f}^{t4} \, \bar{f}^{t8} \, \underline{f}^{t8}$ oder ..

Die Aktionsfolge (3.10) bestimmt eine Folge von Werten $W^0 \, W^1 \ldots W^{21}$ mit

$$W^i = (W\,(b^1(i)),\ldots,W\,(b^m(i))) \; . \tag{3.11}$$

Wegen der Definitionen 3.8 und 3.10 gilt dann

$$\begin{aligned} W\,(b\,(k+1)) &= W\,(b\,(k)) & \forall b \in B\,, \;\; \forall f^{k+1} = \bar{f}^t \quad \text{und} \\ W\,(b'\,(k+1)) &= \underline{f}^t(W\,(b''\,(k))) & \forall b'' \in E_t, \; \forall b' \in A_t, \;\; f^{k+1} = \underline{f}^t \\ W\,(b\,(k+1)) &= W\,(b\,(k)) & \forall b \notin A_t\,, \;\; \forall f^{k+1} = \underline{f}^t \end{aligned} \tag{3.12}$$

Aus (3.12) ist ersichtlich, daß alle $\bar{f}^t$ die Werte der Betriebsmittel nicht ändern und alle $\underline{f}^t$ nur die Werte der Betriebsmittel des Ausgabebereiches ändern. Betrachten wir nun die Folge von Werten V eines Betriebsmittels b während der Aktionsfolge (3.10), so ergibt sich mit (3.12) die rekursive Definition

$$V_0(b_j) = b(0)$$

$$V_{k+1}(b;\ f^1 f^2 \ldots f^{k+1}) = \begin{cases} V(b;\ f^1 f^2 \ldots f^k) W(b(k+1)), & \text{falls } f^k = \underline{f}^t,\ b \in A_t, \\ V_k(b;\ f^1 f^2 \ldots f^{k-1}) & \text{sonst} \end{cases} \tag{3.13}$$

Die Länge der Wertefolge des Betriebsmittels hängt davon ab, wie oft dem Betriebsmittel gemäß (3.12) ein Wert zugewiesen wird. Aus der Sicht des BS interessieren uns dabei nur solche Betriebsmittel, die von mehreren Prozessen genutzt werden. Falls nur ein Prozeß vorliegt, wird die Aktionsfolge (3.10) immer die gleiche sein. Wir unterstellen dabei, daß die Funktionen f^t immer die gleiche Transformation gemäß Definition 3.2 ausführen und daß die Hardware fehlerfrei ist. Anderenfalls käme man zur Problematik der fehlertoleranten Systeme, die hier aber nicht behandelt werden soll.

Definition 3.11

Ein Prozeßsystem Π ist **determiniert**, wenn

- für eine gegebene Anfangsbelegung W^0 der Betriebsmittel B und
- für alle Permutationen gültiger Aktionsfolgen α und α' gilt

$$V(b;\ \alpha) = V(b;\ \alpha') \quad \forall b \in B$$

Wir wollen noch zwei weitere plausible Definitionen anfügen.

Definition 3.12

Ein Prozeßsystem Π ist **störungsfrei**, wenn gilt

$$\forall t^k, t^{k'} \in T\ ,\quad t^k \neq t^{k'}$$

(1) $(t^k, t^{k'}) \in R$ oder $(t^{k'}, t^k) \in R$ oder

(2) $A_t^k \cap A_t^{k'} = A_t^k \cap E_t^{k'} = E_t^k \cap A_t^{k'} = \emptyset$.

Definition 3.13

Ein Prozeßsystem Π ist **verlustfrei**, wenn gilt

$$\forall t \quad A_t \neq \emptyset .$$

Damit lassen sich die zwei folgenden Sätze beweisen. Die Beweise sind in /KRA75/ und /KAR69/ angegeben.

Satz 3.1

Jedes verlustfreie, determinierte Prozeßsystem Π ist störungsfrei.

Satz 3.2

Jedes störungsfreie Prozeßsystem Π ist determiniert.

Durch die angegebenen Definitionen ist der Begriff Determiniertheit strenger gefaßt worden. Die Prozesse des Prozeßsystems Π in einem BS sind sich wechselseitig ihrer Existenz nicht bewußt. Aber gerade durch die Existenz mehrerer Prozesse und die gemeinsame Nutzung von globalen Betriebsmitteln kann die Determiniertheit verletzt werden. Das BS muß Mittel bereitstellen, um die möglichen Permutationen erlaubter Aktionsfolgen einzuschränken. Dazu benötigt es aber Informationen von den Prozessen. Die Prozesse müssen sich wechselseitig ihrer Existenz bewußt werden, ohne jedoch genaue Kenntnis über andere Prozesse zu haben. Das BS benötigt also von den Prozessen Informationen über die benötigten Betriebsmittel und die Art und Weise ihrer Nutzung. Dieser Problematik wollen wir uns im nächsten Abschnitt zuwenden.

3.4. PROZESS-STEUERUNG

3.4.1. TEILPROZESSE

Wir haben im vorangehenden Abschnitt herausgearbeitet, daß eine Störung der Determiniertheit der Prozesse durch die Benutzung globaler Betriebsmittel entstehen kann. Die Benutzung dieser mehrfach genutzten globalen Betriebsmittel unterliegt also gewissen Einschränkungen, die bei jeder Änderung der Betriebsmittelzuordnung zu beachten sind. Es ist also ausreichend für das BS, die Prozesse nur soweit in Teilprozesse t zu zerlegen, daß bei deren Anfang bzw. Ende eine Änderung der Betriebsmittelzuordnung bzw. der Einschränkungen der Benutzung (z.B. statt mehrfacher Nutzung Forderung nach exklusiver Nutzung) auftritt. Der Einfachheit halber und für die weiteren Betrachtungen völlig ausreichend, können wir die Anweisungsfunktionen $\underline{f}^{k-1}$ am Ende des Teilprozesses t^{k-1} und die Anweisungsfunktionen $\bar{f}^k$ des nächsten Teilprozesses t^k zu einer Anweisungsfunktion f^k zusammenfassen

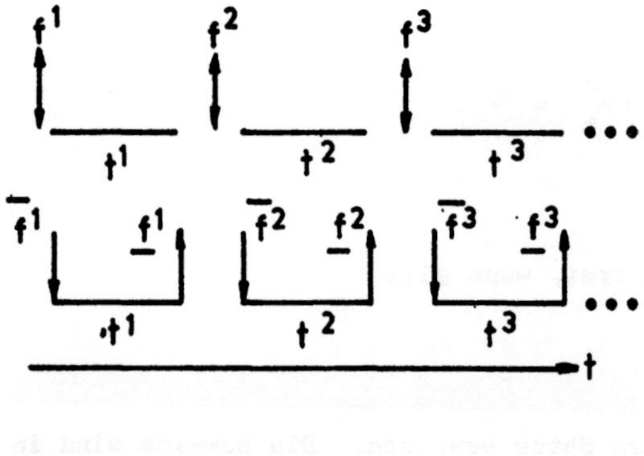

Abb. 3.12. Teilprozesse

(Abb. 3.12). Die Anweisungsfunktionen f^k enthält also eine oder mehrere der folgenden Einzelfunktionen für das BS

(1) Anfordern eines Betriebsmittels,
(2) Abgeben eines Betriebsmittels,
(3) Änderung der Benutzungseigenschaften eines zugeteilten Betriebsmittels,
(4) Entzug eines Betriebsmittels.

Die ersten drei Einzelfunktionen werden durch den Nutzprozeß ausgelöst und die letzte durch den PUM der darunterliegenden höher privilegierten Schicht.

Definition 3.14

Ein **Teilprozeß** t^k ist eine Teilfolge von Anweisungen eines Prozesses Π_j, der begrenzt wird durch eine Anweisungsfunktion f^k, die zu einer Änderung der Zuordnung oder der Benutzungseigenschaften eines globalen Betriebsmittels führt.

Wir können die Dynamik eines Prozesses kennzeichnen durch die Folge dieser Anweisungsfunktionen f^k **oder** durch die Folge der Teilprozesse t^k. Beide Beschreibungsformen sollen im weiteren als äquivalent angenommen werden (Abb. 3.12).

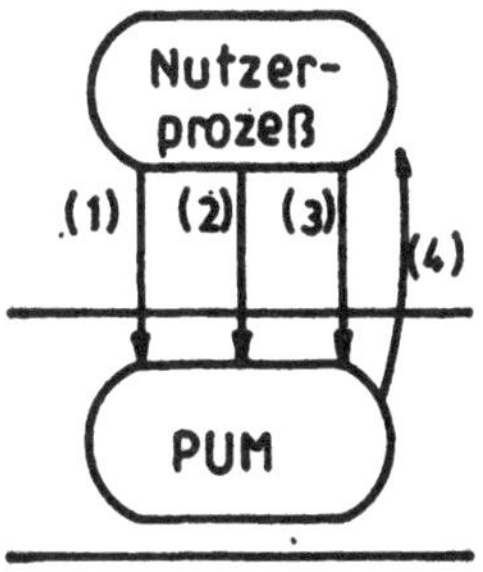

Abb. 3.13. Anweisungsfunktionen von Typen

3.4.2. KRITISCHER ABSCHNITT

Die Prozesse sind sich ihrer gegenseitigen Existenz bewußt, ohne die anderen Prozesse zu kennen. Sie wissen nur, daß sie ggf. Betriebsmittel gemeinsam nutzen. Das bedeutet, daß durch einen Prozeß die Werte von Betriebsmitteln geändert werden können. Ein anderer Prozeß erwartet Werte, die er in das Betriebsmittel eingetragen hatte, obwohl der erste Prozeß diese Werte in der Zwischenzeit verändert hat. Zwei Prozesse könnten ein File benutzen. Wenn beide Prozesse Werte in diesem File ändern, hängt die Wertefolge der beteiligten Prozesse von der relativen Geschwindigkeit der Teilprozesse ab. Die Teilprozesse laufen nicht mehr determiniert ab.

Betrachten wir ein anderes Beispiel. Die Prozesse erhalten zwei gemeinsame Hauptspeicherplätze, die die beiden Variablen a und b repräsentieren.

```
                         a = b = 1;
            Π1                                  Π2
             .                                   .
             .                                   .
             .                                   .
a = ++b; /* t11 */                  b = a * a ; /* t21 */
a = a+4; /* t12 */                  a = ++b ;   /* t22 */
             .                                   .
             .                                   .
             .                                   .
```

Abb. 3.14. Beispiel zweier Prozesse mit gemeinsam benutztem Betriebsmittel HS

			Π_1			Π_2		
α^1	α^2	α^3	$V(a,\alpha^1)$	$V(a,\alpha^2)$	$V(a,\alpha^3)$	$V(a,\alpha^1)$	$V(a,\alpha^2)$	$V(a,\alpha^3)$
t^{11}	t^{11}	t^{21}	2	2				1
t^{12}	t^{21}	t^{22}	6				2	2
t^{21}	t^{12}	t^{11}		6	3	6		
t^{22}	t^{22}	t^{12}			7	37	5	

Abb. 3.15. Einige mögliche Teilprozeß- und Wertefolgen des Beispiels aus Abb. 3.14

Das Beispiel zeigt, daß die Wertefolgen von a nicht nur vom jeweiligen Prozeß Π_j abhängen, sondern auch von der relativen Prozeßgeschwindigkeit. Diese hängt aber vom gesamten Prozeßsystem ab, z.B. davon, wie die Prozesse den einzigen Prozessor zugeteilt bekommen.

Man kann nun durch geeignete Anweisungsfunktionen $f^{i0} = f^P$ und $f^{i3} = f^V$ erzwingen, daß die kritischen Anweisungen f^{i1} und f^{i2} nicht miteinander vermischt auftreten können. Dann bleiben aber immer noch die beiden Anweisungsfolgen α^1 und α^3, die zu unterschiedlichen Wertefolgen $V(a, \alpha^i)$ führen. Das Erzwingen einer eindeutigen Wertefolge hängt dann aber von der Kenntnis der Prozesse untereinander im Detail ab. Die Prozesse müssen sich bezüglich ihrer Teilprozeßfolgen synchronisieren. Das wird im Abschnitt 3.4.3. genauer betrachtet. Zunächst wenden wir uns der zeitweisen exklusiven Nutzung von Betriebsmitteln zu. Im Beispiel der Abb. 3.16 benutzen zwei Prozesse einen gemeinsamen Speicher. Es ist jetzt nur noch zu sichern, daß die Anweisungsfolgen f^P und f^V beider Prozesse nicht vermischt werden.

Π_1

```
f^p ;
a = b = 2 ;
a = ++b ;
a = a + 4 ;
c = a * b ;
f^v ;
```

Π_2

```
f^p ;
a = b = 17 ;
b = a * a ;
a = ++b ;
c = a + b ;
f^v ;
```

Abb. 3.16. Nutzung der gemeinsamen Speicher a, b durch zwei Prozesse

Definition 3.15

Ein **kritischer Abschnitt (K.A.)** ist eine Teilprozeßfolge eines Prozesses Π_j, in deren Sequenz Werte der benutzten Betriebsmittel durch einen anderen Prozeß $\Pi_{j'}$ verändert werden könnten.

Ein kritischer Abschnitt bezieht sich **immer** auf ein bestimmtes Betriebsmittel. Kritische Abschnitte bez. eines Betriebsmittels kann es ebenso mehrere in einem Prozeß geben, wie in verschiedenen Prozessen. Zur Gewährleistung der Determiniertheit muß nun gesichert werden, daß in einem Prozeßsystem kritische Abschnitte nur von jeweils einem Prozeß betreten werden und gleichzeitig keine wechselseitige Behinderung der Prozesse untereinander auftreten. Die Forderungen an die Prozeßsteuerung lauten dementsprechend:

Forderung 3.1

(1) Die Prozesse müssen determiniert ablaufen. Dazu darf sich nur ein einziger Prozeß im K.A. eines bestimmten Betriebsmittels befinden (wechselseitiger Ausschluß=mutual exclusion).

(2) Falls ein Prozeß außerhalb des K.A. nicht weiter fortschreitet (weil er auf irgendein Betriebsmittel wartet), hat dies keinen Einfluß auf die Aktionen anderer Prozesse.

(3) Das Betreten des K.A. durch einen Prozeß darf nicht beliebig lange aufgeschoben werden.

(4) Alle Prozesse müssen in endlicher Zeit alle von ihnen benötigten Betriebsmittel erhalten.

(5) Die Anforderungen (1)-(4) müssen unabhängig von der relativen Ausführungsgeschwindigkeit der Prozesse Π_j sein.

3.4.2.1. UNTEILBARE OPERATIONEN

Um überhaupt eine Steuerung durchführen zu können, muß sichergestellt sein, daß eine Anweisungsfunktion zeitlich unteilbar ausgeführt werden kann. Eine solche unteilbare (atomare) Anweisung eines Prozesses wird bis zu ihrem Ende ausgeführt, ohne daß ein anderer Prozeß sie stören kann. In unserer Schichtenstruktur bezieht sich das immer auf Prozesse einer Schicht, also auf gleichberechtigte Prozesse. In der untersten Schicht ist das durch die Hardware gesichert. Eine Anweisung, die durch den arithmetisch-logischen Prozessor ausgeführt wird, kann nicht durch ein asynchrones Unterbrechungssignal eines anderen Prozessors (oder einer Gerätesteuereinheit) unterbrochen werden. Eine Anweisung eines Prozesses einer höheren Schicht kann nicht durch die Anweisung eines anderen Prozesses dieser Schicht gestört werden. Sie kann jedoch verzögert werden durch eine Anweisung (oder mehrere) eines Prozesses aus einer niederen (also höher privilegierten) Schicht. Das hat bei einer sauberen Schichtenstrukturierung aber keinen Einfluß auf die Steuerung der Prozesse in der ursprünglichen Schicht.

Wir können nun das Problem der Prozeßsteuerung durch das Grundmodell in Abb. 3.17 darstellen. Die Funktion f^p prüft vor dem Betreten des K.A., ob das Betreten überhaupt erlaubt ist. Die Funktion f^v erlaubt anderen Prozessen das Betreten eines K.A. desselben Betriebsmittels. Im einzelnen haben die Anweisungsfunktionen f^p und f^v die in Abb. 3.18 dargestellte Struktur.

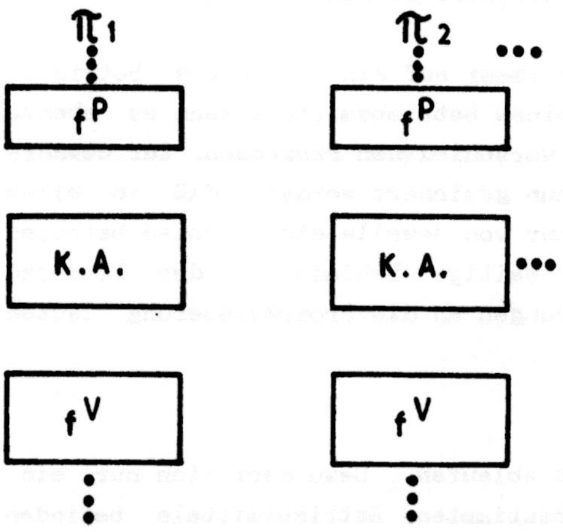

Abb. 3.17. Grundmodell der Prozeßsteuerung

f^p: if (/*anderer Prozeß in K.A.*/)
/* stillegen*/;
else /*K.A. als belegt kennzeichnen*/;

f^v: if (/*anderer Prozeß bez. K.A. stillgelegt*/)
/* aktivieren*/
else /*K.A. als frei kennzeichnen*/;

Abb. 3.18. Die Funktionen f^p und f^v

Das Problem der Prozeßsteuerung ist damit nur auf eine geeignete Implementation der Funktionen f^p und f^v zurückgeführt worden. Es werden zwei Grundtypen der Steuerung unterschieden, die in den folgenden Abschnitten diskutiert werden.

Dezentrale Steuerung
Die Funktionen f^p und f^v werden durch die Prozesse selbst implementiert auf der Basis der unteilbaren Anweisungen Lesen und Schreiben einer Variablen.

Zentrale Steuerung
Die Funktionen f^p und f^v sind für die Prozesse ihrer Schicht unteilbare Anweisungen. Sie werden in darunterliegenden (d.h. höher privilegierten Schichten) implementiert und sind damit für die darüber liegende Schicht unteilbare Anweisungsfunktionen.

Es muß betont werden, daß jede Prozeßsteuerung vom "Wohlverhalten" der beteiligten Prozesse abhängt. Wenn ein Prozeß "vergißt", die Funktion f^v aufzurufen, erscheint es den anderen Prozessen so, als ob er sie noch im K.A. wäre. Er verletzt zwar nicht formal die Anforderungen an die Prozeßsteuerung, behindert aber die anderen Prozesse durch ungerechtfertigte Ausdehnung der K.A. Wenn dann noch das BS bei Beenden eines derartigen Prozesses nicht erkennt, daß er noch in einem K.A. war, können andere Prozesse überhaupt nicht weiter fortschreiten. Wir werden bei der Behandlung des zentralen Steuerungsmittels Semaphor als Betriebsmittel allerdings erkennen, daß sich dieses letzte Problem automatisch löst.

3.4.2.2. PROZESS-STEUERUNG FÜR SYSTEME MIT EINEM PROZESSOR

Wenn nur ein einziger Prozessor vorhanden ist, existiert die Problematik der K.A. überhaupt nicht. In einem Zeitintervall kann nur der einzige Prozessor die Werte von Betriebsmitteln ändern, und es entstehen überhaupt keine Konflikte. Der Prozessor kann nur freiwillig von den Prozessen abgegeben werden. Das wird ein Prozeß aber nicht in einer Teilprozeßfolge tun, die kritisch bez. eines Betriebsmittels ist. Damit stellt sich sofort die Frage, ob es überhaupt sinnvoll ist, in derartigen Rechnersystemen mehrere parallele Prozesse zuzulassen. Betrachtet man das Rechnersystem isoliert, wird man diese Frage sofort verneinen. Es sei ausdrücklich betont, daß auch auf höheren Schichten nicht mehrere "virtuelle" Prozessoren existieren können. Wer sollte diese erzeugen ? Es wäre ein Betriebsmittel-Transformationsprozeß erforderlich, der zumindest eine unabhängige Uhr (Zeitgeber) benötigt. Diese Uhr wäre der zweite Prozessor! Abb. 3.19.a zeigt also die Sequenz der Prozesse, die zwangsweise entsteht. Eine Forderung von Betriebsmitteln des einzigen Prozesses kann entweder sofort oder nie erfüllt werden. Eine Zerlegung in Teilprozesse würde keinen Effekt zeigen. Eine andere Situation ergibt sich, wenn man die Umwelt des RS berücksichtigt. Dann können Betriebsmittel, wie Nachrichten oder Signale, durch die Umwelt erzeugt und durch die Prozesse verbraucht werden bzw. umgekehrt. Man braucht dabei nur an interaktive Systeme zu denken. Der Prozeß erzeugt eine Nachricht für den Nutzer, der diese verarbeitet und eine Antwort an den Prozeß schickt, die dieser verbraucht (Abb. 3.19.b). Da die Anwortzeiten des Nutzers Sekunden oder gar Minuten betragen, lohnt es sich, den Prozessor währenddessen einem anderen Prozeß zuzuteilen. Das kann immer dann erfolgen, wenn ein Betriebsmittel gefordert bzw. abgegeben wird. Wenn RS interaktiv genutzt werden, ist es also sinnvoll, parallele Prozesse zuzulassen.

Damit existieren mehrere Prozesse, die durchaus globale Betriebsmittel gemeinsam nutzen können. Kritische Abschnitte spielen also wieder eine Rolle. Aber eine Prozeßumschaltung kann nur explizit durch den Prozeß, der den einzigen Prozessor besitzt, erfolgen. Eine asynchrone Werteveränderung von Betriebsmitteln gibt es nicht. Ein Prozeß braucht den Prozessor nur außerhalb von K.A. abzugeben (z.B. für Forderungen/Abgaben von Betriebsmitteln). Ist das aus Gründen der den Prozessen unterliegenden Algorithmen nicht möglich, müssen Steuerungsmechanismen benutzt werden. Alle im nächsten Abschnitt diskutierten Mechanismen sind möglich, auch die, die dort aus Gründen der asynchronen parallelen Werteveränderung von Betriebsmitteln durch verschiedene Prozessoren verworfen werden. Wenn nur ein einziger Prozessor (d.h. auch keine selbständig arbeitende Ein-/Ausgabesteuereinheit) vorhanden ist, kann jede Anweisungsfunktion und auch jede Folge von Anweisungsfunktionen als unteilbar angesehen werden.

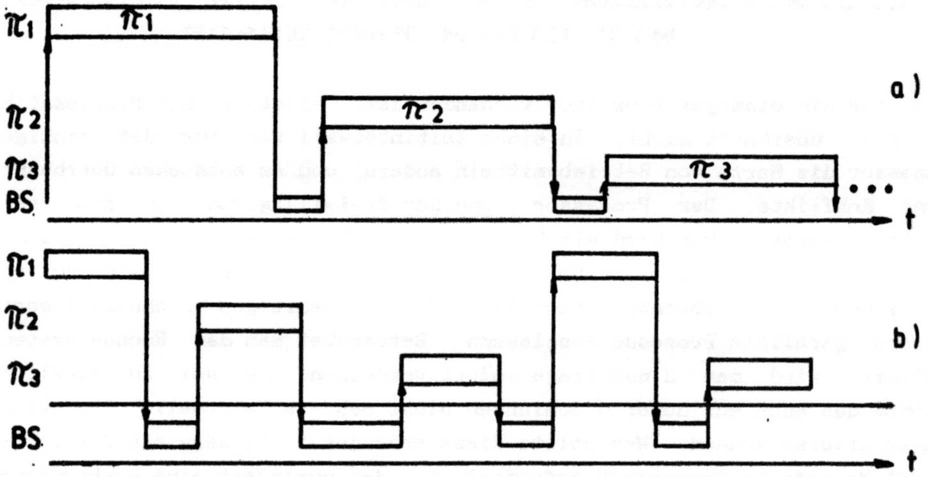

Abb. 3.19. Prozesse in RS mit einem Prozessor

3.4.2.3. PROZESS-STEUERUNG FÜR SYSTEME MIT MEHREREN PROZESSOREN

Dezentrale Steuerung

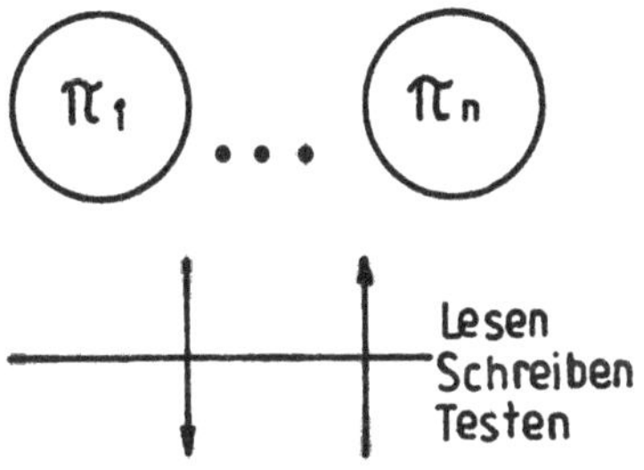

Abb.3.20. Schnittstelle der Prozesse für dezentrale Steuerung

Bei der dezentralen Steuerung werden die Funktionen f^p und f^v durch die Prozesse selbst implementiert. Diese benutzen dazu die unteilbaren Anweisungsfunktionen Lesen, Schreiben und Testen einer oder mehrerer variablen S bzw. S_j. Um die Probleme deutlich zu machen, werden im folgenden einige Lösungsansätze diskutiert. Dazu benutzen wir zyklische Teilprozeßfolgen mit einem K.A. In realen Prozessen treten die K.A. natürlich auch in Sequenzen auf. Das würde die Beispiele nur unnötig verlängern. Ebenso werden nur zwei Prozesse angegeben. Im allgemeinen werden die K.A. bez. eines Betriebsmittels b (bezeichnet mit K.A.(b)) in mehr als zwei Prozessen auftreten können. Das Grundprinzip der folgenden Implementationen (mit Implementation i bezeichnet) beruht darauf, daß eine oder mehrere Synchronisationsvariablen Auskunft darüber geben, ob sich ein

```
    f^p,                      while (1)
 K.A.(b)                      {
    f^v                         f^p ;/*Prüffunktion*/
                              { /* K.A.(b) */};
                                f^v ;/*Verlassenfkt.*/
                              }
```

Abb. 3.21. Zyklische Teilprozeßfolgen

Prozeß im K.A.(b) befindet. Die einzelnen Implementationen werden anhand der Forderungen 3.1 diskutiert.

Implementation 3.1.

```
                    S = 1 ;
         Π1                            Π2
while (1)                      while (1)
 {                              {
  f^p: {while (S==2);},          f^p: {while (S==1);},
  { /* K.A.(b) */ };             { /* K.A.(b) */ };
  f^v: { S = 2; };               f^v: { S = 1; };
 },                             },
```

(1) Die while-Konstruktion besteht eigentlich aus wenigstens zwei unteilbaren Anweisungen
- Lesen von S und
- Testen von S .

Trotzdem wird gesichert, daß nur ein Prozeß den K.A. (b) betritt.

(2) Eine wechselseitige Behinderung außerhalb des K.A.(b) tritt nicht auf.

(3) Wenn Π_1 anhält, wird auch der Prozeß Π_2 (und umgekehrt) angehalten.

(4) Beide Prozesse erhalten in endlicher Zeit ihre Betriebsmittel.

(5) Die Teilprozeßfolgen der beiden Prozesse sind nicht unabhängig von der relativen Ausführungsgeschwindigkeit zueinander. Die Implementation der Funktionen f^P und f^V erzwingt eine strenge Sequenz von Teilprozeßfolgen.

$$K.A.(b)_1 \; K.A.(b)_2 \; K.A.(b)_1 \; K.A.(b)_2 \; \ldots$$

Es werden also die Anforderungen (3) und (5) verletzt. Diese Implementation ist trotz ihrer Einfachheit für den allgemeinen Fall ungeeignet.

S = 1;

Berechnungsprozeß	Ausgabeprozeß
while (1)	while (1)
{	{
f^P: while (S==2);	f^P:while (S==1);
{ /* Berechnung von Ausgabewerten*/};/*K.A.(A)$_1$*/	{ /* Ausgaben */ }; /*K.A.(A)$_2$*/
f^V: {S = 2 ;}	f^V: {S = 1 ;}
};	};

Abb. 3.22. Kritische Abschnitte zur Organisation der Ein-/Ausgabe

Dennoch gibt es sinnvolle Anwendungen für diese einfachste Implementation von f^P und f^V. Das sind solche, wo die alternierende Folge der K.A. gefordert wird, wie z.B. bei derEin-/Ausgabe oder die Protokollabwicklung zwischen zwei Partnern, die gerade die alternierende Folge verlangen. In Abb. 3.22 werden durch den Berechnungsprozeß Werte berechnet, die ausgegeben werden sollen. Diese können jedoch erst dann in den Ausgabebereich A eingetragen werden, wenn die vorangehenden Werte durch den Ausgabeprozeß ausgegeben werden. Das globale Betriebsmittel A kann im K.A.(A) nur von einem Prozeß (exklusiv) genutzt werden.

Es soll nicht verschwiegen werden, daß die Verletzung der Anforderung (5) eine bestimmte Teilprozeßfolge des Prozeßsystems erzwingt. Der Berechnungsprozeß wird durch Setzen der Variablen S auf 2 mit dem Ausgabeprozeß synchronisiert. Damit entsteht implizit ein Synchronisationsmittel. Im Abschnitt 3.4.3 wird das noch ausführlicher behandelt.

Kehren wir zur ursprünglichen Aufgabe zurück und versuchen, die beiden Prozesse durch Einführen von zwei Variablen zu entkoppeln.

Implementation 3.2

S1 = S2 = 1 ,

Π_1

```
while (1)
 {
  f^P: { while  (S2==0); S1=0; };
       { /* K.A.(b) */ }
  f^V: {S1 = 1; }
 };
```

Π_2

```
while (1)
 {
  f^P: { while (S1==0); S2=0;};
       { /* K.A.(b) */ };
  f^V: { S2 = 1; };
 };
```

Bei dieser Implementation werden zwei Flagvariable verwendet. Befindet sich Π_i im K.A.(b), wird Si = 0 gesetzt. Wir haben jedoch mehrere Prozessoren vorausgesetzt, die beide Prozesse parallel vorantreiben. Daraus folgt, daß beide Prozesse gleichzeitig die Abfrage

while (Si = 0) ;

durchlaufen können und in den K.A. gelangen können. Damit ist die Forderung (1) verletzt.

Versuchen wir es nun mit einer leichten Änderung, indem wir zuerst das Besetztsein in f^p anzeigen (Si = 0) und erst testen, ob der K.A. durch den anderen Prozeß belegt ist.

Implementation 3.3.

S1 = S2 = 1 ;

Π_1

```
while (1)
 {
  f^P: { S1 = 0 ;
       while (S2==0);
       };
  { /* K.A.(b) */ };
  f^V: { S1 = 1 ; };
 };
```

Π_2

```
while (1)
 {
  f^P: { S2 = 0 ;
       while (S1==0);
       };
  { /* K.A.(b) */ };
  f^V: { S2 = 1 ; };
 };
```

Diese Implementation erfüllt zwar die Forderung (1), aber nicht die Forderung (3). Wenn beide Prozesse gleichzeitig f^p ausführen (was beim Vorliegen von zwei Prozessoren ohne weiteres möglich ist) , finden sie beide den K.A.(b) schon besetzt vor, obwohl ihn noch keiner betreten hat. Das liegt letztendlich daran, daß die Flagvariablen zu früh auf "belegt" gesetzt werden.

Man könnte denken, daß sich das durch Löschen während des Wartens lösen ließe. Bei der Implementation 3.4 wird die Besetztanzeige im negativen Fall

Implementation 3.4.

S1 = S2 = 1

Π_1

```
while (1)
 {
  f^p: { S1 = 0 ;
     if (S2==0) {S1=1;goto f^p;},
     };
  { /* K.A.(b) */};
  f^v: { S1 = 1; };
 };
```

Π_2

```
while (1)
 {
  f^p: { S2 = 0 ;
     if (S1==0) {S2=1;goto f^p;};
     };
  { /* K.A.(b) */ };
  f^v: { S2 = 1; };
 };
```

wieder zurückgesetzt und f^p von vorn begonnen, um dem anderen Prozeß die Möglichkeit des Zutritts zum K.A. zu geben. Wenn aber nun beide Prozesse ihre Anweisungen parallel ausführen, kommt es zu einer Situation "Bitte nach Ihnen!". Damit wird jedoch die Forderung (3) verletzt, denn die Prozesse können unendlich lange auf das Betreten des K.A. warten.

Zur Lösung des Problems "Bitte nach Ihnen!" führen wir eine dritte Flagvariable **next** ein, die angibt, welcher der Prozesse als nächster den K.A.(b) betreten darf, wenn beide gleichzeitig die Funktion f^p durchlaufen.

Implementation 3.5

next = S1 = S2= 1;

Π_1

```
while (1)
 {
  f^p: { S1 = 0 ;
       while (S2==0)
          { while (next!=1) S1=1;
            S1 = 0; };
       };
  { /* K.A.(b) */ };
  f^v: { next = 2; S1 = 1, };
 },
```

Π_2

```
while (1)
 {
  f^p: { S2 = 0 ;
       while (S1==0)
        { while (next!=2) S2=1;
          S2 = 0; }
       };
  { /* K.A.(b) */} ;
  f^v: { next = 1; S2 = 1 };
 };
```

Diese von Dekker für zwei Prozesse stammende Lösung wurde von Dijkstra /DIJ65/ für n Prozesse erweitert und von Knuth /KNU66/ korrekt angegeben. Die Lösung von Dijkstra war insofern fehlerhaft, als ein Prozeß unter Umständen beliebig lange auf Zuweisung eines Betriebsmittels warten mußte. Die Lösung Implementation 3.5 erfüllt alle fünf Anforderungen der Forderung 3.1. Die äußere while-Schleife gewährleistet, daß sich nur ein Prozeß im K.A.(b) befindet. Jeder Prozeß kann beliebig oft seine K.A.(b) durchlaufen. Lediglich in der Situation, wenn beide Prozesse gleichzeitig f^p durchlaufen, erhalten die Prozesse abwechselnd die Priorität zum Betreten des K.A.(b) Die Lösung für n Prozesse ist in Implementation 3.6 angegeben.

Implementation 3.6

```
                    int a[n]={0} ; int next = 0 ,

while (1)           /* Prozeßidentifikatoren j=0,...n-1 */
 {
  f^P: { a[j] = 1;
  f^P_1: for (i=next; i%n!=next; i++ )

          if (i=j) goto f^P_2; else if a[i]!=0 goto f^P_1 ;

  f^P_2: a [j] = 2,

       for (i=0; i<n; i++) if (i!=j&& a[i]==2) goto f^P;
       next = j;
  },
  { /* K.A.(b) */ } ,
  f^v: {next =next%n; a[j]=0; },
 };
```

Mit a[j] = 0 wird angezeigt, daß sich der Prozeß außerhalb eines K.A., mit a[j] = 1 in f^P und mit a[j] = 2 im K.A. befindet.

Wir sehen, daß alle bisherigen Implementationen für eine dezentrale Steuerung sehr aufwendig und fehleranfällig sind. Die Ursache liegt darin, daß mit den unteilbaren Operationen Lesen, Schreiben und Testen einer Flagvariablen gearbeitet werden muß. Ein Ausweg besteht darin, komplexere Anweisungsfunktionen über einer Flagvariablen zu verwenden, die mit Hilfe besonderer Maschinenanweisungen implementiert werden (Abb. 3.23). Die Funktionen LOCK (S) und UNLOCK (S) sind unteilbare Operationen. Sie beziehen sich auf eine Flagvariable S, die ein Betriebsmittel b_S repräsentiert. Mit diesen Funktionen kann man also K.A.(b) "klammern" und erzwingen, daß nur ein Prozeß den K.A.(b) betritt und die anderen ausgeschlossen werden. Die Implementation von LOCK und UNLOCK hängt von den Möglichkeiten der Hardware-Schnittstelle ab. Derartige unteilbare Anweisungen sind

```
while (1)
 { LOCK (S);
   /* K.A.(b_S) */
     UNLOCK (S);
 }
```

Abb. 3.23. Wechselseitiger Ausschluß

- Testen und Setzen eines HS-Platzes (TS (adr,wert)),
- Werteaustausch zweier HS-Plätze (EX (adr1,adr2)),
- Interruptabschaltung bei nur einem Prozessor mit selbständigen Geräten (DI) oder

- durch "INTERLOCK"-Verfahren geschützte Anweisungen.

Implementation 3.7

```
LOCK (S) int S;                    UNLOCK (S) int S;
  {while (!(TS(S,0)));               { S = 1 ;
   return;                             return;
  };                                 };
```

S = 0 bedeutet wieder, daß ein Prozeß sich im K.A.(b_S) befindet. Die unteilbare Anweisung liefert für S = 0 den logischen Wert "falsch". In der LOCK-Funktion wird also die Schleife erst verlassen, wenn TS (S,0) S! = 0 feststellt.

Implementation 3.8

```
LOCK(S) int S;                     UNLOCK(S) int S;
  { int V = 0;                       { int V= 1;
                                       EX (S,V);
     while (!V) EX (S,V);              return;

     return;                         };
  };
```

Falls S!=0 gilt (≙ kein Prozeß im K.A.(b_S)), erhält V durch die unteilbare Anweisung EX einen Wert !=0 und S==0. Damit wird in LOCK die Schleife verlassen und gekennzeichnet, daß ein Prozeß im K.A.(b_S) ist.

Implementation 3.8a

```
LOCK ();                           UNLOCK ();
  { DI() ;                           { EI() ;
     return;                           return;
  };                                 };
```

Wenn nur ein realer Prozessor existiert, können mehrere Proz se nur dadurch parallel arbeiten, daß mit Hilfe des peripheren Gerätes Zeitgeber mehrere virtuelle Prozessoren erzeugt werden. Das Umschalten des Prozessors erfolgt durch den Interrupt-PUM. Durch Verbieten von Interrupts (DI=Disanable Interrupt) wird das Umschalten verhindert, ein zweiter Prozeß kann nicht auf ein globales Betriebsmittel zugreifen. In Multiprozessorsystemen kann es durchaus zu einer überlappten Befehlsabarbeitung

```
/*typedef char command -->anweisung;*/
interlock (befehl) command befehl;
char *befehl;/*command befehl;*/
 { interlockbit int;
   if (Interlockbit !=0)
      { /* Abbruch mit Fehlerbedingung */;
        /* d.h. Interrupt */ };
   interlockbit = 1;
   { /* Ausführung von Befehl */};
   interlockbit = 0;
   return; };
```

Abb. 3.24. Abarbeitung von Interlock-Befehlen

kommen durch zwei oder drei Prozessoren. Die üblichen Maschinenbefehle sind dann nicht immer unteilbar. Der Interlockmechanismus gewährleistet auch bei mehreren Prozessoren, die gleichzeitig auf einen HS zugreifen können, die unteilbare Ausführung von Befehlen. Wie Abb. 3.24 zeigt, ist die Problematik der K.A. in die Hardwareebene verlagert worden. In den Prozessoren der Serie VAX-11 existieren folgende, durch Interlock geklammerte Anweisungen

ADAWI	Addition
INSQHI, INSQTI	Einfügen von Elementen am Anfang/Ende einer Warteschlange
REMQHI, REMQTI	Entfernen von Elementen am Anfang/Ende einer Warteschlange
BBSSI, BBCCI	Testen und Setzen/Löschen einer Flagvariablen.

Mit den komplexen unteilbaren Anweisungen LOCK und UNLOCK läßt sich die dezentrale Steuerung zwar einfacher und übersichtlicher erledigen, es bleiben aber die folgenden entscheidenden Nachteile:

- Die Prozesse werden durch das aktive Warten (Busy Waiting) blockiert. Der entsprechende Prozessor ist ständig beschäftigt, ohne eine Nutzleistung zu erbringen.
- Die Flagvariable kann nur von einem zweiten Prozessor (ggf. von einem virtuellem Prozessor) mit einem neuen Wert belegt werden.
- Ein Prozeßwechsel des beschäftigten Prozessors ist nicht möglich.

Trotz der genannten Nachteile besitzen die unteilbaren Funktionen LOCK (S) und UNLOCK (S) nach wie vor eine große Bedeutung. Wenn "**kurze**" K.A. zu klammern sind, vor allem in den niederen Schichten des BS, erweisen sie sich als ein zweckmäßiges Mittel.

Zentrale Steuerung

Wir haben gesehen, daß Prozesse den Prozessor zwar selbst abgeben, aber nicht wieder selbständig an sich ziehen können. Deshalb mußten sie ihn bei

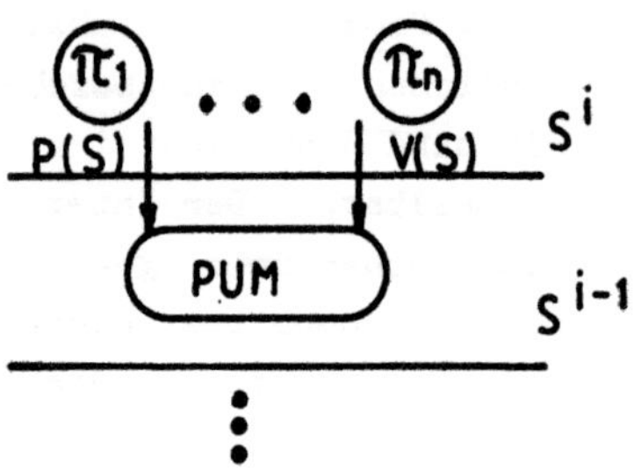

einer dezentralen Steuerung behalten und unbeschätigt warten lassen. Die Funktionen f^P und f^V müssen also den Entzug und die Zuteilung des Prozessors enthalten. Den Zustandswechsel kann aber nur der Prozeßumschalter (PUM) in der darunterliegenden (hierarchisch höheren) Schicht S^{i-1} vornehmen. Der PUM muß diese Anweisungen erfüllen. Damit sind diese Funktionen für die Schicht S^i unteilbar.

Abb.3.25. Zentrale Steuerung

Dijkstra /DIJ65, DIJ71/ führte dafür die Funktionen

f^P: P (S) und

f^V: V (S)

ein. Die Bezeichnungen sind aus dem Holländischen abgeleitet:

P: Prolagen = proberen + verlagen oder passeer
(probieren + anhalten oder passieren)
V: Verhagen oder verlaat.
(verlassen)

Die Flagvariable S wird als **Semaphor** bezeichnet.

Definition 3.16

Ein binärer **Semaphor** S ist ein abstrakter Datentyp. Er kann nur die Werte 0 (FALSE) oder 1 (TRUE) annehmen, wobei S ein Betriebsmittel b_S repräsentiert. S = 1 bedeutet, daß der K.A. (b_s) frei ist, und S = 0 bedeutet, daß der K.A. (b_S) belegt ist. Es existieren nur die Funktionen P(S) und V(S), die von den Prozessen { Π_j } aufgerufen werden.

```
P(S) int S ;
{if (S ! = 0)
   S = 0 ;
  else { /*Setze den aufrufenden Prozeß in den Zustand wartend
              bez. S */;
         /*Aktiviere anderen bereiten Prozeß */};
 return ;};
V(S) int S ;
{if (/* ein Prozeß bez. S wartet */)
   { /* Setze einen bez. S wartenden Prozeß bereit */ },
  else S = 1 ;
 return ;};
```

Der Semaphor wird beim Start des BS mit S = 1 initialisiert.

Zur Erläuterung wollen wir die Prozesse Π_1, Π_2, Π_3 betrachten.

Π_1	Π_2	Π_3
while (1)	while (1)	while (1)
{	{	{
P(S) ;	P(S);	P(S);
{/*K.A.(b_S)*/};	{/*K.A.(b_S)*/};	{/*K.A.(b_S)*/};
V(S);	V(S);	V(S);
...};	...};	...};

t^i	aktiv			bereit			wartend			<S>
	Π_1, Π_2, Π_3			-			-			1
P(S)	Π_1	Π_1, Π_2		-	-		Π_2, Π_3	Π_3		0
K.A.	Π_1	Π_1, Π_2	...	-	-	...	Π_2, Π_3	Π_3	...	0
V(S)	Π_1	Π_1, Π_2		Π_2	Π_3		Π_3	-		0

Abb. 3.26. Kooperation von drei Prozessen mit Hilfe von P(S) und V(S)

O.B.d.A. nehmen wir an, daß Π_1 zuerst in den K.A.(b_S) gelangt. S hat dann den Wert 0, Π_2 und Π_3 werden in den Zustand wartend versetzt. Erst wenn Π_1 den K.A.(b_S) verläßt, kann einer von beiden den K.A.(b_S) betreten, nehmen wir an, Π_2 wird durch den PUM ausgewählt. Π_1 kann außerhalb des K.A.(b_S) weiter aktiv bleiben. Erst wenn Π_2 den K.A.(b_S) verläßt, kann Π_1 oder Π_3 wieder den K.A.(b_S) betreten. Die Forderungen 3.1 an die Prozeßsteuerung werden also durch die Semaphoroperationen voll erfüllt. Der wechselseitige Ausschluß wird gesichert. Außerhalb des K.A.(b_S) behindert ein Prozeß den anderen nicht. Das Betreten des K.A.(b_S) durch einen Prozeß wird nur durch die Schedulstrategien des PUM bestimmt und nicht unendlich lange aufgeschoben. Die Anforderungen hängen nicht von der relativen Ausführungsgeschwindigkeit der Prozesse zueinander ab.

Würde jedoch ein vierter Prozeß Π_4 V(S) aufrufen, ohne vorher P(S) aufgerufen zu haben, käme es zu Komplikationen. Wenn z.B. schon Π_3 im K.A.(b_S) war, würde nun auch Π_1 den K.A.(b_S) betreten. Gegen eine falsche Verwendung der Funktionen P(S) und V(S) durch die kooperierenden Prozesse ist die zentrale Steuerung wie alle anderen Kooperationsmechanismen ebenfalls nicht gefeit. Für die Kooperation dürfen die Prozesse Π_j die Funktionen P(S) und V(S) nur **paarweise** verwenden.

Die zentrale Steuerung beseitigt jedoch die entscheidenden Nachteile der dezentralen Steuerung. Das geschäftige Nichtstun von Prozessoren wird abgestellt, und Prozessen kann aufgrund von Betriebsmittelforderungen und aus anderen Gründen (Abschnitt 4.3.) der Prozessor entzogen werden.

Die Implementation der Semaphorfunktionen kann mit Hilfe der Funktionen LOCK-UNLOCK in der Schicht S^{i-1} des PUM erfolgen. Dafür wird eine totale Flagvariable mutex für den PUM verwendet.

Implementation 3.9

```
                    int S = 1;
P(S) int S;                         V(S) int S;
{LOCK (mutex);                      {LOCK (mutex);
   if (S ! = 0 )                       if (/*ein Prozeß bez. S wartet*/)}
      S = 0 ;                            { /*...bereit*/ };
   else { /*...wartend */ };           else S = 1 ;
UNLOCK (mutex);                     UNLOCK (mutex);
};                                  };
```

Das Paar LOCK - UNLOCK klammert einen "kurzen" K.A.(mutex) in S^{i-1}, in dem P(S) und V(S) ungestört ausgeführt werden.

Man kann aber auch die Semaphorvariable S als ein Betriebsmittel auffassen. P(S) fordert das Betriebsmittel S, und V(S) gibt es wieder ab.

Implementation 3.10

```
                    int S = 1 ;
   P(S) int S;                        V(S) int S;
{int pid;                           {int pid;
BMFO (pid, S) ;                       BMAB (pid, S) ;
 return ;};                             return ;};
```

Eine mögliche Implementation von BMFO (pid,S) und BMAB (pid,S) wird in Abschnitt 3.6. angegeben. BMFO setzt im Betriebsmittelvektor B_j^F die Komponente S = 1 und ruft die Prozedur Bereiten auf, die versucht, die Betriebsmittelanforderung zu befriedigen. Wenn noch kein anderer Prozeß P(S) aufgerufen hat, gibt es das Betriebsmittel S noch seit der Anfangsinitialisierung und der Prozeß kann bereit und durch den Prozeßscheduler aktiv werden. Will ein weiterer Prozeß einen K.A.(b_S) betreten, gibt es kein Betriebsmittel s mehr, und er wird in den Zustand wartend gesetzt. Erst wenn der erste Prozeß seinen K.A.(b_S) verläßt, ruft er V(S) auf und gibt damit wieder ein Betriebsmittel S ab, das einem anderen Prozeß zugeteilt werden kann. Durch Implementation 3.10 ordnen sich die Funktionen P(S) und V(S) homogen in die BS-Schnittstelle ein, sie stellen lediglich Betriebsmittelforderungen bzw. -abgaben dar. In einem BS kann es natürlich mehrere Semaphore Si geben, die dann jeweils ein Betriebsmittel b_{Si} repräsentieren. Das bedeutet, daß mehrere K.A.(b_{Si}) in den Prozessen existieren können.

Prinzipiell ist dann auch eine Schachtelung (Abb. 3.27) bzw. Überlappung (Abb. 3.28) von K.A. möglich. Durch die mit Implementation 3.10 erreichte Konsistenz der Schnittstelle des BS wird aber sofort ein damit möglicherweise entstehendes Problem sichtbar. Wenn ein zweiter Prozeß die beiden K.A.(b_{S1}) und K.A.(b_{S2}) in umgekehrter Reihenfolge schachtelt, ergibt sich eine geschlossene Kette von Betriebsmittelforderungen der beiden Prozesse. Das führt zu einer Verklemmungssituation (Abschnitt 3.6.).

```
P(S1);
{ /* Beginn K.A.(b_S1) */;

  P(S2);
    { /* K.A.(b_S2) */};
   V(S2);

  /* Ende K.A.(b_S1) */ };
V(S1);
```

Abb. 3.27. Geschachtelte K.A.

```
P(S1);
 /* Beginn K.A.(b_S1) */;

  P(S2);
   /* Beginn K.A.(b_S2) */;

V(S1);
 /* Ende K.A.(b_S1) */;

  V(S2);
  /* Ende K.A.(b_S2) */;
```

Abb. 3.28. Überlappende K.A.

Die bisher diskutierten Semaphore werden als **binäre Semaphore** bezeichnet, da sie nur die Werte 0 und 1 annehmen. Wenn ein Betriebsmittel teilbar ist, wäre es durchaus denkbar, daß mehrere Prozesse sich im K.A.(b) befinden können, und zwar maximal genauso viele, wie es Teile des Betriebsmittels b gibt. Jeder Prozeß benutzt dann im K.A. nur den einen Teil von b exklusiv. Man könnte sich als teilbares Betriebsmittel b einen Pufferpool von n Teilen vorstellen. Das Semaphor muß dann Werte von 1 bis n annehmen können.

Definition 3.17

Ein **nichtbinäres Semaphor** Z ist ein abstrakter Datentyp. Es kann Werte von 0 bis n annehmen. Der Wert von Z gibt an, wieviele Teile des Betriebsmittels noch verfügbar sind. Es existieren nur die Funktionen **enqueue(z)** und **dequeue(z)**, die von den Prozessen Π_j aufgerufen werden. Beim Start des BS wird Z mit 0 oder n initialisiert.

```
enqueue(Z) int Z;
 {if ( Z ! = 0 )
    Z --;
    else { /* setze den aufrufenden Prozeß in den Zustand wartend
                   bez. Z */;
           /* Aktiviere anderen bereiten Prozeß */ };
    return; };
dequeue (Z) int Z;
 { if ( /* Prozeß bez. Z wartet */ )
    { /* Setze einen bez.Z wartenden Prozeß bereit */; };
    else Z ++;
   return; };
```

Die Implementation der beiden Operationen über nichtbinären Semaphoren kann analog zu Implementation 3.9 und Implementation 3.10 erfolgen.

Implementation 3.11

```
 enqueue(Z) int Z;              dequeue(Z) int Z;
{int pid; BMFO (pid,Z)           {int pid;
 return; };                       BMAB (pid,Z);
                                  return; };
```

Der einzige Unterschied besteht darin, daß beim BS-Start eine andere Initialisierung der nichtbinären Semaphorvariablen vorgenommen wird.

Woher die Betriebsmittelfunktionen den für sie notwendigen Prozeßidentifikator des aufrufenden Prozesses erhält, wollen wir offen lassen. Entweder ist sich jeder Prozeß seines pid bewußt, oder das BS verschafft sich den pid auf irgendeine Weise. Wir können den Abschnitt über K.A. nicht beschließen, ohne auf das klassische Beispiel der Prozeßsteuerung von Dijkstra, die "dinierenden Philosophen", einzugehen.

Die globalen Betriebsmittel sind die Gabeln, zum Essen braucht jeder Philosoph (Π_i) die linke und die rechte Gabel exklusiv. Eine denkbare Lösung ist in Abb. 3.31 angegeben. Wenn jedoch alle die linke Gabel gleichzeitig anfordern, kann keiner den K.A. (Gabel i+1) betreten. Es kann also zu einer Verklemmung (Abschnitt 3.6.) kommen. Mit Hilfe des wechselseitigen Anschlusses LOCK(mutex) - UNLOCK(mutex), einer damit geklammerten Testfunktion TEST(i) und eines Feldes von n Flagvariablen C[i] wird in Abb. 3.32 eine Lösung angegeben.
C[i] == 0 bedeutet "Denken", C[i] == 1 "hungrig sein" und C[i] == 1 "Essen".

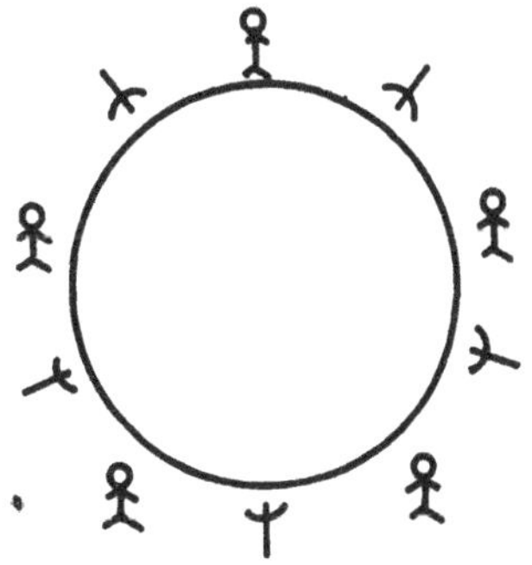

Abb. 3.29. "Dinierende Philosophen"

```
{
 while (1)
   { /* Denken */;
     /* Hungrig sein, 2 Gabeln fordern */;
     /* Essen */;
     /* Gabeln freigeben */;
   };
};
```

Abb. 3.30. Prozeß Π_i des Philosophen i

```
int i,n,sem[n];
 while (1)
  {
   P(sem[i]);
    P(sem[(i+1)%n]);  /* Essen */;
    V(sem[(i+1)%n]);
   V(sem[i]);
  };
```

Abb. 3.31. Philosophenproblem mit deadlock

```
int i, n =..., mutex = 1, sem[n] = 1, c[n] = 0;
  TEST (i);
   { if (c[(i+1)%n]! = 2 && c[(i-1)%n]! = 2)
       { c[i] = 2; v(sem[i]); };
     return;
   };
               /* i = 0, 1, ...n-1 */
while (1)
  {
   /* Denken */;
LOCK(mutex);
    c[i] = 1; /* Gabeln anfordern */;
    TEST(i);
UNLOCK(mutex);
    P(sem[i]); /* eventuell warten auf Gabeln */
    /* Essen */;
LOCK(mutex);
    c[i] = 0; /* Gabeln freigeben */;
    TEST((i+1)%n);/*eventuell wartendem rechten Nachbarn Gabel freigeben*/
    TEST((i-1)%n); /*eventuell wartendem linken Nachbarn Gabel freigeben*/
UNLOCK(mutex);
  };
```

Abb. 3.32. Lösung für das Problem der "dinierenden Philosophen"

3.4.2.4. PROGRAMMIERSPRACHLICHE KONSTRUKTE

Semaphore beseitigen das geschäftige Nichtstun, man muß jedoch auf ihre richtige Verwendung achten. Der vergessene Aufruf von V(S) in einem Prozeß kann das ganze Prozeßsystem blockieren. Höhere Programmiersprachen sind deshalb um neue Konstrukte erweitert (Concurrent PASCAL) bzw. so entworfen worden, daß sie diese Konstruke enthalten (ADA). Hoare /HOA71/ führte dazu bedingte kritische Regionen ein

```
region ^F B
  when bool
    do { /* Anweisung des K.A.(^F B) */ }
end
```

${}^{F}B$ sind die für den K.A. geforderten Betriebsmittel. **bool** ist eine Bedingung über die globalen Betriebsmittel ${}^{F}B$ und die lokalen des K.A. Die Ausführung der bedingten kritischen Region läuft folgendermaßen ab:

(1) Zuordnung aller Betriebsmittel ${}^{F}B$. Wenn das nicht möglich ist, werden die bereits zugeordneten wieder freigegeben, und die Zuordnung wird erneut versucht.

(2) Wenn bool = wahr gilt, wird der K.A. ausgeführt und alle Betriebsmittel ${}^{F}B$ werden wieder freigegeben. Wenn bool = falsch gilt, werden die Betriebsmittel ${}^{F}B$ wieder freigegeben und der Prozeß wird in den Wartezustand bez. dieses Betriebsmittels versetzt.

Letztendlich müssen die bedingten kritischen Regionen durch den Sprachcompiler in Konstrukte übersetzt werden, die wir für die Steuerung bereits kennen. Der Vorteil besteht jedoch darin, daß das paarweise Auftreten von P(S) und V(S) durch den Compiler gesichert wird. Abb. 3.33 zeigt die Anwendung am Beispiel des K.A.

```
int flag = 1,  betriebsmittel puffer;
```

Π_1

```
      :
region (puffer, flag)
   when flag == 1
     do
      { flag = 0;
     /* K.A.(puffer) */;
      flag = 1;
      };
end
```

Π_2

```
      :
region (puffer, flag)
   when flag == 1
     do
      { flag = 0;
     /* K.A.(puffer) */;
      flag = 1;
      };
end;
```

Abb. 3.33. Steuerung von K.A. durch bedingte kritische Regionen

Eine weitere Möglichkeit einer sprachlichen Formulierung des wechselseitigen Ausschlusses von K.A. ist der Monitor /BRI77, HOA74/.

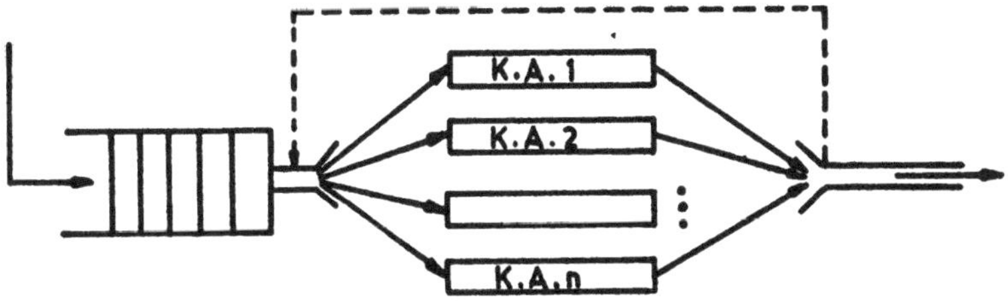

Abb. 3.34. Monitor

Definition 3.18

Der **Monitor** ist eine Prozedur, die

- Verwaltung,
- Zuteilung und
- Zugriffsoperationen

für ein Betriebsmittel zusammenfaßt.

Diese Prozedur kann als ein abstrakter Datentyp aufgefaßt werden. Der Operand ist das Betriebsmittel und die erlaubten Funktionen über diesem Operanden sind die K.A., bez. dieses Betriebsmittels. Alle K.A. bez. eines Betriebsmittels werden im Monitor zusammengefaßt. Das impliziert auch die Regel, daß nur ein Prozeß durch ein Tor (Monitor !) die Prozedur betreten darf. Die anderen Prozesse müssen in einer Warteschlange warten. Erst wenn der Aufruf eines Prozesses erledigt ist, kann ein zweiter Prozeß wieder den Monitor benutzen. Abb. 3.35 zeigt eine mögliche Implementation eines Monitors. Der Parametercode gibt den auszuwählenden K.A. an. Die exklusive Nutzung des Monitors wird durch den totalen wechselseitigen Ausschluß der Flagvariablen mutex_K_A_i gesichert.

Es gab viele weitere Versuche, die Lösung des Problems des wechselseitigen Ausschlusses mit Hilfe einer Programmiersprache zu formulieren. Denkt man an mögliche Implementationen, so sieht man sofort, daß man wieder auf die bekannten Mittel des wechselseitigen Ausschlusses geführt wird. Ohne diese Basismittel kommt man also doch nicht aus. Außerdem ergeben sich neue Probleme: ein spezieller Compiler ist erforderlich, Betriebssystem- und Nutzprozesse müssen in dieser Sprache geschrieben und u.U. gemeinsam übersetzt und verbunden werden. Das führt aber zu wenig flexiblen Systemen.

```
monitor i (code, par_1,...) int code,par_1,...;
     { /* Vereinbarung des Betriebsmittels als lokale Daten */;
       int mutex_K_A_i,code_1,   ;
       LOCK(mutex_K_A_i);
       switch(code)
        { case code_1: /* K.A. 1 */;

          case code_n: /* K.A. n */;
          default: /* Fehlerreaktion */;
        };
       UNLOCK(mutex_K_A_i),
       return;
     };
```

Abb. 3.35. Implementation eines Monitors

3.4.3. SYNCHRONISATION VON PROZESSEN

Wenden wir uns nun einer weiteren Problematik zu. Prozesse können sich nicht nur global ihrer wechselseitigen Existenz bewußt sein, sondern sie können auch gemeinsam eine globale Aufgabenstellung bearbeiten. Sie verlangen nicht nur die zeitweise Exklusivität von globalen Betriebsmitteln, sondern sie treten sogar in engere Kooperation. Die Ausführung eines Teilprozesses t_j^k des Prozesses Π_j hängt z.B. vom Abschluß eines Teilprozesses $t_{j'}^{k'}$, eines anderen Prozesses $\Pi_{j'}$ ab. Eine Teilmenge von Prozessen kann also verlangen, daß sie sich untereinander **synchronisieren**

Definition 3.19

Synchronisation kooperierender Prozesse besteht darin, daß die Folge der Teilprozesse der sich synchronisierenden Prozesse von den beteiligten Prozessen selbst abhängt. Die Synchronisation erfolgt mittels des verbrauchbaren Betriebsmittels **signal** (Ereignis = event). Ein Prozeß sendet die Erlaubnis für das Fortschreiten einer Teilprozeßfolge eines anderen Prozesses durch die Anweisungsfunktion

send (sig).

Dieser wartet auf das Signal durch Aufruf der Anweisungsfunktion

wait (sig).

int sig = 0,

Π_1 Π_2

t_1^{k}; $t_2^{k'}$;

wait(sig); <---------------- send(sig);

t_1^{k+1}; t_2^{k+1};

Abb. 3.36. Zwei sich synchronisierende Prozesse

In Abb. 3.36 schreiten die beiden Prozesse unabhängig voneinander fort. Der Teilprozeß t_1^{k+1} von Π_1 darf aber erst ausgeführt werden, wenn $t_2^{k'}$ von Π_2 abgeschlossen. Das wird gewährleistet durch die eingeführten Funktionen wait(sig) und send(sig). Π_2 kann dabei längst send(sig) passiert haben, bevor Π_1 wait(sig) aufruft. Π_1 brauchte in diesem Fall nicht zu warten. Erreicht Π_1 wait(sig) schon, bevor Π_2 send(sig) passiert hat, muß der Prozeß Π_1 warten. Es hängt nun von der Implementation dieser beiden Funktionen ab, ob dieses Warten ein "geschäftiges Nichtstun" darstellt oder ob Π_1 in den Zustand wartend versetzt wird und ein anderer Prozeß aktiv werden kann.

An dem Beispiel kann man noch ein anderes Problem der Implementation erkennen. Das verbrauchbare Betriebsmittel signal kann **speicherbar** oder **nicht speicherbar** implementiert sein. Im letzteren Fall wird jedes gesendete, durch das BS empfangbare Signal (Es gibt keinen Prozeß, der wait(sig) aufgerufen hat.) sofort verbraucht. Wenn im Beispiel von Abb. 3.36 Π_1 wait(sig) erst nach send(sig) in Π_2 erreicht, geht das Signal verloren, und Π_1 wartet u.U. unendlich lange. In /DIJ71/ werden diese Funktionen

cause_event(e) und
await_event(e)

genannt und kritisiert

> "...the limited usefulness of such 'wait' and 'cause' primitives could have been deduced a priori..."

Ein speicherbares Signal bleibt so lange erhalten, bis ein wait(sig) aufgerufen wurde. Man könnte sich die folgende Implementation vorstellen:

Implementation 3.12

```
int sig = 0;   /* Initialisierung */

wait(sig) int sig;
{
 if (sig ! = 0)
     sig=0;
   else { /* aufrufenden
             Prozeß  => wartend */ };
   return;
 };

send(sig) int sig;
{
if ( /* wartet ein Prozeß
                     auf sig */)
   { /* ein wartender Prozeß
                     => bereit */ };
   else sig = 1;
   return;
};
```

Vergleichen wir die Funktionen wait(sig) und send(sig) mit den Funktionen P(S) und V(S), so stellen wir fest:

- **Die Semaphore S werden mit 1 initialisiert.**
- **P(S) und V(S) treten paarweise in einem Prozeß auf.**

Wir können also völlig analog zur Implementation 3.10 von P(S) und V(S) auch sig als Betriebsmittel auffassen und wait(sig) und send(sig) ebenso implementieren.

Implementation 3.13

```
int sig = 0;

wait(sig);
{int pid;
 BMFO (pid,sig);
  return;
};

send(sig);
{int pid;
 BMAB (pid,sig);
 return;
};
```

Statt der Funktionen wait(sig) und send(sig) können wir auch P(S) und V(S) verwenden. Sie treten nicht mehr paarweise in einem Prozeß auf, und die unterschiedliche Implementierung muß beachtet werden. Abb. 3.37 zeigt das Beispiel der Synchronisation aus Abb.3.36, hier allerdings mit Semaphoren.

int S = 1;

	P(S);
t_1^k;	
P(S);	$t_2^{k'}$;
t_1^{k+1}	**V(S);**
	$t_2^{k'+1}$

Abb. 3.37. Synchronisation mit Semaphoren

Unter Beachtung der genannten Besonderheiten sind Semaphore und Signale also äquivalent.

Wie in einem BS mehrere Semaphore existieren, gibt es auch mehrere Signale. Die Identifikation der Signale erfolgt in BS auf unterschiedliche Weise:

(1) Frei wählbare Namen: Die sich synchronisierenden Prozesse müssen dann dieselben, ihnen bekannten Namen verwenden.

(2) Der Prozeßidentifikator pid des sendenden bzw. des empfangenden Prozesses identifiziert das Signal (UNIX, Abschnitt 8.3.1.).

(3) Es existieren fest vorgegebene Namen für Signale (ON-Bedingung in PL1, z.B. im OS/ES, Abschnitt 8.3.4., UNIX, Abschnitt 8.3.1.).

Betrachten wir zur weiteren Erläuterung ein klassisches Beispiel, das Erzeuger-Verbraucher-Problem (producer - consumer). Ein Puffer wird von einem Prozeß Π_1 durch eine Eingabe mit Daten gefüllt, ein zweiter Prozeß Π_2 verbraucht diese Daten z.B. durch Ausgabe (Abb. 3.38). Π_1 kann nur fortfahren, wenn der Puffer frei ist, Π_2 kann nur fortfahren, wenn der Puffer gefüllt ist.

```
int sigvoll = sigleer = 0;
char *s; FILE *fd1, *fd2;
int n = ...;
```

Π_1

```
      :
fd1 = fopen(.. ,   , ...),
 while (1)
 {wait(sigleer); /*Warten auf leeren
                                 Puffer*/
  fgets(s,n,fd1); /* Lesen */
   send (sigvoll);
      :
 };
fclose(fd1);
      :
```

Π_2

```
       :
fd2 = fopen(...,    ,    ),
 send(sigleer);
 while (1)
   {wait(sigvoll); /* Warten auf
                     vollen Puffer */
    fputs(s,fd2); /* Schreiben */;
     send(sigleer);
   };  :
 fclose(fd2);
       :
```

Abb. 3.38. Erzeuger-Verbraucher-Problem

Die speicherbaren Signale setzen zwar nicht mehr voraus, daß immer wait(sig) vor send(sig) aufgerufen werden muß. Es können aber trotzdem Signale verlorengehen. Wenn ein Prozeß mehrfach nacheinander send(sig) aufruft, wird entsprechend Implementation 3.12 mit einem einzigen wait(sig) das Betriebsmittel sig total verbraucht. Es wäre also u.U. durchaus sinnvoll, nichtbinäre Signale zuzulassen.

Implementation 3.14

```
int sigm = 0; /* Initialisierung */

wait (sigm);
 {
   if (sigm ! = 0)

      sigm --;
    else { /* aufrufenden Prozeß
                        => wartend */ };

   return;
 };
```

```
send (sigm);
 {
   if ( /* wartet ein Prozeß
                         auf sigm */ )
     { /* einen wartenden Prozeß
                         => bereit */ };
          else sigm ++;
    return;
 };
```

Wir können damit leicht das Erzeuger-Verbraucher-Problem lösen, wenn nicht nur einer, sondern m Puffer zur Verfügung stehen.

```
int sigmvoll = sigmleer = 0; int m =    , n =    , i = 1,
char * s[m]; FILE  *fd1, *fd2;
```

Π_1

```
int leer = 0;
      :
fd1 = fopen(.. ,   ,   );
while (1)
 {wait (sigmleer);
  fgets (s[leer], n, fd1);
   leer = ++ leer % m;
   send (sigmvoll);
        :
 };
 fclose (fd1);
        :
```

Π_2

```
int voll = 0;
      :
fd2 = fopen(...,...,...);
for (; i<=m; i++) send(sigmleer);
/* m freie Puffer signalisieren */
while (1)
 {wait(sigmvoll);
  fputs (s[voll], fd2);
  voll = ++ voll % m;
  send (sigmleer);
        :
 };
 fclose (fd2);
        :
```

Abb. 3.39. Erzeuger-Verbraucher-Problem für m Puffer

sigmleer zeigt die Anzahl der freien Puffer an, **leer** die Adresse des nächsten freien Puffers. **sigmvoll** gibt die Anzahl der belegten Puffer an und **voll** die Adresse des nächsten vollen Puffers.

Es soll nochmals darauf aufmerksam gemacht werden, daß sich die Konstrukte Semaphor und Signal sich immer auf eine bestimmte Schicht beziehen. Es gibt sowohl Signale der Schicht S^5 und der Schicht S^1. Ein Signal des Interruptsystems ist nichts besonderes. Es zeigt lediglich einem mit wait(interruptsig) wartenden Interruptbehandlungsprozeß an, daß er weiter fortschreiten kann. Dabei ist es gleichgültig, ob diese Interruptsignale durch Hard- oder Software erzeugt werden.

Ebenso stellen die Signale, die beendete Prozesse in UNIX (Abschnitt

8.3.1.) an ihren Vater senden, nichts besonderes dar. Es ist nur zu beachten, daß diese Signale nicht speicherbar implementiert sind. Ruft ein Vaterprozeß erst dann die wait-Funktion auf, wenn der Sohnprozeß bereits beendet ist, wartet der Vater vergeblich.

3.4.4. KOMMUNIKATION

Wir haben im vorigen Abschnitt festgestellt, daß mittels der Synchronisation ein Prozeß das Fortschreiten einer bestimmten Teilprozeßfolge beeinflussen konnte. Das wurde erreicht durch die Übermittlung eines Signals, letztendlich eines Betriebsmittels, das die Werte { 0,1} annehmen kann. Man kann es auch so auffassen, daß eine Kommunikation zwischen den Prozessen stattfindet und Protokolleinheiten ausgetauscht werden. Diese Protokolleinheiten haben für die Prozesse eine **semantische** Bedeutung. Der Austausch selbst muß daher durch das BS unterstützt werden, es muß besondere Anweisungsfunktionen oder Dienste dafür bereitstellen. Für das BS besitzen die Protokolleinheiten keine semantische Bedeutung. Es müssen nur gewisse Regeln eingehalten werden. Die Protokolleinheiten haben für das BS nur eine **syntaktische** Bedeutung. Sie sind Bytefolgen, die gewissen Regeln unterliegen. Wir wollen sie **Nachrichten** nennen.

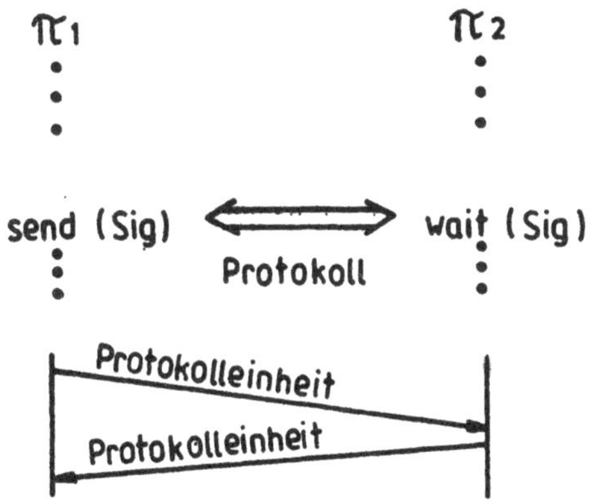

Abb. 3.40. Prozeßkommunikation

Definition 3.20

> **Kommunikation** (=IPC=InterProcess Communication) zwischen Prozessen besteht in der Synchronisation zwischen Prozessen und einer damit verbundenen Nachrichtenübertragung.

Bei der Synchronisation konnte man sich der a priori im BS identifizierbaren Signale bedienen. Im Sinne der Betriebsmittel werden sie erzeugt und verbraucht, aber die Identifikation ist immer vorhanden. Nachrichten sind nicht a priori identifizierbar, für das Betriebssystem sind es namenlose Bytefolgen. Es muß also bei der Implementation der Kommunikationsdienste festgelegt werden, wie die Identífikation erfolgen soll.

Kopplung mit Signal

Im vorhergehenden Abschnitt wurden Beispiele für die Identifikation von Signalen angegeben. Wir nutzen das für die Kommunikation durch Kopplung einer Nachricht an das Signal, so daß man das Tupel

(sig, nach)

erhält. Damit können wir eine Implementation für die neuen Funktionen

waitn (sig, nach) und sendn (sig, nach)

angeben.

Implementation 3.16

```
  typedef struct komm { int sig;
                        char *nach
                      };
     komm nachricht = { 0, leere Bytefolge }; /* Initialisierung */
```

```
waitn(nachricht);
 {
 if(nachricht.sig ! = 0 )

   nachricht.sig = 0;
  else { /* aufrufenden Prozeß
               => wartend */ };
 return;
 };
```

```
sendn(nachricht);
 {
 if ( /* wartet Prozeß auf
                 nachricht */)
   { /* einen wartenden Prozeß
                 => bereit */ };
  else nachricht.sig = 1;
  return;
 };
```

Die Verwendung dieser Anweisungsfunktionen wird in Abb. 3.41 beispielhaft demonstriert.

```
       Π1                                  Π2
       :                                   :
nachricht.nach = 'Frage';           waitn(nachricht)
 sendn(nachricht);                  writes(..., nachricht.nach,...);
       :                                   :
```

Abb.3.41. Übertragung der Nachricht 'Frage' vom Prozeß Π_1 an den Prozeß Π_2

Damit keine Nachrichten verlorengehen, wenn Π_1 mehrfach sendn aufruft, ohne daß waitn in Π_2 aufgerufen wird, muß man in Analogie zur Implementation 3.14 nichtbinäre Signale zulassen.

Implementation 3.17

```
                    int s = w = 0, m = ...;
  typedef struct komm  { int sigm;
                         char *nach[m]
                       };
       komm nachrichtm { 0, *nach[] = leer};
```

```
waitn(nachricht)
 {
  if (nachrichtm.sigm ! = 0)

    { nachrichtm.sigm --;
      nachricht.nach = nachrichtm.
                               nach[w];
   w = ( ++ w%m );
    };
  else { /* aufrufenden Prozeß
            => wartend */ };
  return
 };
```

```
sendn(nachricht)
 {
 if ( /* wartet ein Prozeß auf
                 nachrichtm */)
    { /* einen wartenden Prozeß
                     => bereit */;
      nachricht.nach(wart)  =
      nachrichtm.nach;
    };
   else
    {if (nachricht m.sigm == m-1)
      return (/* fehlercode */);
     else
     { nachrichtm.nach[s]=
         nachricht.nach;
       s = ( ++ s%m );
         nachricht.sigm ++ ;
     };
    };
  return;
 };
```

Um ein Uberlaufen der für die Nachrichten reservierten Speicherbereiche zu verhindern, muß natürlich noch eine Sicherung eingefügt werden.

Kanalprinzip

Eine andere Möglichkeit der Nachrichtenübermittlung besteht darin, ein Verbindungselement einzurichten, das auch mehrere Nachrichten speichern kann. Wir wollen dieses Verbindungselement Kanal nennen (Abb. 3.42). Der einfachste Fall ist eine 1:1-Beziehung zwischen zwei Prozessen. Wesentlich dabei ist, daß ein Prozeß Nachrichten in den Kanal einspeist und der zweite Nachrichten entnimmt. Dieses Prinzip ist z.B. in UNIX unter dem Namen pipeline (Abschnitt 8.3.1.) implementiert. Das Kanalprinzip ist genauso auch für Relationen 1:n, n:1 und n:n' anwendbar. Eine mögliche Implementation wird im folgenden angegeben. Das Problem der Identifikation der Nachrichten wird dabei zurückgeführt auf die Indentifikation von Kanälen. Man muß dann davon ausgehen, daß die Identifikationen der Kanäle a priori im BS gegeben sind. Eine interessante Lösung ist auch in /HOE87/ angegeben: Dort werden sogenannte Kommunikationselemente mit einigen

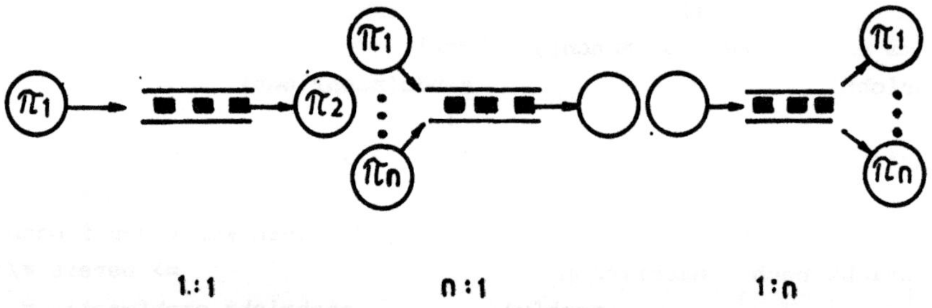

Abb. 3.42. Kanalprinzip

Grundfunktionen über diesen eingeführt. Neben der Implementation vieler anderer BS-Dienste lassen sich damit auch beliebig viele Kanäle einfach implementieren.

Implementation 3.18

```
                    int s = w = 0 , m = ..., anz = m  ;
                         static char  * Kanal[m];
waitK(nachricht)                            sendK(nachricht)
 {                                           {
  if (anz ! = 0)                              if ( /* wartet ein Prozeß auf
                                                              nachricht */)
   { nachricht = Kanal[w];                     { /* einen wartenden Prozeß
     anz --; w = ++w%m;                                   => bereit */;
   };                                              nachricht.wart = nachricht;
  else { /* aufrufenden Prozeß                 };
             => wartend */ };                  else
 return;                                         if (anz == m-1)
 };                                                return   /* fehlercode */;
                                                 else
                                                 {Kanal[s] = nachricht;
                                                   s = ++s%m; ++anz };
                                              return;
                                             };
```

Torprinzip

Die Ein-/Ausgabe von einem Prozeß ist auch nur die Übertragung einer Nachricht. Der Ein-/Ausgabe-Strom wird über ein Tor (port) ein-/ausgegeben. Als Ein-/Ausgabe kann auch ein zweiter Prozeß mit einem Tor dienen.

Zum Einrichten und Schließen von Toren sowie zum Verbinden von Toren sind BS-Funktionen notwendig. Die eigentlichen Funktionen für den Nachrichtentransfer sind dann völlig konsistent zu den Ein-/Ausgabe-Funktionen.

Konsistente Ein-/Ausgabeschnittstelle

Im Kapitel 5 wird ausgeführt, daß in modernen BS die Ein-/Ausgabe durch selbständige Prozesse realisiert wird. Die Dienste für die Ein-/Ausgabe stellen also letztendlich nur eine Kommunikation zwischen Prozessen in einem RS dar. Wir können diesen Gedanken noch erweitern und erhalten die folgenden Kommunikationspartner:

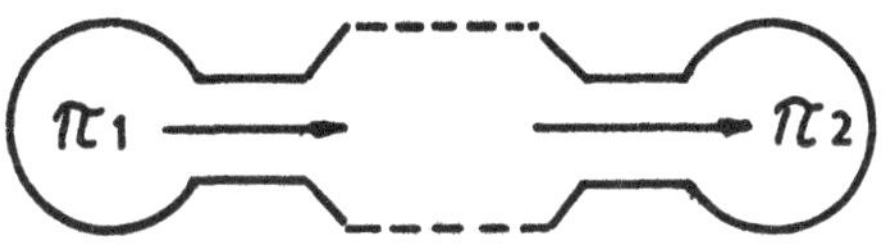

Abb. 3.43. Torprinzip

- lokale Prozesse,
- Ein-/Ausgabe-Geräte (bzw. -Prozesse),
- Files und
- Prozesse auf einem fremden RS.

Die Kommunikation zwischen all diesen Partnern kann über eine konsistente Schnittstelle abgewickelt werden. In UNIX ist das die Fileschnittstelle (Abschnitt 8.3.1). Diese Schnittstelle sollte die folgenden Dienstgruppen umfassen:

- Einrichtung von Verbindungen zwischen Partnern (Kanäle, Tore usw.),
- eindeutige Adressierungen für verbindungslose Dienste,
- Datenübertragungen,
- Gerätezuordnungen,
- Aufbau exklusiver Verbindungen zwischen Partnern,
- Zeitbeschränkung der Dienste (sogenannte Time-outs, wo nach Ablauf einer bestimmten Zeit der Dienst mit Fehler abgebrochen wird).

3.4.5. ZUSAMMENFASSUNG

Nach der detailierten Diskussion der Probleme der Prozeßsteuerung in BS sollen die Ergebnisse noch einmal kurz zusammengefaßt werden. Der Ausgangspunkt der Überlegungen ergab sich aus der Feststellung, daß in modernen RA mehrere Prozessoren existieren und diese mehr oder weniger unabhängig voneinander parallel arbeiten können. Die geeignete Form der Strukturierung bestand in der Definition des Prozesses. Zu jedem Zeitpunkt können soviel Prozesse aktiv sein, wie es Prozessoren gibt. Insgesamt können im RS jedoch noch weit mehr Prozesse existieren. Das führte uns zum Begriff der

(1) Determiniertheit.

Solange die Prozesse disjunkte Mengen von Betriebsmitteln benutzen, führt das zu keinerlei Problemen. Wenn jedoch Betriebsmittel mehrfach genutzt werden, kann die Determiniertheit verletzt werden. Es muß gesichert werden, daß die Prozesse für bestimmte Teilprozesse das mehrfach genutzte Betriebsmittel nur **exklusiv** nutzen. Das geschieht in den

(2) Kritischen Abschnitten (K.A.).

Der Prozeß weiß zwar, daß mehrere Prozesse nebeneinander existieren, kann sie jedoch nicht identifizieren. Es existiert also nur eine indirekte Kopplung der Prozesse über die Betriebsmittelzuteilung.

Arbeiten mehrere Prozesse jedoch gleichzeitig an einer Aufgabe, so hängt die Abarbeitung eines bestimmten Teilprozesses von der Erledigung des Teilprozesses eines anderen Prozesses ab. Die Prozesse kennen einander und können sich untereinander identifizieren, sie sind stark gekoppelt. Es besteht also die Notwendigkeit einer

(3) Synchronisation.

In dem Sinne sind auch die K.A. eine Art der Synchronisation. Ein Prozeß synchronisiert sich global mit allen übrigen, ohne sie zu kennen. Es verwundert also nicht, daß dafür dieselben Hilfsmittel benutzt werden wie für die Kooperation. Für die K.A. treten z.B. die Semaphorfunktionen P(S) und V(S) paarweise in **einem** Prozeß auf, während sie für die Synchronisation **wechselseitig** in zwei oder mehreren Prozessen anzugeben sind. Betrachtet man die Synchronisationsvariable als ein verbrauchbares Betriebsmittel, so reduziert sich die Synchronisation auf die Freigabe bzw. Forderung eines Betriebsmittels durch einen Prozeß.

Wird statt der Synchronisationsvariablen (Signal, Ereignis) eine Nachricht verwendet, so ergibt sich zwischen den Prozessen eine

(4) Kommunikation.

Die Gesamtheit der Steuerung von Prozessen läßt sich also zusammenfassen in Diensten des BS

- für das Kreieren und Beenden von Prozessen und
- für die Forderung bzw. die Freigabe von Betriebsmitteln.

3.5. IMPLEMENTATION DER PROZESS-STEUERUNG

Die grundsätzliche Verwaltung von Prozessen ist bereits in Abschnitt 3.2.5. behandelt worden. In diesem Abschnitt soll auf einige Aspekte der Implementation eingegangen werden. Wir wollen die PCB als Struktur vereinbaren und aus Sicherheitsgründen in Ringlisten vorwärts und rückwärts ketten. Dazu dienen die beiden Zeiger *vor und *rueck in jedem PCB.

Implementation 3.19

```
                int m= ..., n = ..., r = ...;
     /* Anz. Bm, Anz. Prozesse, Anz. Prozessorregister */
     struct pcb {  int pid;
                   int zustand;
                   int prior;
                   int bmford[m];
                   int bmzu{m};
                   int proz[r];

                   struct pcb *vor;
                   struct pcb *rueck;
                }  liste[n], *frei, *aktiv, *warte, *bereit, *par, *p;
```

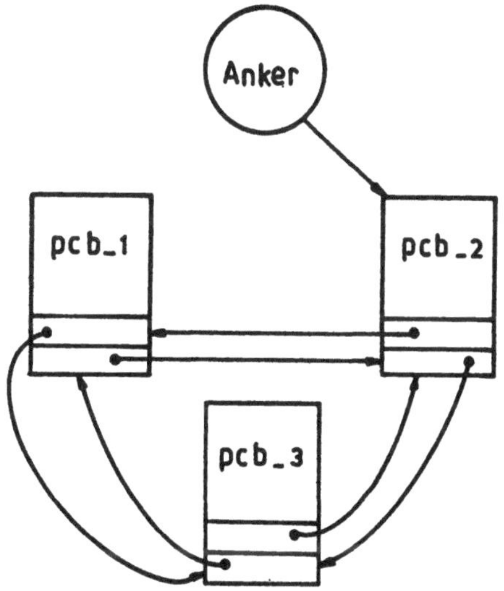

Abb. 3.44. Ringliste von doppelt geketteten PCB.

Der Zugriff auf diese Ringlisten erfolgt über die Anker **bereit**, **warte**, **aktiv** und **frei** (Abb. 3.44). Die Anker verweisen dabei auf den nächsten PCB der wartenden, bereiten oder aktiven Prozesse bzw. auf einen freien PCB, der zum Kreieren eines neuen Prozesses benötigt wird. Es liegt in der Spezifik von Listenstrukturen, daß man leicht eine FIFO-Strategie bzw. eine LIFO-Strategie realisieren kann. Die Basisoperationen sind also

- Einketten eines Elementes in die Liste des Ankers ank,
- Ausketten und
- Initialisieren.

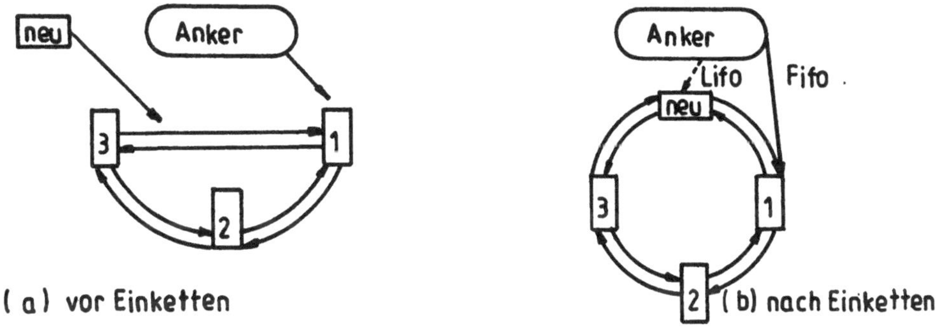

Abb. 3.45. FIFO und LIFO in Ringlisten

Für die FIFO-Strategie zeigt der Anker auf das nächste auszukettende Element. Das einzukettende Element wird vor das Element gekettet, auf das der Anker zeigt.

Implementation 3.20

```
einketten_fifo ( *ank, *par) struct  pcb *ank, *par;
    { if (ank == 0)
        { ank = par; *par.vor = par; *par.rueck = par; };
        else { *par.von = ank;
               *par.rueck = *ank.rueck;
             * (*ank.rueck).vor = par;
               *ank.rueck = par;
               /* LIFO: ank = par; */
             };
      return;
    };
```

Soll statt FIFO nun LIFO benutzt werden, muß der Anker auf den neuen PCB verweisen. Das wird erreicht durch Anfügen der Anweisung ank = par; im else-Zweig. Falls die Liste leer ist, enthält die Zeigervariable ank den Wert 0.
Damit können wir die Implementation der Funktion Initialisieren angeben.

Implementation 3.21

```
  initialisieren ();
 { warte = aktiv = bereit = 0;
  frei = liste; *frei.vor = *frei.rueck = liste;
  for (i = 1; i ≤ n-1; i++)
 einketten=fifo ( *frei, liste[i]);
  return;
 };
```

Implementation3.22

```
ausketten ( *ank) struct pcb *p; struct pcb *ank;
   {if (ank == 0) return (0);
     if ( *ank.vor == ank)
       { p = ank; ank = 0; return (p); };
     else { * ( *ank.vor).rueck = *ank.rueck;
          *( *ank.rueck).vor = *ank.vor;
            p = ank;
            ank = *ank.vor;
            return(p);
            };
   };
```

Mit den Implementationen 3.19 bis 3.22 haben wir im Prinzip einen abstrakten Datentyp realisiert. Die Datenstrukturen sind Ringlisten von PCB mit jeweils einem Anker je Liste und den drei obigen Funktionen. Das stellt die Basis für eine jede Prozeßverwaltung in einem BS dar. Es ist offensichtlich, daß die Prozeßverwaltung durch Ringlisten für sequentielle Listenfunktionen besonders geeignet ist. Die Betriebsmittelvergabe (Kapitel 4) kann jedoch nach völlig anderen Strategien erfolgen. Das würde bei Ringlisten u.U. ein häufiges lineares Suchen mit zusätzlicher Entreferenzierung bedeuten, und das kostet Zeit. Mögliche Verbesserungen wären dann

- Aufspaltung des Zustandes "wartend" in "wartend" und "wartend auf Betriebsmittel i", d.h. statt **einer** Ringliste "wartend" **m** Ringlisten,
- Übergang von verketteten Listen zu linearen sortierten Listen, so daß das schnelle binäre Suchen möglich ist.

Bei der Implementierung ist ein weiterer Aspekt zu beachten. Durch die mögliche Parallelarbeit kann eine BS-Funktion mehrfach benutzt werden. Prinzipiell könnte man die Betriebssystemfunktionen so auslegen, daß sie reentrant sind. Das ist aber nur so lange möglich, wie mit disjunkten Daten gearbeitet wird, und das ist bei der Prozeßverwaltung gerade nicht der Fall. Alle Funktionsaufrufe beziehen sich auf dieselben Daten, nämlich die Listen von PCB. Es muß also in der jeweiligen BS-Schicht ein totaler wechselseitiger Ausschluß für die BS-Funktionen der Prozeßverwaltung gesichert werden. Dazu müssen die Implementierungen entsprechend organisiert werden, wofür wir zwei prinzipielle Möglichkeiten betrachten wollen:

- Prozedurorientierung,
- Prozeßorientierung.

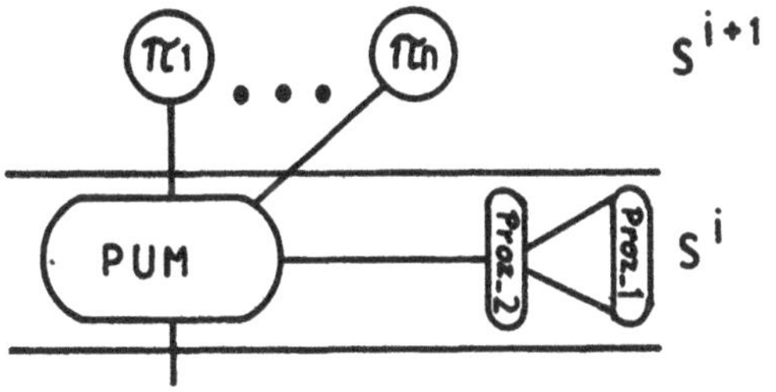

Abb. 3.46. Prozedurorientierter BS-Kern

Bei der Prozedurorientierung nimmt der Prozeßumschalter (PUM) den Auftrag entgegen und ruft die entsprechende Prozedur auf, die u.U. wieder weitere Prozeduren aufrufen kann. Die Prozeduren sind also nur funktionelle Erweiterungen des PUM. Da der PUM a priori durch einen totalen wechselseitigen Ausschluß geschützt ist, sind es auch die Prozeduren. Damit gibt es keine Parallelarbeit in dieser Schicht und keine Parallelarbeit der Prozesse der Schicht S^{i+1} mit dem PUM in S^{i}.

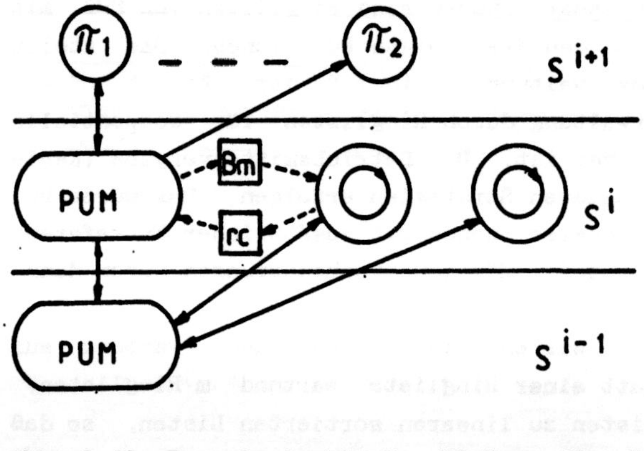

Abb. 3.47. Prozeßorientierter BS-Kern (Bm: Betriebsmittel, rc: Rückkehrcode)

Andere Verhältnisse liegen vor, wenn der BS-Kern selbst auch aus Prozessen besteht, die parallel arbeiten können (Abb. 3.47). Der PUM-Prozeß nimmt den Auftrag entgegen. Die Prozesse für die einzelnen BS-Funktionen in der Schicht S^i sind unendliche zyklische Prozesse. Sie sind im Zustand wartend, weil ihnen das Betriebsmittel "Auftrag" (Signal oder Nachricht) fehlt. Der PUM-Prozeß erzeugt das Betriebsmittel "Auftrag", so daß der entsprechende BS-Prozeß durch den PUM der Schicht S^{i-1} aktiviert werden kann. Dadurch ist eine Parallelarbeit innerhalb des BS-Kerns möglich, aber auch zwischen den Prozessen der Schicht S^{i+1} und denen des BS. Damit entsteht aber ein Synchronisationsproblem. Die Prozesse in S^{i+1} müssen erfahren, ob die BS-Funktion für sie beendet wurde. Diese Prozesse erzeugen das Betriebsmittel "Auftrag" über den PUM in S^i und verlangen ggf. das Betriebsmittel "Auftragsbestätigung" (=rc). In Abb. 3.48 sind die Beziehungen zwischen den Prozessen in S^{i+1} und denen im BS angedeutet.

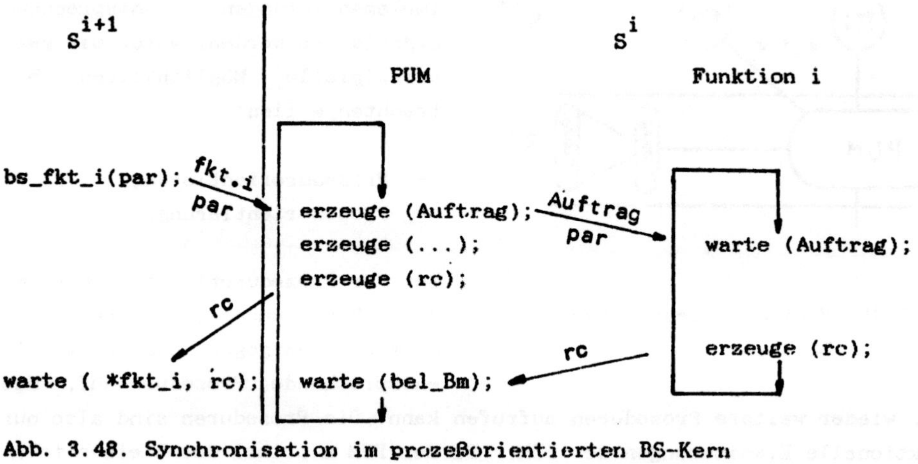

Abb. 3.48. Synchronisation im prozeßorientierten BS-Kern

Ein weiteres Problem besteht in der Gestaltung der Schnittstelle zum BS. Auch hier kann man

- prozedurorientierte und
- prozeßorientierte Schnittstellen

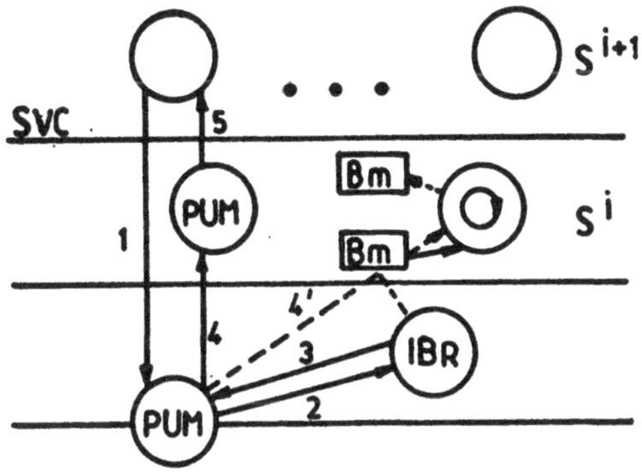

Abb. 3.49. Prozeßorientierte Schnittstelle

unterscheiden. In jedem Fall wird ein PUM angesprochen. Bei der Prozedurorientierung ist das ein Prozeduraufruf, also ein Unterprogrammruf. Es existiert entweder eine Ansprungstelle, dann muß der Funktionscode als Parameter mitgegeben werden (BDOS im CP/M), oder eine Sprungtabelle mit einem Eintrag je BS-Funktion (BIOS im CP/M). Die prozeßorientierte Schnittstelle geht davon aus, daß ein Betriebsmittel erzeugt wird, das von einem anderen Prozeß verbraucht wird. Die gängige Form ist ein Softinterrupt (= Supervisorcall), der durch einen bestimmten Prozessorbefehl erzeugt wird (INT_i bei i8086, SVC bei ESER). Damit erhält der Prozeß "Interrupt-PUM" das Betriebsmittel "Signal", und er kann arbeiten (Abb. 3.49). Die Interruptbehandlungsroutinen (eigentlich Prozesse !) erzeugen das Betriebsmittel Nachricht für den BS-Prozeß. Durch den Interrupt-PUM werden dann sowohl der PUM als auch der BS-Prozeß von S^i aktiv. Der PUM wird i. allg. den durch den SVC unterbrochenen Prozeß wieder aktiv setzen.

3.6. VERKLEMMUNG VON PROZESSEN (DEADLOCK)

Im Rahmen unserer Betrachtung von BS in einer Schichtenstruktur gilt die Hierarchie der Schichten. Die Komponenten der Schicht S^i sind gegenüber der Schicht S^{i+1} privilegiert. Diese Privilegierung gilt, wie wir vorher gesehen haben, auch für die Betriebsmittelzuteilung durch den PUM^i an die Prozesse Π_j^{i+1} der Schicht S^{i+1}. Wir wollen deshalb von dem Satz 3.3 ausgehen, ohne ihn zu beweisen.

Satz 3.3

Eine Verklemmung von Prozessen kann nur zwischen Prozessen einer Schicht S^i entstehen.

Für unsere weiteren Betrachtungen lassen wir den Schichtindex weg und greifen auf den Begriff des Teilprozesses aus Abschnitt 3.4.1. zurück. Es ist durchaus möglich, daß mehrere Prozesse und damit auch mehrere Teilprozesse "echt" parallel ablaufen. Da uns aber nur aus der Sicht des Betriebssystems Änderungen der Betriebsmittelzuteilung interessieren, lassen sich die Teilprozesse aller Prozesse in einer linearen Folge anordnen. Eine Betriebsmitteländerung tritt nur am Ende eines Teilprozesses ein. Diese Änderung wird dem BS im Betriebsmittelforderungsvektor

$$ {}^{F}_{k}B_j = {}^{F}_{k}(b_{j1},\ldots,b_{jm}) $$

mitgeteilt, wobei ein negativer Wert einer Komponente eine Freigabe und ein positiver Wert eine neue Forderung bedeutet. Das BS wird zuerst die Freigaben im Betriebsmittelzuteilungsvektor

$$ {}^{Z}_{k}B_j = {}^{Z}_{k}(b_{j1},\ldots,b_{jm}) $$

aktualisieren. Nehmen wir den allgemeinen Fall an, daß Betriebsmittel entzogen werden können, so könnte ein parallel laufender Teilprozeß abgebrochen werden. Die dadurch frei werdenden Betriebsmittel werden ebenfalls in ${}^{Z}B_j$ aktualisiert. Danach könnten ein oder mehrere Teilprozesse nacheinander aktiviert werden, so daß man letztendlich bez. der Betriebsmittel (nicht aber bez. der Zeit) eine Folge von Teilprozessen erhält (Abb. 3.50). Zwischen dem Beginn eines Teilprozesses und dem Ende eines anderen (oder desselben) Teilprozesses gibt es also keine Änderung der Betriebsmittelzuteilung.

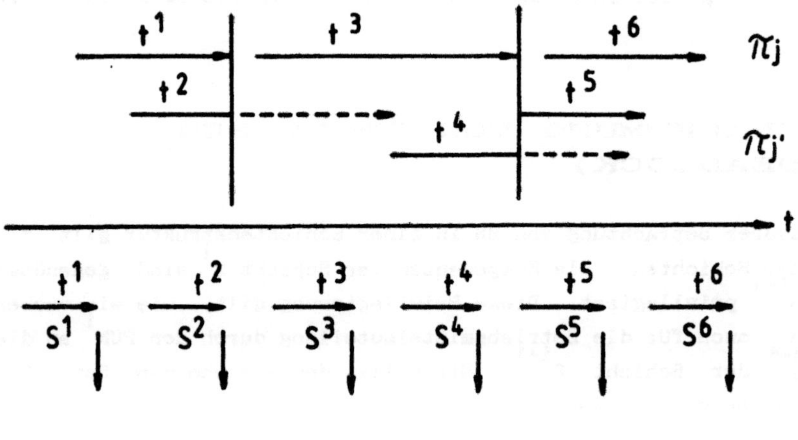

Abb. 3.50. Folge von Teilprozessen

Bez. der Betriebsmittel ist das ein stationärer Zustand

$$ S^n = ({}^{Z}_{k}B,\ {}^{F}_{k}B,\ B), $$

der gekennzeichnet ist durch die zugeteilten Betriebsmittel aller Prozesse

$$ {}^{Z}_{k}B = \begin{pmatrix} {}^{Z}_{k}B_1 \\ \vdots \\ {}^{Z}_{k}B_n \end{pmatrix} $$

durch die geforderten Betriebsmittel

$$ {}^{F}_{k}B = \begin{pmatrix} {}^{F}_{k}B_1 \\ \vdots \\ {}^{F}_{k}B_n \end{pmatrix} $$

und den Betriebsmittelvektor des gesamten Systems

$$ B = (b_1, \ \ldots, \ b_m) $$

Der Prozeß Π_j, der zum Teilprozeß t^k gehört, hat natürlich keine Forderungen, für ihn gilt

$$ {}^{F}_{k}B_j = \mathcal{O} $$

Es werden noch der Vektor der Summen der zugeteilten Betriebsmittel

$$ {}^{Z}_{k}\bar{B} = \left(\sum_{j=1}^{n} b_1({}^{Z}_{k}B_j), \quad , \quad \sum_{j=1}^{n} b_m({}^{Z}_{k}B_j) \right), $$

der Vektor der Summen der geforderten Betriebsmittel

$$ {}^{F}_{k}\bar{B} = \left(\sum_{j=1}^{n} b_1({}^{F}_{k}B_j), \ldots, \sum_{j=1}^{n} b_m({}^{F}_{k}B_j) \right) $$

und die folgenden Relationen

$A \geq B \iff (\forall l \; A(l) \geq B(l))$,

$A > B \iff (A \geq B \wedge \exists l \; A(l) > B(l))$ und

$A \ngeq B \iff (\exists l \; A(l) < B(l))$

eingeführt.

Definition 3.21

Ein Zustand S^k ist **sicher**, wenn die Teilaktionsfolge $t^0, \ldots, t^k$ fortsetzbar ist. Es muß nach Beendigung des Teilprozesses t^k (und der von ihm freigegebenen Betriebsmittel) für ein Π_j gelten

$$ {}^{F}_{k}B_j \leq B - {}^{Z}_{k}\bar{B} $$

Definition 3.22

Ein Prozeßsystem ist **sicher**, wenn alle Zustände sicher sind.

Definition 3.23

Falls es eine Menge von Prozessen $D \subseteq \Pi$ mit $|D|>1$ gibt, so daß

$$\forall \Pi_j \in D \quad ({}^F_k B_{j'} \nleq B - \sum_{j':\Pi_{j'} \in D} {}^Z_k B_{j'}) \tag{3.15}$$

gilt, befinden sich die Prozesse $\{ \Pi_{j'} \}$ im **Deadlock**.

Der Zustand, in dem die Bedingung in Definition 3.23 erfüllt ist, wird unsicher, weil die Prozesse $\Pi_{j'} \in D$ nicht fortgesetzt werden können. Das ist auch dann nicht der Fall, wenn alle übrigen Prozesse $\Pi_j \in \Pi \setminus D$ beendet wurden und ihre Betriebsmittel freigegeben haben.

Zur Erläuterung betrachten wir das Beispiel in Abb. 3.51.

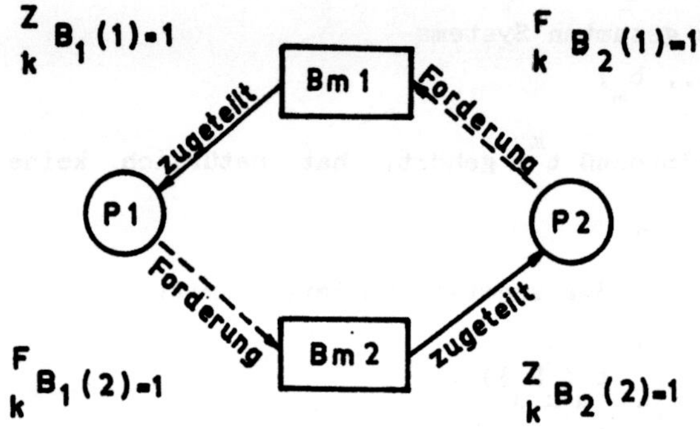

$B = (1,1)$,

${}^Z_k B_1 = (1,0)$, ${}^F_k B_1 = (0,1)$

${}^Z_k B_2 = (0,1)$, ${}^F_k B_2 = (1,0)$

und $B - \sum_{\dots} \dots = (0,0)$

Abb. 3.51. Zwei Prozesse im Deadlock

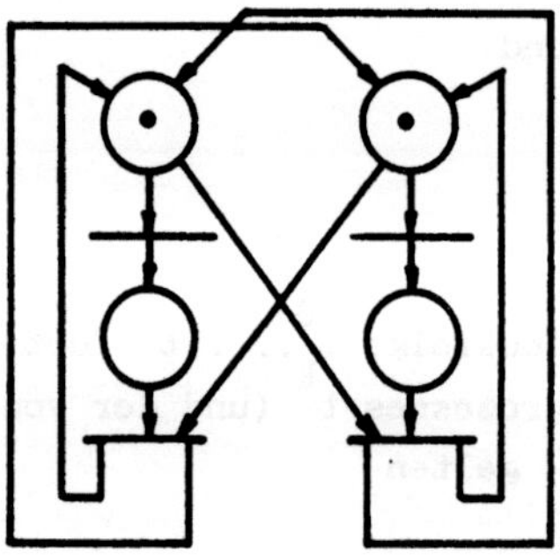

Abb. 3.52. Modellierung des Beispiels in Abb. 3.50 mit Hilfe eines Petrinetzes

Jeder der beiden Prozesse fordert ein Betriebsmittel, das bereits vollständig an die Prozesse der Deadlock-Menge zugeteilt wurde. Zur Analyse bekannter Prozeßsysteme auf Deadlock kann man eine Modellierung mit Hilfe von Petrinetzen (Abb. 3.51) benutzen. Die Untersuchung der Lebendigkeit des Netzes ergibt dann Aussagen über Deadlocks. Es hängt wesentlich von der Strategie des BS ab, wie die Reihenfolge der Teilprozesse der einzelnen Prozesse bez. der Betriebsmittelvergabe entsteht. Mitunter ist es sinnvoll, nicht alle Betriebsmittel zu verteilen, die im Augenblick zur Verfügung stehen. Es könnte in der Zustandsfolge ein unsicherer Zustand entstehen. Das soll kurz an einem Beispiel erläutert werden. Es sind zwei Prozesse mit je drei Teilprozessen, ihren Forderungen nach Betriebsmitteln und der Betriebsmittelvektor B = (10,10) des Prozeßsystems gegeben.

$$
\begin{array}{lcccc}
 & t^{j1} & t^{j2} & t^{j3} & \\
\Pi_1: & (3,2) & (4,5) & (-4,0) & F^{B}_{k1} \\
\Pi_2: & (3,3) & (4,3) & (0,3) & F^{B}_{k2}
\end{array}
$$

Die erste Teilprozeßfolge ist realisierbar

$$
\begin{array}{lcccccc}
 & t^{11} & t^{21} & t^{12} & t^{13} & t^{22} & t^{23} \\
Z^{B}_{k} & \begin{pmatrix}32\\00\end{pmatrix} & \begin{pmatrix}32\\33\end{pmatrix} & \begin{pmatrix}77\\33\end{pmatrix} & \begin{pmatrix}37\\33\end{pmatrix} & \begin{pmatrix}00\\76\end{pmatrix} & \begin{pmatrix}00\\79\end{pmatrix}
\end{array} ,
$$

die folgende ist nicht relisierbar und führt zum Deadlock

$$
\begin{array}{lcccccc}
 & t^{11} & t^{21} & t^{22} & t^{23} & & t^{12} \\
Z^{B}_{k} & \begin{pmatrix}32\\00\end{pmatrix} & \begin{pmatrix}32\\33\end{pmatrix} & \begin{pmatrix}32\\76\end{pmatrix} & \begin{pmatrix}32\\79\end{pmatrix} & \text{oder} & \begin{pmatrix}77\\76\end{pmatrix} \\
 & & & & ! & & !!
\end{array}
$$

Wenn ein Betriebsmittel mehrfach benutzt oder entzogen werden kann, hat die Bedingung (3.15) keine Bedeutung. In unserem Beispiel könnte dann das Betriebsmittel 1 mehrfach genutzt oder entzogen werden und der Prozeß ohne Probleme beendet werden.

Die Bedingungen, die alle erfüllt sein müssen, damit ein Deadlock auftreten kann, sind

B1. Die Prozesse $\Pi_j, \in D$ nutzen die Betriebsmittel exklusiv (mutual exclusion).

B2. Die Betriebsmittel werden nur durch die Prozesse selbst freigegeben (non-preemption).

B3. Jeder der Prozesse Π_j, besitzt Betriebsmittel und wartet auf weitere, ohne die bereits zugeteilten freizugeben (wait for). (3.16).

Wenn ein Deadlock vorliegt, warten diese Prozesse zyklisch auf Betriebsmittel, die sie wechselseitig besitzen (Abb. 3.51), so daß die folgende Bedingung B4 hinreichend ist.

B4. Es gibt mindestens zwei Prozesse, die in einer geschlossenen Kette auf Betriebsmittel warten, die von anderen Prozessen dieser Kette belegt sind (circular wait).

Ein einziger Prozeß kann nie im Deadlock sein. Da wir a priori vorausgesetzt haben, daß kein Prozeß mehr Betriebsmittel fordern darf, als insgesamt im System vorhanden sind, werden irgendwann alle übrigen Prozesse beendet, und der fragliche Prozeß kann alle benötigten Betriebsmittel erhalten. Es sei nochmals ausdrücklich darauf hingewiesen, daß es sich auch um verbrauchbare Betriebsmittel (Signale, Nachrichten) handeln kann (Abb. 3.53).

Π_1	Π_2
wait(sign_1) ;	wait(sign_2) ;
:	:
send(sign_2) ;	send(sign_1) ;
:	:

Abb. 3.53. Zwei Prozesse im Deadlock durch verbrauchbare Betriebsmittel

Fassen wir nochmal zusammen, wann Prozesse an ihrem Fortschreiten behindert werden.

1. $^{F}B_{j} > B$

Der Prozeß fordert mehr Betriebsmittel, als im Prozeßsystem insgesamt vorhanden sind bzw. sein werden. Der Betriebsmittelvektor B kann sich im Laufe der Zeit durchaus ändern, wenn man verbrauchbare (und damit erzeugbare) Betriebsmittel in B berücksichtigt. Wenn jedoch ein Prozeß auf eine Nachricht oder ein Signal wartet, die nie erzeugt werden, ist das gleichbedeutend damit, daß er auf mehr wiederverwendbare Betriebsmittel wartet, als vorhanden sind. Das letztere kann sofort durch das BS erkannt und der Prozeß daraufhin zwangsweise beendet werden. Das Warten auf ein noch nicht vorhandenes verbrauchbares Betriebsmittel kann durch das BS grundsätzlich nicht erkannt werden. Für das Unterlassen der Erzeugung derartiger Prozesse bzw. das Abbrechen dieser Prozesse ist der Erzeuger verantwortlich. Manchmal gibt es BS-Dienste für ein sogenanntes Timeout (T.O.), die es erlauben, nach einer vorher festgelegten Zeit den Prozeß abzubrechen.

2. $^{F}B_{j} > B - {}^{Z-}B \wedge {}^{F}B_{j} < B$

Es stehen im Augenblick nicht genügend Betriebsmittel bereit. Der Prozeß kann prinzipiell fortgesetzt werden, spätestens dann, wenn alle andern Prozesse beendet wurden und $^{Z-}B = 0$ gilt.

3. (B1 bis B3 erfüllt) $\wedge \; \forall \Pi_{j'} \in D \; ({}^{F}B_{j'} \nleq B - \sum_{j':\Pi_{j'} \in D} {}^{Z}B_{j'})$

Auch wenn alle anderen Prozesse $\Pi_j \in \Pi \setminus D$ beendet wurden, können die Prozesse $\Pi_{j'} \in D$ im Deadlock nicht fortgesetzt werden. Eine derartige Verklemmung stellt praktisch einen Systemzusammenbruch dar, es müssen Gegenmaßnahmen ergriffen werden. Diese lassen sich in folgende Kategorien einteilen:

- keine Maßnahmen
- Verhindern (prevention)
- Entdecken und Beseitigen (detection and recovery)
- Vermeiden (avoidance)

3.6.1. KEINE MASSNAHMEN GEGEN VERKLEMMUNGEN

Rechnersysteme arbeiten i.allg. nicht unendlich lange ohne Fehler, die zu einem Systemzusammenbruch führen. Die mittlere Zeit zwischen dem Auftreten von Fehlern MTBF (Middle Time Between Failures) hängt von der Hardware, dem BS, aber auch von der Bedienung ab. Wenn die Bedingung

$$\mathrm{MTBF} < \mathrm{MTBD} \qquad (3.17)$$

(MTBD: Middle Time Between Deadlocks)
gilt, lohnt sich der Aufwand für Maßnahmen gegen Verklemmungen nicht.

3.6.2. VERHINDERN VON VERKLEMMUNGEN

Wenn eine der drei notwendigen Bedingungen (3.16) für das Auftreten von Verklemmungen nicht erfüllt ist, können keine auftreten.

3.6.2.1. BETRIEBSMITTEL FREIGEBENDES PROZESS-SYSTEM

In einem derartigen Prozeßsystem ist die Bedingung B3 nicht erfüllt. Die Forderung nach weiteren, neuen Betriebsmitteln am Ende des Teilprozesses t^k, um den Prozeß mit dem Teilprozeß t^{k+1} fortzusetzen, besteht in zwei aufeinanderfolgenden Aktionen

1. ${}^{F-}_{k}B_j$ mit $b_l({}^{F-}_{k}B_j) < 0 \quad \forall l$ und
2. ${}^{F}_{k}\underline{B}_j$ mit $b_l({}^{F}_{k}\underline{B}_j) > 0 \quad \forall l$

Ein Prozeß gibt erst alle Betriebsmittel frei, bevor er neue verlangt. Bei der erneuten Vergabe konkurrieren alle Prozesse, die Forderungen besitzen, um die nun zur Verfügung stehenden Betriebsmittel. Damit ist es immer möglich, einen Teilprozeß fortzusetzen. Da irgendwann alle laufenden Teilprozesse beendet werden, werden alle Betriebsmittel frei.
Es gilt ${}^{Z-}B = 0$, und da immer

$${}^{F-}\overline{B}_j \leq B$$

erfüllt ist, kann mindestens ein Teilprozeß fortfahren. Ein Sonderfall dieser Strategie besteht darin, daß ein Prozeß alle von ihm benötigten Betriebsmittel auf einmal anfordert und bei Beendigung alle gleichzeitig freigibt. Der Prozeß besteht also nur aus einem Teilprozeß. Es ist offensichtlich, daß damit eine schlechte Ausnutzung der Betriebsmittel gegeben ist.

3.6.2.2. ENTZUG VON BETRIEBSMITTELN

Die Bedingung B2 in (3.16) wird nicht erfüllt. Diese Strategie setzt voraus, daß zum Zeitpunkt des Entzuges die Werte des Betriebsmittels in einem anderen Betriebsmittel gerettet werden. Ansonsten ist eine Fortsetzung des Prozesses nicht möglich. Das ist aber nur für die Betriebsmittel Prozessor und HS sinnvoll. Die Werte des Prozessors werden im HS unt die Werte des HS auf einem externen Speicher zu retten sein. Die damit entstehenden Kosten sind in Kauf zu nehmen, um gerade diese besonders beanspruchten Betriebsmittel auf möglichst viele Prozesse zu verteilen. Ausführlich wird auf die Zuteilung von Betriebsmitteln zu den Prozessen im folgenden Kapitel eingegangen.

3.6.2.3. HIERARCHISCHE BETRIEBSMITTELZUTEILUNG

Die hierarchische Betriebsmittelzuteilung /HAV68/ geht davon aus, daß die Betriebsmittel b_l einen Rang besitzen, der gleich dem Index ist.

$$R_k = \text{Rang}\ {}^{F}_{k}B_{j} = \max_{l'} \{ l' \mid b_{l}({}^{F}_{k}B_{j}) \neq 0 \}. \tag{3.18}$$

Für den Forderungsvektor im (k+1)ten Teilprozeß wird dann gefordert

$$b_1({}^{F}_{k+1}B_{j}) = \ldots = b_{R_k}({}^{F}_{k+1}B_{j}) = 0.$$

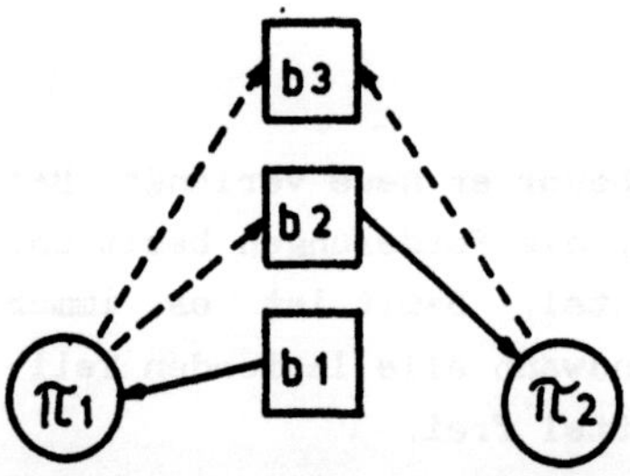

Ein Prozeß darf also nur Forderungen nach weiteren Betriebsmitteln stellen, deren Rang größer ist, als der der bereits zugeteilten Betriebsmittel. Wie man in Abb. 3.54 leicht sehen kann, werden damit geschlossene Ketten von Prozessen und Betriebsmitteln vermieden.

Abb. 3.54. Hierarchische Betriebsmittelvergabe

3.6.3. ENTDECKEN UND BESEITIGEN VON VERKLEMMUNGEN

Bei der Betriebsmittelvergabe werden keine Einschränkungen auferlegt, so daß ein Verklemmungszustand eintreten kann. (Dieser Zustand muß erkannt werden, was im wesentlichen - aufgrund der Deadlock-Bedingung (3.15) - auf die Bestimmung der Menge D der verklemmten Prozesse hinausläuft. Diese Prüfung könnte periodisch oder auch durch die Bedienerkommunikation angestoßen werden. Das setzt allerdings voraus, daß überhaupt noch ein nicht im Deadlock befindlicher Prozeß vorhanden ist. Wenn wir von unserer Schichtenstruktur ausgehen, tritt eine Verklemmungssituation unter Prozessen einer Schicht auf. Ein Prozeß der hierarchisch höher liegenden Schicht könnte dann immer noch die Prüfung vornehmen. In Implementation 3.23 ist der Algorithmus angegeben. Im Feld pcb sind die pid all n Prozesse eingetragen, die zu untersuchen sind. Prozesse, die fortgesetzt werden könnten, werden aus pcb gestrichen und ihre zugeteilten Betriebsmittel zu dem Betriebsmittelrestvektor $B-\sum_{k}^{Z}\bar{B}$ addiert. Dieser Prozeß könnte fortgesetzt und beendet, seine Betriebsmittel könnten anderen zugeteilt werden. Wenn ein pid entfernt wurde, muß der Zyklus von vorn beginnen, da jetzt die Forderungen eines weiter vorn stehenden Prozesses erfüllt werden könnten. Wenn ein kompletter Zyklus ohne Streichen eines pid durchlaufen wurde, bricht der Algorithmus ab. In pcb sind dann die pid der Prozesse, die verklemmt sind.

Zuweisungen bzw. Vergleiche, die einen ganzen Vektor betreffen, sind nicht programmiert, sondern im betreffenden Index mit $ bezeichnet.

Implementation 3.23

```
int n=..., m=..., test=1,j;
int pcb[n], bz[n][m], bf[n][m], b[m], bzsum[-];
for (j=0; j<n;)
    pcb[j]=++j;
while (test)
 { test=0;
   for (j=0; j<n; ++j)
     if (pcb[j]!=0)
      if (bf[j][$]<=b[$]-bzsum[$]
        { test=1; pcb[j]=0; bzsum[$]-=bz[j][$];
          break;
        };
 };
for (j=0; j<n; ++j)
  if (pcb[j]!=0)
     { /* DEADLOCK */ ; break;};
```

Wichtig ist noch eine Betrachtung der Ausführungszeit des der Implementation 3.23 zugrunde liegenden Algorithmus. Der Test ist für jede der m Komponenten der Betriebsmittelvektoren durchzuführen. Für die erste Eliminierung eines Prozesses ist im ungünstigsten Fall der Test n * m auszuführen, für die nächste (n-1)* m usw. Die Gesamtzahl ergibt sich also zu

$$m * \sum_{i=1}^{n} (n-i+1) = m * (n+1)*n/2 = O(m * n^2)$$

Kompliziertere Algorithmen /HOL72/ führen u.U. zu einer geringeren Komplexität (O(m * n)) . Existiert von einem Betriebsmittel nur ein Exemplar, so reduziert sich die Verklemmungsanalyse auf eine Zyklenprüfung im kombinierten Prozeß-/Betriebsmittelgraphen (z.B. Abb. 3.51), die von der Ordnung O(m+n) ist. Dem Entdecken muß sich dann noch ein Algorithmus anschließen, der einen Prozeß $\Pi_j \in D$ bestimmt, der entfernt werden soll bzw. dem Betriebsmittel entzogen werden. Das kann derart erfolgen, daß man jedem Betriebsmittel einen Kostenfaktor zuordnet. Ein Algorithmus, der eine Behebung des Deadlock mit minimalen Kosten bewerkstelligt, hat die Komplexität O(m!) .

3.6.4. VERMEIDEN VON VERKLEMMUNGEN

Beim Vermeiden von Verklemmungen geht man davon aus, daß bei jeder neuen Betriebsmittelvergabe ein Teilprozeß t^k gestartet wird, der einen **sicheren** Zustand s^k darstellt. Das erfordert jedoch die Kenntnis aller künftigen Betriebsmittelforderungen der Prozesse. Dann müßte bei jeder Betriebsmittelvergabe ein Algorithmus alle druckbaren Teilprozeßfolgen daraufhin überprüfen, ob sie in sichere Prozeßzustände führen. Dieser Algorithmus hätte eine Komplexität O(exp(Anzahl Teilprozesse)). Aus diesem Grund und wegen der Tatsache, daß alle künftigen B^F_{kj} bekannt sein müßten, ist diese Vorgehensweise praktisch nicht durchführbar. Eine andere Vorgehensweise /HAB69/ fordert die Kenntnis des Maximalbedarfs jedes Betriebsmittels jedes Prozesses. Bei jeder Betriebsmittelvergabe wird der ungünstigste Fall betrachtet und ein folgender sicherer Zustand S^{k+1} bestimmt. Die Grundidee dieser Algorithmen basiert auf der seit Jahrhunderten bekannten Vorgehensweise einer Bank bei der Vergabe von Krediten (Betriebsmitteln) an Kunden (Prozesse). Im folgenden soll das an einem einfachen Beispiel für eine Währung (ein Betriebsmittel) erläutert werden: Es wird von einem Gesamtkreditvolumen (Betriebsmittelbestand des Prozeßsystems) B ausgegangen. Die Gesamtforderungen der Prozesse bzw. die Restforderungen B'^F_j, die irgendwann gestellt werden, sind bekannt. Bei jedem Zustandsübergang muß vom ungünstigsten Fall ausgegangen werden, daß ein Prozeß seine gesamte Restforderung auf einmal stellen könnte. Diese Zustände müssen sicher sein bis zur Beendigung aller Prozesse, ansonsten wird der Zustand als künftiger ausgeschlossen. Wenn ein Prozeß endet, gibt er alle Betriebsmittel frei.

In Abb. 3.55 ist ${}_0B = 10$, ${}^F_0B'_1 = 8$, ${}^F_0B'_2 = 3$, ${}^F_0B'_3 = 9$

Im Zustand S^0 seien die aktuellen Forderungen ${}^F_0B_1 = 4$, ${}^F_0B_2 = 2$, ${}^F_0B_3 = 2$,

so daß S^1 geprüft werden muß, ob bei Anforderung des Restes eines Prozesses dieser Prozeß beendet werden kann. Der Zustand S^2 führt zum Ende von Π_2, und seine drei Exemplare werden frei zur weiteren Disposition. Damit kann in S^3 Π_1 und in S^4 Π_3 beendet werden. Der Zustand S^1 ist also ein sicherer Zustand, ebenso S^3 und S^4. Der Übergang zu S^2 führt zu einem

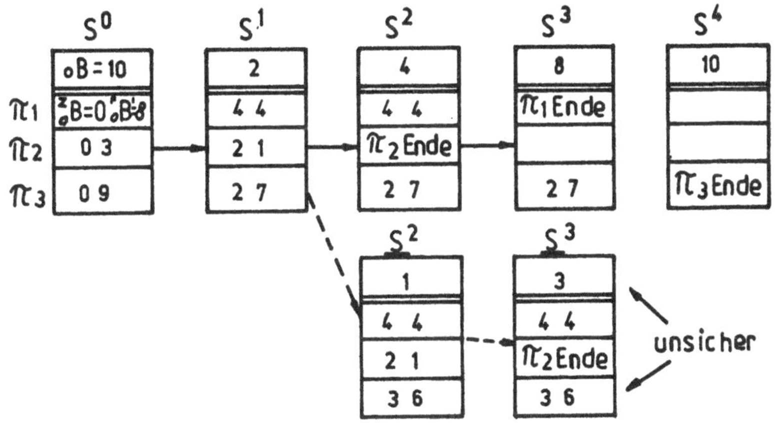

Abb. 3.55. Beispiel für den Bankalgorithmus

unsicheren Zustand, weil in $\underline{S}^3$ keinem der verbleibenden Prozesse seine gesamte Restforderung befriedigt werden kann.

Ein Algorithmus für m Betriebsmittel und n Prozesse besitzt die Komplexität $O(m * n^2)$. Unter Nutzung zweier von Habermann /HAB69/ bewiesener Sätze kann die Komplexität noch etwas verringert werden.

In der Praxis hat es sich als vorteilhaft erwiesen, in einem System mehrere Mechanismen anzuwenden /HOW73/. In jedem konkreten BS bedarf es beim Entwurf und bei der Implementierung einer umfangreichen Ingenieurarbeit, um die Gefahr von Verklemmungen weitgehend auszuschließen.

3.7. AUFGABEN

1. Erläutern Sie die Begriffe "sequentieller Prozeß" und "parallele Prozesse"!
2. Welche Zustände kann ein Prozeß besitzen, wodurch werden ihre Änderungen veranlaßt, wodurch werden die Zustandsänderungen realisiert?
3. Geben Sie einige Beispiele "echt paralleler" und "quasi-paralleler" Prozesse aus dem täglichen Leben an! Beschreiben Sie die möglichen Prozeßzustände und ihre Übergänge durch Zustandsgraphen!
4. Wie können Prozesse in einem Betriebssystem verwaltet werden?
5. Erläutern Sie den Begriff "kooperierende Prozesse" und die damit verbundenen Probleme! Verdeutlichen Sie sich alle Begriffe (wie auch bei den folgenden Aufgaben) durch Beispiele sowohl aus dem täglichen Leben als auch aus Prozeßabläufen in RS!
6. Was ist ein kritischer Abschnitt? Welchen Anforderungen muß eine Prozeßsteuerung zur Realisierung kritischer Abschnitte genügen?
7. Was ist wechselseitiger Ausschluß, wie kann er realisiert werden?
8. Geben Sie einen Überblick über die Möglichkeiten der dezentralen Steuerung von Prozessen! Stellen Sie Vor- und Nachteile einzelner Implikationen wertend zusammen!
9. Untersuchen Sie, ob die folgende Implementation die Bedingungen für den wechselseitigen Ausschluß erfüllt!

```
                        next = S1 = S2 = 1 ;
while (1)                              while (1)
{                                      {
 S1=0;                                  S2=0;
 f^P: {if (S2==0)                       f^P: {if (S1==0)
    if (next==1) goto f^P;                 if (next==2) goto f^P;
    else {S1=1; while (next==2);};         else {S2=1; while (next==1);};
    };                                     };
 { /* K.A.(b) */ };                     { /* K.A.(b) */ };
 f^v: {S1=1; next=2};                   f^v: {S2=1; next=1};
};                                     };
```

10. Zeigen Sie, daß die im Abschnitt 3.4.2.3 angegebene Implementation 3.5 (Algorithmus von Dekker) die Forderungen 3.1 erfüllt!
11. Geben Sie einen Überblick über die Möglichkeiten der zentralen Steuerung von Prozessen! Worin besteht der entscheidende Unterschied zwischen Semaphoren und den bei der dezentralen Steuerung benutzten Synchronisationsvariablen?
12. Ein Betriebsmittelvektor bm enthalte k binäre Semaphore bm[sem1],...,bm[semk]. Schreiben Sie eine Implementation von P(semi), V(semi) als Operationen über dem Semaphor bm[semi] unter Nutzung von

Funktionen lock(mutex) und unlock(mutex), die als gegeben betrachtet werden (wozu sind diese Funktionen erforderlich?)!

13. Beschreiben Sie die zentrale Steuerung für ein System, bei dem Fahrzeuge über eine Brücke wollen, für folgende Fälle der maximalen Belastbarkeit der Brücke:
    a) ein Fahrzeug, unabhängig von der Richtung,
    b) ein Fahrzeug je Richtung gleichzeitig,
    c) drei Fahrzeuge je Richtung gleichzeitig,
    d) drei Fahrzeuge, entweder in der einen oder in der anderen Richtung (die Fahrzeuge aus einer Richtung müssen so lange warten, bis alle Fahrzeuge der Gegenrichtung die Brücke passiert haben).

    Wie sieht eine Lösung des Problems mittels dezentraler Steuerung aus?
14. Worin besteht das Erzeuger-Verbraucher-Problem?
15. Lösen Sie das folgende Erzeuger-Verbraucher-Problem: Ein Prozeß A stellt in einem Datenbereich eine Information zur Verfügung, die von einem Prozeß B entnommen wird; Prozeß A kann den Datenbereich erst nach der Entnahme der alten Information erneut füllen.
16. Ein Ringpuffer werde durch einen Prozess P_1 gefüllt und durch einen Prozess P_2 geleert.
    a) In welchen Fällen können Konflikte auftreten?
    b) Definieren und initialisieren Sie die zur Lösung des Erzeuger-Verbraucher-Problems notwendigen Semaphore und beschreiben Sie die Lösung des Problems!
17. Beschreiben Sie unter Nutzung der in Abschnitt 3.5. angegebenen Implementationen die Funktionen, die einen PUM für das folgende einfache Zustandsmodell realisieren!

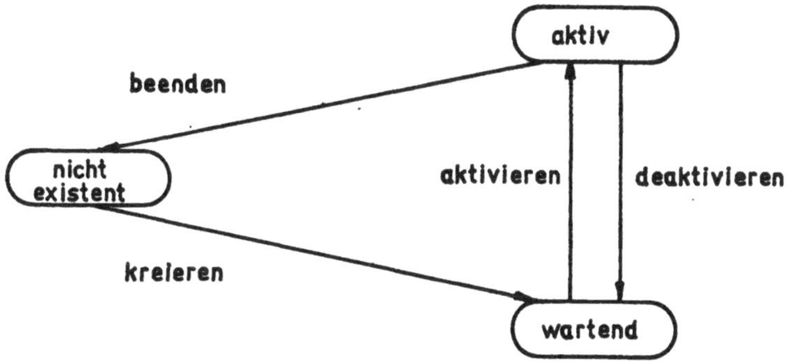

18. Erläutern Sie die Unterschiede zwischen Determiniertheit, Kooperation und Synchronisation von Prozessen!
19. Was versteht man unter Deadlocks, unter welchen Umständen können sie auftreten?
20. Erläutern Sie die verschiedenen Strategien, Prozeßverklemmungen entgegenzuwirken!

21. Drei Prozesse teilen sich in
a) drei b) vier
Betriebsmittel (vom gleichen Typ), die nur einzeln reserviert bzw. freigegeben werden können. Dabei benötigt jeder Prozeß maximal zwei Betriebsmittel gleichzeitig. Untersuchen Sie, ob in diesen Fällen Verklemmungen auftreten können!
22. n Prozesse teilen sich in m Betriebsmittel (gleichen Typs), die nur einzeln reserviert bzw. freigegeben werden können. Dabei benötigt jeder Prozeß maximal k Betriebsmittel gleichzeitig. Wieviele Betriebsmittel müssen vorhanden sein, damit keine Verklemmungen auftreten können? Vergleichen Sie das Ergebnis mit Aufgabe 21 !
23. Betrachtet werde ein SPOOL-System mit einem Eingabeprozeß, einem Verarbeitungsprozeß und einem Ausgabeprozeß, die durch zwei Puffer miteinander verbunden sind. Die Prozesse transferieren Daten in Einheiten gleicher Größe, sog. Seiten. Die Grenze zwischen Eingabepuffer und Ausgabepuffer ist gleitend in Abhängigkeit von der Geschwindigkeit der Prozesse, einzige Beschränkung ist die Gesamtkapazitaet des Speichers, in dem die Puffer angelegt sind. Jeder der drei Prozesse arbeitet, solange Eingabedaten für ihn vorhanden sind und Speicherplatz in dem Puffer, den er benötigt, zur Verfügung steht; andernfalls wartet er.
a) Zeigen Sie, daß dieses System verklemmen kann!
b) Schlagen Sie eine Lösung zur Vermeidung von Verklemmungen vor unter Beibehaltung der gleitenden Grenze zwischen den beiden Puffern!

4. BETRIEBSMITTEL

4.1. BETRIEBSMITTEL IN DER SCHICHTENSTRUKTUR

Betriebsmittel können nur schichtenkonsistent behandelt werden. Das folgende gilt also nur für die Zuteilung der Ressourcen, die zur selben Schicht wie die Prozesse gehören. Entsprechend der Def. 3.2 wird ein Prozeß wesentlich durch die ihm zugeteilten und die von ihm geforderten Betriebsmittel gekennzeichnet, also die beiden Vektoren B^F_j und B^Z_j bzw. die Matrizen Betriebsmittelforderungen aller Prozesse einer Schicht B^F und Betriebsmittelzuteilungen aller Prozesse einer Schicht B^Z. Den Gesamtbestand aller Betriebsmittel einer Schicht hatten wir lapidar durch den Betriebsmittelvektor B bezeichnet. Für die Verwaltung der einzelnen Betriebsmittel im BS ist eine einzelne Vektorkomponente i.allg. nicht ausreichend. Denkt man z.B. an die Verwaltung des Betriebsmittel HS, so benötigt man zumindest eine Verwaltung der freien HS-Plätze. Dafür gibt es verschiedene Methoden, wie Bitmapping, Freispeicherkettung usw. Wir werden diese bei der Behandlung einiger Betriebsmittel in diesem Kapitel betrachten, wie

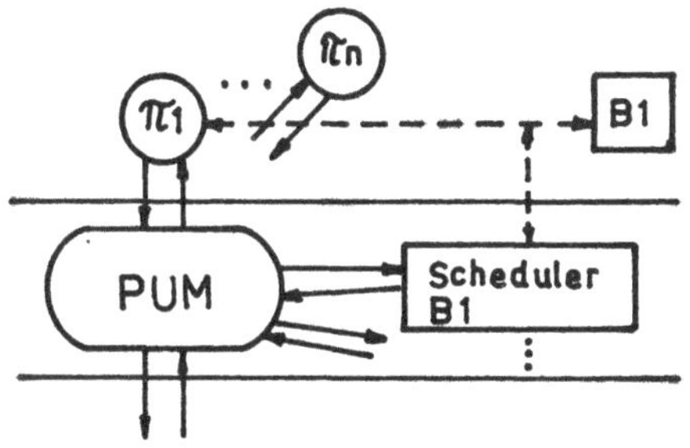

Abb. 4.1. Betriebsmittelzuteilung

- Prozessor,
- Hauptspeicher,
- Programmtexte,
- Geräte,
- Nachrichten und
- Zeit.

Die Bedienung der peripheren Geräte, nicht deren Zuteilung, soll im Kapitel 5 näher untersucht werden. Das Erzeugen von Files, d.h. eigentlich die Abbildung peripherer Speicher in Files, und der Zugriff zu ihnen wird im Kapitel 6 untersucht. Das ist letztendlich weniger eine Zuteilung des Betriebsmittels File als mehr eine Betriebsmitteltransformation.

4.2. SCHEDULING

Wir wollen im folgenden grundätzlich von einer zentralen Verwaltung der Betriebsmittel ausgehen. Der einzelne Prozeß nimmt sich nicht einfach in Koordination mit den anderen Prozessen das von ihm benötigte Betriebsmittel, sondern erledigt dies grundsätzlich durch Inanspruchnahme eines Dienstes des BS.

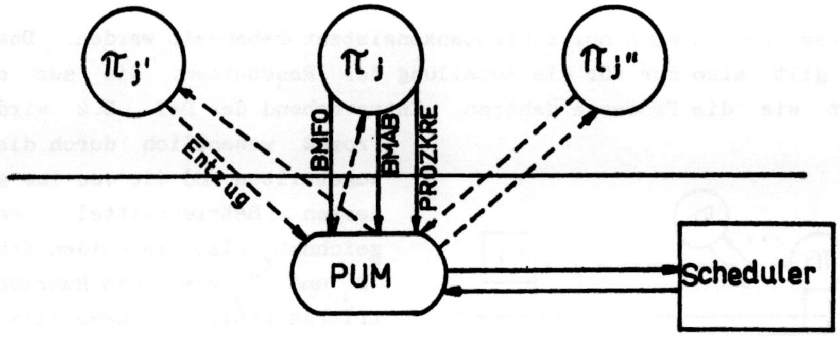

Abb. 4.2. Dienste des BS für Betriebsmittel

Damit ergeben sich die in Abb. 4.2 dargestellten Möglichkeiten. Ein Prozeß π_j kann Betriebsmittel fordern, infolge dessen

- dieser Prozeß das Betriebsmittel erhält und
- einem anderen Prozeß dieses Betriebsmittel entzogen werden kann.

Bei der Abgabe eines Betriebsmittels durch π_j u.U. einem anderen Prozeß $\pi_{j'}$ dieses Betriebsmittel zugeteilt werden. Aber auch die Dienste "Prozeß kreieren" und "Prozeß beenden" führen zu impliziten Betriebsmitteländerungen. Soll ein Prozeß kreiert werden, entstehen automatisch Forderungen für den zu kreierenden Prozeß. Beim Beenden werden Betriebsmittel frei, die anderen Prozessen zugeteilt werden können.

Wie man sieht, sind die BS-Dienste für Betriebsmittel komplexer, als ihre ursprüngliche Aufgabe der Erbringung eines Dienstes für den aufrufenden Prozeß erkennen läßt. Diese Koordination übernimmt in einer zentralen Steuerung der PUM. Die unten angegebene Vielfalt reduziert sich dadurch wesentlich, denn Fremdanweisungen treten immer infolge von Anforderungen bzw. Freigaben auf. Die Unterscheidung Prozeß oder Prozedur betrifft nur die Organisation, nicht aber die unterliegenden Algorithmen Die Unterschiede der untersten Hierarchieebene hängen von den Zielen der Prozeßsteuerung ab, die sich in den entsprechenden Strategien und Algorithmen abbilden. Wenn z.B. das gesamte RS von einer absoluten Adressierung ausgeht, kann man die einzelnen HS-Bereiche nur noch als Einzel-

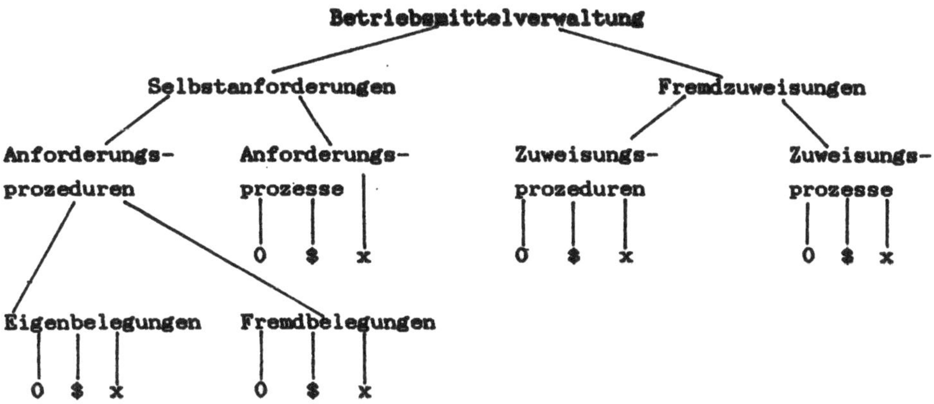

0 Einzelbetriebsmittel
$ teilbares Betriebsmittel
x Betriebsmittelmenge

Abb. 4.3. Einteilung der Betriebsmittelverwaltung nach /WET84/

betriebsmittel betrachten. Da i.allg. in einem RS mehrere Prozesse ein Betriebsmittel anfordern, muß bei Freiwerden bzw. bei Zwangsentzug (pre-emption) dieses Betriebsmittels entschieden werden, welchem Prozeß es als nächstem zugeteilt wird. Dazu muß ein **Fahrplan (Schedul)** über die Reihenfolge der Prozesse aufgestelt werden. Diese Aufgabe wird im BS aus dem PUM ausgegliedert und als BS-Prozedur (Scheduler) angelegt, die ausschließlich vom PUM aufgerufen wird. Die Aufgaben der Prozeßsteuerung (Abschntt 3.4.) und der Deadlock-Überprüfung (Abschnitt 3.6.) bleiben dabei beim PUM. Für jedes Betriebsmittel existiert also ein eigener Scheduler. Für das Scheduling muß man dabei

- von Nutzungsanforderungen und
- von den Randbedingungen des RS

ausgehen. Die Nutzungsanforderungen spiegeln sich in den **Zielen** des Gesamtsystems wider, die gekennzeichnet sind

- für Jobsysteme durch einen maximalen Durchsatz,
- für Dialogsysteme durch eine mittlere Antwortzeit und
- für Echtzeitsysteme durch eine garantierte Antwortzeit.

In einem RS kann man natürlich nicht alle Ziele erreichen wollen, ein maximaler Durchsatz widerspricht einer minimalen Antwortzeit. Man kann jedoch **Jobsysteme** und **Dialogsysteme** in **einem** RS implementieren. Gibt man Dialogprozessen Vorrang vor Jobprozessen, erhält man kleine Antwortzeiten und bez. der verbleibenden Ressourcen noch einen guten Durchsatz /KAL78/. Die allgemeinen Ziele eines Systems bedürfen noch einer weiteren Spezifizierung unter Berücksichtigung der Randbedingungen. Was unter konkreten Randbedingungen erreicht werden soll, drückt sich in den **Strategien** aus. Eine Strategie der Prozessorvergabe kann z.B. eine vorrangige Bedienung der Prozesse fordern, die den kleinsten Bedienwunsch haben. Diese Strategie kann nun mit **Implementierungen** verschiedener **Algorithmen** erreicht werden, mit dem Round-robin-Algorithmus oder Highest-response-ratio-next-Algorithmus.

Die **Ziele** und **Strategien** legen fest, **was** erreicht werden soll, während die **Algorithmen** und ihre **Implementierungen** festlegen, **wie** es erreicht wird.

Die RS müssen in geeigneter Weise modelliert werden, um auf der Grundlage der **Modelle** die für die Verfolgung der Strategien geeigneten Algorithmen angeben zu können. Die Modellierung selbst muß sich an den gegebenen Nutzungsforderungen und Randbedingungen orientieren. Es gibt also nicht einen guten oder optimalen Algorithmus schlechthin ! Und es kann also nur an den vorgegebenen Zielen unter den gegebenen Randbedingung entschieden werden, wie nahe das Ergebnis eines Algorithmus der optimalen Lösung ist.

4.3. PROZESSORSCHEDULING

Grundsätzlich werden zwei verschiedene Modelle unterschieden

- deterministische Modelle und
- probabilistische Modelle.

Deterministische Modelle von Prozeßsystemen für das Scheduling der Prozessoren gehen davon aus, daß

- die Prozesse sich in eine Folge von Teilprozessen zerlegen lassen,
- die genaue Prozessorzeit jedes Teilprozesses vorab bekannt ist,
- die Teilprozesse mehrerer Prozesse in ihrer Folge voneinander abhängen und diese Abhängigkeit bekannt ist,
- jeder Teilprozeß von jedem Prozessor ausgeführt werden kann und
- der Zeitpunkt, wann ein Prozeß ausgeführt wird, keiner Restriktion unterliegt.

Mit **probabilistischen** Modellen können dann Aussagen gemacht werden über die Gesamtbearbeitungsdauer eines Prozesses, die Prozessorauslastung usw. Probabilistische Modelle setzen keine Informationen über den Einzelprozeß voraus, sondern nur Informationen über das Ensemble der Prozesse bzw. Teilprozesse insgesamt. Die Gesamtheit der Prozesse wird beschrieben durch die stochastischen Größen

- Ausführungszeit des Prozesses und
- Ankunftszeit des Prozesses.

Diese beiden Größen können eindeutig durch ihre Wahrscheinlichkeitsverteilung oder durch die Angabe des 1. Momentes der Verteilung (bzw. des Erwartungswertes) und die Angabe des 2. Momentes (bzw. der Streuung) charakterisiert werden. Die Aussagen, die mit diesen Modellen erzielt werden, beziehen sich immer auf das gesamte Ensemble der Prozesse. Diese können dann natürlich ebenfalls nur durch stochastische Größen angegeben werden, wie z.B. Auslastun(des Prozessors, Verweildauer der Prozesse, Länge der Warteschlangen usw.

4.3.1. DETERMINISTISCHE MODELLE

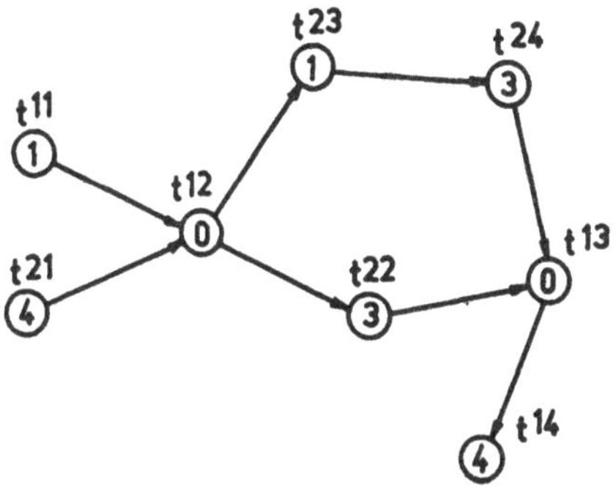

Abb. 4.3. Beispiel eines Präzedenzgraphen

Die deterministischen Modelle gehen davon aus, daß die Gesamtheit der Teilprozesse a priori vorliegt. Außerdem liegen die Abhängigkeiten der Teilprozesse vor. Eine geeignete Form ist der Präzedenzgraph (Abb. 4.3) oder eine Präzedenzmatrix bzw. eine minimale Konnektivitätsmatrix R. Für das Beispiel aus Abb. 4.3 lautet R:

$$R = \begin{array}{c} \\ t^{11} \\ t^{12} \\ t^{13} \\ t^{14} \\ t^{21} \\ t^{22} \\ t^{23} \\ t^{24} \end{array} \begin{array}{c} \begin{array}{cccccccc} t^{11} & t^{12} & t^{13} & t^{14} & t^{21} & t^{22} & t^{23} & t^{24} \end{array} \\ \begin{pmatrix} 0 & 1 & 0 & 0 & 0 & 0 & 0 & 0 \\ 0 & 0 & 0 & 0 & 0 & 1 & 1 & 0 \\ 0 & 0 & 0 & 1 & 0 & 0 & 0 & 0 \\ 0 & 0 & 0 & 0 & 0 & 0 & 0 & 0 \\ 0 & 1 & 0 & 0 & 0 & 0 & 0 & 0 \\ 0 & 0 & 1 & 0 & 0 & 0 & 0 & 0 \\ 0 & 0 & 0 & 0 & 0 & 0 & 0 & 1 \\ 0 & 0 & 1 & 0 & 0 & 0 & 0 & 0 \end{pmatrix} \end{array}$$

Wir haben mit Absicht die "Schein"teilprozesse t^{12} und t^{13} mit der Prozessorzeit 0 eingeführt, um in R zu sichern, daß t^{23} bzw. t^{22} erst begonnen werden dürfen, wenn t^{11} und t^{21} beendet sind.

Ein Beispiel aus der Praxis für deterministische Modelle sind sogenannte Jobnetze in Jobsystemen. Es wird von einer bestimmten Anzahl von Jobs mit jeweils mehreren Jobschritten ausgegangen, die in ihrer Abhängigkeit mehrfach abgearbeitet werden. Das ist eine typische Aufgabenstellung kommerzieller Datenverarbeitung, wo die gleichen Jobs täglich, wöchentlich oder monatlich abgearbeitet werden. Die Ausführungszeit der Jobschritte ist im wesentlichen konstant. Als virtuelle Prozessoren erscheinen die parallel arbeitenden Jobschrittinitiatoren. Wenn nur ein Prozessor vorhanden ist, läßt sich die Prozessorzuteilung relativ einfach angeben. Die grafische Darstellung erfolgt in sogenannten **Gantt-Diagrammen**. Abb. 4.4 zeigt mögliche Folgen von Prozessorzuteilungen

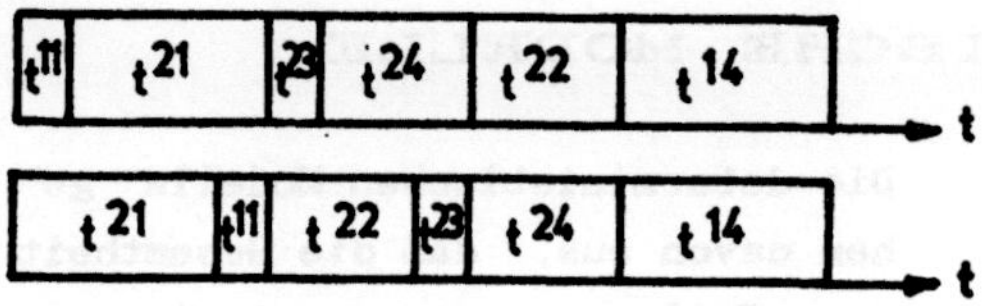

Abb. 4.4. Gantt-Diagramm für einen Prozessor

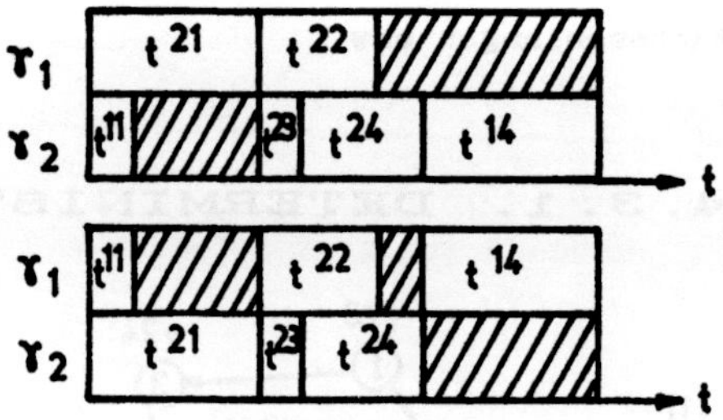

Abb. 4.5. Gantt-Diagramm für zwei Prozessoren

aufgrund von R. Falls mehrere Prozessoren vorhanden sind, können diese die Teilprozesse unter Berücksichtigung von R in verschiedener Weise zugeteilt bekommen. Diese Variationsmöglichkeit erlaubt es nun, das Scheduling mit einer bestimmten Zielstellung vorzunehmen. Die beiden wesentlichen Optimierungsziele sind

- entweder minimale Gesamtbearbeitungszeit aller Teilprozesse
- oder minimale Gesamtverweilzeit aller Teilprozesse eines Prozesses.

Die minimale Gesamtbearbeitungszeit aller Teilprozesse ist offensichtlich gleichbedeutend mit einer maximalen Auslastung der Prozessoren. Die minimale Bearbeitungszeit eines gesamten Prozesses entspricht einer minimalen "Antwortzeit" dieses Prozesses an einen Partner aus der Umwelt des RS. Man kann nur bez. eines Zieles optimieren, da beide miteinander i. allg. unverträglich sind.

Die folgenden Algorithmen bzw. Implementationen für eine optimale Prozessorzuteilung wollen wir nur informal angeben, da eine formale Darstellung den jeweiligen Grundgedanken zu sehr mit Details überdecken würde. Trotzdem sollen sie mit Implementation 4.x gekennzeichnet werden.

Implementation 4.1

(1) Bestimme alle möglichen Zuteilungen.

(2) Wähle die otimale Zuteilung entsprechend der Zielfunktion aus.

Diese vollständige Enumeration ist zwar möglich, die Implementation 4.1 hat aber eine Komplexität der Ordnung O(exp(n)), wobei n die Anzahl der Teilprozesse bedeutet. Für praktische Anwendungen scheidet sie damit aus.

4.3.1.1. MINIMALE GESAMTBEARBEITUNGSZEIT ALLER TEILPROZESSE

Es sollen einige Algorithmen für Spezialfälle angegeben werden. In /COF73/ sind diese ausführlich dargestellt.
Wir betrachten zuerst den Spezialfall

- zwei Prozessoren und
- gleiche Bearbeitungszeiten aller Teilprozesse.

Jeder Teilprozeß soll mit einer natürlichen Zahl belegt werden. Wenn alle seine Nachfolger im Präzedenzgraphen schon mit natürlichen Zahlen belegt sind, ist er durch die monoton fallende umgeordnete Zahlenfolge der Nachfolger eindeutig gekennzeichnet. Für zwei dieser monoton fallenden Zahlenfolgen N, N' soll die Relation N < N' gelten, wenn

$$n_i < n'_i \wedge \forall_{j<i} \; n_j = n'_j \quad \text{oder}$$

$$|N| < |N'| \wedge \forall_{j \leq |N|} \; n_j = n'_j \; .$$

Beispiele:

$$(9, 8, 2) < (9, 8, 3),$$
$$(4, 3) < (4, 3, 1),$$
$$(7, 4, 1) < (8, 6, 3) .$$

Terminale im Präzedenzgraphen haben die Nachfolgermenge $S(t^{ij}) = \sigma$.

Implementation 4.2

```
    /* Ein beliebiger Teilprozeß mit S(t^ij) = σ erhält die Nummer k=1 */
    ++k.

while (nicht alle Teilprozesse numeriert)
   {/* Bestimme  alle Teilprozesse  {t^ij},  deren  Nachfolgemenge  S(t^ij)
      definiert ist */;
   /* Wähle den Teilprozeß t^* so aus, so daß für alle bestimmten

      Teilprozesse N(t^*) ≤ N(t^ij) gilt */;
    /* t^* erhält die Nummer k */;
    ++k;
   };
```

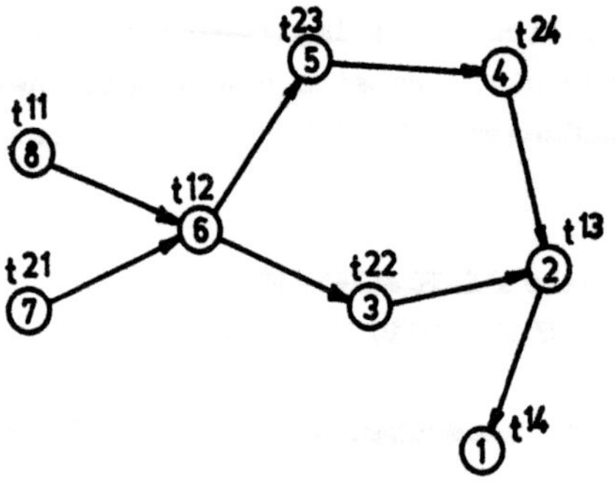

Abb. 4.6. Numerierung im Präzedenzgraphen von Abb. 4.3

Damit erhalten alle Teilprozesse im Präzedenzgraphen eine Nummer. Abb. 4.6 zeigt das am Beispiel von Abb. 4.3. Nach diesen Vorbereitungen können wir für die gemachten Voraussetzungen den optimalen Algorithmus angeben.

Implementation 4.3

```
if (/* Prozessor frei */)
  { /* Bestimme alle Teilprozesse, deren Vorgänger ausgeführt sind */;
    /* Wähle unter diesen den mit der höchsten Nummer k */;
  };
```

Mit den Voraussetzungen

- gleiche Ausführungszeit aller Teilprozesse,
- $m \geq 2$ Prozessoren und
- der Präzedenzgraph ist ein Baum

läßt sich der folgende Algorithmus für eine optimale Zuteilung der Prozessoren angeben.

Implementation 4.4

```
if (/* Prozessor frei */)
  { /* Bestimme alle Teilprozesse, deren Vorgänger ausgeführt sind */;
    /* Wähle unter diesen den Teilprozeß der höchsten Ebene */;
  };
```

Läßt man weitere einschränkende Voraussetzungen fallen, kann man keinen Algorithmus angeben, der ein Optimum erzielt, dessen Komplexität für praktische Anwendungen hinreichend klein ist.
Es gelten die folgenden Voraussetzungen:

- beliebige Bearbeitungszeit der Teilprozesse,
- $m \geq 2$ Prozessoren und
- unabhängige Teilprozesse (kein Präzedenzgraph).

Implementation 4.5

(LPT = Largest Processing Time)

```
if (/* Prozessor frei */)
    /* Wähle den Teilprozeß mit der maximalen Bearbeitungszeit */;
```

Für Implementation 4.5 kann man eine Abschätzung der Gesamtbearbeitungszeit T aller n Teilprozesse zur optimalen Gesamtbearbeitungszeit T_{opt} angeben

$$T/T_{opt} \leq 4/3 - 1/(3m) . \qquad (4.1)$$

In Abb. 4.7 ist für den Algorithmus aus Implementation 4.5 ein Beispiel angegeben. Wie man sofort erkennt, ist die Prozessorzuteilung nach LPT auch die optimale.

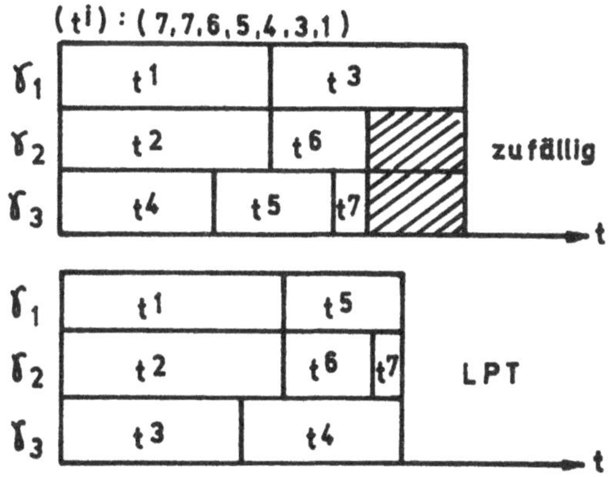

Abb. 4.7. Beispiel für LPT

Wir hatten bisher immer vorausgesetzt, daß die Teilprozesse vollständig abgearbeitet werden, wenn sie den Prozessor erhalten haben. Gibt man diese Voraussetzung auf, so kann einem Teilprozeß der Prozessor entzogen werden (preemption). Dabei muß aber beachtet werden, daß das Retten der Werte des Prozessors, die er wieder erhält, wenn der Teilprozeß fortgesetzt wird, Aufwand erfordert. Für unabhängige Teilprozesse ergibt sich damit für die Gesamtbearbeitungszeit T aller n Teilprozesse

$$T = \max_i \{\max\{t^i\}, (1/m*\sum_{i=1}^{n} t^i\}. \qquad (4.2)$$

Falls $\max_i\{t^i\} \leq (1/m*\sum_{i=1}^{n} t^i$ gilt, sind alle Prozessoren in T vollständig ausgelastet.

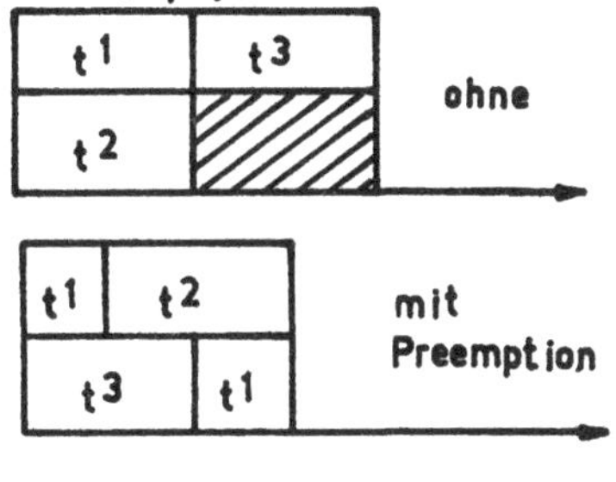

Abb. 4.8. Prozessorscheduling mit Preemption

Aber auch für die Algorithmen unter der Voraussetzung eines Präzedenzgraphen der Teilprozesse erhält man eine Verkürzung der Gesamtbearbeitungszeit T_o mit Preemption auf T_p, wobei die Abschätzung gilt

$$T_o/T_p \leq 2 - (1/m). \qquad (4.3)$$

4.3.1.2. MINIMALE VERWEILDAUER DER TEILPROZESSE

Betrachten wir nun die absoluten Zeitpunkte T_i, wenn ein Teilprozeß t^i fertig wird.

Definition 4.1

Die mittlere Verweildauer $\bar{T}$ der n Teilprozesse (gerechnet vom Anfang der Zeitzählung des Prozessorscheduling) ergibt sich zu

$$\bar{T} = (1/n)*\sum_{i=1}^{n} T_i \; .$$

Die maximale Verweildauer ist dann

$$T_M = \max_i \{ T_i \} \; .$$

Sei $T' = (T'_1, T'_2, \ldots)$ die monoton wachsende Folge der Zeitpunkte T'_i. Dann sind zum Zeitpunkt T'_i gerade (n-i) Teilprozesse noch nicht beendet.

Die mittlere Zahl $\bar{n}$ der noch nicht beendeten Teilprozesse ist dann mit $T'_0 = 0$

$$\bar{n} = (1/T_M) * \sum_{i=1}^{n-1} (n-i) * (T'_{i+1} - T'_i), \qquad (4.4)$$

woraus man erhält

$$\bar{n}/n = \bar{T}/T_M. \qquad (4.5)$$

Es gilt die Voraussetzung

- unabhängige Teilprozesse (kein Präzedenzgraph).

Implementation 4.6

(SPT = Shortest Processing Time).

```
if (/* Prozessor frei */)
    /* Wähle den Teilprozeß mit minimaler Abarbeitungszeit; */;
```

Der Algorithmus von Implementation 4.6 führt zu einer minimalen Verweilzeit der Teilprozesse.

4.3.2. PROBABILISTISCHE MODELLE

Die Nutzung von RS erfolgt i.allg. in unabhängiger Weise. Daraus resultiert, daß die Anforderungen an die Prozessoren nicht vorhersehbar sind. Das betrifft sowohl den Zeitpunkt der Anforderung als auch den Bedienwunsch eines Prozesses durch einen Prozessor. Man kann also nicht vorab planen, wann welcher Prozeß welchen Prozessor erhalten soll, wie das ein Scheduler auf der Basis eines deterministischen Modells durchführen kann. Unter den neuen Voraussetzungen kann nicht schon vorab, also **bevor** die Prozesse eigentlich in einem RS ablaufen, ein Schedul (Fahrplan) aufgestellt werden.

Auf der Basis probabilistischer Modelle wird die Entscheidung, welcher Prozeß den Prozessor erhält, dynamisch gefällt, d.h. **während** die Prozesse laufen. Die Anforderungszeiten stehen also für das Scheduling nicht zur Diskussion, sie sind fest, ohne daß sie im einzelnen bekannt sind. In realen RS sind diese Anforderungszeiten stochastische Größen. Die Entscheidungsmöglichkeit eines Schedulers besteht jetzt nur noch darin, einen Prozeß aus der Menge der einen Prozessor fordernden Prozesse auszuwählen. Ein Präzedenzgraph der Abhängigkeiten der Teilprozesse aller Prozesse muß nicht angegeben werden, er ergibt sich implizit durch die dynamische Folge

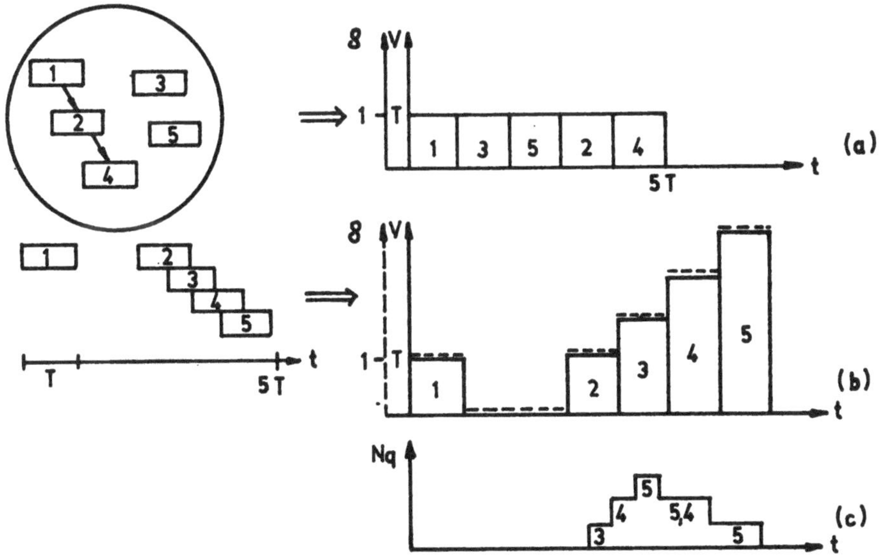

Abb. 4.9. Vergleichendes Beispiel für deterministische und stochastische Modelle

der Anforderungen.

In Abb. 4.9(a) sind fünf Prozesse mit den angegebenen Abhängigkeiten zu planen. Die Variationsmöglichkeit des Schedulers besteht in der zeitlichen Anordnung der einzelnen Prozesse. Abb. 4.9(b) zeigt eine mögliche Realisierung der ankommenden Prozesse. Die Freiheit des Schedulers besteht hier nur in der Auswahl eines Prozesses, wenn mehr als einer auf den Prozessor wartet. Eine vollständige Auslastung des Prozessors ist prinzipiell nicht möglich, mehr als $\varrho = 1$ kann er nicht beschäftigt sein, es treten jedoch Leerzeiten beim Warten des Prozessors auf einen Prozeß auf. Obwohl in der Zeit t=5*T insgesamt nur Anforderungen für 5*T auftreten, ist das mögliche Schedule 7,25*T lang, und die Verweildauern V übersteigen z.T. beträchtlich die Bedienzeiten. Es entsteht eine Warteschlange von N_q wartenden Prozessen. Für eine andere mögliche Realisierung würden sich andere Verhältnisse für ϱ, V, N_q ergeben.

4.3.2.1. Offene Systeme

Mit einem probabilistischen Modell kann man keine Aussagen über den Einzelprozeß machen, sondern nur Aussagen über das Ensemble der Prozesse und alle möglichen Realisierungen von Anforderungs- und Bedienzeiten !

Wir gehen von dem grundsätzlichen Modell in Abb. 4.10 aus. Das Bedien-

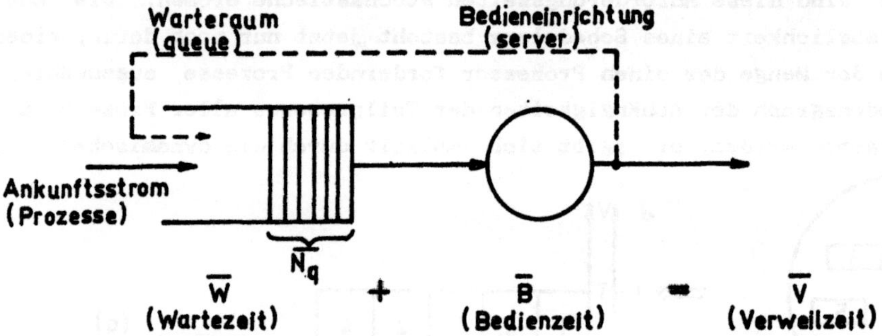

Abb. 4.10. Single-Server-Modell

modell wird als offen bezeichnet, weil die Bedienwünsche aus der Umwelt in das Bediensystem eintreten und es nach Bedienung wieder verlassen. Bediensystem und Umwelt (d.h. Quellen und Senken der Bedienwünsche) sind vollständig entkoppelt. Ausführliche Darstellungen der Bedientheorie für die Informatik sind in /KLE74/ und /SCA73/ gegeben.

Die ankommenden Prozesse, die durch den Prozessor bedient werden wollen, sind gekennzeichnet

- durch das Ereignis "Ankunftszeit" und
- durch das Ereignis "Bedienwunsch".

Die Verteilungsfunktionen für die stochastischen Größen "Ankunftszeit" bzw. "Bedienzeit" ergeben sich aus den konkreten Gegebenheiten. Man kann natürlich auch mit den Methoden der mathematischen Statistik Stichproben im realen System bestimmen und dann durch Parameterschätzungen die Verteilung bestimmen. Folgen wir als einfachstes Beispiel dem ersten Weg und betrachten ein differentiell kleines Zeitintervall dt. Wir setzen dann voraus,

- daß die eintreffenden Prozesse voneinander und von der absoluten Zeit **unabhängig** sind,
- daß die Ankunftsrate zeitlich konstant ist (**stationärer** Zustand),
- daß zwei Ankunftsströme sich additativ zu einem vereinigen (**Superposition**) und
- daß ein Ausgangsstrom sich **teilen** kann in mehrere Ströme mit den Wahrscheinlichkeiten pi.

Derartige stochastische Prozesse bezeichnet man als **Poisson-Prozesse**, sie sind "gedächtnislos" und gehören zu den Markow-Prozessen. L(T) zählt dabei die Anzahl l der in $0 \le t \le T$ eingetroffenen Bedienwünsche und ist poissonverteilt. Für ein festes T_0 gilt dann

$$P[L(T_0) = l] = (\lambda * T_0)^l * e^{-\lambda * T_0} / l! \quad \text{mit}$$

$$\bar{L}(T_0) = \lambda * T_0 * e^{-\lambda * T_0} * \sum_{l=1}^{\infty} (\lambda * T_0)^{l-1}/(l-1)! = \qquad (4.6)$$

$$= \lambda * T_0 * e^{-\lambda * T_0} * e^{\lambda * T_0} = \lambda * T_0 .$$

Unter diesen Voraussetzungen können wir dann die Wahrscheinlichkeit angeben, daß im Zeitintervall $t < T \le t + dt$ ein Bedienwunsch (l=1) eintrifft:

$$P''[\text{Prozeßankunft in } t \le T \le t+dt] =$$
$$= P''[t \le T+dt] - P''[t \le T] = (\lambda*T+dt)*e^{-\lambda*(T+dt)} - \lambda*T*e^{-\lambda*T}$$

Für $dt \to 0$ geht $e^{-\lambda*dt} \to 1$, und damit gilt

$$p''\,[\text{eine Prozeßankunft in } T \le t \le T+dt] = \lambda * dt$$

Betrachten wir nun die Wahrscheinlichkeit

$$P'\,[\text{ keine Prozeßankunft in } 0 \le T \le t\,] ,$$

so können wir notieren

$$P'\,[\,t + dt\,] = P'(t) * (1- \lambda * dt) . \qquad (4.7)$$

Die Produktregel für die bedingte Wahrscheinlichkeit in (4.7) ist anwendbar, da die Unabhängigkeit vorausgesetzt worden war. Aus (4.7) erhält man

$$dP'(T) \,/\, P'(t) = - \lambda * dt$$

und nach Integration mit den Anfangsbedingungen $P'(0) = 1$

$$P'(t) = e^{-\lambda*t} . \qquad (4.8)$$

Wegen der Unabhängigkeit von der absoluten Zeit wollen wir von der "Ankunftszeit" zur stochastischen Größe "Zwischenankunftsabstand" A übergehen. Es gilt dann für die Wahrscheinlichkeit P, daß in $a < A \le a + da$ ein Prozeß eintrifft

$$dP[\,A \le a] = P'(a) * (\lambda * da\,),$$

und mit (4.8), Integration und den Anfangsbedingungen

$$P(0) = 0 \quad \text{und} \quad t \ge 0$$

erhält man

$$P(a) = 1 - e^{-\lambda a}. \qquad (4.9)$$

Die Zwischenankunftsabstände sind also exponentiell verteilt mit dem Erwartungswert $\bar{A}$

$$\bar{A} = \int_0^\infty a*(1-e^{-\lambda a}) * da = 1/\lambda. \qquad (4.10)$$

bezeichnet die sogenannte Ankunftsrate, die mittlere Anzahl der ankommenden Prozesse pro Zeiteinheit, die durch den Prozessor bedient werden wollwn. Für die Bedienwünsche B wird auch eine Exponentialverteilung

$$P[B \leq b] = 1 - e^{-\mu b} \qquad (4.11)$$

angenommen mit $\bar{B} = 1/\mu$. μ ist die Bedienrate. Für die Kennzeichnung der einzelnen Bedienmodelle offener Systeme wird die Notation von Kendall verwendet

X / Y / N / M
- M: maximale Größe des Warteraumes
- N: Anzahl der Bedienstationen
- Y: Wahrscheinlichkeitsverteilung der Bedienströme
- X: Wahrscheinlichkeitsverteilung der Ankunftsströme

M : Markow-Prozesse,
G : beliebige Verteilung (general),
D : deterministisch.

Das $M/M/1/\infty$- System dient i.allg. als Referenzsystem. Uns interessieren die folgenden stochastischen Größen:

A : Ankunftsabstand,
B : Bedienzeit (B_0 : Bedienwunsch eines konkreten Prozesses),
N : Anzahl der Bedienwünsche im Bediensystem,
Nq: Anzahl der Bedienwünsche im Warteraum,
W : Wartezeit im Warteraum,
V : Verweilzeit im Bediensystem,
C : Belegtzeit der Bedieneinrichtung.

Für den eingeschwungenen stationären Zustand des Bediensystems gilt das Theorem von Little

$$\bar{V} = \bar{A}*\bar{N}. \qquad (4.12)$$

Ein eintreffender Prozeß (=Bedienwunsch) findet das Bediensysstem mit einer Wahrscheinlichkeit

$$\varrho = \bar{B} / \bar{A} = \lambda / \mu \qquad (4.13)$$

belegt vor. ϱ kennzeichnet die Auslastung des Systems, und wird auch als Verkehrswert bezeichnet. Für die mittlere Belegtzeit $\bar{C}$ ergibt sich

$$\bar{C} = \bar{B}/(1-\varrho). \qquad (4.14)$$

Für den Bedienwunsch B^* eines Prozesses, der beim Eintreffen eines weiteren Prozesses gerade bedient wird, gilt

$$\overline{B^*} = \overline{B^2} / \bar{B}. \qquad (4.15)$$

Da das Bediensystem mit der Wahrscheinlichkeit ϱ belegt ist, gilt für die mittlere Restbedienzeit $\bar{R}$

$$\bar{R} = \varrho /2 * \bar{C} = \lambda /2 * \overline{B^2} \qquad (4.16.).$$

Um die Ziele und Strategien zu erfüllen, gibt es verschiedene Algorithmen. Es soll nochmal betont werden, daß ein Algorithmus an sich nicht schlecht oder gut ist. Er kann nur so bewertet werden, wie gut er ein vorgegebenes Ziel oder eine vorgegebene Strategie erfüllt. Aber sogar ein guter Algorithmus kann noch schlecht implementiert werden. Die Prozeßumschaltung selbst und das Auswählen des nächsten Kandidaten für die Betriebsmittelzuteilung erfordern das Suchen und Aktualisieren von Listen und Tabellen.

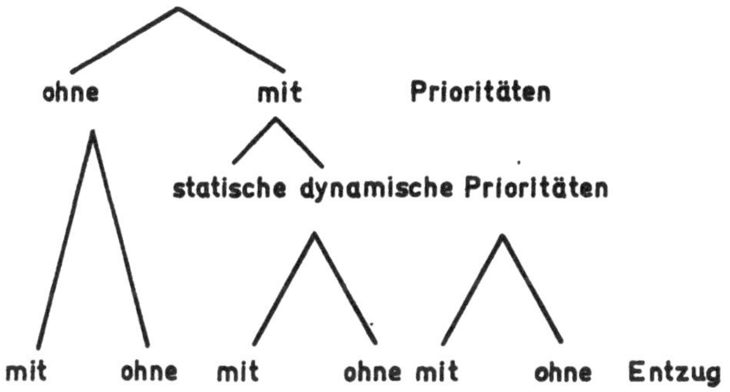

Abb. 4.11. Schedulalgorithmen

Es muß also beim Entwurf eines BS größte Sorgfalt auf die Datenstrukturen gelegt werden, zumal ein und dieselbe Datenstruktur (z.B. die PCB) in mehreren Stellen des BS genutzt wird.

Im folgenden wird auf einige Algorithmen eingegangen.

4.3.2.2. SCHEDULING OHNE PRIORITÄTEN UND OHNE ENTZUG

Implementation 4.7.a

(FIFO = First In First Out)

```
if (/* Prozessor frei */)
    /* Wähle den am längsten wartenden Prozeß aus und teile ihm den
       Prozessor so lange zu, wie er ihn benötigt"/;
```

Implementation 4.7.b

(LIFO = Last In First Out)

```
if (/* Prozessor frei */)
    /* Wähle den zuletzt eingetroffenen Prozeß aus und teile ihm den
       Prozessor so lange zu, wie er ihn benötigt */;
```

Implementation 4.7.c

(Random)

```
if (/* Prozessor frei */)
    /* Wähle irgendeinen Prozeß aus und teile ihm den Prozessor so
       lange zu, wie er ihn benötigt */;
```

Für alle drei Algorithmen unterscheiden sich $\bar{N}$, $\bar{W}$, $\bar{V}$ und $\bar{N}_q$ nicht, lediglich die zweiten Momente sind verschieden. In Tab. 4.1 sind die Formeln aufgelistet. Dabei wurde verwendet, daß

$$\overline{B^2} = \int_0^\infty t^2 * \mu * e^{-\mu t} dt = [-t^2 * e^{-\mu t}]_0^\infty + \int_0^\infty 2*t*(e^{-\mu t})dt = 2/\mu * \int_0^\infty t*\mu*e^{-\mu t} dt = 2/\mu^2 .$$

Tab. 4.1. Wartezeit, Verweildauer und Warteschlange für FIFO, LIFO und Random

	M/G/1/∞	M/M/1/∞	
$\bar{W} =$	$\frac{\lambda * \overline{B^2}}{2*(1-\rho)}$	$\frac{\rho}{\mu*(1-\rho)}$	
$\bar{V} = \bar{W} + \bar{B} =$	$\frac{\lambda * \overline{B^2}}{2*(1-\rho)} + \bar{B}$	$\frac{1}{\mu*(1-\rho)}$	
$\bar{N}_q =$	$\frac{\lambda^2 * \overline{B^2}}{2*(1-\rho)}$	$\frac{\rho^2}{1-\rho}$	
$\bar{N} = \bar{N}_q + \rho =$	$\frac{\lambda^2 * \overline{B^2}}{2*(1-\rho)} + \rho$	$\frac{\rho}{1-\rho}$	
	$\frac{\lambda * \overline{B^3}}{3*(1-\rho)} + \frac{(\lambda * \overline{B^2})^2}{(1-\rho)}$	$\frac{2*\rho}{\mu^2*(1-\rho)^2}$	(FIFO)
$\overline{W^2} =$	$\overline{W^2}_{FIFO} * \frac{1}{1-\rho}$	$\frac{2*\rho}{\mu^2*(1-\rho)^3}$	(LIFO)
	$\overline{W^2}_{FIFO} * \frac{1}{1-\rho/2}$	$\frac{2*\rho}{\mu^2*(1-\rho^2)*(1-\rho/2)}$	(RANDOM)

In Abb. 4.12 ist die Abhängigkeit der mittleren Wartezeit $\bar{W}$ vom Verkehrswert dargestellt. Wir können dabei folgendes feststellen:

- Die Wartezeit $\bar{W}$ ist unabhängig vom konkreten Bedienwunsch.
- Die Mittelwerte aller drei Algorithmen sind gleich und dabei proportional zu $\overline{B^2}$.
- Die zweiten Momente von $\bar{W}$ sind unterschiedlich und bei FIFO am kleinsten.

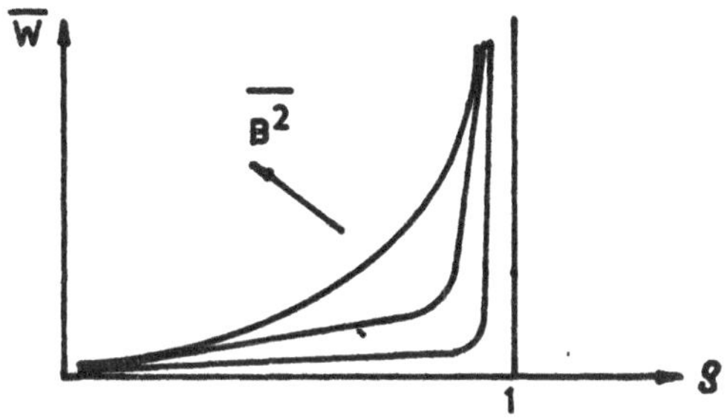

Abb. 4.12. Mittlere Wartezeit $\bar{W}$ in M/M/1/∞ -Systemen

Unsere am Anfang des Abschnitts 4.3.2 angestellten Überlegungen bez. der Unterschiede von deterministischen und probabilistischen Modellen werden hier noch einmal drastisch bestätigt. In deterministischen Modellen konnte ohne weiteres eine 100%ige Auslastung des Prozessors erreicht werden, weil die Bedienwünsche zeitlich beliebig verschoben werden konnten. In probabilistischen Modellen können die Ankunftszeiten der Bedienwünsche nicht verschoben werden, sie sind unabhängig voneinander und von der Zeit. Die angegebenen Formeln gelten für den sogenannten eingeschwungenen stationären Zustand, d.h. nach einer unendlich langen Zeit nach dem Start des Systems. Betrachten wir nun den hypothetischen Fall, daß im Mittel etwas mehr Bedienwünsche eintreffen, als bearbeitet werden können, also

$$\Delta\lambda = (\lambda - \mu)/\mu \ll 1 .$$

Ist die Differenz noch so klein, wächst sie wegen des stationären Zustandes (t --> ∞) doch über alle Maßen. Bei stochastischem Eintreffen von Bedienwünschen kann es nie eine 100%ige Auslastung des Prozessors geben. Die Wartezeit $\bar{W}$ wächst für ϱ --> 1 über alle Grenzen.

4.3.2.3. SCHEDULING MIT PRIORITÄTEN

Wenn die Ziele und die verfolgte Strategie des BS eine Prozessorzuteilung in einer festen Zeit erfordern (Echtzeit-Bedingung), kann man einen Algorithmus mit **festen statischen Prioritäten** der Prozesse benutzen. Jedem Prozeß wird entsprechend seinem Vorrang beim Kreieren eine feste Priorität zugeteilt. Es sei darauf hingewiesen, daß der PUM nicht nur durch eine Betriebsmittelforderung angesprochen werden kann, sondern auch durch das Entstehen eines verbrauchbaren Betriebsmittels. Das kann durchaus auch durch ein Ereignis außerhalb des RS erfolgen, also z.B. durch einen zu steuernden Basisprozeß in der Umwelt des RS.

Ein ankommender Prozeß besitzt mit der Wahrscheinlichkeit p_i die Priorität i. Durch die Voraussetzung eines Poissonstromes ist eine Aufspaltung in n Poissonströme mit der Ankunftsrate $\lambda_i = \lambda * p_i$ möglich. Wir können also für jeden Strom einen partiellen Verkehrswert

$$\varrho_i = \lambda_i * \bar{B}_i \qquad (4.17)$$

definieren mit

$$\varrho = \sum_{i=1}^{n} \varrho_i < 1 . \qquad (4.18)$$

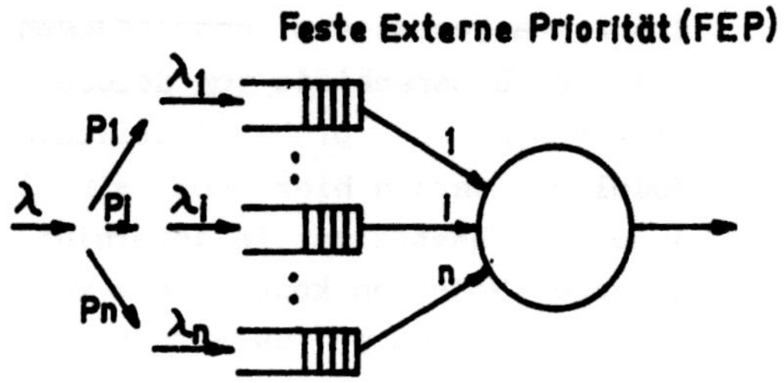

Mit der Festlegung, daß 1 die höchste Priorität bedeutet, geben wir den Algorithmus Implementation 4.8 an.

Abb. 4.13. Feste Externe Prioritäten

Implementation 4.8

```
              (FEP = Fixed External Priority)
  if (/* Prozessor frei */)
    for (i=1; i<=n; ++i)
      if (queue [i] ! = 'leer')
        /* Wähle 1. Prozeß von queue[i] aus (FIFO) */);
```

Mit $\sigma_i = \sigma_{i-1} + \rho_i$ und $\sigma_0 = 0$ erhält man

$$\bar{W}_i = \frac{1/2 * \sum_{k=1}^{n} \lambda_k * \overline{B_k^2}}{(1-\sigma_i)*(1-\sigma_{i-1})} \qquad (4.19)$$

und für M/M/1/∞ -Modelle

$$\bar{W}_i = \frac{\sum_{k=1}^{n} \lambda_k / \mu_k^2}{(1-\sigma_i)*(1-\sigma_{i-1})} \qquad (4.20)$$

Zum Vergleich mit FIFO nehmen wir für alle Prioritätsklassen die gleiche mittlere Bedienrate μ an. Damit wird aus (4.20)

$$\bar{W}_i = \frac{\rho/\mu}{(1-\tau_i)*(1-\sigma_{i-1})} = \bar{W}_{FIFO} * \frac{1-\rho}{(1-\sigma_i)*(1-\sigma_{i-1})} .$$

Für n = 1 ergibt sich sofort

$$\bar{W}_1 = \bar{W}_{FIFO} * \frac{1-\rho}{1-\rho_1} .$$

In Abb. 4.14 ist die Abhängigkeit der mittleren Wartezeit W_i der Bedienwünsche der Prioritätsklasse i von dem konkreten Bedienwunsch b_0 dargestellt. Die kürzere mittlere Wartezeit von Prozessen der höheren Prioritätsklassen geht zu Lasten längerer Wartezeiten der Prozesse niederer Prioritätsklassen. Die Wartezeit ist nur abhängig von der Prioritätsklasse, aber nicht von dem Bedienwunsch b_0.

Wenn die Bedienzeiten b_0 der Prozesse bekannt sind, kann man sie zur Definition einer Priorität benutzen. Die Strategie in interaktiven Systemen legt es nahe, Prozesse mit kurzen geforderten Bedienzeiten zu favori-

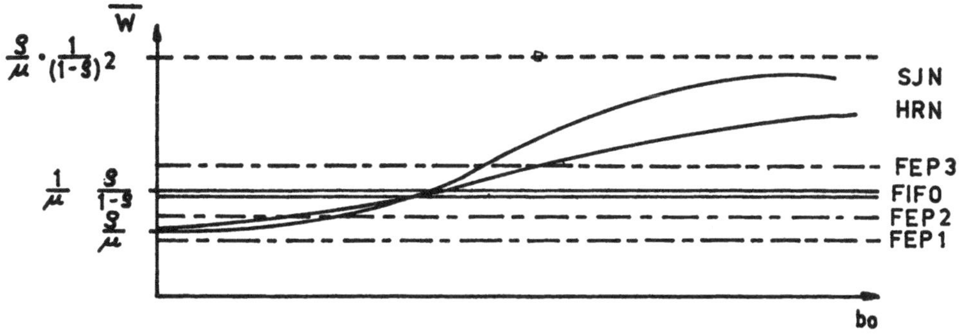

Abb. 4.14. Vergleich der Algorithmen mit Prioritäten

sieren.

Wir definieren

$$\text{Priorität } (\Pi(b_0)) = \text{const.} / b_0 \; . \qquad (4.21)$$

Implementation 4.9

(SJN = Shortest Job Next)

```
if (/* Prozessor frei */)
    /* Wähle den Prozeß mit der höchsten Priorität (Π(b0)) aus */;
```

Man erhält dann für die Wartezeit /KRA75/

$$\bar{W}(b_0) = 1/2 * \lambda * \overline{B^2} * 1 / (1 - r(b_0))^2 \quad \text{mit}$$

$$r(b_0) = \lambda * \int_0^{b_0} B * f(B)\, dB \; . \qquad (4.22)$$

Für exponentiell verteilte Bedienzeiten erhält man

$$\bar{W}(b_0) = \rho/\mu * 1 / (1 - r(b_0))^2 \quad \text{mit}$$

$$r(b_0) = (1 - e^{-\mu * b_0} - \mu * b_0 * e^{-\mu * b_0}) \; . \qquad (4.23)$$

Dabei gilt

$$\lim_{b_0 \to 0} \bar{W}(b_0) = \rho/\mu = \bar{W}_{FIFO} * (1-\rho) \quad \text{und}$$

$$\lim_{b_0 \to \infty} \bar{W}(b_0) = \frac{\rho}{\mu * (1-\rho)^2} = \bar{W}_{FIFO} * \frac{1}{1-\rho} \; .$$

Wie in Abb. 4.14 zu sehen ist, werden kurze Bedienwünsche extrem bevorzugt. Das kann abgeschwächt werden durch Vergabe einer **dynamischen** Priorität

$$\text{Prtdyn } (\Pi_i (b_0, W)) = \text{const.} * W / b_0 \, , \qquad (4.24)$$

wobei W die aktuelle Wartezeit im Warteraum bedeutet. Ein später eintreffender Prozeß kann einen früher eingetroffenen bez. der Priorität überholen, wenn er einen kleineren Bedienwunsch b_0 besitzt. Die Benutzung von b_0

für die Bestimmung der Priorität setzt natürlich voraus, daß der Prozeß dem BS dies mitteilt. Die aktuelle Wartezeit kann das BS selbst bestimmen.

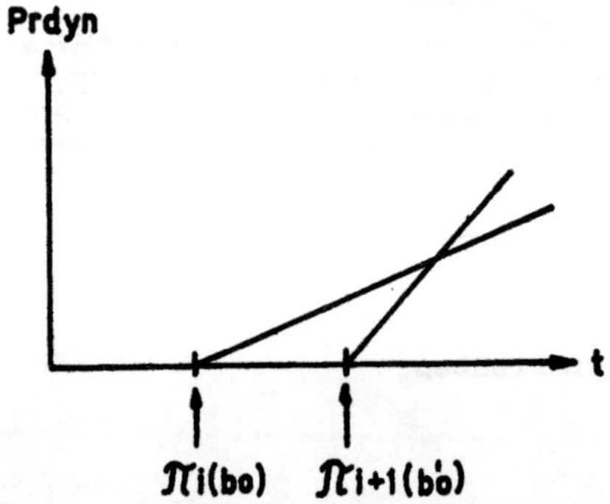

Abb. 4.15. Dynamische Priorität

Implementation 4.10

```
            ( HRN = Highest Response Ratio Next )
   if (/* Prozessor frei */)
        /* Wähle den Prozeß mit der höchsten dynamischen Priorität aus */);
```

Explizite Lösungen sind in der Literatur bisher nicht angegeben worden. Die Grenzwerte $b_0 \rightarrow 0$ und $b_0 \rightarrow \infty$ stimmen mit denen von SJN überein. Für schnell wachsende Verteilungsfunktionen (z.B. hyperexponentiell) wird eine Näherung angegeben

$$\bar{W}(b_0) \approx \begin{cases} \lambda/2 * \overline{B^2} + b_0 / 2 * \frac{\rho^2}{1-\rho} & \text{für } b_0 \leq \overline{B^2} / \bar{B}, \\ \lambda/2 * \frac{\overline{B^2}}{1-\rho} * \frac{1}{1-\rho + \lambda * \overline{B^2} / b_0} & \text{für } b_0 > \overline{B^2} / \bar{B}. \end{cases} \tag{4.24}$$

4.3.2.4. SCHEDULING MIT PROZESSORENTZUG

Bis jetzt hatten wir vorausgesetzt, daß jeder Prozeß so lange den Prozessor erhält, wie er ihn benötigt. Im folgenden sollen einige Fälle mit Entzug betrachtet werden, wobei wir stets davon ausgehen, daß der Prozessorentzug nach einer festen Zeit erfolgt. Anders ausgedrückt, die Prozesse erhalten den Prozessor in Zeitscheiben t_q zugeteilt. Die Wahl von t_q muß sich zwischen zwei Grenzen bewegen, und zwar zwischen der Prozessorumschaltzeit t_u durch den PUM und dem Erwartungswert $\bar{b}_0$ der Bedienwünsche

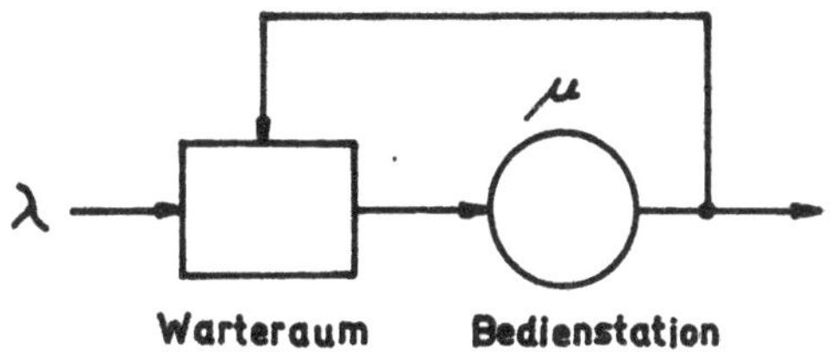

Abb. 4.16. Bedienmodelle für Zeitscheiben

der Prozesse. Wenn $t_u > \bar{b}_0$ gilt, spielt die Zeitscheibentechnik keine Rolle, es wirken dann die Algorithmen für die Prozeßauswahl aus dem Warteraum. Der Bedienwunsch würde im Mittel durch eine Zeitscheibe erfüllt werden können. Je kleiner t_q gewählt wird, desto höher ist der Anteil des Systemoverheads. Beide Größen, t_u und $\bar{b}_0$, können nur experimentell ermittelt werden, und daraus kann t_q festgelegt werden, wobei jedoch gelten sollte

$$t_q < \bar{b}_0 / 10 \quad .$$

Wenn also in einem Zeitintervall n Prozesse durch einen Prozessor "gleichzeitig" bedient werden, hat es den Anschein, als ob n virtuelle Prozessoren mit einer auf 1/n verringerten Geschwindigkeit benutzt werden. Dem Prozeß erscheint es so, daß er einen Prozessor für die **ganze** Bedienzeit mit **verringerter** Leistung besitzt, man spricht dann von **Prozessor-Sharing**.

Man kann sich aber auch auf den Standpunkt stellen, daß innerhalb des Zeitintervalls der Prozeß **mehrfach** für eine kleine Zeitscheibe den Prozessor mit **voller** Leistunsfähigkeit erhält. Daraus resultiert der Begriff **Time-Sharing**. Da das Hauptziel in interaktiven Systemen darin besteht, den Dialog optimal zu unterstützen, werden die folgenden Algorithmen für die Prozessorvergabe in derartigen RS verwendet, um kurze Bedienwünsche vieler gleichzeitiger Prozesse, die mit den Nutzern kommunizieren, zu bevorzugen. Ein Kriterium interaktiver Systeme führte für diese zu der Bezeichnung **Time-Sharing-Systeme**. In der Literatur tritt deshalb oft diese Bezeichnung als Synonym auf, obwohl Time-Sharing auch in anderen BS (OS/ES !) verwendet wird.

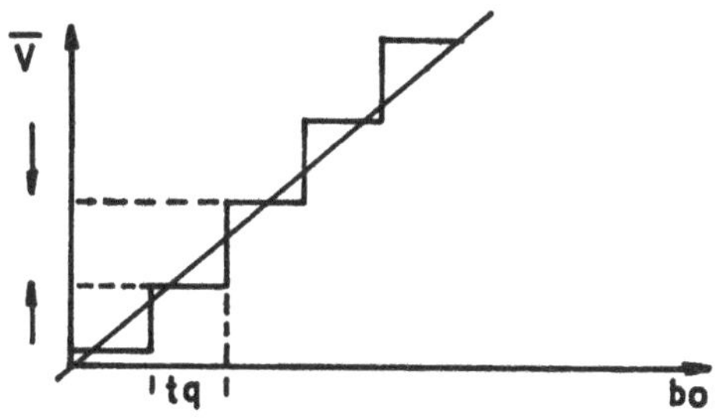

Abb. 4.17. Treppenkurve für $\bar{V}$ in Time-Sharing-Systemen

Da die Zeitscheiben diskret und vollständig einem Prozeß zugeteilt werden, entsteht also der prinzipielle Verlauf für die Verweildauer $\bar{V}$ in Abhängigkeit des Bedienwunsches in Abb. 4.17. Analytische Ausdrücke für $\bar{V}$ bzw. $\bar{W}$ lassen sich in übersichtlicher Form nur durch den Grenzwert $t_q \rightarrow 0$ angeben, was durch die Gerade angedeutet ist. Wenn k die Anzahl von t_q für den Bedienwunsch b_0 ist, gilt

$$b_0 = k * t_q$$

und $t_q \to 0$ bedeutet dann,

$$\lim_{t_q \to 0} \quad \hat{=} \quad \lim_{\substack{n \to \infty \\ n * t_q \to b_0}} . \qquad (4.25)$$

Implementation 4.11

(BP = Batch Processing)

```
if (/* Zeitscheibe abgelaufen */)
  { b0 = b0 - tq ;
    if (b0 (aktiver Prozeß) <= - tq )
      /* Wähle gemäß FIFO nächsten Prozeß aus */;
    else /* Teile den Prozessor wieder dem bisherigen Prozeß zu */
    if (/* neuer Prozeß eingetroffen */)
      /* Ordne ihn gemäß FIFO in Warteschlange */;
  };
```

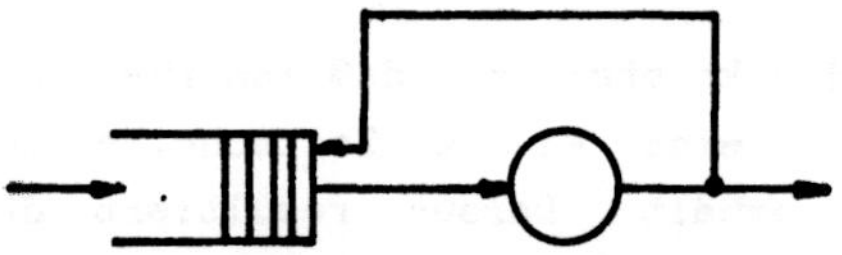

Abb. 4.18. Batch Processing

Wenn ein Prozeß eine Zeitscheibe erhalten hat, erhält er auch noch sofort die restlichen. Er wird also gleich wieder an den Kopf der Warteschlange eingeordnet (LIFO), ohne daß ein anderer Prozeß den Prozessor erhält. Unter der Voraussetzung (4.25) ergibt sich dann

$$\bar{W}(b_0) = \frac{\rho}{\mu*(1-\rho)} \quad \text{bzw.}$$

$$\bar{V}(b_0) = \frac{\rho}{\mu*(1-\rho)} + b_0$$

Wie man auch intuitiv erwartet, ergeben sich die gleichen Formeln wie für FIFO (Tab. 4.1). Die Wartezeit hängt nicht von dem Bedienwunsch ab.

Implementation4.12

(RRR : Reverse Round Robin)

```
if (/* Zeitscheibe abgelaufen */)
  { b0 (aktiver Prozeß) = b0 - tq ;

    if (/* neuer Prozeß eingetroffen */)
      /* teile Prozessor neuem Prozeß zu */;
    if (b0 <= - tq )
      /* Wähle gemäß FIFO nächsten Prozeß aus */;
    else /* Teile Prozessor wieder dem bisherigen Prozeß zu */;
    ,
  };
```

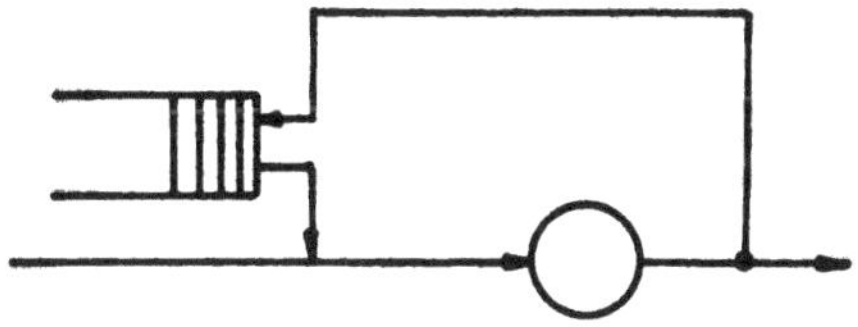

Abb. 4.19. Reverse Round Robin

Ein neu eintreffender Prozeß erhält nach Beendigung der laufenden Zeitscheibe sofort den Prozessor. Da er dann immer wieder an den Kopf eingeordnet wird (LIFO), solange kein weiterer Prozeß ankommt, kann er vollständig abgearbeitet werden. Trotzdem ist die Wartezeit $\bar{W}$ abhängig von b_0 !

$$\bar{W}(b_0) = b_0 * \rho/(1-\rho) \qquad (4.27)$$

$$\bar{V}(b_0) = b_0 \,/\, (1-\rho)$$

Implementation 4.13

(RR = Round Robin)

```
if (/* Zeitscheibe abgelaufen */)
  {
   b0 (aktiverProzeß) = b0 - tq;
   if (b0 > 0)
     /* Ordne Prozeß gemäß FIFO in Warteschlange ein */;
   if (/* Neuer Prozeß eingetroffen */)
       /* Ordne neuen Prozeß gemäß FIFO in Warteschlange ein */;
   /* Teile Prozessor Prozeß aus Warteschlange gemäß FIFO zu */;
  };
```

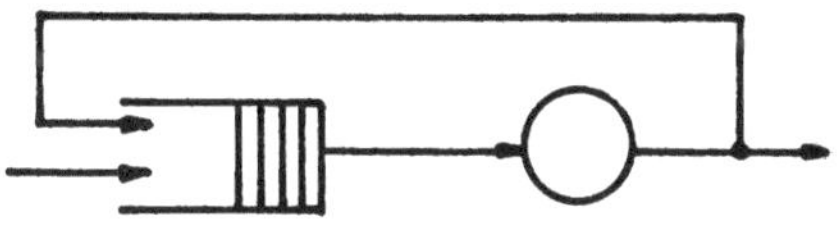

Abb. 4.20. Round Robin

Implementation 4.13 ist der klassische Algorithmus für Time-Sharing. Jeder Prozeß wird also k-mal($k = b_0/t_q$ wieder in die Warteschlange eingeordnet. Die mittlere Wartezeit $\bar{W}(b_0)$ ist die gleiche wie für RRR !

$$\bar{W}(b_0) = b_0 * \rho/(1-\rho) = \bar{W}_{FIFO} * \mu * b_0,$$

$$\bar{V}(b_0) = b_0/(1-\rho). \quad = \bar{V}_{FIFO} * \mu * b_0 . \qquad (4.28)$$

Für die beiden Auswahlalgorithmen Implementation 4.12 und Implementation 4.13 können wir folgendes feststellen:

- Prozesse mit langen Bedienwünschen werden diskriminiert. Kurze Bedienwünsche werden bevorzugt, und zwar hängt die Wartezeit $\bar{W}$ linear vom Bedienwunsch b_0 ab.

- Die mittlere Wartezeit $\bar{W}(b_0)$ eines Bedienwunsches b_0 hängt nicht von der Wahrscheinlichkeitsverteilung der Bedienzeiten ab, sondern nur vom Verkehrswert und damit hängt sie auch nicht von der Streuung (wie FIFO, LIFO usw.) ab. Mittelt man über alle b_0, so erhält man natürlich wieder

$$\bar{W} = \int_0^\infty \bar{W}(b_0)\, dB(b_0) = \rho * \bar{B} / (1 - \rho)$$

- Der günstigste Fall tritt ein, wenn $\rho = 0$ gilt. Der Faktor $\rho/(1-\rho)$ ist also ein Verzögerungsvaktor für die normierte mittlere Wartezeit $\bar{W}(b_0) / b_0$, er stellt den Anstieg der Geraden in Abb. 4.21 dar.

Will man die kürzeren Bedienwünsche noch weiter bevorteilen, kann man die Auswahl der Prozesse aus dem Warteraum noch mit einem Algorithmus mit Prioritäten vornehmen:

Priorität (Prozeß) = const./ erhaltene Bedienzeit.

Implementation 4.14

(SET = Shortest Elapsed Time)

```
if (/* Zeitscheibe abgelaufen */)
  { b0 (aktiver Prozeß) = b0 - tq;
    if (b0 > 0)
      /* Ordne Prozeß gemäß FIFO in Warteschlange ein */;
    if (/* Neuer Prozeß eingetroffen */)
        /* Ordne neuen Prozeß gemäß FIFO in Warteschlange ein */;
        /* Wähle den Prozeß mit der höchsten Priorität aus */;
  };
```

Für $M/M/1/\infty$ -Systeme erhält man dann

$$\bar{W}(b_0) = \frac{\rho * (1 - e^{-\mu * b_0}) + \mu * b_0 * (1-\rho)}{\mu * (1 - \rho * (1 - e^{-\mu * b_0}))^2} - b_0 \qquad (4.29)$$

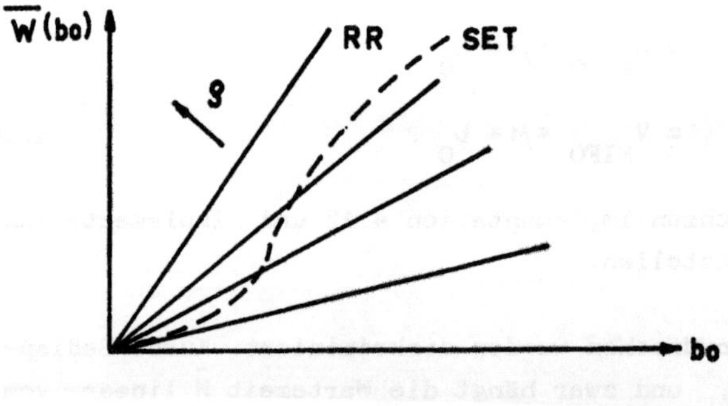

Abb. 4.21. Vergleich zwischen RR und SET

Abschließend zu den offenen Systemen soll nochmals betont werden, daß die verschiedenen Algorithmen verschiedene Gebiete von $0 \le b_0 \le \infty$ bevorzugen bzw. benachteiligen. Insgesamt kann man nichts gewinnen ! Das drückt sich auch in dem Erhaltungssatz

$$\int_0^{\infty} W(b_0) * (1 - B(b_0))\, db_0 = \varrho * \overline{B^2}/(2*(1-\varrho)) \qquad (4.29a)$$

aus. Welche Gebiete bevorzugt bzw. benachteiligt werden, hängt von den auf den Entwurfszielen des BS beruhenden Strategien ab.

4.3.2.5. GESCHLOSSENE SYSTEME

Bis jetzt sind wir davon ausgegangen, daß die Quelle der Bedienwünsche unerschöpflich ist. Die Bedienwünsche für den Prozessor sind ankommende Prozesse. Das würde also bedeuten, es können beliebig viele Prozesse existieren, die durch den Prozessor bedient werden wollen. Da RS endliche Systeme sind, können aber nicht beliebig viele Prozesse existieren. Des weiteren verschwinden Prozesse nicht völlig aus dem RS, wenn sie den Prozessor verlassen, sondern sie werden erneut einen Bedienwunsch stellen.

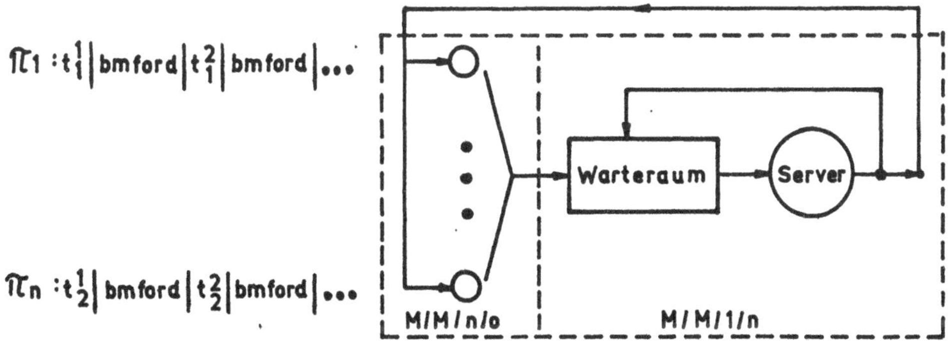

Abb. 4.22. Endliche Anzahl von Prozessen und Bedienwünschen

Ein Teilprozeß t_i^j wird durch den Prozessor bedient und stellt eine Betriebsmittelforderung, d.h. verlangt die Bedienung durch eine andere Bedienstation. Der folgende Teilprozeß will wieder durch den Prozessor bedient werden usw.. Die Sequenz der Von-Neumann-Rechner erzwingt eine Sequenz der Betriebsmittelforderungen der Prozesse. Jeder Prozeß kann maximal eine Bedienforderung in einem Zeitpunkt an den Prozessor richten. Es können also nur maximal n Forderungen der n Prozesse existieren. Wir kommen damit zu einem geschlossenen Bediensystem (Abb. 4.22), das gekennzeichnet ist durch die folgenden Aspekte:

- Ein geschlossenes Bediensystem ist eigentlich ein Bediennetz mit einem M/M/1/n -Bediensystem und einem M/M/n/0 -Bediensystem.
- Jede der genau n Bedienanforderungen kann sich entweder
  - in ihrer Bedienstation des M/M/n/0 -Systems oder
  - im Warteraum des M/M/1/n -Systems oder

in der Bedienstation des M/M/1/n -Systems befinden.

- Es gibt keine Quelle und keine Senke von Bedienanforderungen.
- Die Bedienrate des M/M/1/n -Systems ist $\mu = 1/\bar{B}$.
- Die Bedienrate der n Bedienstationen im M/M/n/0 -System ist $\lambda = 1/\bar{A}$. Da Poisson-Ströme superponiert werden können und kein Warteraum in diesem System existiert, ist der Gesamtausgangsstrom $\lambda' = n * \lambda$.

Die Wahrscheinlichkeit

$$p_k [N = k] ,$$

da sich genau k Forderungen im M/M/1/n -System befinden, ist gegeben durch

$$p_k = \frac{(n!/(n-k)!) * (\lambda/\mu)^k}{\sum_{i=0}^{n} (n! / (n-i)!) * (\lambda/\mu)^i} . \tag{4.30}$$

Da die Exponentialverteilung "gedächtnislos" ist, hat der Bedienalgorithmus keinen Einfluß auf die mittlere Anzahl der Bedienwünsche. Die Wahrscheinlichkeit p_0 , daß sich keine Forderung im M/M/1/n -System befindet, ergibt sich zu

$$p_0 = 1 \Big/ \sum_{i=0}^{n} (n! / (n-i) !) * (\lambda/\mu)^i \tag{4.31}$$

mit den Grenzwerten

$$\lim_{n \to \infty} p_0 = 0 \quad \text{und} \quad \lim_{n \to 0} p_0 = 1$$

Das Bedienmodell in Abb. 4.22 gilt auch stark vereinfacht für ein interaktives System. Jeder der n Nutzer am Terminal gibt eine Nachricht an seinen Kommunikationsprozeß, der nun eine Bedienung durch den Prozessor verlangt. Mit Hilfe des Prozessors entsteht eine Antwort mit der Bedienrate μ , die über das Terminal an denselben der n Nutzer zurückkehrt. Der Nutzer denkt mit einer Rate λ und schickt erneut eine Nachricht an den Kommunikationsprozeß usw. Von Interesse für den Nutzer ist die Antwortzeit, die genau der Verweildauer V im M/M/1/n -System entspricht.

Der Fall, daß sich alle n Forderungen im M/M/1/n -System befinden, hat die Wahrscheinlichkeit

$$1 - p_0 .$$

Damit treten aus diesem System die Bedienwünsche mit der Rate

$$(1 - p_0) * \mu$$

aus. In einem geschlossenen System muß diese Rate gleich der der eintretenden Forderungen

$$n /(\bar{V} + 1/ \lambda)$$

sein. Damit erhält man für die Verweildauer $\bar{V}$ im M/M/1/n -System

$$\bar{V} = n/(\mu * (1 - p_0)) - 1/\lambda. \tag{4.32}$$

Mit den beiden Grenzwerten

$$\lim_{n \to 1} \bar{V} = 1/\mu \quad \text{und} \quad \lim_{n \to \infty} \bar{V} = n/\mu - 1/\lambda$$

erhält man den qualitativen Verlauf der Abhängigkeit der Verweildauer (= Antwortzeit) von der Anzahl der Forderungen (= Nutzer = Terminals) in Abb. 4.23. Der Verlauf der Kurve ist auch qualitativ einzusehen. Für kleine n gibt es kaum einen Einfluß wachsender n auf die Verweildauer. Während einige Nutzer "denken", werden andere "abgearbeitet". Das gilt natürlich nur für $\lambda < \mu$. Es tritt jedoch eine Sättigung genau dann ein, wenn die Zeit für den Zyklus eines Bedienwunsches gleich der Summe der Bedienzeiten aller ist, also

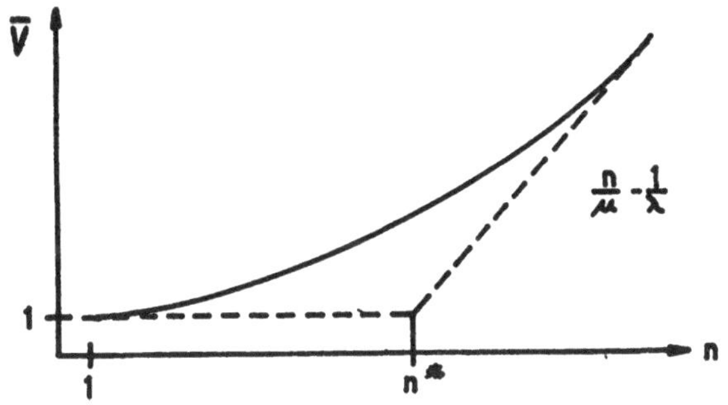

Abb. 4.23. Verweildauer in geschlossenen Systemen

$$\bar{A} + \bar{B} = 1/\lambda + 1/\mu = n * \bar{B} = n * 1/\mu \quad ,$$

womit man erhält

$$n^* = 1 + \mu / \lambda \ . \tag{4.33}$$

Wie man aus Abb. 4.23 sieht, ist das gleichbedeutend mit dem Schnittpunkt der beiden Asymptoten

$$\bar{V}(n) * \mu = 1 \quad \text{und}$$
$$\bar{V}(n) = n/\mu - 1/\lambda \ .$$

Jeder weitere Bedienwunsch im geschlossenen System führt zu einer Verlängerung um $\bar{B} = 1/\mu$. Im Gegensatz zu offenen Systemen kommt es aber nicht zu einem Systemzusammenbruch, d.h.

$$\lim_{\lambda/\mu \to 1} \bar{V} \to \infty \ .$$

Wir werden diesem Aspekt der plötzlichen Verschlechterung der Parameter beim Aufbrauchen eines vorgegebenen Bonus beim virtuellen Speicher (Abschnitt 4.4.) wiederbegegnen, wo das sogenannte Seitenflattern beginnt wenn die Summe aller Arbeitsmengen die Größe des realen (physischen) HS übersteigt.

Geht man bei Round-Robin zum Grenzwert $t_q \to 0$ über, erhält man mit $\bar{V}$ aus (4.32)

$$\bar{V}(b_0) \approx \bar{V} * b_0 / \bar{B} \ . \tag{4.34}$$

Kehren wir zur Frage zurück, wann man ein reales BS durch ein offenes bzw. ein geschlossenes Bediensystem modellieren kann. Man kann dann ein offenes Bedienmodell verwenden, wenn der eintreffende Bedienwunsch nur schwach von den Bedienwünschen abhängt, die sich schon im Bediensystem befinden. Insbesondere für kleine Verkehrswerte unterscheiden sich die Ergebnisse beider Modelle nur unwesentlich. Wir wollen das mit Hilfe einer Plausibilitätsbetrachtung etwas erläutern. Wir gehen von einem geschlossenen System aus mit der "Denkzeit" $\bar{d} = 1/\lambda$ jedes Nutzers im M/M/n/0 -System und der Verweildauer $\bar{V}$ im M/M/1/n -System. Nehmen wir für jeden Nutzer einen Poissonstrom an mit der Rate λ, so erhält man einen Gesamtstrom λ', der im geschlossenen Bedienmodell in das M/M/1/n -System einläuft,

$$\lambda' = n * t$$

mit einem Verkehrswert

$$\rho' = \lambda'/\mu = n * \lambda/\mu .$$

Da immer gilt

$\rho' < 1$ erhält man eine maximale Anzahl von Bedienwünschen

$$n_{max} = \mu / \lambda$$

in einem äquivalenten offenen Bediensystem. Das ist auch anschaulich

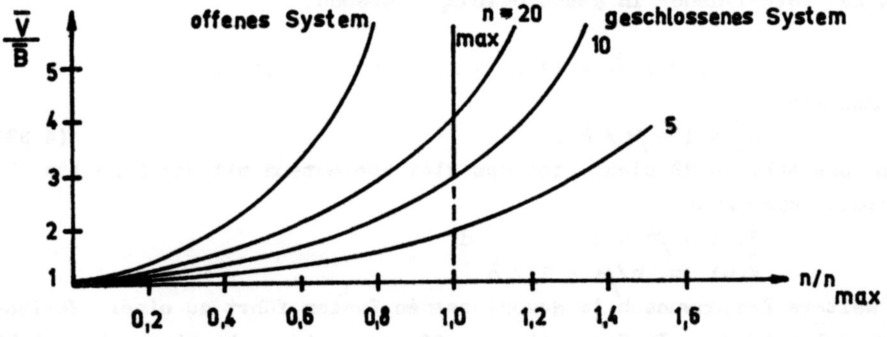

Abb. 4.24. Vergleich der Modellierung eines interaktiven Systems mit einem offenen bzw. einem geschlossenen Bediensystem

verständlich: wenn jeder Nutzer $\bar{d} = 1/\lambda$ "denkt", können n_{max} andere mit $\bar{B} = 1/\mu$ bedient werden. Für die zwei unterschiedlichen Modellierungen eines interaktiven Systems erhält man z.B.

offenes System : $\bar{V} / \bar{B} = 1 / (1 - n / n_{max})$,

geschlossenes System : $\bar{V} / \bar{B} = n / (1 - p_0) - n_{max}$

In Abb.4.24 ist ein Beispiel dargestellt. Weit unterhalb der Sättigung sich befindend, beeinflussen sie die Bedienwünsche untereinander nur wenig. Die Anzahl der tatsächlich in das M/M/1/n -System eintretenden ist also wesentlich geringer als die Anzahl der möglichen. In diesem Bereich läßt sich ein geschlossenes System durch ein offenes annähern.

In der Nähe der Sättigung (d.h. bereits bei ca. n/3) unterscheiden sich beide Modelle grundsätzlich. In einem offenen Modell gibt es unendlich viele Bedienwünsche, es kann damit auch unendlich viele wartende Prozesse geben. In einem geschlossenen Modell gibt es nur endlich (n) viele, es warten maximal n-1 , und die kommen unter gegenseitiger Behinderung doch einmal zur Bedienung.

Die vorangehende Diskussion sollte noch einmal zeigen, wie diffizil die Modellierung eines BS ist. Ein immer und auf alles anwendbares Modell gibt es nicht, denn man muß neben den Zielen immer die Randbedingungen betrachten.

4.4. HAUPTSPEICHER (HS)

Im Abschnitt 3.2. hatten wir festgestellt, daß die für Prozesse notwendigen Betriebsmittel die folgenden sind:

- Prozessor,
- Hauptspeicher und
- Programmtext.

Das Betriebsmittel Programmtext benötigt für seine Repräsentation im RS selbst wieder das Betriebsmittel HS. Der HS besitzt für die Leistungsfähigkeit eines RS eine zentrale Stellung, seine Leistungsfähigkeit und seine Nutzung bestimmen entscheidend die Leistungsparameter des Gesamtsystems. Während Größe und Zugriffszeit durch den Stand der Herstellungstechnologie gegeben sind, besitzt das BS wesentlichen Einfluß auf eine effektive Nutzung des HS.

Historisch kann man drei Etappen unterscheiden:

- Es ist nur ein einziger Prozeß im RS vorhanden und damit nur ein Programmtext und Daten für einen Prozeß im HS.
- Mehrere Prozesse teilen sich den HS, wobei die Prozesse disjunkte Bereiche besitzen.
- Mehrere Prozesse teilen sich den gesamten HS, wobei jeweils nur ein Teil ihres HS-Bedarfes befriedigt wird und sie zeitlich nicht immer denselben physischen Bereich behalten.

Daraus resultieren die folgenden Gründe für eine effektive Verwaltung des HS:

- Prozesse mit einem HS-Bedarf, der z.T. den physischen HS übertrifft, sollen abgearbeitet werden.
- Es müssen mehrere Prozesse bereit sein, um eine Anpassung an die hohe Prozessorgeschwindigkeit zu gewährleisten.

- In interaktiven RS (Time-Sharing-Systemen) sollen möglichst viele Prozesse im Rechner sein, damit zahleiche Nutzer an Terminals mit diesen Prozessen kommunizieren können.

4.4.1. PROBLEME DER HS-VERWALTUNG

Während beim Betriebsmittel Prozessor durch Dienstleistungsprogramme (Compiler, Linker) alle notwendigen Transformationen außerhalb des BS durchgeführt werden, sind für den HS durch das BS einige Transformationen selbst zu erledigen. Das ist notwendig, weil das effektiv und dynamisch während der Laufzeit erfolgen kann. Dies betrifft insbesondere die Transformation von Namen bzw. Adressen von Objekten in Adressen des Adreßraumes des physischen Speichers (Abschnitt 4.4.2.). Das Betriebsmittel HS ist sowohl zeitlich (time-shared) als auch lokal (local shared) aufteilbar. Im Gegensatz zu anderen Betriebsmitteln haben Schedulalgorithmen für den HS zwei Freiheitsgrade, um die Befriedigung der Forderungen gemäß einem vorgegebenen Ziel zu optimieren. Die Zuteilung des Betriebsmittels HS kann also bez. der zwei Dimensionen **Zeit** und **linearer Adreßraum** erfolgen. Die **Teilung** des HS in disjunkte bzw. in gemeinsam genutzte Bereiche erfolgt nach unterschiedlichen Prinzipien (Abschnitt 4.4.3.), die noch von der möglichen Adressierungsart des physischen HS abhängen.

In modernen RS ist nur eine **dynamische** HS-Zuteilung sinnvoll. Eine **statische** Vergabe müßte von der Kenntnis

- des HS-Bedarfes der Prozesse vorab und
- der einzelnen HS-Zugriffe

ausgehen.

Eine einfache Methode besteht darin, den Prozessen einen festen HS-Bereich zur Verfügung zu stellen, den sie selbst für ihre Programmtexte und Daten verwalten (**Overlay**, Abschnitt 4.4.3.3.). Die Zuteilung kann durch das BS mittels verschiedener Algorithmen erfolgen, solange noch genügend freier Platz vorhanden ist (Abschnitt 4.4.3.). Wenn der Bedarf weiter ansteigt, kann der HS noch **zeitgeteilt** (time-shared) werden. Das bedeutet einen Entzug des Betriebsmittels HS für einige Prozesse und das Retten der Werte des entzogenen HS auf einem externen Speicher. Bevor ein Prozeß weiterarbeiten kann, müssen die Werte wieder hergestellt werden. Dem Prozeß bzw. den Prozessen erscheint das Betriebsmittel HS viel größer, als es physisch ist. Man spricht deshalb von einem **virtuellen** Speicher (Abschnitt 4.4.4.).

4.4.2. ADRESSIERUNG DES HS

Die Identifizierung von Objekten erfolgt in den verschiedenen Schichten eines RS (Abb. 4.25) in sehr unterschiedlicher Art und Weise. Bezüglich des HS interessieren uns solche Objekte wie Steueranweisungen in einem Programmtext (Operatoren in einer höheren Programmiersprache, Maschinenbefehle) bzw. Operanden (Variable, Konstanten, Daten). In höheren Programmiersprachen bzw. Assembler erfolgt die Identifizierung der Objekte durch **Namen**. In Anlehnung an den üblichen Sprachgebrauch sollen einige Definitionen angegeben werden.

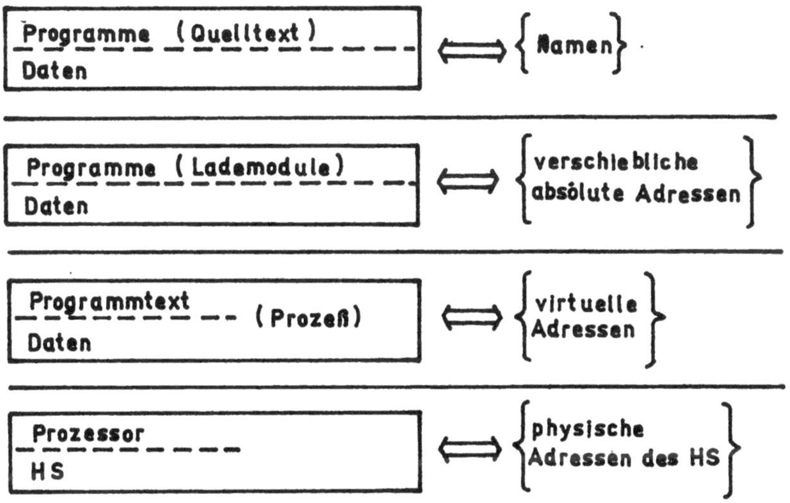

Abb. 4.25. Adressierung in den verschiedenen Schichten eines RS

Definition 4.1

Der **Namensraum** NAME in einer Programmiersprache ist gegeben durch die Menge aller Namen, die auf der Basis des Alphabets und der Syntax der Sprache erlaubt sind.

NAME = { name }

Stellen wir uns alle denkbaren Namen sortiert in einer linearen Folge vor, kann man den Namensraum als einen eindimensionalen Raum mit den sortierten Namen als Maßzahlen annehmen. Da die Implementationen von Programmiersprachen auf konkreten RS die Länge beschränken, ist bei einem endlichen Alphabet auch der Namensraum beschränkt.

Definition 4.2

Der **Adreßraum** ADR des Betriebsmittels HS einer gegebenen virtuellen oder realen Rechenanlage ist gegeben durch die Folge von 0 und den natürlichen Zahlen

$$ADR = (0, 1, \ldots, m - 1),$$

wobei jede Zahl ein Element des HS (Speicherzelle,...) identifiziert.

Da RS endlich sind, ist also auch der eindimensionale Adreßraum begrenzt.

Durch **Compiler** und **Linker** werden Namen in Adressen einer virtuellen Maschine mit einem eigenen Adreßraum für das Programm, aber mit den sonstigen Eigenschaften der realen RA umgewandelt. Je nach BS sind das verschiebliche Adressen oder ggf. bereits absolute Adressen. Durch den **Lader** werden Adressen des physischen Adreßraumes erzeugt, bei Nutzung des virtuellen Speicherkonzepts Adressen des virtuellen Adreßraumes. Die virtuellen Adressen werden letztendlich durch die Hardware und das BS auf Adressen des physischen HS abgebildet.

Die Angabe der Adresse in den verschiedenen RA kann auf unterschiedliche Arterfolgen. Sie hat wesentlichen Einfluß auf die möglichen Transformationen. Wir wollen diese Form der Adreßangabe als **Programmadresse** und die Nummer des Elementes im HS als **Speicheradresse** bezeichnen.

4.4.2.1. DIREKTE ADRESSIERUNG

Die Programmadresse ist eine Zahl aus dem Bereich $0 \leq adrp \leq n - 1$, die Adresse im HS wird **absolut** angegeben. Sie ist identisch mit der Speicheradresse. Für Von-Neumann-Rechner gilt wegen des verwendeten Dualsystems

$$n = 2^{n'} ,$$

wobei n' die Anzahl der Bits im Maschinenbefehl für die Adresse ist.

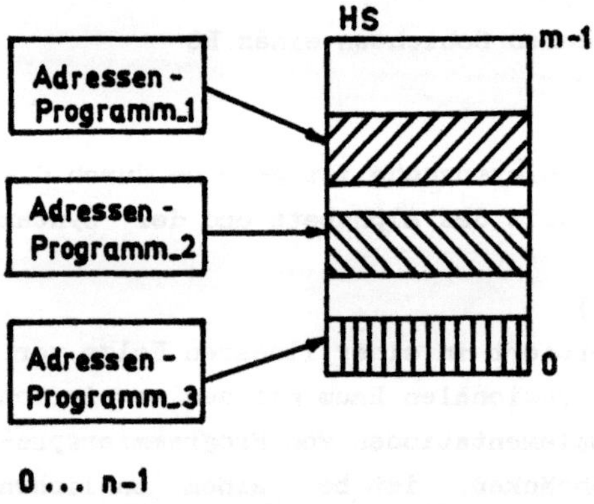

Abb. 4.26. Direkte Adressierung

Wenn der Linker bereits absolute Adressen erzeugt, kann der Lader nur noch genau den Speicher zur Verfügung stellen, der durch die absoluten Adressen fixiert ist. Damit können Konflikte beim Laden auftreten. Es entstehen aber auch Lücken im HS, d.h., es tritt eine sogenannte **externe Fragmentierung** auf. Ein teilweiser Ausweg besteht darin, daß im Lademodul bis zum Zeitpunkt des Ladens die Adressen verschieblich gehalten werden. Nach dem Laden ist allerdings dann ein Verschieben zur Beseitigung der Lücken nicht mehr möglich.

4.4.2.2. RELATIVE ADRESSIERUNG

Die relative Adressierung geht davon aus, daß die Programmadresse durch zwei Bestandteile angegeben wird

programmadresse ::= basisregister + relative_adresse .

Das Basisregister kann i.allg. jede Speicheradresse (im 16-Bit-PC nur jede 16. Speicheradresse) enthalten. Für die relative Adresse (= offset = Verschiebung) sind n" Bitstellen vorgesehen, so daß ohne Änderung $2^{n''}$ Adressen mit einem Basisregister genutzt werden können. Beim Laden treten weder Lücken noch Überschneidungen auf. Selbst wenn während der laufenden Arbeit durch Kreieren und Beenden von Prozessen Lücken auftreten, können diese leicht durch Verschiebungen im HS und Änderung des Inhalts des Basisregisters beseitigt werden. Das gilt in einfacher Weise nur dann, wenn der Adreßraum des Programms nicht $2^{n''}$ übersteigt. Anderenfalls sind mehrere Basisregister bzw. ein Umladen der Basisregister erforderlich.

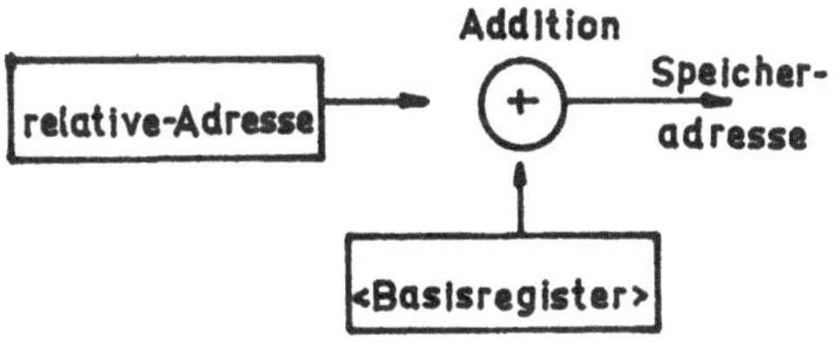

Abb. 4.27. Relative Adressierung

4.4.2.3. GESTREUTE ADRESSIERUNG

Bisher wurde davon ausgegangen, daß der Programmadreßraum in einem zusammenhängenden Speicheradreßraum abgebildet wird. Bei der gestreuten Adres-

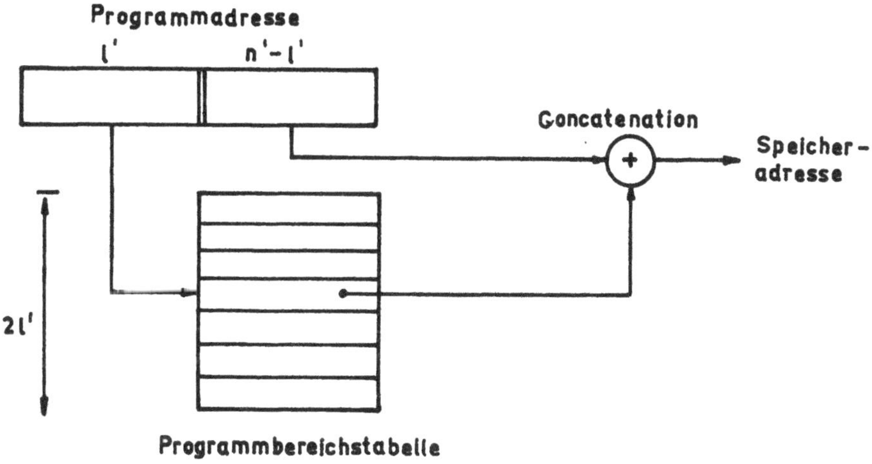

Abb. 4.28. Gestreute Adressierung

sierung wird das aufgegeben. Die Programmadresse besteht aus n' Bitstellen, wovon l' Stellen für die Adresse des Bereiches des Speichers und (n'-l') Bitstellen für die relative Adresse innerhalb des Bereiches verwendet werden. Die Speicherbereiche haben also alle die gleiche Länge $2^{n'-l'}$, die die man i.allg. als **Seite** bezeichnet. Die Wahl der Speicherbereiche wird im nächsten Abschnitt diskutiert. Die l' Bitstellen dienen als Adresse innerhalb der Speicherbereichstabelle, an der die l' werthöchsten Stellen der Speicheradresse stehen. Durch Ankettung (Concatenation) der (n'-l') Bitstellen der relativen Adresse an diesen Eintrag entsteht die Speicheradresse. Bei gestreuter Adressierung sind für jede Referenzierung eines Speicherelementes **zwei Zugriffe** erforderlich. Zusammenhängende Adreßräume des Programms werden so nicht zwangsläufig auf einen zusammenhängenden Speicherraum, sondern gestreut abgebildet. Wenn l' Bitstellen für die HS-Bereichsadresse und (n'-l') Bitstellen für die relative Adresse fest vorgegeben werden, sind die HS-Bereiche (Page = Seite) gleichlang.

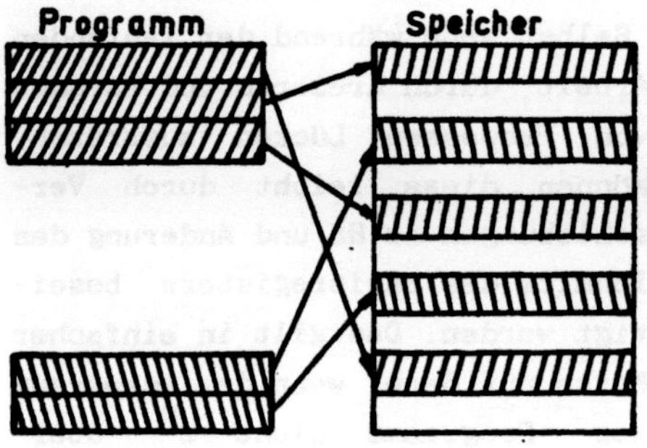

Abb. 4.29. Streuung der Programmadressen über den Speicheradreßraum

Man kann auch von verschieden langen Bereichen (**Segmenten**) ausgehen, so daß keine feste Anzahl von Bitstellen für die Segmentnummern bereitsteht. Die unterschiedlich langen Programmbereiche werden in entsprechend zusammenhängende Speicherbereiche abgebildet, wobei diese gestreut im Speicher liegen können (Abb. 4.30).

Für die Adreßtransformation gibt es zwei Konstanten:

(1) Die volle Programmadresse A_i im Segment i setzt sich zusammen aus der Segmentanfangsadresse A_{ai} und der relativen Adresse D_i im Segment.

$$A_i = A_{ai} + D_i \, .$$

(Die Aufspaltung in diese zwei Summanden ist aus der Adresse A_i nicht explizit ablesbar !).

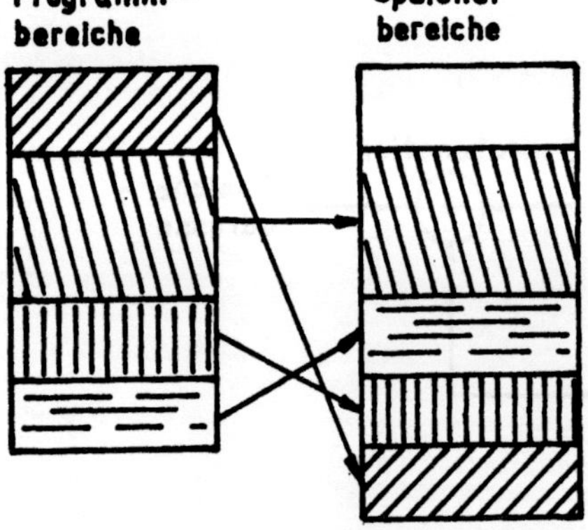

Abb. 4.30. Segmente

Für die Adresse im entsprechenden Segment im Speicher gilt

$$S_i = S_{ai} + (A_i - A_{ai})$$

$$= (S_{ai} - A_{ai}) + A_i .$$

Für die Adreßtransformation wird in der Segmenttabelle (Abb. 4.31) das Segment gesucht und dann durch Addition der Zahl $(S_{ai} - A_{ai})$ in diesem Tabelleneintrag zur Programmadresse die Speicheradresse bestimmt. Voraussetzung ist allerdings, daß die Segmente im Programmbereich lückenlos aufeinanderfolgen müssen. Diese Adressierung kann nur effektiv durchgeführt werden, wenn nicht sequentiell in der Tabelle gesucht wird, sondern ein **Assoziativspeicher** zur Verfügung steht.

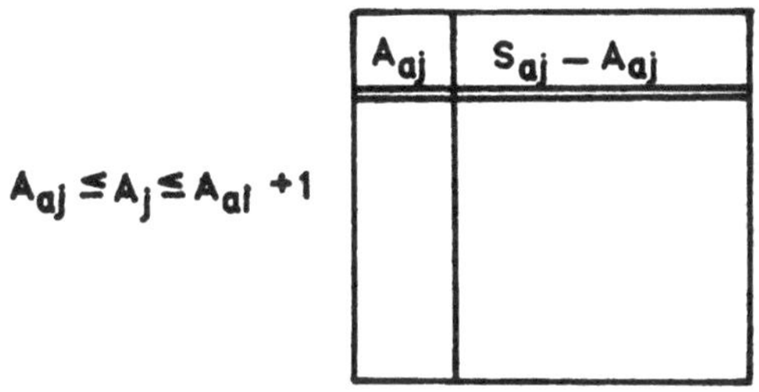

Abb. 4.31. Segmenttabelle

(2) Die Programmadresse A kann in eine Segmentadresse Sg und eine relative Adresse D aufgespalten werden. Die Anzahl der Bitstellen für D bestimmt dann die maximale Größe eines Segmentes. Ansonsten wird die Speicheradresse wie in Abb. 4.28 bestimmt mit dem Unterschied, daß in der Speicherbereichstabelle die Segmentlänge zusätzlich enthalten ist, um Speicherbereichsüberschreitungen festzustellen.

(3) Die Programmadresse kann in drei Teile aufgeteilt werden, in die Segmentadresse Sg, die Seitenadresse p innerhalb dieses Segmentes und die relative Adresse innerhalb der Seite. Es gibt damit für jedes Segment eine Seitentabelle. Für jede Referenzierung eines Speicherelementes wären dann **drei** Speicherzugriffe erforderlich !

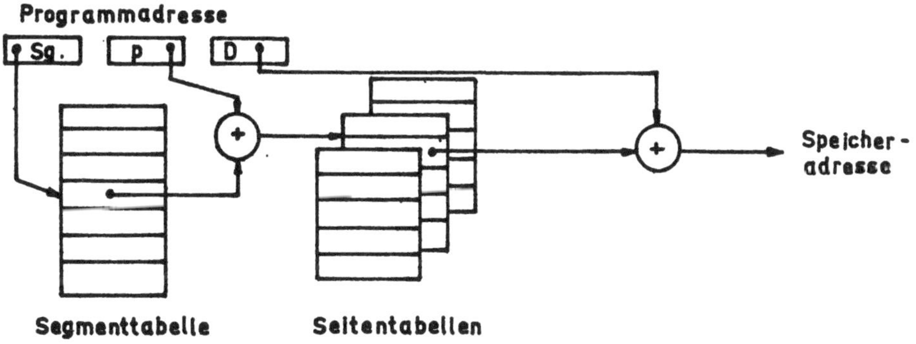

Abb. 4.32. Kombinierte gestreute Adressierung

Die Seiten- bzw. die Segmenttabellen können einmal für das gesamte RS oder für jeden Prozeß angelegt sein. Diese Tabellen sind sehr lang, da für jede Seiten- bzw. jede Segmentadresse ein Eintrag vorbereitet sein muß. Es gibt aber viele leere Einträge. Deshalb verwendet man für die gestreute Adressierung (Seiten bzw. Segmente) die inversen Tabellen. Diese besitzen nur soviel Einträge, wie Seiten bzw. Tabellen benutzt werden bzw. wie Bereiche im HS (sogenannte Rahmen oder Kacheln) bestehen, die eine Seite repräsentieren. Jeder Eintrag besteht aus der Seitenadresse und der Kacheladresse. Bei der Seitentabelle reichte ein Zugriff aus, um die zugehörige Kacheladresse zu ermitteln, da die Seitennummer gleich der Eintragsnummer ist. In der Kacheltabelle müßte linear (n'/2) oder logarithmisch ($\log_2$ n') gesucht werden. Da bei jeder Programmanweisung Adressen zu bestimmen sind, wäre das ein unzumutbarer Aufwand. Der Ausweg besteht in einem durch die Hardware realisierten Assoziativspeicher für die Kacheltabelle, der bei einem Zugriff für eine angegebene Seitenadresse sofort die Kacheladresse liefert bzw. ein Interrupt auslöst, wenn die angegebene Seitenadresse nicht existiert. Damit wird erreicht, daß für jede Seite bzw. jedes Seg-

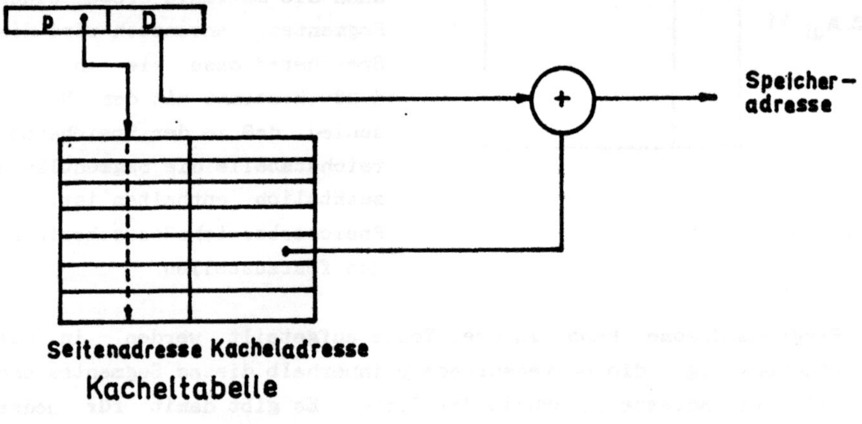

Abb. 4.33. Kacheltabelle

ment, die im Assoziativspeicher stehen, bei jeder Referenzierung eines Speicherelementes nur **ein** Zugriff zum Speicher erforderlich ist.

4.4.3. SPEICHERZUTEILUNG OHNE ENTZUG

4.4.3.1. AUFTEILUNG DES HS

Wir hatten bereits festgestellt, daß das Betriebsmittl HS sowohl lokal als auch zeitlich geteilt vergeben werden kann. Im allgemeinen werden die lokal aufgeteilten Speicherbereiche den Prozessoren zur exklusiven Nutzung bereitgestellt. Der Schutz vor unberechtigter wechselseitiger Nutzung von

Speicherbereichen wird im Abschnitt 4.4.7. behandelt.

Wir gehen im weiteren davon aus, daß die adressierbaren Elemente des Programmadreßraumes die gleiche Größe (ein Byte, ein Wort, ...) wie die des Speicheradreßraumes besitzen. Damit sind auch Teile des Programmadreßraumes und des Speicheradreßraumes gleichlang und zusammenhängend, lediglich ihre relative Lage im jeweiligen Adreßraum ist unterschiedlich. Die Zuteilung von Bereichen des HS kann in unterschiedlicher "Stückelung" erfolgen:

- Speicherbereich konstanter Länge (=eine Seite=page),
- mehrere Seiten,
- 2^n Speicherbereiche konstanter Länge (buddies),
- Speicherbereiche variabler Länge (Segmente).

Ob ein Speicherbereich aus mehreren Seiten, der im Programmadreßraum zusammenhängend ist, auch ein zusammenhängender Bereich im Speicheradreßraum ist, hängt von der Adressierung ab. Außerdem hat die Adressierung einen wesentlichen Einfluß auf die Möglichkeit der Umlagerung von Speicherbereichen. Bei der absoluten Adressierung kann eine einmal vorgenommene Zuteilung von Programmadreßbereich zu Speicheradreßbereich nicht wieder aufgegeben werden. Relative und gestreute Adressierung erlauben eine Änderung durch einfaches Umladen und Änderung des Basisregisters bzw. der Seiten- oder Kacheltabelle. Die Seiteneinteilung orientiert sich am Speicheradreßraum. Programmtexte und Datenbereiche im Programmadreßraum stimmen i.allg. nicht mit dieser starren Einteilung überein. Daraus resultiert, daß die letzte Seite im Mittel nur zur Hälfte genutzt wird. Man bezeichnet das als **interne Fragmentierung**. Unter diesem Aspekt sind sehr kurze Seitenlängen erstrebenswert. Dadurch entstehen viele Seiten mit einer langen Seitentabelle. Gehen wir von einem mittleren Bedarf p jedes Prozesses an HS und der Seitenlänge S aus, so ergeben sich

S/2 Byte Speicherverlust durch interne Fragmentierung und

(p/S)*e Byte Speicherverlust durch die Einträge der Seitentabelle.

$e = [\log_2 (m/S)] + 1$ (m: Größe des physischen HS).

Nehmen wir für eine vereinfachte Rechnung e = const an, ergibt sich der zu optimierende (minimierende) relative Speicherverlust zu

$$\text{rel. Speicherverlust} = (S/2 + (p / S) * \text{const}) / p \dashrightarrow \text{Min.} \quad (4.36)$$

Diese einfache Extremwertaufgabe liefert

$$S_{opt} = \sqrt{2*p*\text{const}} \quad (4.37)$$

Aufgrund der Seitentabelle erhält man eine optimale Seitenlänge bei minimalem relativen HS-Verlustes nach (4.37).

Nehmen wir für ein ESER-System an

p = 64 kByte,

const = 2 Byte

an, so ergibt sich

$$S_{opt} = \sqrt{2*2^{16}\ \text{Byte}*2\ \text{Byte}} = 512\ \text{Byte} .$$

Für Schedulingalgorithmen ohne Entzug wäre das eine optimale Seitengröße.

Bei Schedulingalgorithmen mit Entzug müssen die Werte des HS auf einen externen Speicher gerettet werden, wodurch sich andere Verhältnisse ergeben (Abschnitt 4.4.4.).

Bei der Zuteilung von 2^n Speicherbereichen konstanter Länge b (buddies) tritt ebenfalls eine interne Fragmentierung auf. Der geforderte Speicher von p Bytes läßt sich einschachteln in

$$2^K * b < p < 2^{K+1} * b \quad . \qquad (4.38)$$

Damit ergibt sich im Mittel eine interne Fragmentierung von

$$2^K * b / 2 = 2^{K-1} * b \qquad (K \geq 1)$$

für jeden zugeteilten Speicher $2^{K+1} * b$.

Die Segmenteinteilung orientiert sich an der Struktur der Prozesse, an den Programmtexten und den Datenbereichen. Dadurch tritt **keine** interne Fragmentierung auf. Durch die willkürliche Abbildung der Programmadressen auf den Speicheradreßraum - insbesondere im stationären Bereich, wenn Prozesse HS wieder freigegeben haben - treten Lücken im HS auf, die für neue Segmentanforderungen nicht ausreichen. Es entsteht eine sogenannte **externe Fragmentierung**. Dann bedarf es einer besonderen Aktion, um die Segmente zu verschieben und neue größere zusammenhängende Speicherbereiche zu schaffen (Kompaktifizierung, Abschnitt 4.4.3.5.).

4.4.3.2. VERWALTUNG DES HS

Die Verwaltung des HS hängt von der möglichen Aufteilung ab. Werden durch das BS nur gleichlange Speicherbereiche bzw. Vielfache davon vergeben, bieten sich Tabellen an, wobei jeder Eintrag genau einen Speicherbereich repräsentiert. Im einfachsten Fall wird nur ein Bit benötigt, das mit 1 anzeigt, daß der Speicherbereich einem Prozeß zugeteilt ist, und mit 0 freie Speicherbereiche kennzeichnet (Bitmapping). Dann ist es aber sinnvoll, im PCB Einträge über die zugeteilten HS-Bereiche zu führen, damit bei irregulären Vorgängen durch das BS HS-Bereiche wieder freigesetzt werden können. Das Bitmapping erlaubt eine sehr schnelle Ausführung der BS-Dienste "Freigeben HS" und "Anfordern HS", da in jeder RA schnelle Bitoperationen vorhanden sind. Die Tabellen bei gestreuter Adressierung können ebenfalls zur HS-Verwaltung genutzt werden.

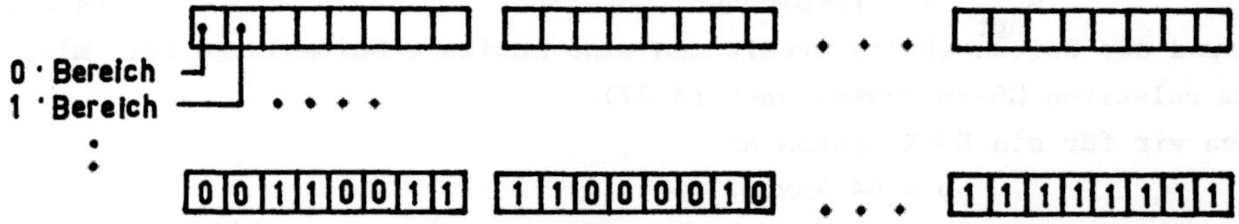

Abb. 4.34. Bitmapping mit Beispiel einer HS-Belegung

Werden Segmente (HS-Bereiche variabler Länge) verwendet, bietet sich eine sogenannte Freispeicherkettung an, wobei ausgehend von einem Anker die Verweise im freien Speicherbereich selbst stehen. Die Endadresse dient einerseits zur Kennzeichnung der Länge und andererseits zum Prüfen, ob bei Einketten eines neuen freien Segmentes ein größeres freies Segment gebildet werden kann (Abb. 4.35).

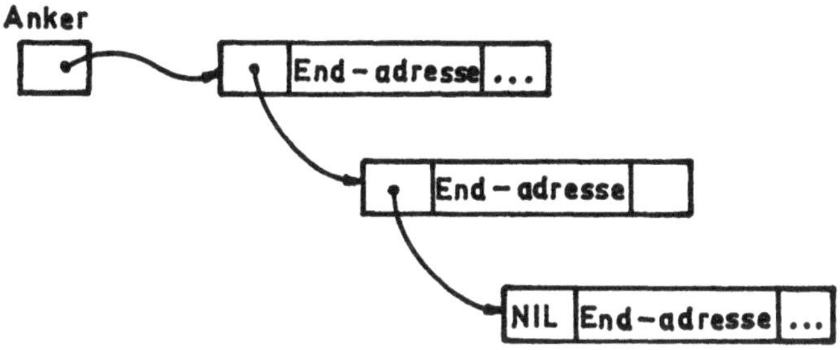

Abb. 4.35. Freispeicherkettung

4.4.3.3. STATISCHE SPEICHERZUTEILUNG

Die einfachste Methode der Speicherzuteilung besteht darin, jedem Prozeß beim Kreieren eine feste Speichergröße zuzuordnen. In welcher Form die Adressierung erfolgt, ist dabei gleichgültig. Für den Prozeß bleibt der Bereich im Programmadreßraum der gleiche. Diese HS-Zuteilung ist fast immer mit einer internen Fragmentierung verbunden, da prophylaktisch eine entsprechend große Anforderung angegeben wird, z.B. im OS/ES durch den Parameter

REGION = wert

in der Job- bzw. EXEC-Anweisung der JCL. Der Betreiber von RS wird deshalb eine obere Grenze fest vorgeben, um noch einen sinnvollen Mehrprozeßbetrieb zu ermöglichen.

Es ist jedoch gesichert bekannt, daß ein Prozeß nicht den ihm bereitgestellten HS-Bereich völlig gleichverteilt referiert, insbesondere dann nicht, wenn der Programmtext in Modulen strukturiert ist. Es kann also ein Modul (z.B. ein Unterprogramm) durch einen anderen überlagert werden.

Definition 4.3

Die **Uberlagerungstechnik (Overlay)** kennzeichnet die dynamische Verwaltung des Speicherbereiches eines Prozesses durch ihn selbst auf der Basis einer vorgeplanten Baumstruktur der zu ladenden Module (Segmente), wobei Zweige gleicher Hierarchiestufe nicht gleichzeitig im HS vorhanden sind.

Die Realisierung der Overlaytechnik erfordert

- vom **Linker** die Generierung einer Segmenttabelle (Baumstruktur) und Anlagerung im Wurzelsegment aufgrund von Anweisungen an den Linker,
- vom **Laufzeitsystem** des Sprachcompilers das Nachladen von Modulen einschließlich der Parametervermittlung (automatisch mittels der Segmenttabelle bzw. durch exklusive Aufrufe im Programm) und
- vom BS die Bereitstellung von Diensten zum dynamischen Nachladen von Programmtexten.

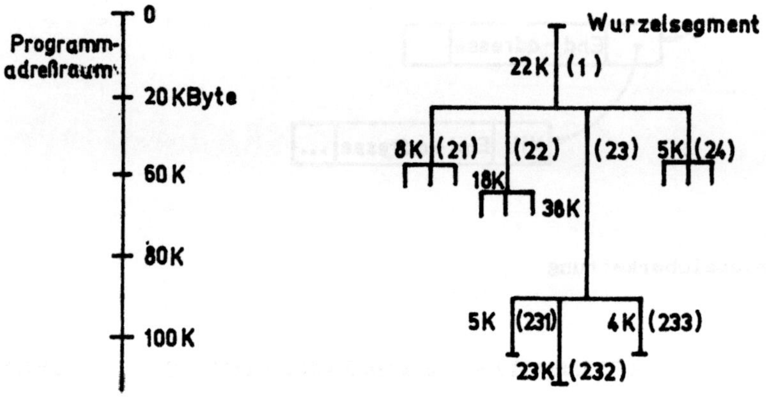

Abb. 4.36. Uberlagerungsstruktur

4.4.3.4. DYNAMISCHE SPEICHERZUTEILUNG

Wir wollen nun die starre Gesamtzuteilung von HS an die Prozesse verlassen und uns einer freizügig gestalteten Speicherzuteilung zuwenden.

Definition 4.4

Die **dynamische Speicherzuteilung** ist gekennzeichnet durch

- beliebige Anforderung von HS zu beliebigen Zeitpunkten durch jeden Prozeß und
- die Speicherfreigabe explizit nur durch den Prozeß selbst.

Betrachtet man den HS im stationären Zustand des Prozeßsystems, so wird man feststellen, daß sich verfügbare HS-Bereiche (Lücken) und belegte HS-Bereiche (Segmente) in zufälliger Anordnung ergeben. Dabei kann man drei Typen von Segmenten unterscheiden (Abb. 4.37):

S1 : Das Segment wird von zwei weiteren eingeschlossen. Bei Freigabe des Segments durch seinen Prozeß erhöht sich die Lückenanzahl um

1, bei Zuweisung eines solchen Segments verringert sich die Lückenanzahl um 1.

S2 : Bei Freigabe bzw. Zugabe ändert sich die Lückenanzahl nicht.

S3 : Bei Freigabe verringert sich die Lückenanzahl um 1, bei Zuweisung erhöht sie sich um 1.

Abb. 4.37. Augenblickliche HS-Aufteilung

Betrachten wir zunächst, wie sich im stationären Zustand eines Prozeßsystems die Anzahl der Lücken X_l zur Anzahl der Segmente X_S verhält. Der HS ist gekennzeichnet durch seine Kapazität von m Bytes, eine durch das Prozeßsystem gegebene Anzahl von Segmenten X_S und eine mittlere Segmentgröße $\bar{S}$. Wir wollen dann die Anzahl der Lücken X_l und die mittlere Lückengröße $\bar{l}$ bestimmen.

Wegen des stationären Zustandes können wir von einem annähernd konstanten X_S ausgehen, da die Anzahl neu hinzukommender Segmente annähernd infolge der Dynamik der Prozesse gleich der Anzahl freigegebener Segmente ist. Es gilt

$$X_S = X_{S1} + X_{S2} + X_{S3} ,$$

$$X_l = X_{S3} + 1/2X_{S2} + X_R \tag{4.39}$$

Betrachten wir die Lücken z.B. immer links von jedem Segment, so liefert jedes S3 eine Lücke, zwei S2 eine Lücke, S1 keine Lücke und der rechte Rand eine oder keine Lücke (X_R). Da

$$X_R << X_{S3}, X_{S2}$$

gilt, können wir X_R vernachlässigen. Die Wahrscheinlichkeit p, daß bei Zuweisung ein Segment S1 entsteht, ist klein:

$$p << 1$$

Im Mittel verlassen pro Segmentfreigabe X_{S1}/X_S, X_{S2}/X_S und X_{S3}/X_S Segmente das System, während ein Segment wegen des stationären Zustandes hinzu kommt. Damit erhöht sich X_l um X_{S1}/X_S (Freigabe) und verringert sich um X_{S3}/X_S (Freigabe) + p (Zuweisung). Wenn wir für die Zuweisung das Entstehen eines Segments S3 ausschließen, ergibt sich die Bilanz

$$X_{S1}/X_S = X_{S3}/X_S + p \, . \quad (4.40)$$

Mit (4.39) erhält man für einen Zuweisungsalgorithmus, der ein neues Segment an ein vorhandenes anfügt,

$$X_1 = (1 - p) * X_S \,/\, 2 \quad (4.41)$$

und mit $p << 1$

$$X_1 \approx X_S \,/\, 2 \, .$$

Die Anzahl der Lücken ist im Mittel also die Hälfte der Segmentanzahl (Knuths 50%-Regel /KNU68/). Für die mittlere Lückengröße ergibt sich

$$\bar{l} = (m - \bar{S} * X_S) \,/\, X_1 = 2 \, (m - \bar{S} * X_S) \,/\, X_S$$

$$= 2 \, (m \,/\, X_S - \bar{S}) \quad (4.42)$$

Die Strategie des BS für die Speicherzuteilung besteht darin, den HS maximal auszulasten. Dieses Ziel kann erreicht werden, wenn die Lückenanzahl minimiert wird bzw. sich eine Verteilung der Lücken einstellt, die genügend große Lücken zur Befriedigung neuer Segmentforderungen liefert. Alle folgenden Algorithmen werden also nie Segmente S3 erzeugen, sondern nur Segmente S1 und S2. Quantitative Untersuchungen aufgrund mathematischer Modelle sind für die folgenden Schedulingalgorithmen nicht bekannt. Die folgenden Aussagen orientieren sich an Plausibilitätsbetrachtungen und experimentellen Untersuchungen. Implementation 4.15 bis Implementation 4.18 legen das geforderte Segment o.B.d.A. linksbündig an und ketten den Lückenrest in die Freispeicherkette ein.

Implementation 4.15

(Best fit)

```
if (/* Segment von S Byte gefordert */)
     /* Suche die kleinste Lücke l, für die gilt S ≤ l */;
```

Es entstehen einige große unbenutzte und viele kleine Lücken.

Implementation 4.16

(Worst fit)

```
if (/* Segment von S Byte gefordert */)
     /* Suche die größte Lücke l mit S ≤ l */;
```

Dieser Algorithmus führt dazu, daß gleichmäßig große Lücken entstehen.

Implementation 4.17

(First fit)

```
if (/* Segment von S Byte gefordert */)
     /* Suche die erste Lücke l, für die gilt S ≤ l */;
```

Wenn immer am Anfang des HS begonnen wird, führt das zu einer Häufung von kleinen Lücken am Anfang. Deshalb wurde Implementation 4.17 modifiziert:

Implementation 4.18

(Rotating first fit)

```
      /* Die Lücken sind zyklisch ab anker verkettet */
   if (/* Segment von S Byte gefordert */)
     { /* Suche ab anker erste Lücke mit S ≤ l */;
       /* Setze anker auf Lückenrest bzw. nächste Lücke im Fall eines
          S1-Segments */
     },
```

Für den folgenden Algorithmus gelten (4.41) und (4.42) nicht mehr, da durchaus S3-Segmente zugeteilt werden können. Es wird vorausgesetzt, daß Speicherbereiche nur als Vielfache von Zweierpotenzen des kleinsten Bereiches b vergeben werden. Falls ein Segment S gefordert wird, gilt die Einschachtelung

$$2^{i-1} * b < S \leq 2^{i} * b \quad .$$

Falls keine Lücke $2^{i} * b$ existiert, wird eine Lücke $2^{i+1} * b$ geteilt usw. Bei der Speicherfreigabe wird geprüft, ob die andere Hälfte (Buddy= Kamerad) auch frei ist. Wenn das der Fall ist, werden beide zu einer Lücke doppelter Größe vereint usw. Die Freigabe eines Segments läuft umgekehrt ab, indem durch Vereinigung von Buddies größere Buddies erzeugt werden. Zwei Lücken einer Hierarchiestufe, die keine Buddies sind, werden nicht vereinigt. Trotzdem liegt der Vorteil dieses Algorithmus darin, daß man damit möglichst große Lücken erzeugen kann.

Implementation 4.19

(Buddy-Verfahren)

```
   int buddy(S) int S;
 { if (/* Segment von S Byte gefordert */)
     { /* Bestimme Zweierpotenz i mit 2^(i-1) * b < S ≤ 2^i * b */
       if (anker [i] != nil)
         /* Weise Lücke 2^i * b zu; aktualisiere anker[i] */;
         else
           {for (j=i; j<K; ++j)
              if (anker[j+1] != nil)
                /* Teile Lücke 2^(j+1) * b in zwei à 2^j * b; aktualisiere
                   anker [j] */; break
           };
       if ( j == K ) return (/* kein Speicher frei */)
     };
       for (J=j; j>i; j--)
           /* Teile Lücke 2^(j+1) * b in zwei à 2^j * b; aktualisiere
              anker [j] */;
       /* Weise Lücke 2^i * b zu; aktualisiere anker[i] */
   };
```

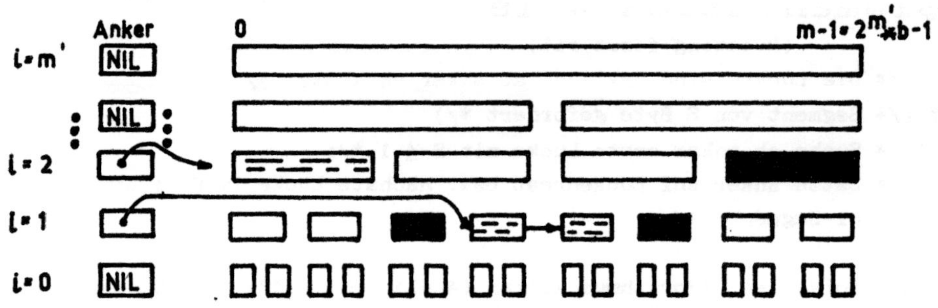

Abb. 4.38. Buddy-Verfahren (: nicht existent, : Lücke, : Segment)

4.4.3.5. KOMPAKTIFIZIERUNG

Durch die Dynamik des Prozeßsystems entstehen Lücken im HS, so daß Speicherforderungen nicht mehr befriedigt werden können, obwohl eigentlich in der Summe noch genügend HS zur Verfügung steht. Durch Verschiebung der Segmente läßt sich eine einzige große Lücke erzeugen für

- relative Adressierung und
- gestreute Adressierung an variabel langen Speicherbereichen (Segmenten).

Für absolute Adressierung ist eine Verschiebung nicht möglich, für gestreute Adressierung mit Speicherbereichen fester Länge ist sie überflüssig, da es keine externe Fragmentierung gibt. Eine Verschiebung der Segmente bedeutet zusätzliche, unproduktive Speicherzugriffe, die Kompaktifizierung hat also ihren Preis. Als Maß für die Effektivität wollen wir das Verhältnis

$$V = \text{Verschiebezugriffe}/(\text{produktive Zugriffe} + \text{Verschiebezugriffe})$$
$$= Z_V \,/\, (Z_P + Z_V) \qquad (4.43)$$

benutzen.

Wir gehen von folgenden Größen aus:

$\bar{S}$: mittlere Segmentgröße,

Z : mittlere Zugriffszahl zum Segment, solange es existiert,

X_S : mittlere konstante Segmentanzahl.

u bezeichnet den Anteil der Lücken im HS und

$$1 - u = \bar{S} * X_S \,/\, m$$

den Anteil des belegten HS.

Bei jeder Kompaktifizierung sind alle Segmente zu verschieben (ungünstigster Fall), also

$$Z_V = m\,(1 - u)\ (\text{Lesezugriff} + \text{Schreibzugriff} + \text{Overhead}).$$

Vernachlässigen wir das Overhead und nehmen Lesen und Schreiben als gleichschnell an, ergibt sich

$$Z_V = 2 * m * (1 - u) .$$

Nach wievielen produktiven Zugriffen ist nun eine Kompaktifizierung notwendig ? Das ist sicher dann der Fall, wenn die noch freie Lücke $m * u$ gefüllt ist. Nach Z Zugriffen ist ein neues Segment der mittleren Länge $\bar{S}$ erforderlich, d.h. nach

$$Z_P = m * u / (\bar{S} / Z) .$$

Damit ergibt sich der Anteil der Verschiebezugriffe

$$V = (1 - u) / (1 - u + u * Z / (2 * \bar{S})) \qquad (4.44)$$

Für einige $Z / \bar{S}$ ist der Kurvenverlauf in Abb. 4.39 dargestellt. Es ist offensichtlich, daß bei einem vollständig belegten HS nur noch Verschiebezugriffe erfolgen. Läßt man 30% Verschiebezugriffe zu (die Zugriffszeit des HS verlängert sich für die produktiven Zugriffe scheinbar um rund 50%), muß der HS mindestens 8% frei sein für $Z / \bar{S} = 100$. Für 10 Zugriffe je Speicherelement ($Z/\bar{S} = 10$) müssen es bereits 30% des HS sein. Die Kompaktifizierung ist also nur dann effizient, wenn viel Speicherplatz nicht durch Segmente belegt ist. Andererseits wurde die Kompaktifizierung aber herangezogen, um den HS maximal auszulasten, so daß sich scheinbar ein Widerspruch ergibt. Es zeigt sich auch hier, daß jede Verbesserung einer Betriebsmittelnutzung für einen Prozeß nur auf Kosten anderer Prozesse erfolgen kann. Im konkreten Fall der Kompaktifizierung bedeutet das, den "Arbeitspunkt" auf den Kurven der Abb. 4.39 unter den gegebenen Randbedingungen (Z, $\bar{S}$, X_S, m usw.) und den geforderten Zielen (Prozeßanzahl, HS-Auslastung usw.) optimal einzustellen.

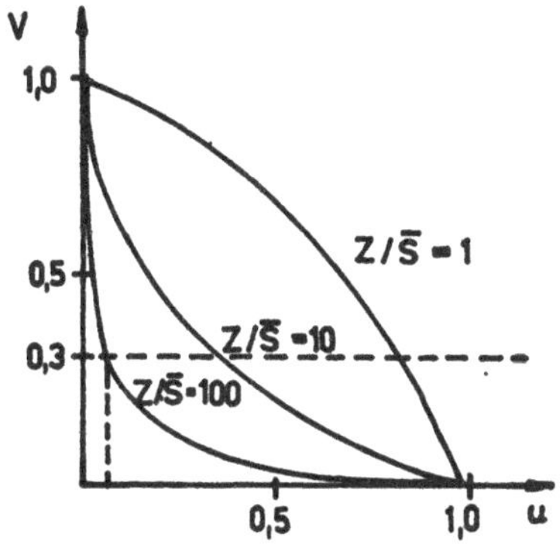

Abb. 4.39. Anteil der Verschiebezugriffe

4.4.4. Speicherzuteilung mit Entzug

Wenn einem Prozeß ein Betriebsmittel entzogen wird, müssen die Werte dieses Betriebsmittels gerettet werden, um bei seiner Wiederzuteilung ein reguläres Fortschreiten des Prozesses zu ermöglichen. Wenn der HS entzogen wird, müssen die Werte des entzogenen HS in geeigneter Weise gerettet werden. In Abb. 4.40 sind die wesentlichen Bestandteile der Speicherhierarchie in modernen RA angegeben. Der sogenannte Cache-Speicher wird vollständig durch die Hardware realisiert, mit ihm arbeitet eigentlich der

Prozessor zusammen. Die nächste Stufe ist der eigentliche HS, der Prozessor- und Datenanweisungen enthält. Als Speicher für die Auslagerung des HS kommen nur externe Speicher, wie Großraumkernspeicher, Magnettrommeln, Magnetplatten, Magnetbänder usw. in Frage.

Neben der Kapazität ist die Zugriffszeit des Speichers der entscheidende Parameter. Gehen wir von externen Speichern mit Zugriffszeiten von 10...50 ms aus, wird man mit Zeiten T_S = 0,05...0,5 s für das Auslagern bzw. Wiederherstellen des HS rechnen müssen. Damit ist offensichtlich, daß nur Wartezeiten von Prozessen im Sekundenbereich das Auslagern von HS-Bereichen rechtfertigen. Das ist nicht gegeben beim Warten auf Ein-/Ausgabe-Dienste für die schnelle Peripherie (z.B. externe Speicher). Es ist nur sinnvoll in **interaktiven Prozessen**, wo Prozesse auf Antworten der Nutzer ($\bar{d}$ = 1s...1min) oder wenn Prozesse auf die Erledigung von Ein-/Ausgabediensten der Peripherie (10 s...100 min) warten.

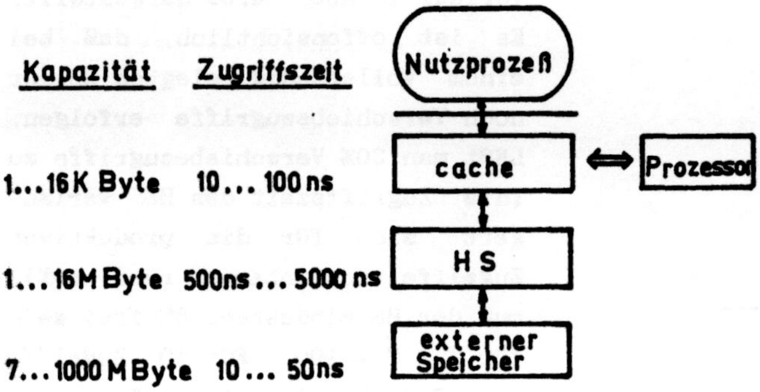

Abb. 4.40. Speicherhierarchie

Eine weitere Möglichkeit ergibt sich aus der Tatsache, daß der HS auch ein lokal teilbares Betriebsmittel ist. Prozesse haben nicht den ganzen HS, sondern nur Teile vom HS, und außerdem nutzt ein Prozeß in einem Zeitpunkt nur ein Element des HS und in einem **Zeitintervall T** nur einen **Teil** des ihm zugewiesenen HS-Bereiches.

Wenn nun

$$T \gg T_S$$

gilt, kann man durchaus die in T nicht genutzten HS-Teile auslagern. Ein vierter sinnvoller Grund für das Auslagern von HS-Teilen ist in Systemen mit **Prioritäten** für Prozesse gegeben. Wird ein Prozeß mit hoher Priorität kreiert und ist nicht genügend HS vorhanden, kann der HS einem Prozeß niederer Priorität entzogen werden. Es können nun folgende HS-Bereiche entzogen und die Werte gerettet (ausgelagert) werden

- gesamter HS-Bereich des Prozesses (Swapping, roll-out, roll-in),
- der Prozeßstruktur angepaßte Segmente (Segmentierung) oder
- der Speicherstruktur angepaßte Seiten (paging).

4.4.4.1. SWAPPING

Beim Swapping wird der gesamte Speicherbereich eines Prozesses freigegeben und auf den externen Speicher gerettet. Vorteilhaft ist mindestens eine relative Adressierung, aber selbst bei absoluter Adressierung ist ein sinnvolles Swapping möglich. In /REI82/ ist für ein interaktives System eine interessante HS-Verwaltung dargestellt worden. Es existiert ein Verschiebelader, der Programmtexte an beliebige Stellen laden kann. Wenn sie geladen sind, sind sie nicht mehr verschieblich

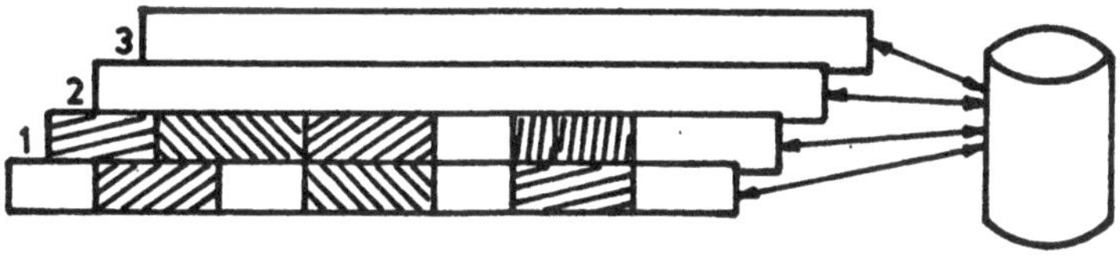

Abb. 4.41. Swapping nach /REI82/

(absolute Adressierung). Der HS wird noch "best-fit" in der aktuellen Speicherebene dem anfordernden Prozeß zugeteilt. Wenn das nicht möglich ist, wird es in der nächsten Ebene versucht, nachdem die vorangehende ausgelagert wurde. Gibt es keine Lücke in keiner der vorhandenen Speicherebenen mehr, so wird eine neue Speicherebene eröffnet. Ausgelagert wird jedesmal eine komplette Ebene, und zwar wenn ein Ein-/Ausgabe-Dienst für die langsame Peripherie abgesetzt wurde bzw. die Zeitscheibe des Prozessors für den letzten Prozeß dieser Ebene abgelaufen ist. Tatsächlich ist die Implementierung durch Verzahnung von Ein-/Ausgabe (insbesondere über Terminals), Prozessor-Scheduling und HS-Scheduling jedoch komplizierter, als hier dargestellt wurde. Das Swapping enthält also

- die Auslagerung des **gesamten** Speicherbereiches eines Prozesses und
- die Auslagerung durch das BS aufgrund von Gegebenheiten des Prozesses selbst (nicht erfüllbare Betriebsmittelforderungen).

Statt des gesamten Speicherraumes eines Prozesses kann man auch Teile auslagern, die durch die Struktur des Prozesses gegeben sind, also etwa Segmente. Dann bleiben aber die Fragen offen:

- **Wer** veranlaßt die Ein-/Auslagerung ?
- **Welche Segmente** werden ein-/ausgelagert ?

Da das Betriebssystem keine Informationen über die nächsten benötigten bzw. nicht benötigten Segmente besitzt, könnte das nur der Prozeß selbst veranlassen. Im ungünstigsten Fall würde sonst das BS gerade das Segment auslagern, das beim nächsten Speicherzugriff benötigt wird.

Es ist also eine globale Betrachtungsweise erforderlich, und aus der Beobachtung des Verhaltens der Prozesse müssen Informationen gewonnen werden, damit das BS sinnvolle Entscheidungen treffen kann. Diese Problematik ist in der Literatur als **virtueller Speicher** bekannt. Sie soll im nächsten Abschnitt betrachtet werden.

4.4.4.2. VIRTUELLER SPEICHER

Definition 4.5

Ein **virtueller Speicher** ist durch folgende Aspekte gekennzeichnet:

(1) Der Prozeßadreßraum (n) ist größer als der Speicheradreßraum (m).

(2) Die Prozesse gehen a priori davon aus, daß ihnen der gesamte Prozeßadreßraum zur Verfügung steht.

(3) Es wird eine gestreute Adressierung mit Paging unterstellt.

(4) Der Prozeßadreßraum wird auf den primären (HS) und einen sekundären (externen) Speicher abgebildet unter Regie des BS.

Wegen der gestreuten Adressierung mit Paging gibt es keine externe Fragmentierung, Fragen der Speicherzuteilung spielen keine Rolle. Dagegen ist die Verteilung des Prozeßadreßraumes auf HS und externen Speicher wesentlich. Eine Maschinenanweisung (mit Adresse des Prozeßraumes) kann nur abgearbeitet werden, wenn benutzte Speicherelemente sich im HS befinden. Es ist ggf. eine Seite in den HS zu laden, wofür erst eine andere Seite ausgelagert werden muß.
Es sind die Fragen zu klären:

- Wann wird eine Seite ausgelagert ? (fetch rule = Laderegel)
- Welche Seite wird ausgelagert ? (replacement rule = Ersetzungsregel)

Das Fehlen einer benötigten Seite wird durch das BS bemerkt, wenn ihr Fehlen in der Seiten- bzw. Kacheltabelle einen Interrupt hervorruft. Das Ziel bzw. die Strategie des BS muß nun darin bestehen, die Seitenauslagerungen zu minimieren.

Es kann eine **statische** Regelung benutzt werden, wenn alle Zugriffe sämtlicher Prozesse vorab bekannt sind. Das ist aber eine unrealistische Forderung, deshalb kommt nur eine **dynamische** Steuerung in Frage.

Da über künftige Speicherrefenzen nichts bekannt ist, können Seiten auch nicht vorab geladen werden. Für die Laderegel bleibt also nur das sogenannte **Demand-paging**. Wenn ein Seitenfehler auftritt, d.h., die referierte Seite befindet sich nicht im HS, wird eine Seite ausgelagert, damit Platz für die geforderte und einzulagernde Seite wird.

Bevor wir uns mit der Ersetzungsregel befassen, wollen wir die Wahl der

Seitengröße unter einem anderen Gesichtspunkt als im Abschnitt 4.4.3.2. betrachten. Beim Datentransfer von Blöcken zwischen HS und externem Speicher ergeben sich zwei Zeiten

- die Transferzeit = Blocklänge / Übertragungsrate (DU) und
- die Wartezeit t_w auf den Beginn der Übertragung infolge der Positionierzeit und Drehwartezeit bei Magnetplatten.

Wenn man nicht warten müßte, könnte man in der Zeit t_w

$$w = t_w * DU$$

Byte übertragen. Benötigt ein Prozeß wieder p Byte Speicher (das sind p/s Seiten), kann man das Verhältnis der Einlagerung des gesamten Speicherbedarfs ohne Paging und mit Paging betrachten. Kleine Seiten führen zu einer großen Anzahl einzelner Wartezeiten, aber zu einer kleinen internen Fragmentierung. Es gilt also für die Zielfunktion

$$\tau = (\text{Transferzeit ohne Paging}) / (\text{Transferzeit mit Paging}) \dashrightarrow \text{Max.}$$

Für die Einlagerungseffizienz τ erhält man

$$\tau = ((p+w) / DU) / ((S+w) * ((p+S/2) / S) / DU) .$$

Für die Bestimmung des Maximums von muß der Nenner minimal werden. Differentiation des Nenners und Nullsetzen ergibt

$$s_{opt} = \sqrt{2 * p * w} . \qquad (4.45)$$

Der Kehrwert des relativen Speicherverlustes (4.36) ist die Speichereffizienz

$$\sigma = p / (S/2+ (p/S) * const) \qquad (4.46)$$

mit dem Maximum bei

$$S_{opt} = \sqrt{2 * p * const}$$

Betrachten wir das Beispiel

- Kacheltabelleneintrag mit const = 4 Byte,
- w = 50 ms * 200 KByte/s = 10 KByte und
- p = 50 KByte ,

dann ergibt sich die optimale Seitenlänge bez. der Speichereffizienz zu S = 640 Byte und bez. der Einlagerungseffizienz zu S = 33 KByte. Beide Maxima liegen weit auseinander, und man muß also weitere Randbedingungen für einen Kompromiß beim Entwurf des BS beachten.

Um Informationen für die Ersetzungsregel zu erhalten, müssen die Zugriffe zu den Seiten betrachtet werden. Der Programmadreßraum ist gegeben durch eine Menge von Seiten

$$N = \{ n_1 , \ldots , n_n \} \text{ und}$$

der Speicheradreßraum durch eine Menge von Kacheln

$$K = \{ k_1 , \ldots , k_m \},$$

wobei gelten soll

$$m \leq n .$$

Ein Speicherzugriff bedeutet die Referenz r_i zu einer Seite n_i in einem diskreten Zeitpunkt $t \in T$. Die Abbildung φ des Programmadreßraumes N auf den Speicheradreßraum K

$$\varphi : (K \times T) \dashrightarrow N$$

ergibt sich dann zu

$$\varphi(k_j, t) = \begin{cases} n_i & \text{für } n_i \text{ in } k_j \in K, \\ 0 & \text{sonst} . \end{cases}$$

Die Zugriffsfolge (Referenzfolge) aller Prozesse zu den Seiten bis zum Zeitpunkt t bezeichnen wir mit

$$w = r(1)\ r(2)\ \ldots\ r(t) .$$

Wir können dann einen Speicherzustand S(t) definieren, der angibt, welche Seiten sich im physischen Speicher befinden:

$$S(t) = \{ \varphi(k_j, t) \mid j = 1 \ldots n \}$$

Wenn eine Seite $n_i \notin S(t)$ im Zeitpunkt t referiert wird, muß eine Seite aus S(t-1) ausgelagert werden, um Platz für die Seite n_i zu schaffen.

Das **Ziel** der folgenden Algorithmen ist eine **minimale Anzahl** von Auslagerungen. Wir führen dazu die folgenden Bezeichnungen (Abb. 4.42) ein:

$\Delta r_{vi}(t)$: Zugriffsdistanz vorwärts zur Seite n_i von t,

$\Delta r_{bi}(t)$: Zugriffsdistanz rückwärts zur Seite n_i von t,

$\Delta r_i(t)$: Zugriffsdistanz zwischen letztem $r_{t'} = n_i$ und vorletztem $r_{t''} = n_i$,

$\Delta t_i(t)$ Zugriffsdistanz zwischen Einlagern der Seite $r_{t'} = n_i$ und t.

Der Algorithmus zur Ersetzung bei Referenzierung der Seite x bedeutet also eine Änderung der Speicherbelegung

$$S(t) = \begin{cases} S(t-1), & \text{falls } x \in S(t-1), \\ S(t-1) + x, & \text{falls } |S(t-1)| < m, \\ S(t-1) - y + x, & \text{falls } x \notin S(t-1), \end{cases} \qquad (4.47)$$

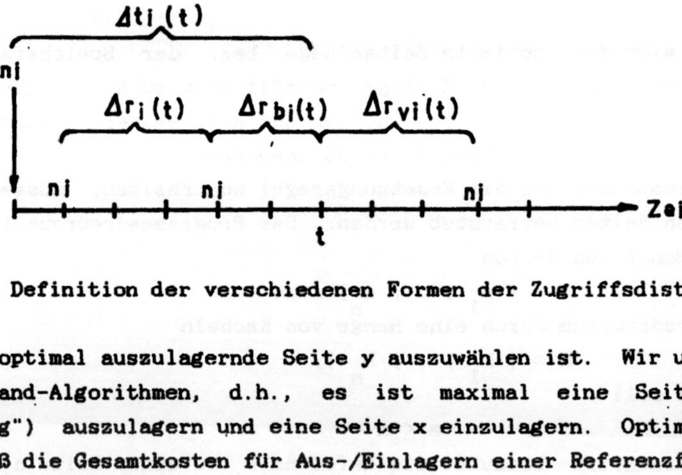

Abb. 4.42. Definition der verschiedenen Formen der Zugriffsdistanz

wobei die optimal auszulagernde Seite y auszuwählen ist. Wir unterstellen dabei Demand-Algorithmen, d.h., es ist maximal eine Seite y ("bei Anforderung") auszulagern und eine Seite x einzulagern. Optimal bedeutet dabei, daß die Gesamtkosten für Aus-/Einlagern einer Referenzfolge w nach dem Algorithmus A im Speicher der Kapazität m

$$\text{KOSTEN}(A, m, w) = \sum_{t=1}^{T} |\{ y(t) \}| \qquad (4.48)$$

minimal werden.

Implementation 4.20

(BO = Bealady's Optimaler Algorithmus).

Lagere die Seite n_i aus, für die

$\Delta r_{vi}(t)$ **maximal** ist.

Dieser Algorithmus ist nicht realisierbar, weil er die Kenntnis der vollständigen Referenzfolge $w(\infty)$ erfordert. Falls man ein und dasselbe Prozeßsystem wiederholt abarbeitet, kann man den Mittelwert $\overline{\Delta r_{vi}(t)}$ bestimmen und den folgenden Algorithmus angeben.

Implementation 4.21

(Denning, Chen, Schedler).

Lagere die Seite n_i aus, für die

$\overline{\Delta r_{vi}(t)}$ **maximal** ist.

Implementation 4.22

(FIFO)

Lagere die Seite n_i aus, für die

$\Delta t_i(t)$ **maximal** ist.

Implementation 4.23

(LIFO)

Lagere die Seite n_i aus, für die

$\Delta t_i(t)$ **minimal** ist

Die beiden letzten Algorithmen erfordern, daß in der Seiten- bzw. Kacheltabelle gemerkt wird, wann eine Seite eingelagert wurde.
Statt des Kriteriums "Einlagerungszeitpunkt" wird auch das Kriterium "Benutzungszeitpunkt" verwendet.

Implementation 4.24

(LRU = Least Recently Used)

Lagere die Seite n_i aus, für die

$\Delta r_{bi}(t)$ **maximal** ist.

Implementation 4.25

(LFU = Least Frequently Used)

Lagere die Seite n_i aus, für die

$$\sum_{t'=1}^{t-1} \begin{cases} 1 & | \; r(t') = n_i \\ 0 & | \; r(t') \neq n_i \end{cases} \quad \textbf{minimal ist.}$$

Falls es mehrere Seiten mit gleicher Summe gibt, wird auf diese der Algorithmus Implementation 4.24 (LRU) angewandt.

Der Algorithmus Implementation 4.24 entfernt die Seite, die die längste Zeit nicht genutzt wurde, und der Algorithmus Implementation 4.25 die Seite, auf die am wenigsten zugegriffen wurde.

Eine Kombination von FIFO und LRU ist der folgende Algorithmus. Bei der nächsten (d.h. zweiten) Benutzung nach der Einlagerung einer Seite erhält die Seite ein "Benutzungsbit", d.h. eine zweite Chance , im HS zu bleiben. Es wird die Seite ausgelagert, die nicht noch einmal benutzt wurde und deren Benutzung am weitesten zurückliegt. Alle Seiten, die noch länger nicht benutzt werden, erhalten das Benutzungsbit = 0 .

Implementation 4.26

(SC = Second Chance)

```
int SC();
  { int max = 1; imax = 0;
    for (i = 1; i <= m; ++i)
      if (/* Benutzungsbit (i) = 0 */)
        if ( Δt_i > max )
         { max = Δt_i; imax = i };
    if (imax = 0)
     { for (i = 1; i <= m; ++i)
          /* Benutzungsbit (i) = 0 */;
        SC() ; return
     };
    for (i = 1; i <= m; ++i)
        if (Δt_i > max)
          /* Benutzungsbit (i) = 0 */;
   /* entferne n_imax */
   };
```

Ein weiterer Algorithmus geht davon aus, daß eine zyklisch genutzte Seite nicht entfernt wird. Für derartige Seiten gilt

$$\Delta r_{bi}\ (t) < \Delta r_i\ (t)\ .$$

Implementation 4.27

(LD = Loop Detection)

```
int LD();
 { int max = 1; imax = 0;
   for (i = 1; i <= w; ++1)
     if (Δr_bi (t) > Δr_i (t))
        if (max < Δr_bi (t) - Δr_i (t))
           { max = Δr_bi (t) - Δr_i (t); imax = i };
   if (imax != 0)
      /* entferne n_imax */;
     else LRU();
};
```

(LD = Loop Detection)

Der Speicherzustand der m Kacheln des physischen HS hängt außerdem vom Algorithmus A und der Referenzfolge w ab, also

$$S\ (\ A,\ m,\ w\ ;\ t\ )\ .$$

Wir wollen nun einen Vektor St betrachten, in dem alle n Seiten der Referenzfolge w so angeordnet werden, daß an der ersten Stelle St(1,t) die in t referierte Seite steht und auf den folgenden Plätzen St(2,t)... St(n,t) die Seiten in der Reihenfolge, wie eine Ersetzung durch den angewandten Algorithmus A erfolgt. In St(n,t) steht die Seite, die als erste, und in St(2,t) die Seite, die als letzte ersetzt werden würde. Die sich daraus ergebenden Forderungen sollen an einem Beispiel gezeigt werden, die mathematische Behandlung ist in /COF73/ angegeben.

t =	1	2	3	4	5	6	7	8	9	10	11	12	
w =	5	3	1	4	5	3	2	5	3	1	4	2	
	5	3	1	4	5	3	2	5	3	1	4	2	
	0	5	3	1	4	5	3	2	5	3	1	4	
	0	0	5	3	1	4	5	3	2	5	3	1	LRU
	0	0	0	5	3	1	4	4	4	2	5	3	
	0	0	0	0	0	0	1	1	1	4	2	5	
								*	*				
					*	*		*	*				
	5	3	1	4	5	3	2	5	3	1	4	2	
	0	5	3	1	4	5	3	3	5	3	3	3	LFU
	0	0	5	3	1	4	5	2	2	5	5	5	
	0	0	0	5	3	1	4	4	4	2	1	4	
	0	0	0	0	0	0	1	1	1	4	2	1	
								*	*				
					*	*		*	*				

		1	2	3	4	5	6	7	8	9	10	11	12	
t =		1	2	3	4	5	6	7	8	9	10	11	12	
w =		5	3	1	4	5	3	2	5	3	1	4	2	
		5	3	1	4	5	3	2	5	3	1	4	2	
	S(A,m,w;t)	0	5	3	1	4	5	3	2	2	2	1	4	FIFO
St(m,t)		0	0	5	3	1	4	5	3	5	3	2	1	(m=3)
		0	0	0	5	3	1	4	4	4	5	3	3	
		0	0	0	0	0	0	1	1	1	4	5	5	
									*	*			*	
		5	3	1	4	5	3	2	5	3	1	4	2	
		0	5	3	1	4	4	4	2	5	3	1	4	FIFO
		0	0	5	3	1	1	1	4	2	5	3	1	(m=4)
		0	0	0	5	3	5	3	1	4	2	5	3	
		0	0	0	0	0	0	5	3	1	4	2	5	
						*	*							

Der Vektor St(A,n,w;t) hat Ähnlichkeit mit einem Keller, weshalb man St als **Stackvektor** bezeichnet.

Wenn der Algorithmus zur Auswahl der zu ersetzenden Seite y unabhängig von der Anzahl m der Kacheln des HS ist, bezeichnet man ihn als **Stackalgorithmus**. Für Stackalgorithmen gilt

- Die Seite x, auf die zuletzt zugegriffen wurde, steht am Kopf des Stack.
- Seiten, auf die nicht zugegriffen wird, bewegen sich im Stackvektor nicht nach oben.
- Seiten unterhalb der Stelle, wo x stand, verändern ihre Position im Stackvektor nicht.
- Der Speicherzustand S(A,m,w;t) ist gleich den ersten m Komponenten des Stackvektors St(A,n,w;t).
- $S(A,m,w;t) \subseteq S(A,m+1,w;t)$.

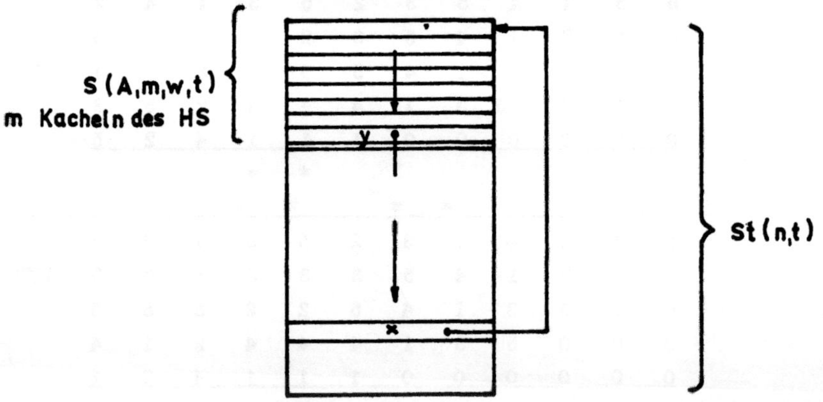

Abb. 4.43. Bewegung der Seiten im Stackvektor für Stackalgorithmen

Die Referenzfolge hat die Länge T. Jedes Mal, wenn eine Seite x nicht im HS ist, tritt ein sogenannter Seitenfehler (page fault) auf. Daraufhin muß der verwendete Algorithmus eine auszulagernde Seite y auswählen. Wir bezeichnen mit

$$F(A, m, w) = \text{Anzahl der Seitenfehler} / T \tag{4.49}$$

die **Seitenwechselrate**. Aus dem letzten Anstrich folgt sofort

$$F(A, m + 1, w) \leq F(A, m, w). \tag{4.50}$$

FIFO ist kein Stackalgorithmus. Wie das oben stehende Beispiel zeigt, treten bei m = 3 drei Zugriffe ohne Seitenfehler auf, bei m = 4 jedoch nur zwei ! LFU ist ein Stackalgorithmus, und beim Übergang von m = 3 auf m = 4 erhöhen sich die Zugriffe ohne Seitenfehler von zwei auf vier.

Das Beispiel zeigt außerdem, daß sich bei FIFO für unterschiedliche m verschiedene Stackvektoren ergeben.

4.4.4.3. ARBEITSMENGENMODELL

Falls p_w die Wahrscheinlichkeit einer Referenzfolge w der Länge T bezeichnet, kann man über alle möglichen Referenzfolgen mitteln und eine mittlere Seitenfehlerrate

$$f(A,m) = \sum_w p_w * F(A, m,w) \tag{4.51}$$

angeben. Sie ist ein Maß für die Güte des Algorithmus A.

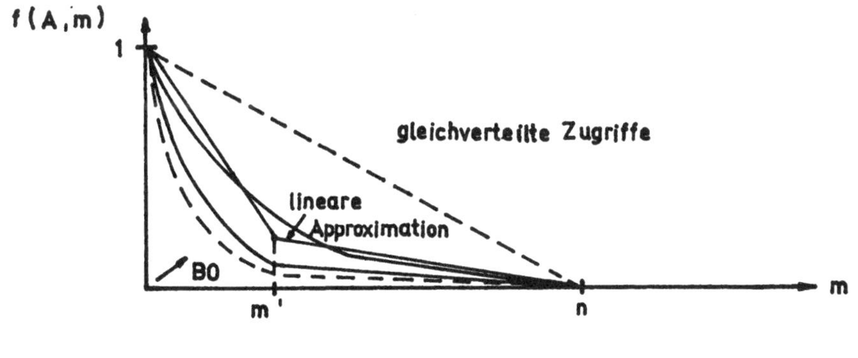

Abb. 4.44. Mittlere Fehlerrate

Wenn ein Prozeß gleichverteilt auf alle Seiten zugreift, dann ist

$$f(A,m) = 1- (\text{Anzahl Seiten im HS}) / (\text{Gesamtzahl der Seiten}).$$

In der Praxis ergeben sich jedoch Kurven wie in Abb. 4.44.

Aus diesen experimentell ermittelten und qualitativ dargestellten Kurven kann man zunächst feststellen, daß für "vernünftige" Algorithmen die Bandbreite relativ schmal ist. Der ausgewählte Ersetzungsalgorithmus hat also einen relativ geringen Einfluß auf die mittlere Seitenfehlerrate. Einen wesentlich größeren Einfluß hat m, die Größe des HS. Für eine noch erträgliche Fehlerrate solle gelten

$$m < n /2 . \tag{4.52}$$

Aus Abb. 4.44 erkennt man außerdem, daß die Fehlerrate weit entfernt ist von der Geraden für völligen gleichverteilten Zugriff auf alle Seiten der Prozesse. Die Prozesse greifen innerhalb eines Zeitintervalls $t_2 - t_1$ nur auf eine eng begrenzte Menge von Seiten zu. Natürlich hängt das von den Prozessen selbst ab: Solche mit großen Programm- und Datenbereichen werden auf mehr Seiten zugreifen als Prozesse mit kleinen Programm- und Datenbereichen. Die Ursache dieser **Lokalität** der Zugriffe liegt im folgenden:

- Von-Neumann Rechner arbeiten Maschinenbefehle sequentiell ab, also in einem eng begrenzten Bereich.
- In Programmtexten treten häufig Zyklen auf, die sich im selben Programm- und Datenbereich bewegen.
- Programme benutzen Datengruppen.
- Größere Programmsysteme sind modular strukturiert.

Man kann sich vorstellen, daß jeder Prozeß in einem bestimmten Zeitintervall nur eine begrenzte Menge von Seiten seines Programmadreßraumes benutzt. Diese Menge bezeichnet man als **Arbeitsmenge (Working set)**

$$Ws\ (t,T) = \{ n_i \mid n_i \in (r\ (t - T + 1), \ldots, r\ (t)) \} \tag{4.53}$$

eines Prozesses.

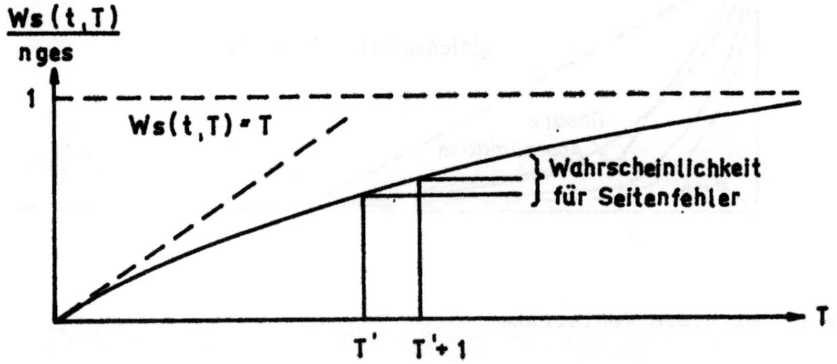

Abb. 4.45. Abhängigkeit der Arbeitsmenge von T für ein festes t

In Ws(t,T) sind also alle Seiten n_i, die wenigstens einmal in der Unterfolge

$$w\ (t,T) = (r\ (t - T + 1)\ \ldots\ r\ (t)) \tag{4.54}$$

der Referenzfolge w referiert wurden. Aufgrund der Lokalität der Prozesse wird eine Seite der Arbeitsmenge der Unterfolge mehrfach referiert, so daß sich die Abhängigkeit von Ws (t,T) von der Länge T der Unterfolge gemäß Abb. 4.45 ergibt. Die Gesamtzahl n_{ges} der von einem Prozeß benutzten Seiten wird erst dann zur Arbeitsmenge, wenn T gleich der Lebenszeit des Prozesses wird. Damit ist offensichtlich, daß Ws (t,T) für benachbarte t sich nur gering unterscheidet, die beiden Ws (t',T), und Ws (t",T) für zwei entfernte t' und t" jedoch u.U. disjunkt sein können.

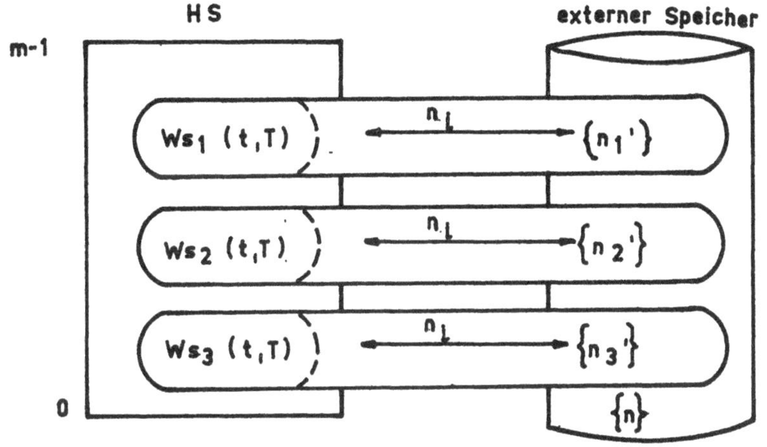

Abb. 4.46. Arbeitsmengen im virtuellen Speicher

Wenn alle Prozesse ihre Arbeitsmengen im HS besitzen, können sie weitgehend ungehindert ablaufen. Es ist Aufgabe des BS, das zu gewährleisten. Die bisher angegebenen Algorithmen für die Seitenersetzung haben das nicht berücksichtigt. Sie können in zwei verschiedenen Weisen genutzt werden: Einerseits hat jeder Prozeß seinen eigenen Speicherbereich, und die Algorithmen werden **lokal** auf jeden Bereich angewendet. Zum anderen können sie global auf den gesamten HS für alle Prozesse angewandt werden. Da die mittlere Seitenfehlerrate f (A,m) für alle Prozesse gleich ist, werden offensichtlich die Prozesse mit einem großen Prozeßadreßraum (d.h. vielen Seiten) benachteiligt, da bei ihnen viele Seiten ständig ersetzt werden. Das kann man vermeiden, wenn man nur die dynamisch sich ändernden Arbeitsmengen betrachtet. Dazu muß das BS ständig die Arbeitsmengen Ws_i (t,T) der Prozesse $\{\Pi_j\}$ bestimmen, man benötigt dann den einstellbaren Systemparameter T. In /DEN80/ wird als Größenordnung für T die mittlere Seitenaustauschzeit t_r angegeben. Das BS muß nun bei Referierung einer Seite nicht nur ihre Benutzung kennzeichnen, sondern auch den PID und die Zeit t vermerken.

Implementation 4.28

```
(WS = Working Set)
/* Ws (t,T) = ∪_i Ws_i (t,T) */;

if (| Ws (t,T) | < m)
   /* Lagere eine Seite n_i ∉ Ws (t,T) aus */;
 else
   /* Blockiere Prozeß Π_i , der eine neue Seite fordert */;
if (/* Neuer Prozeß Π_i' mit n' Seiten kreiert werden soll */)
 if (| Ws (t,T) | + n' ≤ m)
   /* Teile n' Seiten Π_i' zu; Ws (t,T) = Ws (t,T) ∪ { n' } */;
   else
   /* Kreierung abweisen */;
```

Statt der expliziten Bestimmung der Ws_i (t,T) kann man auch die Seitenfehlerrate bzw. den Kehrwert, die Zeit t_f zwischen zwei Seitenfehlern

$$t_f = 1 / f(A,m),$$

beobachten. Wenn gilt

$$t_f < t_{f0} ,$$

werden in $t - t_{f0} \ldots t$ nicht referierte Seiten freigegeben

Implementation 4.29

```
/* Bestimme Ws (t,T) = { n_i | n_i   (r (t - t_f0 + 1)...r (t)) } */;

if (t_f < t_f0)

  /* Blockiere Prozeß Π_i, der eine Seite fordert */;
  else
  /* Lagere eine Seite n_i ∉ Ws (t,T)  aus */;
```

Werden bei den Algorithmen Implementation 4.28 und 4.29 das Blockieren von Prozessen bei Überschreitung des physischen HS durch die Gesamtarbeitsmenge

$$| Ws (t,T) | > m$$

vernachlässigt, gerät das gesamte System in einen instabilen Zustand. ES ist dann mehr mit dem Ein- und Auslagern beschäftigt, als mit sinnvoller Arbeit der Prozesse, ein sogenanntes Seitenflattern (trashing) tritt ein. Nähert man in Abb. 4.44 die Fehlerrate f(A,m) durch zwei Geradenstücke an, bedeutet das eine Verschiebung des Arbeitspunktes in Gebiete $m < m'$, und f(A,m) steigt sprunghaft an. Das kann jedoch durch das Multiprozessing etwas verzögert werden. Wenn ein Prozeß auf eine Seite wartet, kann ein anderer Prozeß weiterarbeiten, so daß sich die Gesamtbearbeitungsdauer aller Prozesse nicht verändert.

Man kann das grob darstellen als ein geschlossenes Bedienmodell mit zwei in Reihe liegenden Bedienstationen für den HS-Zugriff mit der Zeit T_{HS} und der Wahrscheinlichkeit 1- f(A,m) und den Zugriff zum externen Speicher (Seite ersetzen) mit T_S und f(A,m), wobei gilt

$$T_{HS} << T_S.$$

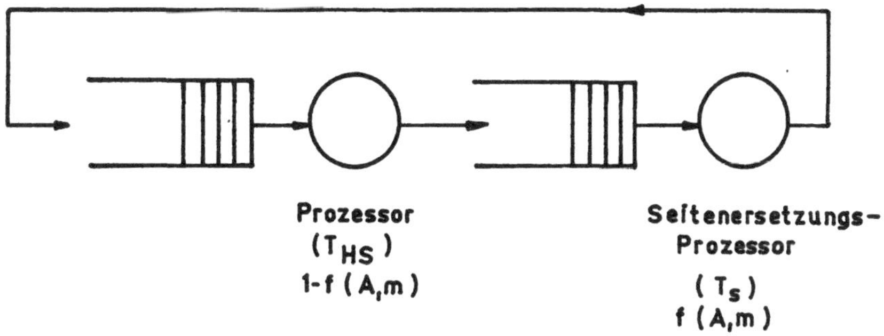

Abb. 4.47. Virtueller Speicherzugriff als geschlossenes Bedienmodell

Zur Verdeutlichung ist in Abb. 4.48 für zwei Prozesse und determinierte Bediensysteme das Verhältnis der Zeiten in beiden Bediensystemen aufgezeichnet. Wenn

$$(1 - f(A,m)) * T_{HS} \approx T_{HS} > f(A,m) * T_S$$

gilt, hängt die Gesamtbedienzeit der Prozesse nur von T_{HS} ab. Gilt jedoch

$$f(A,m) * T_S > (1 - f(A,m)) * T_{HS} \approx T_{HS}, \qquad (4.55)$$

hängt die Gesamtbedienungszeit aller Prozesse nur von f(A,m) und T_S ab.

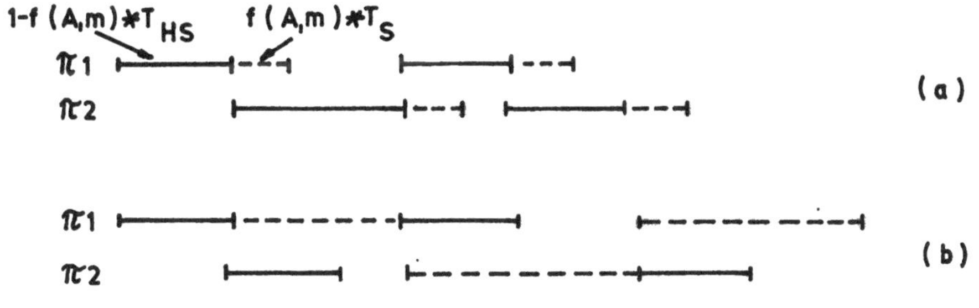

Abb. 4.48. Gesamtbedienzeit von Prozessen im virtuellen Speicher

Das ist offenbar dann der Fall, wenn die mittlere Seitenfehlerrate

$$f(A,m) > T_{HS} / T_S \qquad (4.56)$$

beträgt, was offenbar dann eintritt, wenn der "Arbeitspunkt" von f(A,m) auf das steile Geradenstück in Abb. 4.44 übergeht. Damit erklärt sich auch das sprunghafte Ansteigen der Gesamtbedienzeit der Prozesse.

Dieser Arbeitspunkt hängt insbesondere in Mehrprozeßsystemen von vielen dynamisch sich einstellenden Bedingungen ab. Das Problem einer optimalen Speicherverwaltung ist deshalb z.Zt. noch nicht vollständig gelöst. Es zeigt sich aber auch eine enge Verflechtung der Betriebsmittel Prozessor und HS, so daß man alle auf ein Betriebsmittel dedizierten Algorithmen in dem komplexen System RS mit Vorsicht betrachten muß.

Andererseits kann auch eine Kombination verschiedener Algorithmen sinnvoll sein. Im VMS, wird zusätzlich zum Working-Set-Algorithmus, Swapping angewandt, um das Working-Set eines Programmes als Ganzes auszulagern, wenn die Kapazität des HS von allen Working Sets überschritten wird.

4.4.5. SPEICHERSCHUTZ

Das lokale Sharing des HS erfordert natürlich auch einen Schutz gegen unberechtigtes Benutzen des einem Prozeß zugeteilten HS-Bereiches. Das erfolgt i.allg. durch die HS-Verwaltung des BS. Bei der relativen Adressierung wird mit Hilfe eines **Längenregisters** für das Segment eine Fehladressierung erkannt und vom BS als Ausnahmesituation behandelt.

Eine weitere einfache Möglichkeit besteht in der **Trennung** des HS für das BS und die Nutzprozesse. Während BS-Prozesse zum gesamten HS zugreifen können, ist es Nutzprozessen nur zum für sie vorgesehenen HS-Bereich erlaubt. Das wird durch die Hardware unterstützt, indem das BS in einem besonderen Modus arbeitet.

In einem gestreuten Speicher kann mit Eintragungen für die **Zugriffsberechtigung** in den **Seiten- bzw. Segmenttabellen** gearbeitet werden (VAX/VMS). Die Seiten- bzw. Segmenttabellen können auch **prozeßbezogen** angelegt sein, so daß ein Prozeß nur seinen eigenen Adreßraum kennt.

Eine weitere Möglichkeit besteht darin, daß für jeden Nutzprozeß eine **Bitmaske** existiert, in der jede ihm gehörende Kachel mit einer 1 belegt ist.

Im ESER besitzt jede Kachel einen hardwaremäßig unterstützten 4Bit langen **Schutzschlüssel**, der mit dem Schutzschlüssel des Prozesses übereinstimmen muß. Das BS mit dem Schutzschlüssel 0 hat den Zugriff auf alle Kacheln.

4.5. Programme

Programme sind die statische Niederschrift von Anweisungen für einen Prozessor zur Aktionsfolge eines Prozesses. Daraus ergeben sich einige Forderungen:

(1) Ein Prozeß benötigt immer das Betriebsmittel Programm.

(2) Das Betriebsmittel "Programm" benötigt für seine Repräsentanz das weitere Betriebsmittel HS für

- den Programmcode,

- den Datenbereich
- und ggf. den Kellerspeicher.

(3) Programme müssen im RS statisch gelagert werden, entweder in besonderen Bereichen auf einem externen Speicher, den Bibliotheken, oder im Filesystem.

(4) Programme sind gekennzeichnet durch

- ihren Namen,
- den Speicherbedarf für
  + Programmcode,
  + Datenbereich,
  + Kellerspeicher
- und ggf. die Lade- und Startadresse sowie
- den Ort ihrer statischen Lagerung.

(5) Das Betriebsmittel Programm kann

- exklusiv,
- sequentiell nacheinander im HS (reusable) oder
- mehrfach im HS (reentrant)

genutzt werden.

(6) Das Betriebsmittel Programm kann

- von einem Prozeß selbst zur Erweiterung seines bereits vorhandenen Programms angefordert werden bzw.
- zum Kreieren eines Prozesses als notwendiges Betriebsmittel durch einen Erzeugerprozeß verlangt werden.

(7) Das BS muß entsprechende Dienste für die voranstehenden Aufgaben bereitstellen.

4.5.1. VERWALTUNG DER PROGRAMME IM FILESYSTEM

Die fast ausschließlich verwendete Methode der statischen Speicherung von Programmen wird mit Hilfe des Filesystems realisiert. Der Programmtext ist einfach als ein **ausführbares** File abgelegt, wobei im BS Konventionen für die Gestaltung des Files festgelegt sind. Compiler und Linker erzeugen entsprechend diesen Konventionen das Programmfile. Im allgemeinen sind vor dem Programmtext in vereinbarter Form die notwendigen Informationen für die weitere Nutzung abgelegt:

- Adressierungsart: absolute, relative oder verschiebliche Adressen,
- Verschiebeinformationen für den Lader (BS-Dienst) zur Erzeugung eines abarbeitungsfähigen Programmtextes,
- Ladeadresse bei absoluter Adressierung,
- Startadresse,
- Speicherbedarf für
  + Programmtext,
  + Datenbereich,
  + Kellerspeicher,
- Zugriffsberechtigungen des Programms für Files,
- Aufrufberechtigung für Nutzer.

Meist bestehen auch Festlegungen über Namenvergabe des Files (z.B. *.COM, *.EXE im MS-DOS).

4.5.2. EXKLUSIV NUTZBARE PROGRAMME

Das Programm kann nur von einem Prozeß genutzt werden. Es wird bei der Prozeßkreierung diesem Prozeß zugeteilt. Falls ein anderer Prozeß dasselbe Programm benötigt, wird für ihn ein Duplikat in den HS geladen. Die Dienste des BS fürs Prozeßkreieren implizieren i.allg. die HS-Anforderung. Manchmal muß auch erst HS angefordert werden, um dann anschließend das Programm zu laden. Die exklusive Nutzung eines Programms durch einen Prozeß erlaubt es, daß der Programmcode durch den Prozeß geändert werden kann. Grundsätzlich sollte das aber vermieden werden !

Desgleichen kann ein Prozeß im Rahmen seines ihm zugeteilten HS-Bereiches die Programme durch weitere ergänzen bzw. nicht mehr benötigte durch neue überlagern. Für das BS bedeutet das, Dienste bereitzustellen für das Anfordern des Betriebsmittels Programm. Damit wird die Overlay-Technik (Abschnitt 4.4.3.3.) ermöglicht.

Die exklusive Nutzung von Programmen reduziert die Aufgaben des BS auf die statische Verwaltung von Programmen auf externen Speichern und das dynamische Laden. Wenn Programme seriell nacheinander exklusiv genutzt werden können, bedarf es auch einer dynamischen Verwaltung der Programme im HS. Sie müssen dann in einen HS-Bereich des BS geladen sein, wo sie von allen Prozessen nacheinander genutzt werden können. Das BS muß dafür Sorge tragen, daß nur jeweilsein Prozeß dieses Programm nutzt. Das ist dann aber nichts anderes als eine prozedurale Erweiterung des BS, und die Benutzung des Programms stellt einen BS-Dienst dar. In dieser Weise kann man die sequentiell nacheinander nutzbaren HS-residenten BS-Module verstehen (Kapitel 3).

4.5.3. MEHRFACH NUTZBARE PROGRAMME

Programme, die von vielen Prozessen genutzt werden, sollten nur einmal existieren. Es wird damit HS gespart. Insbesondere in interaktiven Systemen mit vielen Nutzern und damit vielen Prozessen werden oft dieselben Programme, wie Editoren, Compiler usw. genutzt. Die Mehrfachnutzung kann sich aber nur auf den Programmcode beziehen. Datenbereich und Kellerspeicher müssen für jeden Prozeß getrennt angelegt sein. Mehrfach genutzte Programme müssen reentrant sein, d.h.

- der Programmcode darf durch die Prozesse nicht verändert werden,
- das Programm muß an beliebiger Stelle unterbrechbar sein,
- das BS muß die Prozessorumgebung bei jedem Prozessorentzug retten,
- Compiler und Lader, die Programme erzeugen, müssen getrennte Bereiche für Programmcode, Datenbereich und ggf. Kellerspeicher anlegen.

Damit ergeben sich für das BS zwei wesentliche Aufgaben:

- Trennung des Adreßraumes eines Prozesses in
  + Programmcode,
  + Datenbereich,
  + und ggf. Kellerspeicher,
- dynamische Verwaltung der Programmcodes.

Die Trennung in mehrere **Adreßräume** hängt natürlich von der Adressierungsart des HS ab. Bei der **direkten** Adressierung besitzen die Datenbereiche aller Prozesse, die ein Programm mehrfach nutzen, dieselbe HS-Adresse. Bei einem Prozessorwechsel müßte also automatisch auch immer ein Swapping des Datenbereiches erfolgen. Das kann in interaktiven RS mit

"Denkzeit" >> Swappingzeit

noch akzeptabel sein. Im allgemeinen wird man bei direkter Adressierung auf eine Mehrfachnutzung von Programmen verzichten.

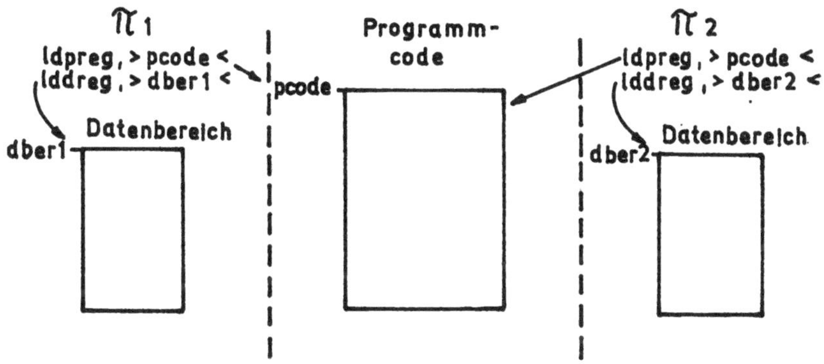

Abb. 4.49. Programmsharing bei relativer Adressierung

Bei **relativer** Adressierung wird für jeden Prozeß in einem Basisregister preg die Programmcodeadresse >pcode< und in einem zweiten Basisregister dreg die Datenbereichsadresse >dber< geführt. Da beim Prozessorwechsel die Prozessorumgebung gerettet bzw. wiederhergestellt wird, entstehen keine Probleme.

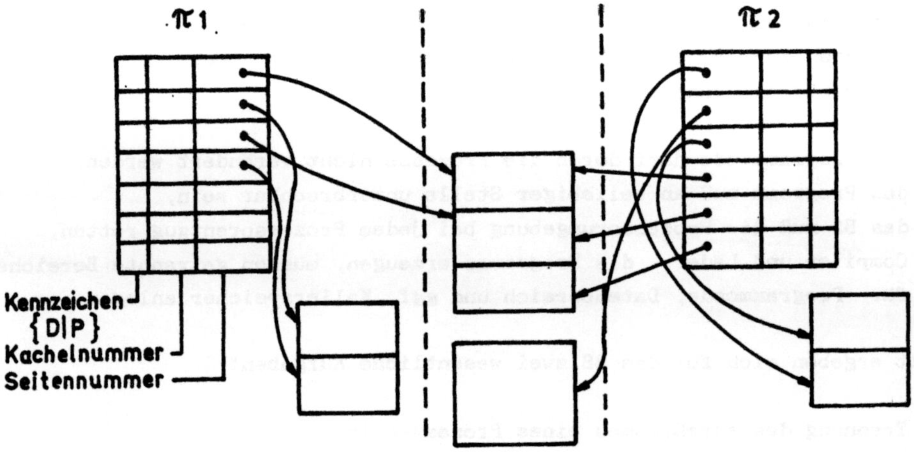

Abb. 4.50. Programmsharing bei gestreuter Adressierung

Bei der **gestreuten** Adressierung ist es sinnvoll, für jeden Prozeß eine eigene Seiten- bzw. Kacheltabelle zu führen. Da Programmseiten häufiger benutzt werden als Datenseiten, müssen die Ersetzungsalgorithmen im virtuellen Speicher modifiziert werden. Programmseiten dürfen weniger als Datenseiten verdrängt werden. Man kann in BS die Verwaltung der Betriebsmittel nicht isoliert betrachten, die globalen Ziele und Strategien müssen **komplex** erreicht werden. Für die **Verwaltung** des Betriebsmittels "Programm" kann man drei Zustände betrachten:

- Der Programmcode ist geladen und wird von mindestens einem Prozeß genutzt.
- Der Programmcode ist im HS, ohne einem Prozeß zugeordnet zu sein.
- Der Programmcode befindet sich nicht im HS und kann damit von keinem Prozeß genutzt werden.

Mit "im HS geladen" meinen wir, daß sich der Programmtext im virtuellen Speicher befindet. Infolge des Swappings bzw. der Seitenauslagerung kann er sich zeitweise nicht im physischen HS, sondern auf einem externen Speicher befinden; dann aber nicht im statischen Speicher für Programme (Filesystem, Bibliothek), sondern im Auslagerungsbereich des virtuellen Speichers.

Im BS sind also Tabellen über die geladenen Programmtexte zu führen, die insbesondere auch einen Benutzungszähler beinhalten, der angibt, wieviel Prozesse den Programmtext nutzen. Erst wenn dieser Zähler Null ist und physischer HS benötigt wird, kann man den HS freigeben, wo sich das Programm befindet.

Programmname	Anfangsadresse im HS	Länge	Benutzungszähler

Abb. 4.51. Programmtabelle

Eine Konsequenz der Programmverwaltung besteht darin, im PCB jedes Prozesses auch die benutzten Betriebsmittel "Programme" mit ihren Namen oder relativen Adressen in der Programmtabelle zu vermerken. Beim Beenden eines Prozesses sind dann die Zähler der aufgegebenen Programmtexte zu dekrementieren.

4.6. PERIPHERE GERÄTE

Wenn Prozesse Geräte (Papierperipherie, externe Speicher, Übertragungsleitungen usw.) selbst nutzen wollten, müßten individuelle Programme für die Steuerung der Geräte von den Programmautoren erstellt werden. Einerseits ist das kompliziert, weil es sehr spezifische Kenntnisse der Hardware erfordert. Andererseits ähneln sich die angestrebten Funktionen in großem Umfang. Deshalb wird in modernen BS eine den Nutzprozessen zur Verfügung stehende Geräteverwaltung nicht realisiert. Die Steuerung der Geräte ist immanenter Bestandteil des BS, den Nutzprozessen werden Dienste für diese Geräte bereitgestellt. Wir werden das im folgenden 5. Kapitel ausführlich behandeln. Bei Inanspruchnahme eines Dienstes benutzt ein Prozeß implizit auch das Betriebsmittel Gerät exklusiv oder geteilt. Durch Parameterangabe kann er auch ein bestimmtes Gerät für einen Dienst verlangen. Ansonsten ist die Verwaltung der Geräte den Nutzprozessen im BS verborgen.

4.7. SIGNALE, NACHRICHTEN

Wir haben diese Betriebsmittel als verbrauchbar kennengelernt. Sie besitzen also nicht a priori eine Identifikation In einigen BS (Abschnitt 8.3.) gibt es jedoch eine bestimmte Anzahl von Signalen, die durch definierte Prozeduren/Prozesse des BS erzeugt werden. Ansonsten muß durch das BS ein Mechanismus für eine eindeutige Identifikation vorgesehen sein.

Verbrauchbare Betriebsmittel sind immer mit einem Erzeuger und einem Verbraucher, also mit zwei Prozessen verbunden. Damit bieten sich die

Prozeßnamen als Identifikatoren an. Trägt man nun die Identifikatoren mit einem Zähler in eine Liste (Abb. 4.52) ein, kann man Signale im BS verwalten. Statt der PIDs für die Identifikatoren kann man auch frei wählbare bzw. durch das BS festgelegte (z.B. Division durch 0) Namen verwenden. Die Funktionen der Listenverwaltung sind dann gleich der Verwaltung der PCB. Jedes sends inkrementiert, jedes waits dekremeniert den Zähler. Signale mit Zähler = 0 werden gestrichen.

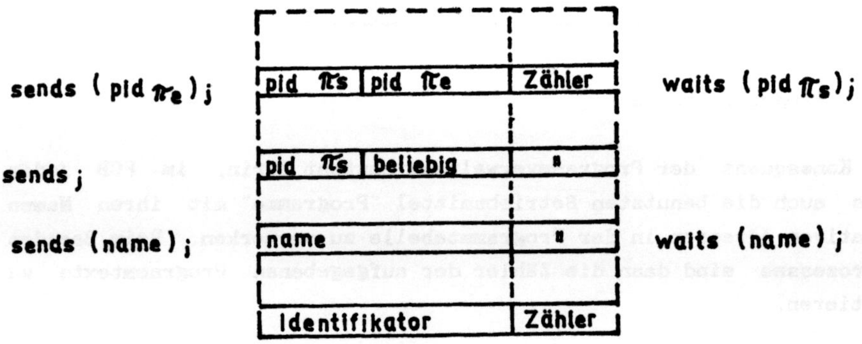

Abb. 4.52. Verwaltung von Signalen

Ersetzt man den Zähler durch einen Speicherbereich fester Länge zur Aufnahme einer Nachricht selbst oder eines Verweises auf einen Puffer, ergibt sich sofort die Nachrichtenverwaltung. Die Verwaltung freier Puffer wurde bereits im Kapitel 3 bei der PCB-Verwaltung beschrieben. Nachrichtensysteme, die über einen Lauf des BS Bestand haben und dazu dann externe Speicher benötigen, bezeichnet man als Mailboxsysteme.

4.8. ZEIT

In allen RS existiert ein sogenannter Zeitgeber. Die Dienste dafür können aufgefaßt werden als Forderung nach dem verbrauchbaren Betriebsmittel "Zeit" entweder in der Form

- absolute Zeit oder
- Zeitintervall.

Die Hardware liefert einen Interrupt z.B. aller 100 ms. Damit kann man eine Long-int-Variable Uhr (00.00:00,0 ... 23.59:59,9 ≙ 0...863999) inkrementieren. In einer verketteten Liste tragen wir alle Zeitwünsche als Zeitdifferenzen zum Vorgänger eingetragen. Wird eine absolute Zeit verlangt, kann sie leicht auf Zeitdifferenz mittels der Variablen Uhr umgerechnet werden. Der neue an die Zeitverwaltung gerichtete Wunsch wird an die entsprechende Stelle der Liste eingetragen. Die Interruptbehandlungsroutine inkrementiert Uhr und dekrementiert die Zeitdifferenz des

Zeitwunsches am Kopf der Liste. Nur wenn diese 0 wird, ist von der IBR eine weitere Aktion durchzuführen.

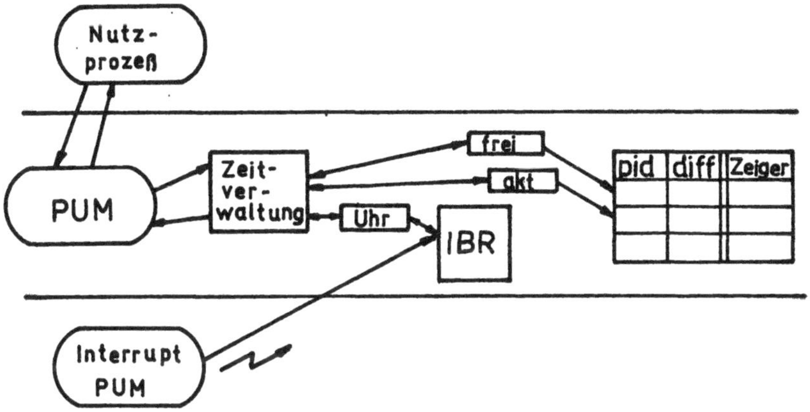

Abb. 4.53. Zeitverwaltung

Mit dieser Organisation gewährleisten wir die Einhaltung des folgenden Prinzips beim BS-Entwurf

"Oft benutzte Routinen kurz und schnell implementieren".

Implementation 4.30

```
struct tim {long int zeit; int pid;
            struct tim * next } timer[n], * frei, * frei1, akt, akt1,
                 long int uhr
  int ibr (),
 { uhr ++;
     if (--akt-->zeit <=0)
      { sends (pid); /* Signal für zeitfordernden Prozeß */
        akt1 = akt; akt = akt.next; akt1.next = frei; frei = akt 1;
       /* Listenelement aus Zeit- in Freikette umketten */
      }
 },
  int zeitdiff (pid, diff) int pid, long int diff;
  {  if (frei = NIL) return (/* Fehlercode */);
     frei1=frei; frei=frei-->next; frei1-->pid pid; frei1-->zeit=diff;
   if (akt = NIL) /* noch kein Element in Liste */
     { akt = frei1; akt->next = NIL;  return };
   if (diff < akt-->zeit)   /* Neue Ford. wird 1. Element */
     { akt-->zeit = akt-->zeit - diff;
       frei1-->next = akt; akt = frei1
     };
       akt1 = akt;
   while (akt1-->next != NIL)
    { if ((akt1-->next) --> zeit >, diff)
```

```
        {   (akt1-->next) --> zeit = (akt1-->next) --> zeit - diff;
             frei1-->next = akt1-->next;
             akt1-->next = frei1; return
        };
       diff = diff - (akt1-->next)-->zeit;
        akt1 = akt1 --> next
      };
    akt1-->next = frei1; frei1-->next = NIL     /* letztes Element */
  };
  { /* Initialisierung */
    frei = &timer[0]; akt = NIL;
    for (i - 1; i < n; i++)
       timer [i-1].next = &timer[i],
     timer[n-1].next = NIL;
  },
```

Die häufigen Aufrufe von ibr() sind offensichtlich sehr kurz, während die seltenen Aufrufe von zeitdiff() die Datenstruktur der Zeitverwaltung günstig für ibr() aufbereiten.

4.9. NUTZER

Rechnersysteme arbeiten nicht für sich selbst, sondern für Nutzer. Wenn ein Nutzer das RS in Anspruch nimmt, wird es zu einer Komponente des Gesamtsystems = RS + Umwelt. Damit gibt es Relationen zwischen beiden, die sich auf den Betrieb des RS auswirken. Das betrifft insbesondere

- Abrechnungen der Leistungen für einen Nutzer und
- Zugriffsberechtigungen zu Betriebsmitteln.

Deshalb ist es vor allem in großen RS sinnvoll, die Nutzer vorab zu kennen. Das bedeutet also eine Verwaltung aller möglicherweise auftretenden Nutzer. Diese Informationen müssen statisch über einen Lauf des BS gespeichert werden. Es ist die privilegierte Aufgabe des Systemadministrators, Nutzer neu aufzunehmen bzw. von der Nutzung des RS auszuschließen. Da der Administrator selbst wieder Nutzer des RS ist, muß man verschiedene Nutzerklassen unterscheiden.

Der Schutzaspekt in BS ist wesentlich an den Nutzer gebunden, der über die Kommunikation Prozesse kreiert. Der Schutz bezieht sich einerseits auf bestimmte Betriebsmittel der Klassen

- Files,
- Datenträger,
- Programme,
- Datenübertragungsleitungen,

- Geräte,
- Mailboxes,
- logische Namen usw.

und andererseits auf die Operationen mit diesen Betriebsmitteln, wie

- Lesen, Schreiben, Umbenennen usw. von Files, Mailboxes,
- Aufruf von Programmen,
- Verwendung von bestimmten Namen,
- Änderung der RS-Konfigurationen,
- Geräte physisch zu nutzen usw.

Einem "normalen" Nutzer sollte es z.B. nicht erlaubt sein, Datenträger direkt zu beschreiben, sich Informationen der BS-Daten zu holen oder sie gar zu verändern.

Diese Schutzinformationen werden vom BS geführt, und sie werden bei jeder Anmeldung eines Nutzers (LOGIN, JOB-Steueranweisungen) aktiviert, um bei Betriebsmittelnutzungen durch von diesem Nutzer aktivierten Prozessen die Berechtigungen zu überprüfen.

Der Abrechnungsaspekt berücksichtigt zuerst Grenzkapazitäten gewisser Betriebsmittel, wie

- HS,
- Prozessorzeit,
- Datenträgeranzahl,
- Working-Set-Größe usw.

überschreiten Prozesse diese dem Nutzer zugebilligten Grenzkapazitäten, so werden sie abgebrochen.

Darüber hinaus werden alle benutzten Betriebsmittel registriert, um sie dem Nutzer in geeigneter Weise in Rechnung zu stellen.

4.10. AUFGABEN

1. Erläutern Sie verschiedene Klassifizierungskriterien für Betriebsmittel!
2. Beschreiben Sie Aufgaben und Ziele des Prozessorschedulings!
3. Diskutieren Sie die verschiedenen Strategien zur Vergabe des Prozessors (Anwendbarkeit - Vorteile - Nachteile)!
4. Worin bestehen Gemeinsamkeiten und Unterschiede zwischen Prozessorsharing- und Time-sharing-Systemen? Beschreiben und beurteilen Sie verschiedene Algorithmen zur Vergabe von Zeitscheiben an einen Prozeß!
5. Gegeben ist folgende Präzedenzrelation eines aus 12 Jobs J1,...,J12 bestehenden Jobnetzes:
{(J1,J4); (J1,J5); (J2,J4); (J2,J5); (J3,J4); (J3,J5); (J3,J10);

(J4,J6); (J4,J7); (J5,J9); (J6,J8); (J7,J11); (J7,J12); (J8,J11); (J8,J12); (J9,J11); (J9,J12); (J10,J11); (J10,J12)}.

Die Jobs erfordern folgende Bedienungszeiten (in einer bestimmten Zeiteinheit):

J1	J2	J3	J4	J5	J6	J7	J8	J9	J10	J11	J12
2	3	4	1	2	3	6	1	1	8	4	2

Zur Bearbeitung stehen zwei gleichartige Prozessoren zur Verfügung.

a) Zeichnen Sie den Präzedenzgraphen (einschließlich der Bedienungszeiten)!

b) Geben Sie die Gantt-Diagramme gemäß SPT und LPT an! Diskutieren Sie das Ergebnis!

c) Welcher Ablaufplan ist optimal? Vergleichen Sie die in b) ermittelten Werte mit den optimalen! Lassen sich durch Anwendung anderer Strategien weitere Verbesserungen erreichen?

d) Inwieweit ändern sich die Ergebnisse qualitativ, wenn nur ein Prozessor zur Verfügung steht?

6. Zeigen Sie, daß bei n unabhängigen Jobs (Präzedenzrelation leer) die Strategie SPT zur minimalen mittleren Verweilzeit eines Jobs führt, wenn nur ein Prozessor zur Verfügung steht!

   Hinweis: Zeigen Sie zunächst, daß sich die Verweilzeit gegenüber SPT vergrößert, wenn bei der Bearbeitungsreihenfolge zwei beliebige Jobs miteinander vertauscht werden!

7. Erklären Sie die allgemeine Struktur eines Bedienmodells und die Kendallsche Notation! Welche Eingangsgrößen müssen zur mathematischen Behandlung eines solchen Modells vorliegen? Welche Bewertungsgrößen lassen sich damit berechnen? Geben Sie einige wesentliche Zusammenhänge an!

8. Der Ankunftszeitabstand T_a eines Ankunftprozesses besitze eine Verteilung mit der Dichtefunktion

$$f(t) = \begin{cases} \lambda^2 * t * e^{-\lambda * t} & \text{für } t \geq 0, \\ 0 & \text{für } t < 0. \end{cases}$$

a) Wie groß ist der mittlere Ankunftszeitabstand?

b) Welche "physikalische" Bedeutung besitzt der Parameter λ ?

c) Skizzieren Sie das Aussehen der Dichtefunktion! Vergleichen Sie mit einer Exponentialverteilung mit dem Parameter λ !

9. An einer Rechenanlage erfolge die Vergabe des Prozessors an eine Forderung ohne Prioritäten und ohne Entzug des Prozessors; im Mittel benötigt der Prozessor 2s für die Bedienung einer Forderung. Die durchschnittliche Anzahl der pro Minute eintreffenden Forderungen sei

   1. 6 2. 15 3. 24 4. 40.

   Im Rahmen gewisser Betrachtungen kann die weitere Modellierung des Rechnersystems durch ein M/M/1/∞ -System erfolgen.

a) Was bedeutet die letzte Aussage?

b) Stellen Sie für die vier oben genannten Eingangsstromintensitäten die mittlere Zahl der Forderungen (wartend und insgesamt) sowie die mittlere Warte- und Verweilzeit einander gegenüber!

c) Welche Strategie ist bei der Entnahme der Forderungen aus der Warteschlange zu bevorzugen?

10. Bei einem $M/M/1/\infty$ -Bedienungssystem mit $\rho = 0,5$ und $\mu = 0,5/s$ erfolge die Vergabe des Prozessors nach Prioritäten in folgender Weise:

a) statisch, SJN, geschätzte Bedienungszeiten $b_o = 1s/4s/8s/\infty$;

b) dynamisch, HRN, Priorität PR des Prozesses p_i:

$PR(p_i) = (t - t_i)/b_o$, t aktuelle Zeit, t_i Ankunftszeit

mit folgenden Werten:

p_1: $b_o = 8s$, $t_1 = 0s$

p_2: $b_o = 4s$, $t_2 = 2s$

p_3: $b_o = 1s$, $t_3 = 8s$;

c) extern, FEP, für drei Klassen $i = 1,2,3$ mit den Eingangsstromintensitäten $\lambda_1 = 1/8$, $\lambda_2 = 1/32$, $\lambda_3 = 1/16$ Forderungen pro Sekunde.

Berechnen Sie jeweils die mittlere Wartezeit für die einzelnen Forderungen bzw. Forderungsklassen! Skizzieren Sie bei b) zunächst den Verlauf der Prioritäten und interpretieren Sie das Bild! Vergleichen und diskutieren Sie die Ergebnisse insgesamt!

11. Erläutern Sie die Adressierungsformen direkte Adressierung - relative Adressierung - gestreute Adressierung und die jeweils damit verbundenen Probleme!

12. Erklären Sie die mit der gestreuten Adressierung verbundenen Begriffe und Vorgehensweisen! Verdeutlichen Sie die bei dieser Adressierungsform auftretenden Probleme an Hand des folgenden Beispiels (ESER): Größe des logischen Adreßraums n = 16 MByte, des physischen Adreßraums m = 512 KByte, Seitengröße s = 2 KByte!

13. Erklären Sie die mit der Belegung des Hauptspeichers verbundenen Probleme und die verschiedenen Möglichkeiten, Lücken zu füllen!

14. Erläutern Sie die Verfahren "first fit" und "best fit" zum Lückenfüllen an folgendem Beispiel:
HS-Gesamtkapazität 24 KByte,
Anfangsbelegung 5-8 / 14-17 / 19-20 / 24 KByte,
nacheinander sollen Segmente der Größe 3 - 5 - 1 - 5 KByte eingelagert werden.

15. Erläutern Sie das Buddy-Verfahren zum Lückenfüllen an folgendem Beispiel: Der Hauptspeicher kann acht Seiten aufnehmen; nacheinander sind Segmente einzulagern, die aus 3-1-2-1 Seiten bestehen, anschließend sind die Segmente in umgekehrter Reihenfolge wieder auszulagern.

16. Erläutern Sie den Begriff "virtueller Speicher" und die verschiedenen Strategien zur Ersetzung von Seiten beim Paging!

17. Für einen virtuellen Speicher liege die Referenzfolge
1 2 3 4 1 2 5 1 2 3 4 5
für die einzelnen Seiten vor. Bestimmen Sie für die Seitenauslage-

rungsalgorithmen FIFO und LIFO die Anzahl der Seitenwechselfehler in dem Fall, daß der physische Speicher aus

a) m = 3 b) m = 4

Kacheln besteht! Diskutieren Sie das Ergebnis! Bringt beim Algorithmus FIFO die Erhöhung der Anzahl der Kacheln stets eine Erhöhung der Anzahl der Seitenfehler mit sich?

18. Auf Grund der Referenzfolge dreier Prozesse Π_1, Π_2, Π_3 möge sich die in Abb. 4.54 dargestellte resultierende Referenzfolge ergeben:

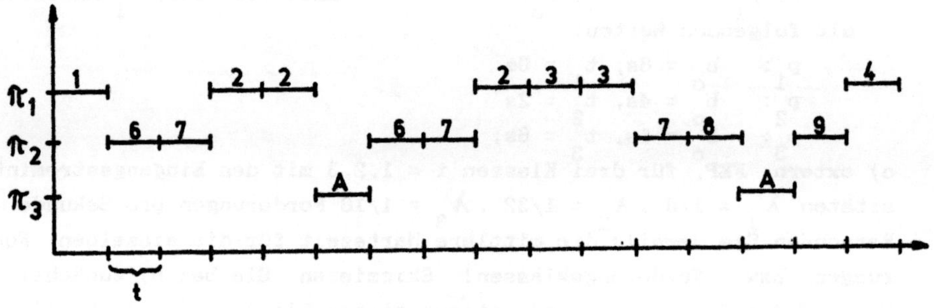

Abb. 4.54. Referenzfolge dreier Prozesse

a) Erläutern Sie den Begriff "Arbeitsmenge" an diesem Beispiel!

b) Bestimmen Sie die Anzahl der Seitenfehler, wenn das BS eine Arbeitsmenge Ws(t,T) mit T = i*t und i = 1,...,7 zur Verfügung hält!

c) Für welche Werte von T tritt Seitenflattern ein? Erklären Sie diesen Effekt!

19. Erklären Sie die Zusammenhänge zwischen den Begriffen "Programm" und "Prozeß"!

20. Erläutern Sie verschiedene Schutzfunktionen, die ein BS wahrnehmen muß! Wie können diese Funktionen durch das BS realisiert werden?

5. STEUERUNG DER EIN-/AUSGABE

5.1. UBERBLICK

Alle Geräte, außer Prozessor und internem Speicher, die an einem Rechner angeschlossen sind, kann man als Geräte für Ein-/Ausgabe (=Peripherie) betrachten. Hierbei bedeutet Eingabe den Datentransfer in den internen Speicher von irgendeinem Datenträger und Ausgabe den Datentransfer aus dem internen Speicher auf irgendeinen Datenträger. Diese Datenträger selbst können in Geräten beschrieben und gelesen werden. Es scheint so, als ob die Beherrschung dieser Vorgänge in einem RS durch das BS kompliziert sei und kaum systematisiert werden könnte. Die Gründe dafür liegen

- in der Vielfalt der Eigenschaften und Funktionsweisen der Geräte,
- in den unterschiedlichen Geschwindigkeiten des Datentransfers,
- in der Mannigfaltigkeit der Datendarstellung und
- in der Größe der Datenträger.

Es stellt sich außerdem heraus, daß jedes Gerät mit Datenträgern selbst ein informationsverarbeitendes System ist und damit die Ein- und Ausgabe sich als ein Verbund solcher Systeme darstellt, die über Protokolle untereinander kommunizieren.

Trotz dieser genannten Aspekte wollen wir versuchen, mit Hilfe der bereits mehrfach angewandten Methodik der Dekomposition des Gesamtsystems in hierarchisch geordnete Schichten von Entities die Steuerung der Peripherie auf ein einheitliches Konzept zurückzuführen. Vom Standpunkt eines Applikationsprogrammes kann man folgende Schichten unterscheiden:

- Filezugriff,
- logische Ein-/Ausgabe,
- physische Ein-/Ausgabe,
- Hardware

mit den Entities

- Filesystem,
- Handler,
- Driver

in den oberen drei Schichten des Ein-/Ausgabesystems des Betriebssystems. Die einzelnen Schichten stellen Dienste für die nächsthöhere oder alle höheren Schichten bereit. Trotz aller immer wieder geführten Diskussionen gegen eine "quasi"konsistente Schichtung, die durch ein Treppenmodell nach

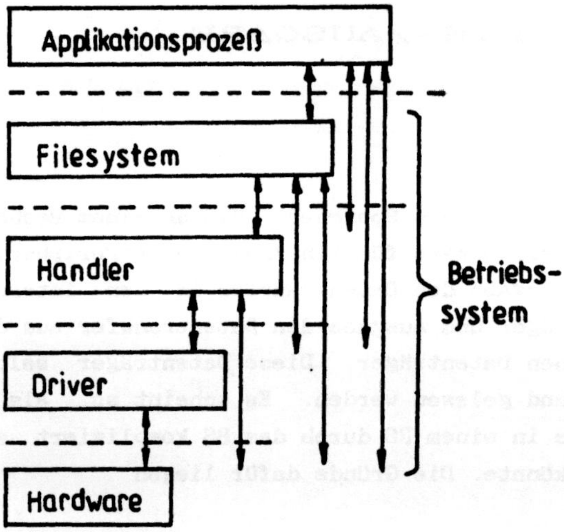

Abb.5.1. Treppenmodell der Ein-/Ausgabe

Abb.5.1 beschrieben werden kann, erlauben die meisten realen Betriebssysteme die Nutzung der Dienste aller darunterliegenden Schichten. Als globales Ziel der Ein-/Ausgabesteuerung in Betriebssystemen kann man formulieren:

Bereitstellung qualifizierter Dienste der Peripherie für die Appplikationssysteme.

Die Dienste, die Architektur und die Implementation werden im folgenden Kapitel ausführlich behandelt. Hier sollen nur die logische und die physische Ein-/Ausgabe sowie die dazu notwendige Hardware behandelt werden.

Die Prozesse der Schicht der **logischen Ein-/Ausgabe** bezeichnet man oft auch als Handler. Die Dienste dieser Schicht beziehen sich auf "logische", besser gesagt virtuelle Geräte, die in der Realität nicht existieren. Von Detailinformationen wird abstrahiert, und nur wesentliche Merkmale werden zur Definition dieser logischen Geräte herangezogen.

Definition 5.1

Der Handler ist eine Prozedur des Betriebssystemprozesses, der Dienste für logische Geräte bereitstellt.
Das Abstraktionsniveau kann dabei sehr unterschiedlich sein.

Die Eigenschaften dieser logischen Geräte bestimmen im wesentlichen die möglichen Dienste dieser Schicht. In einem sequentiellen logischen Gerät sind die logischen Dateneinheiten hintereinander aufgezeichnet. Wenn gerade die i-te logische Dateneinheit behandelt wurde, ist nur die (i+1)te bekannt. Die Dateneinheiten sind anderweitig nicht identifizierbar. In logischen Geräten mit adressierbaren Dateneinheiten sind die Dateneinheiten durch eben diese Adresse identifizierbar. "Wiederverwendbar" soll bedeuten, daß eine Dateneinheit mehrfach ohne einen Bedienereingriff genutzt werden kann. Eine gedruckte Seite hingegen kann nicht ausradiert und wieder neu gedruckt werden!

	Dienst				
Eigenschaft des Datenträgers	READ	WRITE	RESET	READ	WRITE
sequentiell	ja	ja	ja	nein	nein
adressierbar	nein	nein	nein	ja	ja
wiederverwendbar	ja	ja	ja	ja	ja
nicht wieder-verwendbar	ja	ja	nein	nein	nein
Eingabe	ja	nein	nein	ja	nein
Ausgabe	nein	ja	ja	nein	ja
	sequentielle Daten			adressierbare Daten	

Abb. 5.2. Abhängigkeit der Dienste von den Eigenschaften logischer Ein-/Ausgabegeräte

Die Dienste sind im wesentlichen READ und WRITE mit den Parametern

ger : Name (oder Adresse) des Gerätes,
d_adr : Adresse der zu transferierenden Dateneinheit im Hauptspeicher,
rc : Rückkehrcode zur Information über die Ausführung des Dienstes,
g_adr : Adresse der Dateneinheit im Gerät.

Ein logisches Gerät, das sequentiell und wiederverwendbar ist und Ein- und Ausgabe gestattet, läßt sich gewiß ohne weiteres auf ein Magnetbandgerät abbilden, aber sicher auch auf ein Magnetplattengerät.

Der Handler hat nun die Aufgabe, die Schnittstelle der logischen Ein-/Ausgabe auf Dienste der physischen Ein-/Ausgabe zurückzuführen. Also wird die hardwareunabhängige Schnittstelle S3 auf die Schnittstelle S2 der physischen Ein-/Ausgabe zurückgeführt.

Die **physische Ein-/Ausgabe** realisiert den Datentransfer zwischen dem Hauptspeicher und den tatsächlich vorhandenen Geräten. Diese Prozesse nennt man Driver.

Definition 5.2

Ein Driver ist eine Prozedur des Betriebssystemprozesses (bzw. ein Prozeß der Betriebssystemprozesse), die auf der Basis der Hardwareschnittstelle eine höher qualifizierte, aber noch gerätespezifische Schnittstelle bereitstellt für den Datentransfer mit einem bestimmten Gerät.

Hierbei sind die folgenden Aufgaben zu erfüllen:

- Initialisierung bzw. Start der Geräte,

- Durchführung des Datentransfers,
- Ausführung notwendiger Steuerfunktionen,
- Fehlerbehandlungsmaßnahmen,
- Beenden des Datentransfers,
- Synchronisation mit dem den Dienst beanspruchenden Prozeß.

Die zu transferierenden Dateneinheiten sind für den Driver irrelevant, sie stellen für ihn nur Bitmuster dar, die 1:1 zu übertragen sind. Notwendige Codeumwandlungen u.ä. werden in der darüberliegenden Schicht durch den Handler erledigt.
Die möglichen Dienste sind

- READ,
- WRITE,
- RESET,
- STATUS.

Die anzugebenden Parameter sind

- physische Geräteadresse,
- physische Datenadresse im Gerät,
- physische (keine virtuelle) Hauptspeicheradresse,
- gerätespezifische Steuerinformationen,
- Rückkehrcode.

Um es nochmals zu betonen, die Schnittstelle S2 bezieht sich auf genau die Geräte, die im Rechner vorhanden sind, also auf genau den Mosaikdrucker mit genau den vorhandenen Eigenschaften und genau dem vorhandenen Anschlußschema.

Für die Ein-/Ausgabe ist also die **Peripherie** der interessanteste Teil der Hardware. Wie der Name schon sagt, befindet sich dieser Teil "am Rande" des Rechners. Genau genommen haben wir es in einem Rechner mit drei informationsverarbeitenden Teilsystemen zu tun, nämlich

- Zentraleinheit (ZE),
- Peripherie,
- Gerät.

In modernen Rechnern sind die Peripheriegeräte i.allg. über programmierbare, echt parallel zum Prozessor arbeitende E/A-Prozessoren oder sogenannte Kanäle bzw. über programmierbare Interface-Bausteine (SIO, PIO, DMA u.a.) angeschlossen. Die Geräte selbst sind oft mikroprogrammgesteuert (z.B. Wechselplattenspeicher ES-5061) oder enthalten selbst eine ZE (z.B. Drucker K 6313). Mit Hilfe unserer Methodik der Modellierung hierarchischer Schichten kommt man zu der Abb. 5.3 mit einer Vielzahl von Schnittstellen und Protokollen, die zu beachten sind. Nach dieser Einführung ist es vom Standpunkt der Nutzprozesse nun sinnvoll, für die Konstruktion des Ein-/Ausgabesystems in Betriebssystemen die Schichten von unten nach oben, also mit der Hardware beginnend, zu betrachten.

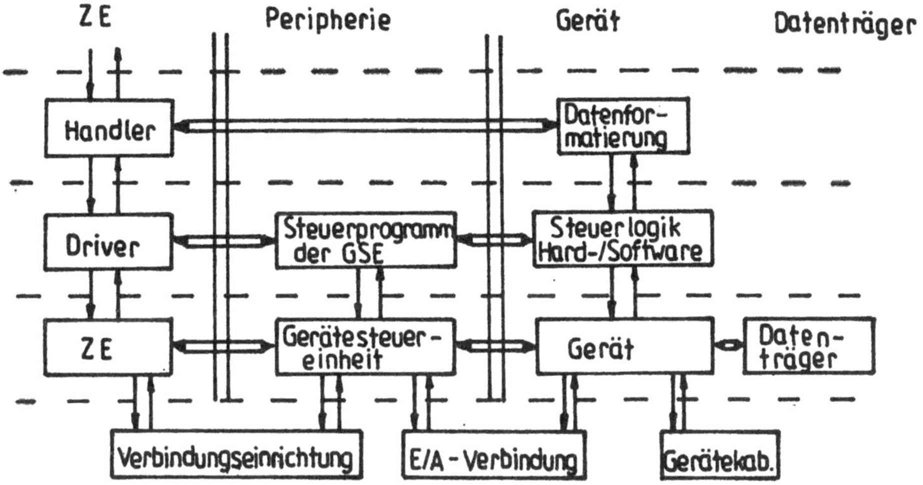

Abb.5.3. Modell der Ein-/Ausgabe

5.2. GERÄTETECHNIK FÜR DIE EIN-/AUSGABE

5.2.1. DATENTRÄGERTYPEN

Das Ergebnis der Ausgabe ist letztendlich die Darstellung von Daten des internen Hauptspeichers auf einem Datenträger. Für die Eingabe gilt das Entsprechende. Damit haben die Daten einen Bestand über den gerade im Rechner laufenden Prozeß hinaus und/oder für das Verständnis der Daten durch die Umwelt des Rechnersystems. Man kann deshalb die Vielfalt der Datenträger in Paare von Klassen einteilen. Ein konkreter Datenträger kann dann durchaus mehreren Klassen angehören, jedoch immer nur einem Teil der Paare.

Wiederverwendbarkeit

Ein und derselbe Datenträger kann durch einen Prozeß entweder nur **einmal** oder auch **mehrfach** verwendbar sein.

Einmal verwendbare Datenträger sind

- gedrückte Tasten einer Tastatur,
- Lochkarten,
- Druckzeichen von Druckern,
- Plotterpapier,
- Fernschreiber (Teletype) und

- Strom- bzw. Spannungsimpulse auf Datenübertragungsleitungen.

Mehrfach verwendbare Datenträger sind

- Magnetband,
- Magnetplatten, also auch Disketten, und
- Bildschirme.

Die Entwicklung der Rechentechnik hat es mit sich gebracht, daß Bildschirme statt Fernschreibern benutzt werden. Da die Betriebssysteme, wie CP/M und RSX-11, sich bei ihrer Entwicklung auf Teletypegeräte orientierten, wird bei dem später verwendeten mehrfach nutzbaren Datenträger der einmalig nutzbare Datenträger Teletypeblatt simuliert. Das führte zu dem sogenannten Rollmodus des Bildschirmes, was oft sogar noch als etwas ganz Besonderes hingestellt wird, in Wirklichkeit aber eine nicht adäquate Nutzung des Betriebsmittels Bildschirm bedeutet!

Datenzugriff

Der **sequentielle** Zugriff zu den Daten erlaubt, immer nur das nächste Datenelement zu lesen bzw. zu schreiben. Dazu zählen

- gedrückte Tasten von Tastaturen,
- Magnetband,
- Lochkarten,
- Druckzeichen von Druckern,
- Lochband und
- Strom- bzw. Spannungsimpulse auf Datenübertragungsleitungen.

Der **direkte** Zugriff zu den Daten erlaubt den Zugriff zu einem beliebigen Datenelement über eine Adresse des Speicherraumes des Datenträgers. Datenträger sind dabei

- Magnetplatten und Disketten,
- Bildschirme, aber auch
- Plotterpapier.

Dateneinheit

Das dritte wesentliche Kriterium aus der Sicht des Betriebssystems ist die Größe der Dateneinheiten.
Es gibt **zeichenorientierte** Datenträger, wie

- gedrückte Tasten von Tastaturen,
- Bildschirme,
- Lochkarten,
- Druckzeichen,
- Lochbänder und
- Strom- bzw. Spannungsimpulse auf Datenübertragungsleitungen (asynchron).

Blockorientierte Datenträger sind

- Magnetband,
- Magnetplatten und Disketten und
- Strom- bzw. Spannungsimpulse auf Datenübertragunsleitungen (synchron).

Oft wird dem Nutzer der Betriebssystemschnittstelle auch eine der folgenden Blockorientierungen vorgetäuscht:

- eine ganze Lochkarte,
- ein Block auf einem Lochband,
- eine Druckseite eines Druckers und
- eine Tastatureingabe, die durch ein Sonderzeichen abgeschlossen wurde.

Der Konstrukteur des Betriebssystems muß sich natürlich auf die tatsächlich vorhandene Hardwareschnittstelle beziehen.

Unter dem Aspekt des Datenträgertyps verringert sich durch die Einteilung in Paare von Klassen die Vielfalt der Geräte bereits erheblich.

5.2.2. VERWALTUNG DES SPEICHERRAUMES VON ADRESSIERBAREN MAGNETISCHEN DATENTRÄGERN

Die am häufigsten verwendeten adressierbaren magnetischen Datenträger sind heute

- Magnettrommeln,
- Magnetplattengeräte,
- Magnetblasenspeicher.

Große Ferritkernspeicher als Sekundärspeicher spielen heute keine Rolle mehr.

Das Grundprinzip der Magnetplattengeräte besteht darin, daß auf einer rotierenden Platte, deren Oberflächen magnetisierbar sind, über einen Lese-/Schreibkopf die Magnetisierung längs konzentrischer Kreise geändert werden kann (Abb. 5.4).

Die Magnetisierung M bleibt aufgrund der Hysterese in ferro- bzw. ferrimagnetischen Werkstoffen (Abb. 5.5) nach Abschalten des magnetischen Feldes H in positiver oder negativer Richtung erhalten. Das magnetische

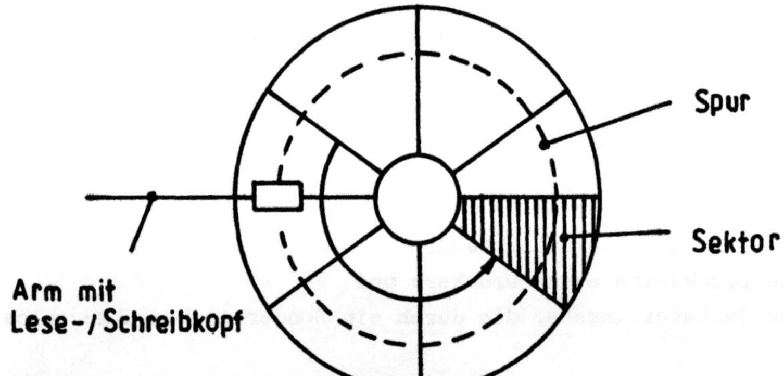

Abb. 5.4. Speicherorganisation der Magnetplatte

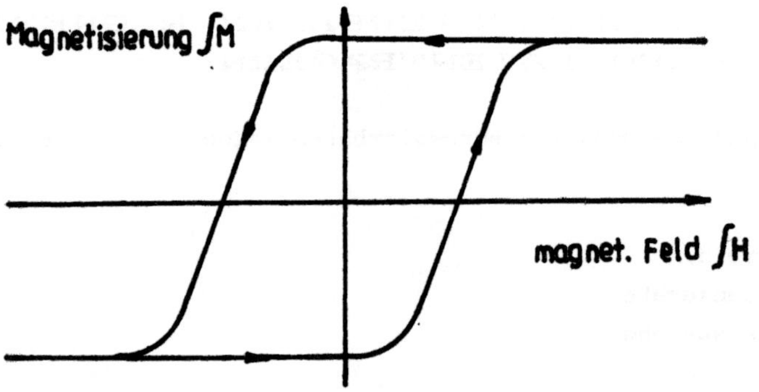

Abb. 5.5. Hysterese der Magnetisierung

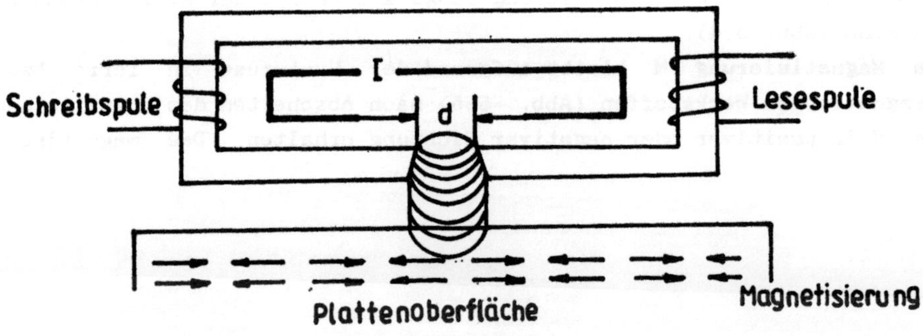

Abb. 5.6. Lese-/Schreibkopf

Feld wird mit Hilfe einer Schreibspule, die vom Strom I durchflossen wird, und eines magnetischen Kreises mit dem Luftspalt d erzeugt (Abb. 5.6).

Aus der Maxwellschen Gleichung

$$\oint H dS = n * I \tag{5.1}$$

folgt wegen der Stetigkeit der Normalkomponenten der magnetischen Induktion B

$$B_n * L/(\mu * \mu_o) + d * B_n / \mu_o = n * I \tag{5.2}$$

und damit für die Feldstärke im Luftspalt d

$$H_L = B_n / \mu_o = n * I / (L/\mu + d), \tag{5.3}$$

wobei L die Länge des magnetischen Kreises ist.

Der Lesevorgang erfolgt mit demselben Kopf und ggf. nach elektronischer Umschaltung mit derselben Spule oder mit einer zweiten, der Lesespule. Aufgrund des Induktionsgesetzes wird beim Ändern des magnetischen Flusses Φ, der durch das Vorbeiführen der magnetisierten Oberfläche am Luftspalt entsteht, eine Spannung

$$U = -\frac{d\Phi}{dt} = -\frac{d}{dt} \oiint (M + \mu_0)\, df \tag{5.4}$$

erzeugt. Um hinreichend große Magnetfelder bzw. Flußwechsel zu erzeugen, wird man also bestrebt sein, den Luftspalt klein und die Permeabilität groß zu halten.

Das geht auch konform mit der Forderung nach möglichst hoher Speicherdichte. Die physikalisch untere Grenze ist einmal durch den Staub (5-10 m, gekapselte Plattenlaufwerke, sogenannte Winchesterlaufwerke, haben i.allg. eine um eine Zehnerpotenz höhere Speicherdichte) und zum anderen durch die Größe der Weißschen Bezirke in ferro- bzw. ferrimagnetischen Werkstoffen gegeben.

Bei allen Plattengeräten wird der Speicheraum der Platten - bedingt durch die physikalischen Gegebenheiten - adressiert durch

- Spuradresse und
- Sektoradresse.

Die kleinste adressierbare und damit übertragbare Dateneinheit ist ein Block oder Sektor. Die Trennung in Sektoren auf jedem der konzentrischen Kreise kann durch auf der Platte fest eingeprägte Kennzeichnungen (z.B. Löcher) erfolgen oder durch Bitmuster als Trennzeichen (Abb. 5.7). Die erste Form wird als hardsektoriert, die zweite als softsektoriert bezeichnet. Dabei werden sowohl im Kennzeichnungsfeld als auch im Datenfeld jeweils zwei redundante Bytes gespeichert, um Fehler bei der Speicherung erkennen zu können. Das sind zwei CRC - Bytes (Cyclic Redundancy Character, 9. Anhang), die durch den Driver oder die Hardware beim Speichern gebildet werden. Für Magnetplatten wird meist das Generatorpolynom

$$P(x) = x^{16} + x^{12} + x^{5} + 1$$

verwendet.

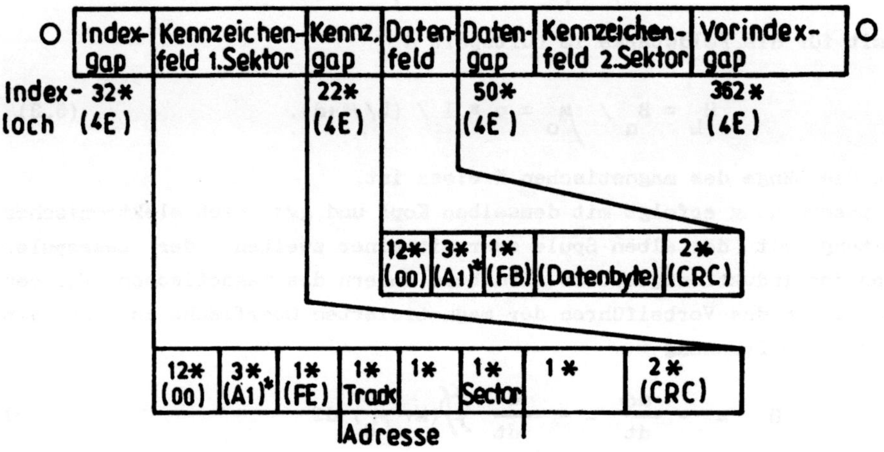

Abb. 5.7. Format einer Spur auf einer Diskette

Bei softsektorierten Disketten geht das jedoch zu Lasten der Nutzdaten. Ein hoher Ausnutzungsgrad N

$$N = \frac{\text{Nutzdaten}}{\text{Nutzdaten und Kennzeichnungsdaten}} \tag{5.5}$$

führt jedoch zu den Problemen

- große Puffer im Operativspeicher und
- Fragmentierung durch nicht ausgelastete Blöcke.

Beim Entwurf des BS muß man sich aufgrund der gegebenen Randbedingungen zu einem Kompromiß entschließen. Die zeitlichen Verhältnisse sind also durch mechanische Vorgänge bedingt, die 3 - 5 Zehnerpotenzen langsamer ablaufen, als die elektronischen in einem Rechner. Es lohnt sich also beim Entwurf und der Implementierung der Driver, diese Verhältnisse etwas genauer zu betrachten und optimale Strategien für die gegebenen Randbedingungen abzuleiten. Das wird natürlich in komplexeren BS eher notwendig sein, wo viele Anforderungen asynchron an ein Gerät gestellt werden, als in einem Einnutzersystem, wo noch nicht einmal Driverprozeß und Nutzerprozeß parallel arbeiten.

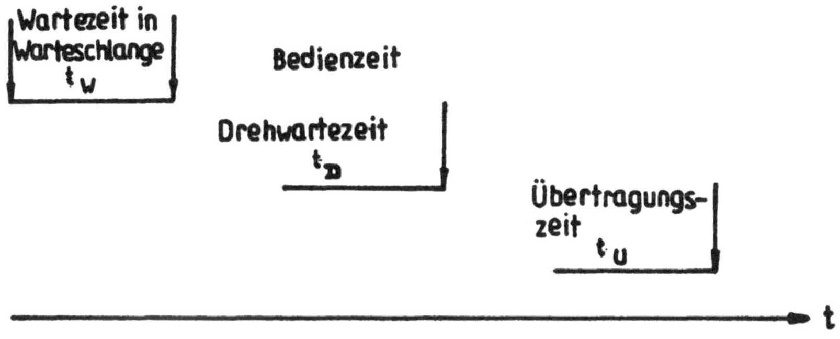

Abb. 5.8. Gesamtverweildauer einer Transferanforderung

Die Erledigung einer Ein-/Ausgabeanforderung läßt sich in drei Teile zerlegen (Abb. 5.8):

1. Annahme der Anforderung, Einreihung in die Warteschlange für das betreffende Gerät und Auswahl aus der Warteschlange

   (n Befehle * (10...50) µs),

2. Adressierung des zu transferierenden Sektors:

   - Kopfauswahl (ca. 1 µs, elektronisch),
   - Spurauswahl (10 ...100 ms !),
   - Sektorauswahl (10 ...100 ms !),

3. Übertragungszeit (n Bytes/(10 . 500 KB/s)).

Die Strategie für die Auswahl der zunächst zu verarbeitenden Anforderungen kann natürlich vom Driver nur über die in der Warteschlange vorhandene Menge von Anforderungen erfolgen. Dem Driver ist unbekannt, welche Anforderungen die Nutzprozesse weiter stellen werden. Deshalb bleibt ein Teil der Verantwortung für eine optimale Gerätebedienung bei diesen. Das kann erreicht werden durch die folgenden Möglichkeiten:

1. Der Nutzprozeß verteilt seine Daten in Kenntnis der konstruktiven Merkmale des Gerätes selbst. Dann würde aber das BS überflüssig !
2. Dem BS werden Restriktionen über die Speicherraumvergabe mitgeteilt. Zum Beispiel sollen zwei Files gleichzeitig in einem Zylinder begonnen werden, weil sie parallel genutzt werden (SPLIT im OS/ES).

3. Ständig wiederkehrende Nutzprozesse werden bezüglich ihrer Gerätenutzung beobachtet, und die Speicherraumvergabe wird so gestaltet, daß sich minimale Zugriffszeiten ergeben (s./ZIPF86/).

Geht man nicht auf diese Möglichkeiten ein, so bleibt dem BS nur noch die Verwaltung der Warteschlange der Ein-/Ausgabeanforderungen nach einer den Randbedingungen angepaßten Strategie. Im weiteren werden nur die beiden mechanisch bedingten Zeiten zur Spur- und Sektorauswahl betrachtet. Dabei wird vorausgesetzt, daß die Prozessorzeiten für die implementierte Strategie gegenüber diesen beiden Zeiten vernachlässigbar ist.

5.2.2.1. SEKTORAUSWAHL

Voraussetzungen:

- Die Platte ist in n gleichgroße Sektoren geteilt.
- Wenn der i-te Sektor gelesen oder geschrieben wurde, kann anschließend sofort der (i+1)te Sektor gelesen bzw. geschrieben werden. Die Umschaltung zwischen Lesen und Schreiben erfolgt elektronisch. Die Umschaltzeiten sind gegenüber den mechanisch bedingten Zeiten klein und können vernachlässigt werden.
- Die Umdrehungszeit der Platte ist t_R. Dann ist die Drehwartezeit zur Sektorauswahl t_D eine diskrete Zufallsgröße im Intervall $0 \leq t_D < t_R$. Wir stellen uns vor, es wurde gerade das Kennzeichnungsfeld eines Sektors gelesen, die aktuelle Sektornummer i ist also bekannt. Dann ist dieser i-te Sektor der gewählte und damit $t_D = 0$. Wenn das nicht der Fall ist, muß man eine Zeit

$$t_D = t_R/n \text{ oder } 2t_R/n \text{ oder. oder } (n-1)/n \; t_R \qquad (5.6)$$

warten.

Der Mittelwert der Drehwartezeit ist etwas kleiner als eine halbe Umdrehungszeit der Magnetplatte.

- Die Bedienung einer Transferanforderung kann man also durch ein Single-Server-Modell (s.Abschnitt 4.3.) beschreiben. Alle Aussagen über Wartezeiten, Länge der Warteschlangen usw., die dort gelten, treffen natürlich auch hier zu. Im folgenden sollen deshalb nur die Bedienzeiten betrachtet werden unter der Voraussetzung, daß sich jede Forderung nur auf einen Sektor bezieht, also alle Bedienwünsche gleich sind.
- Die Gesamtverweilzeit einer Transferanforderung setzt sich aus

t_W (Wartezeit in der Warteschlange)
$+ t_D$ (Drehwartezeit)
$+ t_u$ (Übertragungszeit)

zusammen (Abb. 5.8).

Forderungsauswahl nach FIFO, LIFO und RANDOM

Benutzt man eine dieser Strategien für die Auswahl der nächsten Anforderung, so besitzen alle möglichen Drehwartezeiten der Bedienerwünsche in jedem Moment die gleiche Wahrscheinlichkeit

$$P\,[\,t_D = i * t_R/n\,] = 1/n \tag{5.7}$$

Daraus folgt der Mittelwert der Drehwartezeit

$$E[t_D] = \sum_{i=0}^{n-1} i * (t_R/n) * (1/n) = ((n-1)/n) * t_R/2\,. \tag{5.8}$$

Forderungsauswahl unter Ausnutzung der Kenntnis des aktuellen Standes des Lese-/ Schreibkopfes

Die Verteilung der Drehwartezeit ist in Abb. 5.9 dargestellt. Sie kann näherungsweise durch die Gerade

$$F(t_D) = \begin{cases} 0 & \text{für } t \leq 0, \\ 1/2n + t/t_R & \text{für } (n-1) * t_R/n < t \leq i * t_R/n,\ i=1...n-1, \\ 1 & \text{für } t > (n-1) * t_R/n \end{cases} \tag{5.9}$$

dargestellt werden (Abb.5.9). Für die folgenden Betrachtungen wird eine andere Berechnungsvorschrift für den Mittelwert der Drehwartezeit mit Hilfe der Produktregel für die Integration hergeleitet.
Es gilt

$$\begin{aligned} E[t] &= \int_0^\infty t * f(t)dt = \int_0^\infty t * dF(t) \\ &= \lim_{t' \to \infty} \{ (\int_0^{t'} dt) * F(t') - \int_0^{t'} F(t)dt \} \\ &= \lim_{t' \to \infty} \{ \int_0^{t'} (F(t') - F(t))dt \} \end{aligned}$$

Da $\lim_{t' \to \infty} F(t') = 1$ gilt, folgt

$$E\,[\,t\,] = \int_0^\infty (1-F(t))dt = \int_0^\infty P\,[\,t > t'\,]\,dt\ ! \tag{5.10}$$

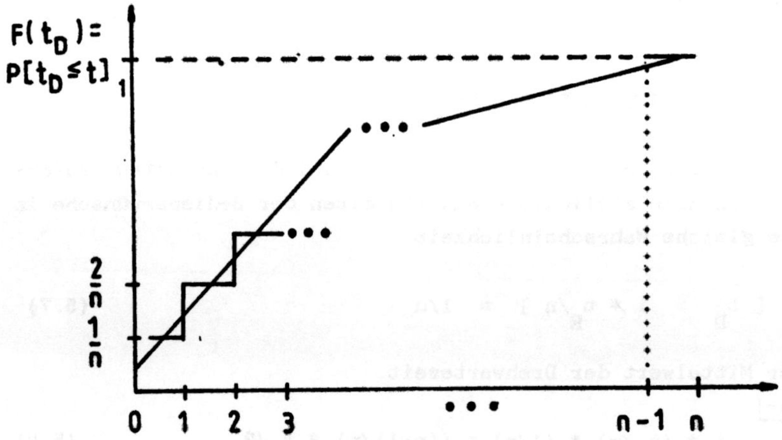

Abb.5.9. Verteilung der Drehwartezeit

Die Auswahl der nächsten Forderung aus der Warteschlange der Länge m soll jetzt unter Berücksichtigung des augenblicklichen Standes des Lese-/ Schreibkopfes vor dem Sektor i' erfolgen. Alle Sektoranforderungen S_k (k=1,...,m) hätten also eine Zeit

$$d_s = (s_k - i' + n) \bmod n$$

zu warten mit derselben Verteilung (5.9).

Wir wählen aber jetzt die Forderung aus, für die gilt

$$s_{k\,min} = \min_k (s_k) \tag{5.11}$$

mit der Wahrscheinlichkeit

$$P[\, s_{k\,min} > t] = P\,[s_{k1} > t] * P\,[s_{k2} > t] * \ldots * P[s_{km} > t]$$

$$= (P\,[s_k > t]\,)^m = (1 - F(t_D))^m \tag{5.12}$$

Wenn wir nun den Erwartungswert E $[t_D]$ nach (5.12) mit $F(t_D)$ berechnen, erhalten wir

$$E[t_D] = \int_0^{t_R} (1-(1/2n+t/t_R))^m dt$$

$$= t_R/(m+1)\ ((1-1/2n)^{m+1} - (-1/2n)^{m+1}) \tag{5.13}$$

und näherungsweise für $n >> 1$

$$E[t_D] \approx t_R/(m+1) * (1-(m+1)/2n). \qquad (5.14)$$

Diese Formel geht natürlich für $m = 1$ in (5.8) über.

Diese Strategie der Auswahl der nächsten Forderung mit dem kürzesten Sektorabstand (Shortest Access Time First = SATF) bringt also eine wesentliche Verkürzung der mittleren Drehwartezeit mit sich. Dabei tritt trotzdem keine Benachteiligung irgendwelcher Sektoren ein, da die Platte sich konstant dreht und damit alle Sektoren mit gleicher Wahrscheinlichkeit am Lese-/Schreibkopf vorbeikommen und Transferanforderungen ohnehin gleichverteilt sind.

Da die Übertragungszeit t_u eines Sektors praktisch gleich der Zeit ist, in der ein Sektor sich am Lese-/Schreibkopf vorbeibewegt, gilt für den Durchsatz H

$$H = 1/(E[t_D] + t_u) = \begin{cases} (1/t_R) * 2n/(n+1) & \text{für LIFO, FIFO und RANDOM,} \\ (1/t_R) * ((2n(m+1))/(2n+m+1)) & \text{für SATF.} \end{cases} \qquad (5.15)$$

5.2.2.2. SPURAUSWAHL

Die Situation bei der Spurauswahl stellt sich etwas anders dar als bei der Sektorauswahl. Bei der Sektorauswahl kommt jeder Sektor im Verlaufe einer Umdrehung automatisch einmal am Lese-/Schreibkopf vorbei. Es wird dabei vorausgesetzt, daß die Platte sich ständig dreht, das ist aber nur bei Festplattengeräten und Wechselplattengeräten gegeben. Diskettenlaufwerke haben die Möglichkeit, den Motor programmäßig abzuschalten. Das ist deshalb notwendig, weil hier der Lese-/Schreibkopf nicht durch ein aerodynamisch aufgebautes Luftpolster von der Magnetplatte getrennt ist, sondern auf ihr schleift, was zu einem starken Abrieb führen würde. Gute Driver werden die Motorabschaltung als Kompromiß nach einer bestimmten Verzögerung vornehmen, da in dieser Zeit neue Lese-/Schreibanforderungen eintreffen könnten. Das Erreichen der Nenndrehzahl liegt im Sekundenbereich, so daß bei einer sofortigen Motorabschaltung nach jedem gelesenen bzw. geschriebenen Sektor die Diskettenarbeit wesentlich verzögert würde.

Das Einstellen des Lese-/Schreibkopfes (bzw. des sogenannten Kammes mit mehreren Lese-/Schreibköpfen bei Plattenstapeln, weshalb man hier dann auch statt von Spur von Zylinder spricht) erfordert eine gesonderte radiale mechanische Bewegung. Diese Suchzeit t_s zur Bewegung des Lese-/Schreibkopfes von der Spur l zur Spur l' setzt sich zusammen aus

- Kopfbewegungszeit $|l-l'|$ und
- Kopfberuhigungszeit t_b, die unabhängig von der Anzahl der überwundenen Spuren ist.

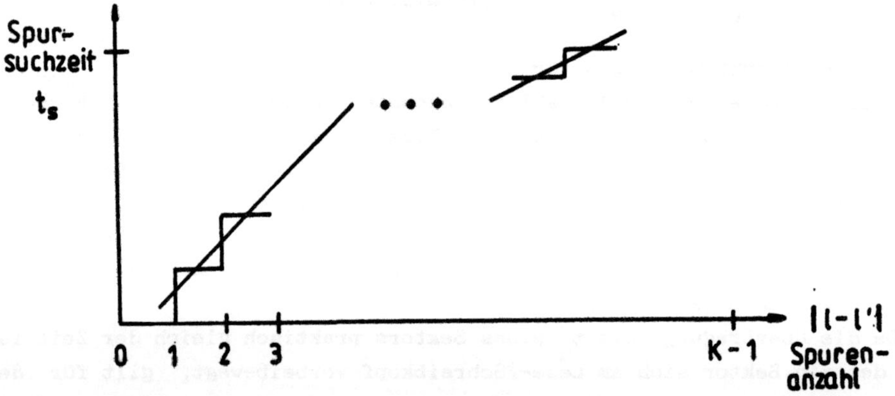

Abb. 5.10. Spursuchzeit

Man kann also vereinfacht schreiben (Abb. 5.10)

$$t_s\ (|l - l'|) = t_b + a * |l - l'|. \tag{5.16}$$

Weiter wird vorerst vorausgesetzt, daß die ankommenden Transferanforderungen so sind, daß die dazugehörigen Spuren gleichverteilt sind.

Forderungsauswahl nach FIFO, LIFO und RANDOM

Wenn sich der Lese-/Schreibkopf auf der Spur l befindet, gilt für den Erwartungswert $E\,[t_{sl}]$ unter den bisherigen Voraussetzungen

$$E[t_{sl}] = \sum_{l'=1}^{l} 1/k\ (t_b + a(l-l')\ ) + \sum_{l'=l+1}^{k} 1/k\ (t_b + a(l'-l)) \tag{5.17}$$

$$= t_b + a/k\ (l^2 - l(k+1) + 2k(k+1)), \tag{5.17a}$$

Da der Lese-/Schreibkopf sich mit der gleichen Wahrscheinlichkeit 1/k auf jeder Spur l befinden kann, gilt

$$E[t_s] = 1/k \sum_{l=1}^{k} E[t_{sl}] = t_b + a * (k/3 - 1/3k) \tag{5.18}$$

und für k>>1

$$E[t_s] = t_b + a*k/3 \tag{5.18a}$$

Es ist auch plausibel, daß die Suchzeit auf die Spurauswahl bezogen kleiner ist als die Suchzeit bezogen auf die Sektorauswahl. Bei letzterem kann nur in **einer** Richtung der Sektor gefunden werden, während das bei der

Spurauswahl in beiden Richtungen sein kann.

Forderungsauswahl nach Prioritäten

Alle Lese-/Schreibanforderungen sollen in zwei Klassen eingeteilt werden:

- sehr oft genutzte (dynamische) Anforderungen an eine Spur $\hat{y}$ mit der Wahrscheinlichkeit $p(\hat{y})$,
- wenig genutzte Anforderungen an eine Spur.

Die häufig genutzten Spuranforderungen sollen sich auf k_d benachbarte Spuren beziehen.

Für den Erwartungswert der Spurauswahlzeit gilt dann

$$E[t_s] = \sum_{l=1}^{k} \sum_{l'=1}^{k} f(l,l') * P[l\text{->}l'] * p[l] , \tag{5.18b}$$

wo $f(l,l')$ die in Abb.5.10 dargestellte Funktion ist. Wenn Dy (bzw. $\bar{D}y$) das Ereignis repräsentiert, daß eine Anforderung an eine oft genutzte Spur vorliegt (bzw. nicht vorliegt), gilt dann

$$\begin{aligned} P[l\text{->}l'] &= P[l\text{->}l' \mid Dy] * P[Dy] + P[l\text{->}l' \mid \bar{D}y]) \\ &= P[l\text{->}l' \mid Dy] * p(y) + P[l\text{->}l' \mid \bar{D}y] * (1-p(y)) \end{aligned} \tag{5.18c}$$

Wenn die $\hat{y}'$ auf den k_d benachbarten Spuren $l_d=(l_1, \ldots, l_{kd})$ gleichverteilt sind, gilt

$$P\,[l' = l_i \mid Dy] = \hat{y}/k_d, \tag{5.18d}$$

$$P\,[l' = l_j \mid Dy] = (1-\hat{y})/(k-k_d),$$

$$P\,[l' = l_j \mid \bar{D}y] = 0 ,$$

$$P\,[l' = l_j \mid \bar{D}y] = 1/(k-kd)$$

mit $l_i \in l_d$ und $l_j \notin l_d$. Damit folgt

$$P\,[l\text{->}l'] = \begin{cases} \hat{y}/k_d * P(y) & \forall l' \in l_d , \\ (1-\hat{y})/(k-k_d) * P(y) + 1/(k-k_d) * (1-p(y)) & \forall l' \notin l_d , \end{cases} \tag{5.18e}$$

$$E\,[t_s] = \sum_{l=1}^{k_d} \sum_{l'=1}^{k_d} f(l,l') * (\hat{y}/k_d * p(y))^2$$

$$+\sum_{l=1}^{k_d} \sum_{l'=k_d+1}^{k} f(l,fl')*(\hat{y}/k_d*p(y))\ ((1-\hat{y})/(k-k_d)*p(y)+1/(k-k_d)*(1-p(y)))$$

$$+\sum_{l=k_d+1}^{k} \sum_{l'=1}^{k} f(l,l')*(\hat{y}/k_d\ p(y))*((1-\hat{y})/(k-k_d)*p(y)\ +1/(k-k_d)*(1-p(y)))$$

$$+\sum_{l=k_d+1}^{k} \sum_{l'=k_d+1}^{k} f(l,l')*((1-\hat{y})/(k-k_d)*p(y)+1/(k-k_d)*(1-p(y)))^2 . \qquad (5.16f)$$

Für k_d->k geht (5.16f) natürlich in (5.16) über.

Die k_d Spuren für die "dynamischen" Anforderungen wird man in die Mitte legen, da

$$E[l->l'] \approx k/2$$

für $l' \in l_d$ ist. Aus den auf Grund von Beobachtungen ermittelten Werten für $\hat{y}$ und damit für k_d und p(y) kann man dann $E[t_s]$ nach (5.16f) berechnen.

Forderungsauswahl bei Kenntnis der aktuellen Spur

Man kann bei der Spurauswahl analog vorgehen wie bei der Sektorauswahl, um den Erwartungswert von t_s durch die Strategie SATF (bei Spur-/Zylinderauswahl auch SSTF = Shortest Seek Time First) zu verringern. Da hier nicht wie bei der Sektorauswahl, wo jeder Sektor zwangsweise in einer bestimmten Zeit (nämlich während einer Umdrehung t_R) den Lese-/Schreibkopf passiert, jede Spur in einer bestimmten Zeit am Lese-/Schreibkopf vorbeikommt, wäre es möglich, daß einige Spuren beliebig lange nicht bedient werden könnten. Deshalb modifiziert man (natürlich zu Lasten des Mittelwertes der Suchzeit t_s) die Strategie folgendermaßen:

- Die Anforderungen werden nach aufsteigender Spurnummer geordnet.
- Der Lese-/Schreibkopf bewegt sich in Richtung aufsteigender Spurnummern, solange noch mindestens eine Anforderung vorliegt, die größer oder gleich der aktuellen ist.
- Liegt keine solche Anforderung mehr vor, wird die Bewegungsrichtung umgekehrt und nach der gleichen Strategie in Richtung fallender Spurnummern verfahren.

Weitergehende Betrachtungen sind in /FRA 69/ und /TRA74/ zu finden.

5.2.3. VERWALTUNG DES SPEICHERRAUMES VON SEQUENTIELLEN MAGNETISCHEN DATENTRÄGERN

Trotz immer weiter verbesserter Parameter adressierbarer magnetischer Datenträger werden sequentielle magnetische Datenträger weiterhin eine große Rolle spielen, und zwar aus folgenden Gründen:

- Geräte für sequentielle Datenträger sind einfacher als für adressierbare,
- sequentielle Datenträger sind ausreichend für Sicherungskopien von Datenträgern auf adressierbaren Datenträgern,
- sequentielle Datenträger sind besser geeignet für sequentielle Files (Speicherausnutzung und Suchzeit).

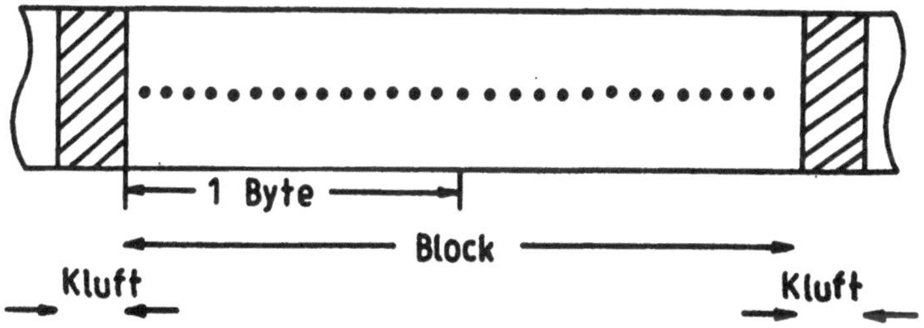

Abb. 5.11. Bitserielle Datenaufzeichnungen auf Magnetbändern

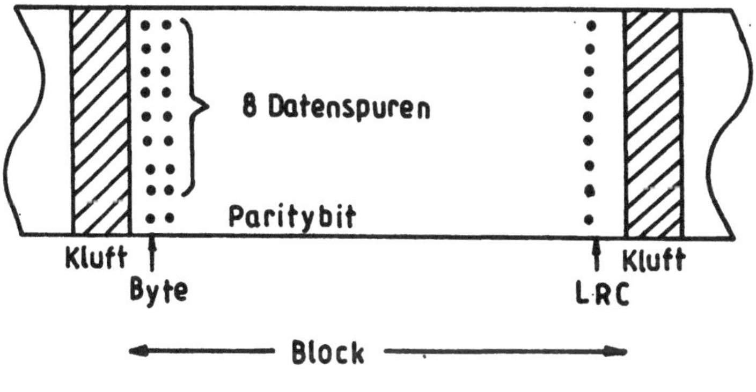

Abb. 5.12. Bitparallele Datenaufzeichnungen auf Magnetbändern

Man unterscheidet prinzipiell zwei unterschiedliche Arten der Datenaufzeichnung:

- bitserielle (Abb. 5.11),
- bitparallele (Abb. 5.12).

Erstere wird bei den sogenannten Kassettenmagnetbändern und letztere bei den üblichen 1/2"-Magnetbändern verwendet (Tab. 5.1).

Tab. 5.2. Daten zweier typischer Magnetbänder

	ES-5017.2 (1/2")	K5200 (0,15")
Aufzeichnungsdichte in Bit/mm	32	16
Kluft in mm	16	20
Übertragungsrate in KByte/s	48	0,38
Bandlänge in m	$\le$ 730	90
Bandgeschwindigkeit in m/s	1,5	0,19

Die Aufzeichnung erfolgt ausschließlich blockweise, wobei die Blöcke durch eine Kluft getrennt sind, die für die Geräte zur Erkennung der Blöcke bzw. für das Starten des Magnetbandes bis zur Nenngeschwindigkeit erforderlich ist. Eine Datensicherung nehmen die Geräte i.allg. selbst durch das 9. Paritybit für jedes Byte und ein oder mehrere Längscontrolbytes (LRC) für jeden Block vor. Damit werden alle 1-Bit-Fehler erkannt und durch das Gerät selbst korrigiert sowie alle Mehrbitfehler erkannt.
Die Blocklänge auf Magnetbändern kann von Block zu Block unterschiedlich sein. Dennoch wird man für ein File i.allg. mit fester Blocklänge arbeiten. Da die Klüfte durchaus in ihrer Länge vergleichbar sind mit den Blöcken, erfordert die richtige Blockgröße sorgfältige Überlegungen. Der Ausnutzungsgrad N eines Magnetbandes ergibt sich in Analogie zu (5.5)

$$N = \frac{\text{Blocklänge}}{\text{Blocklänge + Kluftlänge}} \qquad (5.19)$$

Bei Blocklängen von 512 Bytes beim Magnetbandgerät ES-5017.2 wird das Magnetband also nur zur Hälfte genutzt !
Große Blocklängen erfordern aber einen großen Puffer im Hauptspeicher. Man muß also entweder ein Optimum finden oder einen Kompromiß eingehen. Viele Betriebssysteme gestatten eine freie Wahl der Blocklänge durch eine freie Wahl des Blockungsfaktors

$$B = \text{Anzahl logischer Sätze eines Files/Block} \qquad (5.20)$$

Mit der Blocklänge ist außerdem die Suchzeit verbunden, der wir uns zunächst zuwenden, um dann für eine bestimmte Problemklasse optimale

Blocklängen zu berechnen .

Um von einem Block zum nächsten zu gelangen, besteht die Suchzeit lediglich aus der Zeit zur Überwindung der Kluft. Diese beträgt mit den Daten aus Tab. 5.2 ca. 10 ms. Für adäquate Wechselplattengeräte (z. B. ES-5061) beträgt allein die Drehwartezeit 12,5 ms, wozu gegebenenfalls noch eine Spur(Zylinder-)suchzeit von mindestens 15 ms hinzukommt. Für sequentielle Files wird man allein schon deshalb sequentielle Datenträger wählen!

Betrachten wir nun folgende Problemstellung: Von einem Programm werden n Files auf je einem Magnetband benutzt mit r_i Sätzen der Länge c_i. Im Hauptspeicher steht ein Puffer für alle Files der Länge S zur Verfügung. Es sind die n Blockungsfaktoren b_i (d.h. die Anzahl der logischen Sätze in einem Block eines Magnetbandes) so zu bestimmen, daß die Gesamtzahl der Blöcke

$$B = \sum_{i=1}^{n} r_i/b_i \tag{5.21}$$

ein Minimum wird mit der Nebenbedingung

$$\varphi(b_1,\ldots,b_n) = S - \sum_{i=1}^{n} c_i * b_i = 0 . \tag{5.22}$$

Diese Extremwertaufgabe läßt sich mit Hilfe der Lagrangeschen Multiplikatorenaufgabe lösen.
Wir betrachten die Funktion

$$\varphi(b_1,\ldots,b_n;\quad) = \sum_{i=1}^{n} r_i/b_i - \lambda * (S - \sum_{i=1}^{n} c_i * b_i)$$

mit den n+1 Variablen $b_1,\ldots,b_n$, λ. Die notwendige Bedingung für einen Extremwert

$$\partial/\partial b_i = 0 \quad , \; i = 1\ldots n,$$

ergibt mit (5.22) n+1 Gleichungen für die n+1 Unbekannten. Es gilt
$\forall\, i \in \{1,\ldots,n\}$

$$\partial/\partial b_i = - r_i/b_i^2 + \quad * c_i = 0 \tag{5.23}$$

bzw. $$b_i = \sqrt{r_i/(\quad * c_i)}$$

Mit (5.22) erhält man dann

$$\lambda = (1/S - \sum_{i=1}^{n} \sqrt{r_i * c_i})^2$$

und

$$b_{i\ opt} = S/(\sum_{i=1}^{n} \sqrt{r_i * c_i}\ ) * \sqrt{r_i/c_i} \qquad (5.24)$$

Tab. 5.3. Magnetband und Suchzeit für drei Files

File	r_i	c_i in Byte	b_i	Blocklänge in Byte	Länge MB in m	Suchzeit
			1	10	16 312,5	2h 57' 46"
1	10^6	10	341	3 410	359,5	31"
			163	1 630	410,7	1' 5"
			1	150	20 687,5	2h 57' 46"
2	10^6	150	22	3 300	5 414,8	8' 5"
			42	6 300	5 068,5	4' 14"
			1	200	2 225,0	17' 47"
3	10^5	200	17	3 400	719,1	1' 3"
			12	2 400	758,3	1' 48"
				360	39 225,0	6h 13' 19"
	-	-	-	10 110	6 493,3	9' 39"
				10 330	6 297,5	6' 48"

Betrachten wir ein Beispiel mit einer Pufferlänge von 10 KByte und den Daten aus Tab.5.1 für das Magnetbandgerät ES-5017.2 (Tab.5.1). Die 1. Zeile gibt die Werte für Puffer, Länge des Magnetbandes und Suchzeit (Spulzeit über die Lücken) beim Blockungsfaktor 1, die 2. Zeile für eine einheitliche Blocklänge von 1200 Byte und die 3. Zeile für die gemäß (5.24) berechneten optimalen Blockungsfaktoren an. Die Werte überzeugen von der Notwendigkeit einer sorgfältigen Beachtung der gerätetechnischen Gegebenheiten.

5.2.4. ANSCHLUSSMÖGLICHKEITEN

Bezüglich des Anschlusses kann man drei Klassen von Peripheriegeräten unterscheiden

- integrierte Geräte,
- abgesetzte Geräte,
- selbständige Ein-/Ausgabekanäle.

Für alle drei gilt das grundsätzliche Modell aus Abb.5.3. Jedoch sind in den drei Klassen die Protokolle und die Schnittstellen unterschiedlich bzw. teilweise gar nicht vorhanden.

5.2.4.1. INTEGRIERTE GERÄTE

Diese Art der Einbeziehung der Ein-/Ausgabe in das Rechnersystem wurde in der 1. und 2. Rechnergeneration verwendet. Die Geräte waren praktisch Bestandteile der Zentraleinheit. Wie alle anderen Anweisungen (z.B. arithmetische und logische) stellen E/A-Anweisungen unteilbare Operationen dar. Damit ergaben sich zwei wesentliche Nachteile:

- Da die Ein-/Ausgabeanweisungen unteilbare Anweisungen in dem Segment der Programme sind, behindern sie durch ihre langen Ausführungszeiten den Gesamtablauf erheblich.
- Die Ein-/Ausgabe muß durch den Programmierer selbst auf physischem Niveau vorgenommen werden. Falls es bereits Bibliotheken gibt, könnten Standardprogramme vorgefertigt werden.

Mit der immer größer werdenden Leistungsfähigkeit der Rechner wurden die Nachteile so gravierend, daß man zu neuen Prinzipien überging.

5.2.4.2. ABGESETZTE GERÄTE

Für abgesetzte Ein-/Ausgabegeräte gilt das in Abb.5.3 grundsätzlich dargestellte Prinzip einer weitgehenden Aufteilung, die durch folgende Aspekte gekennzeichnet ist :

- Der Prozessor (ZVE) und die Ein-/Ausgabegeräte sind entkoppelt (im Sinne der Architekturprinzipien der Von-Neumann-Rechner).
- Durch die Entkopplung müssen die Ein-/Ausgabegeräte weitgehend selbständig arbeiten.
- Damit ist aber eine "echte" Parallelarbeit von Prozessor und Hauptspeicher einerseits und Gerätesteuereinheit und Gerät andererseits möglich.
- Die Gerätesteuereinheiten führen dabei ihre Aktionen nach einer in der festverdrahteten Elektronik vorgesehenen Steuerung oder zunehmend nach einer programmierbaren Steuerung aus. Beispiele für letztere sind die Controller der PDP-11 bzw. VAX-Serien oder auch die Interface-Bausteine der 8-Bit-Familie U880 bzw. der 16- Bit-Familie U8010WM86.
- Die Gerätesteuereinheiten müssen aus diesen Gründen an zwei Verbindungsstrukturen angeschlossen sein:
  - \+ Gerätesteuereinheit - Prozessor (ZVE),
  - \+ Gerätesteuereinheit - Gerät.
- Der Datentransfer zwischen Hauptspeicher und Ein-/Ausgabegerät erfolgt bei abgesetzten Geräten immer noch über den Prozessor.
- Die Parallelität erfordert aufgrund der asynchronen Anweisungsabarbei-

tung von Prozessor und Gerätesteuereinheit eine Synchronisation beider. Dazu werden die bereits bei der Prozeßsynchronisation behandelten Prinzipien der Synchronisationsvariablen und des Prozeßumschalters genutzt, die hier natürlich hardwaremäßig ausgebildet sind !

+ **Zustands- und Steuerregister:** Dieser Datenbereich ist in den Gerätesteuereinheiten angelegt und kann sowohl von dem Prozessor als auch von der Gerätesteuereinheit gelesen bzw. beschrieben werden. Der unteilbare Zugriff wird durch die Hardware gesichert.
+ **Interruptsystem:** Das Interruptsystem stellt nichts weiter als einen stark durch die Hardware unterstützten Prozeßumschalter dar. Er liegt in unserer Schichtenstruktur in der niedrigsten und damit in der höchstprivilegierten Schicht.

- Die selbständigen Prozesse in den Gerätesteuereinheiten benutzen die **Schnittstellen** der Hardware und müssen sich entsprechend Abb.5.3 über **Protokolle** sowohl mit dem Driverprozeß als auch mit dem (oder den) Gerät(en) verständigen.

5.2.4.3. SELBSTÄNDIGE EIN-/AUSGABE-PROZESSOREN

Grundsätzlich gilt das gleiche wie für die abgesetzten Geräte. Ein-/Ausgabeprozessoren realisieren jedoch selbständig den Datentransfer mit dem Hauptspeicher nach dem DMA-Prinzip (Direkt Memory Access). Daraus resultiert aber auch ein anderes **Protokoll** Prozessor-Gerätesteuereinheit, um die Benutzung der Verbindungsstruktur bzw. um den Zugriff zum Hauptspeicher zu regeln.

In einigen Rechnersystemen, z. B. IBM370, ESER, vereinigt man unter dem Namen Ein-/Ausgabekanal den Ein-/Ausgabeprozessor und die Verbindungsstruktur Gerätesteuereinheit - Gerät. In Rechnersystemen mit Ein-/ Ausgabeprozessoren sind diese, wie auch die Geräte, komplexer aufgebaut als in Rechnersystemen mit abgesetzten Geräten. Einerseits können an die Gerätesteuereinheiten (hier also Ein-/ Ausgabeprozessoren) mehrere Geräte und an diese mehrere Datenträger angeschlossen sein, und andererseits können diese selbst wieder unanbhängig und parallel zueinander arbeiten. Aus der Sicht des Prozessors ergibt sich damit ein hierarchischer Zugriffsbaum zu den Geräten (Abb.5.13). In Abhängigkeit von der am Datenträger auszuführenden Aktion sind jeweils nur bestimmte Knoten erforderlich. Zum Beispiel erfordert die Positionierung des Lese-/Schreibkopfes nur den Knoten WPS_1. Parallel dazu könnte also schon ein Datentransfer über die Knoten S_1, WPS_S, WPS_2 stattfinden. Um eine höchstmögliche Parallelarbeit zu erreichen, wird man diesen Fakt beim Entwurf der Driver berücksichtigen und gesonderte Warteschlangen der Ein-/Ausgabeforderungen für jeden Knoten errichten. Anders als beim Selektorkanal, wo jede Ein-/Ausgabeoperation

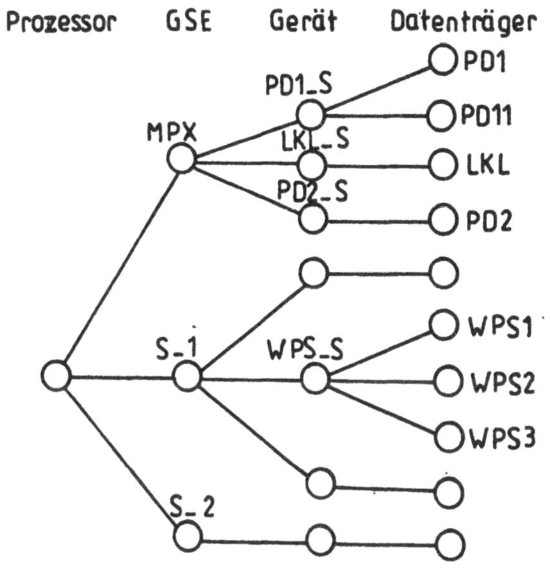

Abb. 5.13. Zugriffsbaum zu den Datenträgern (MPX: Multiplexkanal, PD1_S: Steuerung Paralleldrucker 1, PD1: Paralleldrucker 1, LKL_S: Steuerung Lochkartenleser, LKL: Lochkartenleser, S_1: Selektorkanal 1, WPS_S: Steuerung Wechselplatten, WPS1: Wechselplatte i, GSE: Gerätesteuereinheit)

als unteilbare Operation abläuft, ist die Situation beim Ein-/Ausgabeprozessor Multiplexkanal: Dieser Prozessor bearbeitet mehrere Ein-/Ausgabeoperationen quasiparallel, wobei er selbständig in bzw. aus einem eigenem Speicher die Werte des Prozessors für die einzelnen Ein-/Ausgabeoperationen rettet bzw. wiederherstellt. Dem allgemeinen Prozessor scheint der Multiplexkanal in einzelne Unterkanäle (Subchannels) aufgespalten zu sein, die parallel arbeiten. Er ist jedoch nichts weiter als ein hardwaremäßig organisiertes Multiprozeßsystem. Selbständige Ein-/Ausgabeprozessoren müssen also wie die ZE programmiert werden. Diese Programme stehen meist ebenfalls im Hauptspeicher. Für diese Prozessoren gibt es einen besonderen Befehlssatz. Da die auszuführenden Operationen sich weitgehend gleichen und diese Programme meist nur Segmente sind, ist ihr Umfang zwar gering, aber jede einzelne Operation sehr komplex. Betrachten wir als Beispiel die Rechner des ESER. Die Operationen

	Befehlsschlüssel	HS-Adresse (Daten)	Kennzeichen	-	Zähler
Byte	0	1 - 3	4	5	6 - 7

Abb. 5.14. Aufbau des CCW im ESER

sind sogenannte Kanalbefehlswörter (CCW: Channel Command Word) mit dem Aufbau nach Abb. 5.14. Das Kennzeichen modifiziert u.a. den Befehl in folgender Weise:

Bitstelle 32: = 1 : Das nächste CCW (also 8 Bytes weiter im HS) spezifiziert eine HS-Adresse, ein neues Kennzeichen und einen neuen Zähler, aber dieselbe Operation.

Bitstelle 33: = 1 : Es folgt ein neues CCW.

= 0 Das CCW ist das letzte des Kanalprogramms.

Damit ergibt sich der in Tab.5.3 dargestellte prinzipielle Ablauf beim Start einer Ein-/Ausgabe durch die ZVE.

Tab. 5.3. Start der Ein-/Ausgabe im ESER

ZVE	Kanal
> 1.CCW < => (48_H..48_H)	
Warten	CSW => < 40_H..47_H >
TIO (Kanal, Gerät)	
SIO (Kanal, Gerät)	CSW => < 40_H..47_H >
Fortsetzung der parallelen Arbeit	Abarbeiten des Kanalprogramms

5.2.5. DATENSTRUKTUREN

Bezüglich der Datenstrukturen muß man zwei Aspekte beachten

- Aufbau der Datenträger (s.Abschnitt 5.2.1.),
- Dateneinheiten auf den Verbindungsstrukturen.

Über die Verbindungsstruktur Gerätesteuereinheit-ZE werden i.allg. die Daten byteweise oder bei wortorganisierten Rechnersystemen wortweise (2,...,8 Bytes) übertragen.

Die Verbindungsstrukturen Gerätesteuereinheit-Gerät gestatten die Übertragung einzelner Bytes oder eines Blocks von Bytes. Daraus resultiert, daß die Gerätesteuereinheiten die Größe der Dateneinheiten auf den beiden Verbindungsstrukturen anpassen müssen. Das wirkt sich bis zur Konstruktion der Driver aus, da die Dateneinheiten auf der Verbindungsstruktur Gerätesteuereinheit-Gerät mit den Dateneinheiten auf dem Datenträger übereinstimmen müssen ! Wenn die Verbindungsstruktur zur ZE nur eine byteweise Übertragung gestattet, muß gesichert sein, daß die Bytes mindestens mit der Geschwindigkeit in der Gerätesteuereinheit eintreffen, die die Übertragungsgeschwindigkeit der Verbindungsstruktur zum Gerät erfordert. Das kann unter Umständen den Driver veranlassen, alle anderen Prozesse im Rechnersystem zu stoppen.

Entsprechend der Größe der Dateneinheiten und dem Regime der Datenübertragung unterscheidet man bei den selbständigen Ein-/Ausgabeprozessoren die drei Typen

- Selektorkanal,
- Multiplexkanal,
- Blockmultiplexkanal.

Der **Selektorkanal** führt Ein-/Ausgabeanweisungen exklusiv byte- bzw. blockweise aus.
Der **Multiplexkanal** ermöglicht die quasiparallele Ausführung mehrerer Ein-/Ausgabeanweisungen byteweise.
Der **Blockmultiplexkanal** vereinigt beide Vorteile und erlaubt die quasiparallele Ausführung mehrerer Ein-/Ausgabeanweisungen blockweise.

5.2.6. ADRESSIERUNG

Die Adressierung der Geräte hängt weitgehend davon ab, wieviele Verbindungsstrukturen existieren (vgl. Abb.5.3). Die Adressierung kann also maximal dreistufig sein, nämlich nach

- Gerätesteuereinheit (Ein-/Ausgabeprozessor, Ein-/Ausgabekanal),
- Gerät,
- Datenträger.

Das Prinzip der Adressierung hängt vom Organisationsprinzip ab /GIL81/. Verbreitet sind heute die zwei Arten:

1. Memory Mapping: Geräteadreßraum im HS-Adreßraum enthalten, keine besonderen Ein-/Ausgabeanweisungen (PDP-11, SM-4, VAX-11).
2. Unit Mapping: Geräteadreßraum disjunkt zum HS-Adreßraum, besonderer Satz von Ein-/Ausgabeanweisungen (ESER, U880).

Im ersten Fall sind einige Adressen des HS reserviert für die Ein-/Ausgabe. Dabei sind mindestens zwei Adressen für jede Gerätesteuereinheit (hier oft Controller genannt) vorgesehen, um ein Steuerregister und ein Datenregister ansprechen zu können. Die Ein-/Ausgabebefehle sind dann ganz normale Lese-/Speicherbefehle wie für den HS.

5.2.7. VERBINDUNGSSTRUKTUREN

Gemäß Abb. 5.3 unterscheidet man die drei Verbindungsstrukturen

- Zentraleinheit - Gerätesteuereinheit,
- Gerätesteuereinheit - Gerät und
- Gerät - Datenträger

Bei allen dreien muß man einerseits den Anschluß an die Verbindungsstruktur über eine **Schnittstelle** und andererseits die notwendige Kommunikation beider Partner über ein **Protokoll** berücksichtigen.

5.2.7.1. ZENTRALEINHEIT – GERÄTE-STEUEREINHEIT

Für diese Verbindungsstruktur hat sich sowohl eine zentralisierte als auch eine dezentralisierte Form als sinnvoll erwiesen. Die zentralisierte Form

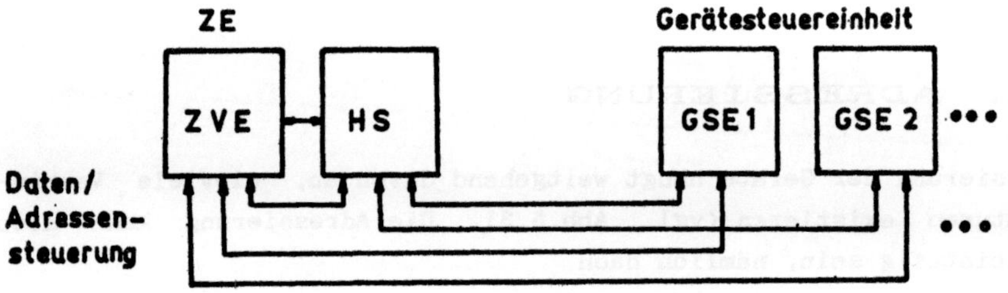

Abb. 5.15. Verbindungsstruktur ZE-GSE im ESER

liegt in den ESER-Anlagen vor entsprechend der in Abb.5.15 vereinfachten Prinzipdarstellung. Die Steuerung erfolgt hierbei zentral durch die ZE. Damit sind ZE und GSE nicht gleichberechtigt, und die Schnittstellen beider zur Verbindungsstruktur sind nicht gleich. Die Benutzung der Verbindungsstruktur durch die ZE erfolgt synchron aus dem aktuellen Prozeß, (der die einzige ZVE besitzt), während die GSE asynchron und parallel auf die Verbindungsstruktur zugreifen können. Die Sequentialisierung dieser Zugriffe und der ZVE-Zugriffe erfolgt durch die autonome HS-Steuerung.

Das Protokoll zwischen ZE und GSE wird mittels der Protokolleinheiten

- Steuersignale der ZE : SIO, TIO, HIO,
- Kanaladreßwort im HS [48...4B] (CAW: Channel Address Word),
- Kanalstatuswort im HS [40...47] (CSW: Channel Status Word),
- Interrupt,

also gemischt aus Hard- und Software, abgewickelt. Der Zugriff zum HS während der Phase des Datentransfer wird über ein einfaches reines Hardwareprotokoll

- HS-Anforderung,
- Vorrangzuteilung für Peripherieanforderungen

gesichert.

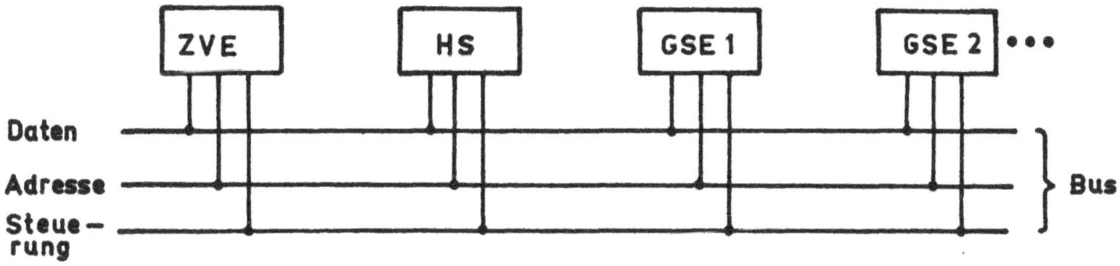

Abb. 5.16. Verbindungsstruktur ZE-GSE als Bus

Die dezentralisierte Form nach Abb.5.16, ein sogenannter Bus, geht von einer Gleichberechtigung und gleichen Schnittstellen aller angeschlossenen Teilnehmer aus. Sind abgesetzte Geräte angeschlossen, so erfolgt der Datentransfer über die ZVE und damit unter Steuerung der ZVE. Bei DMA-Geräten wird der Bus i.allg. durch ein einfaches Handshake-Protokoll belegt. Eine GSE fordert über die Protokolleinheit Bus-Request auf einer Steuerleitung an und erhält die Zuteilung über die Protokolleinheit Bus-Acknoledgement auf einer anderen Steuerleitung. Die ZVE muß bis zur expliziten Busfreigabe ihre Arbeit stoppen. Wenn bei dieser Verbindungsstruktur mehrere zeitkritische Prozesse parallel laufen, müssen besondere Betrachtungen zur Einhaltung der Echtzeit-Bedingungen angestellt werden.

Einer der am weitesten verbreiteten Busstrukturen ist der Unibus der PDP-11-Kleinrechner mit folgenden Bestandteilen (Daten):

18 Adreßleitungen,
16 Datenleitungen,
2 Steuerleitungen zur Spezifikation des Datentransfers,
2 Parity-Leitungen,
1 Master-Synchronisation,
1 Slave-Synchronisation,
4 Bus-Requestleitungen für Interruptanforderungen,
4 Bus-Quittungsleitungen,
1 Nonprozessor-Request für DMA,
1 Nonprozessor-Quittung,
1 Select-Acknowledge-Leitung,
1 Bus-Busy-Leitung,
1 INIT-Leitung,
2 Spannungsvorwarn- bzw. -ausfallanzeiger.

5.2.7.2. GERÄTESTEUEREINHEIT-GERÄT

Wie die vorangehende hat auch diese Verbindungsstruktur einen großen Einfluß auf die Konstruktion der Driver (s. Abschnitt 5.3.). Diese Verbindungsstruktur kann für die bitparallele bzw. für die bitserielle Datenübertragung vorgesehen sein. Bitparallel sind meist firmenspezifische Verbindungsstrukturen, um eine möglichst hohe Übertragungsrate zu erzielen. Dazu zählen die Schleifen der Kanäle im ESER, an die die Geräte über die Schnittstelle Sif-ESER angeschlossen sind. Bitparallele Verbindungsstrukturen bestehen aus:

9 Ausgangsleitungen (8 für Daten, 1 für Parity), auf denen zeitmultiplex Daten bzw. Adressen an die Geräte geschickt werden,
9 Eingangsleitungen, auf denen zeitmultiplex Daten vom Gerät ausgesandt werden,
16 Kennungsleitungen zur Identifikation der Daten auf den voranstehenden 18 Leitungen.

Eines der Protokolle auf dieser Verbindungsstruktur ist in Tab. 5.4 dargestellt.

Tab. 5.4. Ein Protokoll Multiplexkanal - Gerät

Multiplexkanal	Gerät (z.B. Paralleldrucker)
Senden: Geräteadresse als Ausgabe + Kennung als Adresse	Empfangen, bei Übereinstimmen beider Adressen
	Senden: Geräteadresse auf Eingabe + Kennung als Adresse + Sperren aller anderen Geräte
00000000 + Kennung als Testbefehl	
	Senden: Gerätestatusbyte auf Eingang.
Befehl aus 1. CCW + Kennung Befehl	
	Empfangen Daten Senden: Bestätigung auf Kennungsleitung.
. . .	

Eine andere bitparallele Verbindungsstruktur ist die zum Quasiindustriestandard gewordene Druckerschnittstelle der Firma Centronix.

5.2.7.3. GERÄT - DATENTRÄGER

Diese Verbindungsstrukturen sind einesteils firmenspezifisch und haben zum anderen aber nur einen geringen Einfluß auf den Entwurf und die Implementation von Drivern. Es soll deshalb nicht im Detail darauf eingegangen werden.

Dazu zählt z.B. das sogenannte "kleine ESER-Interface", über das die einzelnen Plattenlaufwerke an das Gerät (in der Sprechweise des ESER "Gerätesteuereinheit") angeschlossen sind.

Ein anderes Beispiel ist der Anschluß eines elektromechanischen Druckwerkes in einem Drucker, über den dieses gesteuert wird. Wenn diese Steuerung programmierbar ist (z.B. in den Nadeldruckern der Serie K63xx von Robotron), dann ist die Art dieser Verbindungsstruktur natürlich wichtig für die Programme im Drucker (BS-Komponenten sind dabei nur im Ansatz vorhanden). Wenn die Verbindungsstruktur Druckwerk-Druckwerksteuerung durch die Driver im Rechner transparent gemacht wird, dann ist sie nicht nur für den Driver, sondern gegebenenfalls auch für den Nutzprozeß relevant.

5.2.8. INTERRUPTSYSTEM

Wir haben gesehen, daß ZVE-Prozesse (d.h. auch Driverprozesse) und Gerätesteuerprozesse "echt" parallel laufen. Wie im 3. Kapitel gezeigt wurde, ist es notwendig, diese Prozesse irgendwie zu synchronisieren, damit sie kooperativ arbeiten können. Das bedeutet aber insbesondere, daß sie Betriebsmittel (z.B. HS-Bereiche, Datenträger o.ä.) gemeinsam benutzen. Bezüglich gemeinsamer kritischer Abschnitte müssen diese Prozesse sich jedoch wechselseitig ausschließen. Entsprechend unserer Schichtenmodellierung muß unterhalb (hierarchisch jedoch höherprivilegiert) der Schicht, in der der Driverprozeß und der Geräteprozeß laufen, die Möglichkeit des wechselseitigen Ausschlusses z.B. durch einen Prozeßumschalter (PUM) gegeben sein. Wenn tatsächlich die Parallelität genutzt werden soll, ist ein PUM notwendig, der durch die Hardware unterstützt sein muß. Das führte zwangsläufig zu dem Interruptsystem.

Definition 5.1

Das **Interruptsystem** stellt einen PUM (Abb.5.17) in der hierarchisch höchsten Schicht eines Rechnersystems dar. Dieser PUM behandelt nur die Betriebsmittel Prozessor und Signale, die von den Geräteprozessen erzeugt und von ZVE-Prozessen (insbesondere von Driverprozessen) verbraucht werden. Der Scheduler im Interruptsystem arbeitet nach einer Strategie mit Prioritäten und FCFS in einer Prioritätsklasse, wobei die Signalquelle die Priorität festlegt.

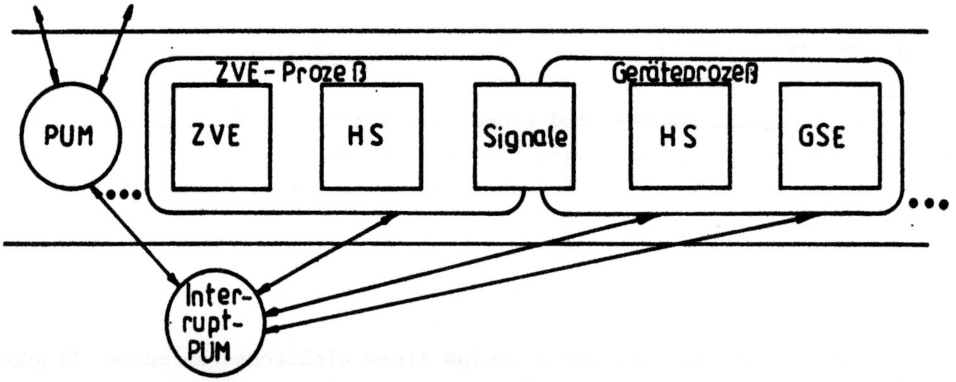

Abb. 5.17. Interruptsystem als PUM

Es sei ausdrücklich vermerkt, daß das Interruptsystem den wechselseitigen Ausschluß kritischer Abschnitte bezüglich von HS-Bereichen **nicht** realisieren kann. Das kann nur mit Hilfe geeignete Synchronisationsmittel des PUM der nächsthöheren Schicht dadurch erreicht werden, daß der Geräteprozess durch einen ZVE-Prozeß (i.allg. den Driverprozeß) repräsentiert wird, der sich dann mit dem anderen ZE-Prozessen synchronisiert (s. Abschnitt 5.3.). Dem Interruptsystem müssen diejenigen ZVE-Prozesse bekannt sein, die den Prozessor durch den Interrupt-PUM erhalten können. Allein daraus ist ersichtlich, daß das Interruptsystem sowohl Hardware als auch Software enthält. Es hängt vom Rechnertyp ab, wie seine Verteilung auf Hard- und Software vorgenommen wird.

Im folgenden soll der Ablauf in einem Interruptsystem beschrieben werden, wie man ihn in modernen Rechnern vorfindet (PDP-11, VAX11, U880, K 1810WM86, ESER II).

1. **Auftreten von Interrupts**

Man kann i.allg. vier Klassen von Interrupts unterscheiden:

- **Maschinenfehler**: Werden durch die Hardware Fehler im Ablauf in der Hardware festgestellt (z.B. Fehler beim internen Datentransfer, falsche Arbeit des Arithmetikprozessors, Spannungsausfall u.ä.), wird dies durch einen Interrupt angezeigt. Diese Fehler treten völlig unabhängig von den laufenden Prozessen auf und sind damit auch asynchron zu diesen. Oft werden neben diesem Interrupt noch weitere Hardwaremaßnahmen (meist durch ein spezielles Mikroprogramm) getroffen, um Informationen über eventuelle Fehlerursachen für den Techniker in speziellen Hauptspeicherbereichen abzulegen.
- **Ein-/Ausgabe**: Das Ende der Arbeit der Gerätesteuereinheit bzw. ein besonderer Zustand der Gerätesteuereinheit wird angezeigt. Diese

Interrupts erfolgen asynchron zu laufenden Prozessen und sind schwach abhängig von diesen nur dadurch, daß sie sich auf einen Driverprozeß beziehen.

- **Ausnahmen**: Die Hardware besitzt mehr oder weniger die Fähigkeit, Fehler bei der Ausführung von Prozessen zu erkennen. Das können Datenfehler (z.B. Division durch 0, Zahlenbereichsüber- bzw. -unterschreitungen) oder Adressierungsfehler (nicht zur Operation passende Adresse, Zugriff zu falschem Adreßraum o.ä.) sein. Diese Interrupts treten synchron zum aktiven Prozeß auf und sind stark abhängig von ihm.
- **Systemrufe**: Die meisten Rechner (PDP-11, SM-4, VAX11, ESER II) können neben dem Nutzermodus in einem privilegierten Modus arbeiten, in dem auch das Betriebssystem arbeitet. Zur Kommunikation der Nutzprozesse mit den Betriebssystemprozessen dienen die Systemrufe, die den kontrollierten Übergang von einem Nutzprozeß in den privilegierten Zustand erlauben. Diese "Software"-Interrupts sind synchron mit dem laufenden Prozeß und natürlich stark abhängig von ihm.

2. Annahme von Interrupts

Während das Entstehen der Interrupts allein durch die Hardware bestimmt ist, wird die Annahme durch Hard- und Software vorgenommen. Zur Unterscheidung der Interrupts existiert mindestens für jede Klasse der Interrupts eine Adresse im Hauptspeicher (ESER), über die die weitere Bearbeitung des Interrupts erfolgt. Mit dem Auftreten des Interrupt gelangt das Rechnersystem nicht nur automatisch in den privilegierten Zustand, sondern in den Interrupt-Zustand einer bestimmten Priorität. Später eintreffende Interrupts werden nur akzeptiert, wenn diese eine höhere Priorität besitzen bzw. der Interrupt-Zustand (d.h. nicht notwendigerweise auch der privilegierte Zustand) verlassen wurde. Dadurch kann es zu einer Folge geschachtelter Interrupts kommen (Abb.5.18). Die Interrupts mit höherer Priorität gehören zu Geräteprozessen, die unter Echtzeitbedingungen behan

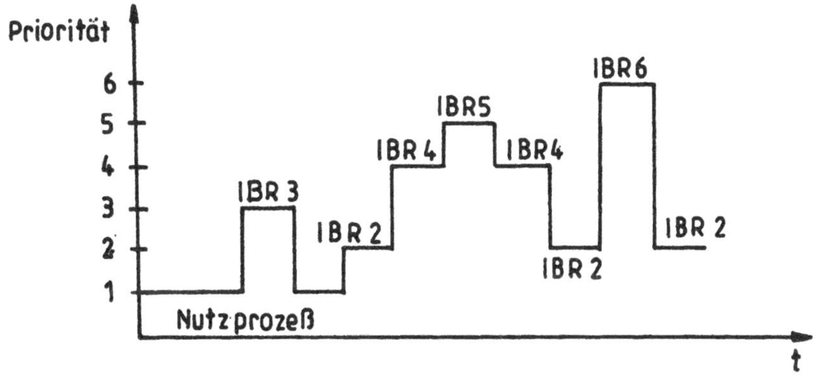

Abb. 5.18. Prioritäten geschachtelter Interrupts

delt werden müssen, um Datenverluste zu vermeiden. Für derartige zeitkritische Prozesse ist nur eine Adresse je Klasse nicht der geeignete Weg, da bei jedem Interrupt erst eine zeitaufwendige softwaremäßige Auswertung erforderlich ist, um die Quelle und damit den Empfängerprozeß für dieses Interruptsignal zu identifizieren. Das Problem wurde durch Vektorisierung der Interrupts gelöst, indem für jede Interruptquelle (und nicht nur für jede Klasse von Interrupts) eine Adresse, .ein sogenannter Vektor, existiert. Diese Adresse ist entweder hardwaremäßig festgelegt (VAX11), oder jede Interruptquelle sendet mit dem Interrupt diese Adresse oder einen Teil davon. Meist ist diese Adresse bei der Initialisierung der Gerätesteuereinheit programmierbar (U880).

3. Bearbeitung der Interrupts

Sowohl bei synchronen als auch bei asynchronen Interrupts wird dem aktiven Prozeß der Prozessor zwangsweise durch den höchstprivilegierten PUM (das Interruptsystem) entzogen. Es tritt durch den "echt" parallel arbeitenden Geräteprozeß (ohne ZVE) für ZVE-Prozesse eine Betriebsmitteländerung ein, also eine Steuerübergabe vom höchstprivilegierten PUM nach dem darüberliegenden. Bei allen anderen Betriebsmitteländerungen ist die Richtung umgekehrt, die Steuerung geht zuerst vom niedrigstprivilegierten PUM zu den darunterliegenden. Es muß also der Wert des Betriebsmittels Prozessor (d.h. alle seine Register) gerettet werden. Je nach Rechnersystem erfolgt das mehr oder weniger durch die Hardware, wobei mehr Hardware eine größere Geschwindigkeit der Interruptbearbeitung bedeutet. Im ESER und in den VAX-11 wird nicht nur der Befehlszähler, sondern auch das Zustandsregister gerettet, beim U880 ist es nur der Befehlszähler. Der prinzipielle Ablauf sieht also folgendermaßen aus (H bedeutet Hardware, S Software):

- H: Signal auf Requestleitung durch Gerät
- H: Quittung durch Prozessor
- H: Interruptsignal mit Priorität und Adresse
- H: Nach Ende des laufenden Befehls Befehlszähler retten (im Stack oder in definierten Hauptspeicherbereichen), gesendete (bzw. feste) Adresse in Befehlszähler laden, in privilegierten und Interruptzustand mit Priorität übergehen.
- S: Anlauf der Interruptbehandlungsroutine (IBR). Sie rettet den Rest der Werte des Prozessors und verzweigt zu dem Prozeß, der auf das Interruptsignal wartete. Wenn möglich, sollte dieser nicht mehr im Interruptzustand arbeiten, um neue Interrupts zu erlauben.
- S: Nach Rückgabe des Prozessors von dem bearbeitenden Prozeß stellt die IBR die Werte im Prozessor wieder her, so daß der Prozessor den unterbrochenen Prozeß weiter bearbeitet.

5.3. PHYSISCHE EIN-/AUSGABE

Die physische Ein- und Ausgabe (PEA) liegt in der untersten Schicht der Ein-/Ausgabesteuerung und ist damit zwangsläufig sehr von der Hardware abhängig. Auf den ersten Blick erscheint es unmöglich, eine Systematisierung vorzunehmen. Dennoch werden wir feststellen, daß sich einige Grundprinzipien ableiten lassen, auf deren Basis sich Driver für ganz konkrete Geräte leichter entwerfen lasssen.

5.3.1. AUFGABEN DER PHYSISCHEN EIN-/ AUSGABE

Der Driver muß die folgenden Aufgaben erfüllen:

- Gestaltung einer Schnittstelle für die Nutzprozesse der physischen Ein-/Ausgabe,
- Erfüllung der Dienste, die über die Schnittstelle gefordert werden, durch Nutzung der Hardwareschnittstelle,
- Initialisierung bzw. Modifizierung des Steuerprogramms der Gerätesteuereinheit,
- Abwicklung des Protokolls mit der Gerätesteuerung,
- Synchronisation mit dem Nutzprozeß,
- Fehlerbehandlung.

Für diese sechs Aufgaben sollte je ein Modul beim Entwurf des Drivers vorgesehen sein. Damit lassen sich ggf. beim Entwurf eines Drivers für ein ähnliches Gerät einige Module unverändert verwenden. Einerseits lassen sich in der Schicht der Driver Module als Unterprogramm mehrfach von mehreren Drivern nutzen. Zum anderen kann ein Drivermodul bei der Realisierung eines Dienstes für einen Nutzprozeß bzw. für mehrere Nutzprozesse durchaus mehrfach aufgerufen werden. Dafür ist es jedoch erforderlich, die Drivermodule reentrant zu schreiben, und das bedingt, daß Programmtext und Daten streng voneinander zu trennen sind. Der Driver wird also aus einer Menge von Modulen (Abb.5.19) und einer Menge von Datenstrukturen bestehen. Die Implementierung der Module hängt von der Stellung des Drivers im Betriebssystem ab (s.Abschnitt 5.3.3.).

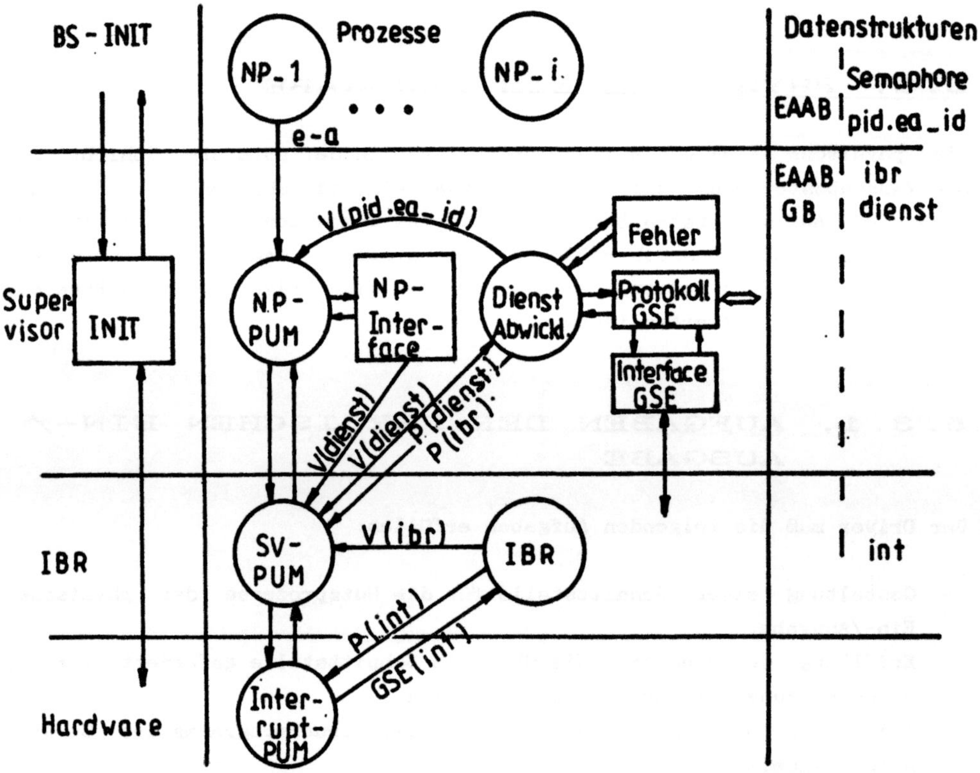

Abb. 5.19. Modulstruktur der physischen Ein-/Ausgabe entsprechend den Aufgaben eines Drivers

5.3.2. DATENSTRUKTUREN

Für die PEA sind mindestens zwei Datenstrukturen notwendig:

- Ein-/Ausgabe-Anforderungsblöcke und
- Geräteblöcke.

Wenn eine 1:1-Zuordnung von Driver zur GSE mit Gerät existiert, reichen diese Datenstrukturen aus. Wird der Driver jedoch so ausgelegt, daß er zwar auch nur mit einem Gerät, jedoch mit

- unterschiedlichen Protokollen zur GSE (z.B. XON/XOFF oder RDY/STRB) und
- unterschiedlichen Schnittstellen der GSE zur Verbindungsstruktur GSE - Gerät (z.B. IFSS, V.24, ESER-Interface) arbeiten soll, sind Sprungtabellen notwendig für

  + den Protokollmodul GSE - Gerät und
  + den Schnittstellenmodus der GSE.

Wird diese 1:1-Zuordnung aufgehoben, arbeitet der Driver also mit mehreren GSE mit je einem Gerät, mit einer GSE mit mehrerer Geräten oder sogar mit mehreren GSE mit mehreren Geräten, so ist eine Aufspaltung des Gerätesteuerblocks in

- GSE-Block und
- Geräteblock

erforderlich.

5.3.2.1. EIN-/AUSGABE-ANFORDERUNGS-BLOCK (EEAB)

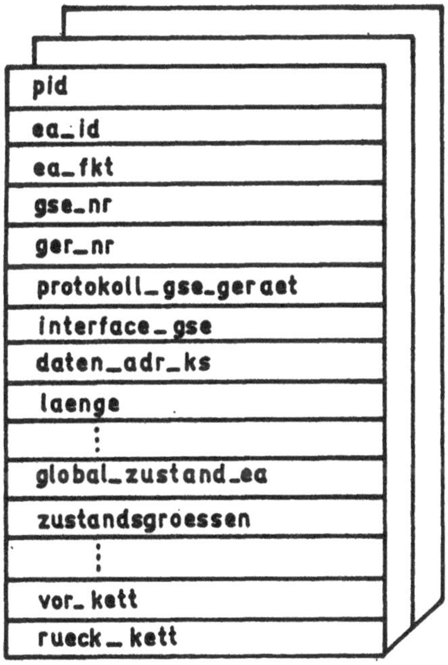

Abb.5.20. Ein-/Ausgabe-Anforderungs-block (EAAB)

Es sei nochmals betont, daß sich die PEA auf eine bestimmte GSE und ein bestimmtes Gerät mit genau bekannten Eigenschaften bezieht. Damit ergibt sich etwa der Aufbau des Anforderungsblockes nach Abb.5.20. Der erste Teil ist vom Nutzprozeß anzugeben, wobei ggf. der Nutzprozeßidentifikator (PID) durch den Interfacemodul (Abschnitt 5.3.4.) bereitgestellt wird. Die Größe ea_id ist dann erforderlich, wenn ein Nutzprozeß mehrere Ein-/Ausgaben verlangen kann, ohne die Beendigung der vorangehenden abzuwarten. Ein Driver wird i.allg. mehrere Funktionen ausführen können. z.B. Lesen, Schreiben, Rücksetzen usw., so daß die Angabe ea_fkt immer erforderlich ist, gse_nr bzw. ger_nr verweisen entweder direkt auf die entsprechenden Steuerblöcke (dann sind Adressenangaben notwendig !), oder die Nummern sind relative Eintrittspunkte in entsprechenden Verweistabellen, die dem Nutzprozeß natürlich bekannt sein müssen. Andere Angaben sind u.U. auch nicht nötig, wenn die Zuordnung GSE-Gerät-Driver eindeutig ist. Die Variable global_Zustand_ea ist für die Synchronisation Nutzerprozeß - Driver ggf. erforderlich (s.Abschnitt 5.3.5.). Die restlichen Variablen sind Größen für die Drivermodule, die den aktuellen Bearbeitungszustand der Ein-/Ausgabe kennzeichnen.

5.3.2.2. GERÄTEBLOCK (GB)

Abb. 5.21. Geräteblock (GB)

Der Sinn der Einführung dieser Datenstruktur liegt darin, daß die geräteorientierten Driver für gleiche Geräte mit ähnlichen Eigenschaften oder für ähnliche Geräte nach gleichen oder ähnlichen Algorithmen ablaufen, nur mit unterschiedlichen gerätespezifischen Daten. Die Driver für zwei Diskettenlaufwerke, die sich nur in der Sektorlänge unterscheiden, werden sehr ähnlich sein. Der in Abb.5.21 dargestellte Geräteblock bezieht sich auf eine 1:1-Zuordnung von GSE - Gerät mit nichtvariablem Protokoll Gerät - Datenträger und nichtvariabler Schnittstelle Gerät - 3.Verbindungsstruktur (vgl. Abb.5.3). Ggf. ist dieser Geräteblock in zwei Blöcke zu teilen, einen für die GSE und einen für das Gerät. geraet_nr ist der Identifikator des Geräteblockes. driver_nr kennzeichnet den Dienstmodul für dieses Gerät, protokoll_nr und interface_nr sollen Standards sein, soweit sie vom Ein-/Ausgabe-Anforderungsblock nicht spezifiziert werden. Die Geräteeigenschaften werden bei der Betriebssystemgenerierung festgelegt und können teilweise auch noch durch den Ein-/Ausgabe-Anforderungsblock spezifiziert werden (z.B. Sektorlänge eines Diskettenlaufwerkes). geraete_zustand beschreibt den aktuellen Status des Gerätes (z.B. an welchem Zylinder sich der Lese/Schreibkamm einer Wechselplatte befindet). next_kett dient zum Verweis auf die verketteten Ein-/Ausgabe-Anforderungsblöcke (EAAB) für dieses Gerät , die noch zu bearbeiten sind, akt_kett auf den in Abarbeitung befindlichen EAAB.

5.3.3. STELLUNG DES DRIVERS IM BETRIEBSSYSTEM

Man kann prinzipiell zwei Formen unterscheiden

- Driver als Prozedur und
- Driver als Prozeß.

Die Prozedurform stellt sich als ein abzuarbeitendes Programm dar, das vom Nutzprozeß als Unterprogramm aufgerufen wird. Mit dem Unterprogrammaufruf ist auch eine Parametervermittlung zur Versorgung des Drivers mit den

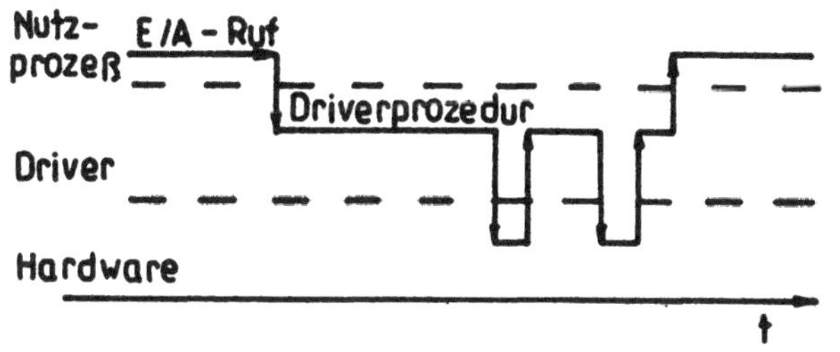

Abb. 5.22. Prozeduraler Driver

notwendigen Daten (EAAB) verbunden. Eine Parallelarbeit des Nutzprozesses und des Drivers ist bei dieser Form offensichtlich nicht möglich. Den einzigen vorhandenen Prozessor behält die Driverprozedur so lange, bis die Ein-/Ausgabe beendet ist. Diese Abarbeitungsform könnte man auch als **Wartemodus** bezeichnen. Bei einem Driver im Wartemodus ist die Synchronisation von Nutzprozeß und Ein-/Ausgabe offensichtlich automatisch gegeben (Abb. 5.22). Die Synchronisation von Driver und GSE kann durch Abfrage einer gemeinsamen Synchronisationsvariablen (Polling, Abschnitt 3.4.3.1.1.) oder durch den Interrupt-PUM erfolgen (s.o.).

Alternativ dazu gibt es Driver, die im **Parallelmodus** arbeiten können. Daraus resultiert aber die Notwendigkeit, Nutzerprozeß und Driver zu synchronisieren. Der Driver hat also die Form eines selbständigen Prozesses. Aus der Abb. 5.23 ergibt sich aber sofort die Frage, wie der Driverprozeß den Prozessor erhalten soll, wenn er ihn zu seiner Fortsetzung benötigt. Eine freiwillige Abgabe durch den Nutzprozeß ist wenig sinnvoll, denn dieser und der Driverprozeß setzen sich unabhängig voneinander asynchron fort. Der Driver muß aber den Prozessor erhalten, wenn durch die Hardware (d.h. die GSE) gewisse Ereignisse eingetreten sind. Das kann offensichtlich nicht durch den PUM für die Driverschicht erfolgen, sondern muß durch eine für diesen PUM privilegierte Schicht erfolgen, und zwar mit Hilfe des Interruptsystems (Abschnitt 5.2.8.). Damit kann also das Problem der Synchronisation

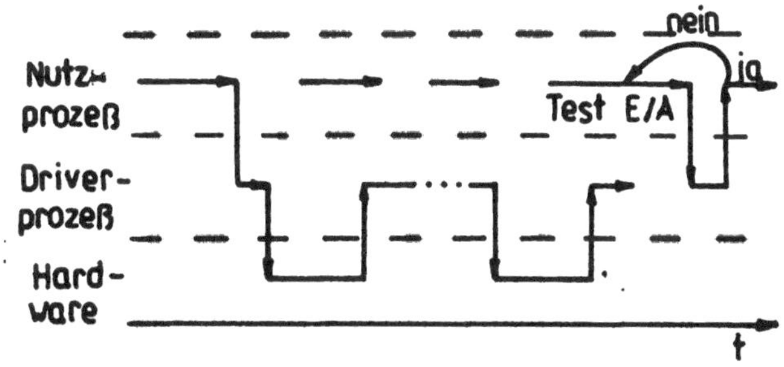

Abb. 5.23. Prozeßorientierter Driver

- Nutzprozeß <-> Driverprozeß und
- Driverprozeß <-> GSE

gelöst werden (Abb. 5.24).

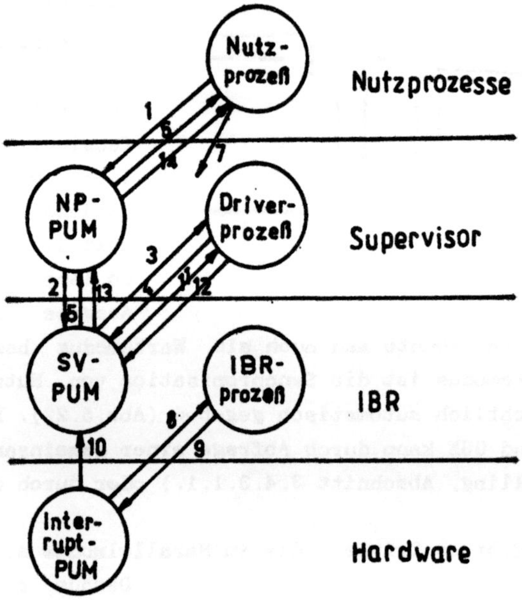

Abb. 5.24. Synchronisation des Drivers mit Hilfe des Interrupt-PUM (1-6: Kennzeichnung des Dienstaufrufes, 7-14: Aufruffolge aufgrund eines GSE-Interrupts)

In Abb. 5.25 sind noch einmal die möglichen Synchronisationsarten zusammengestellt, wobei das Polling nur sinnvoll ist in Systemen mit nur einem Nutzprozeß. Durch das Busy-waiting beim Polling würden sonst die anderen Nutzprozesse unnötig verzögert.

	Synchronisation	
Driverform	Driver-Nutzprozeß	Driver-GSE
prozedurorientiert	Wartemodus	Polling oder Interrupt-PUM
prozeßorientiert	Nutzprozeß-PUM oder Polling	Interrupt-PUM

Abb. 5.25. Synchronisation Driver - Nutzprozeß und Driver - GSE

Die Driverprozesse unterliegen wie die anderen Betriebssystemprozesse (Nutzprozeß-PUM, HS-Verwaltung usw.) dem Prozessorscheduling durch den Supervisor-PUM. Um die ordnungsgemäße Arbeit des Betriebssystems zu gewährleisten, müssen alle ihre Betriebsmittel besitzen. Sie können also nicht im Rahmen eines virtuellen Speichers auf externe Speicher ausgelagert werden. Es sind also HS-residente Prozesse, denen lediglich

- die verbrauchbaren Betriebsmittel Nachricht, Semaphor oder Signal oder
- der Prozessor

fehlen dürfen. Der Supervisor-PUM wird nach Schedulingstrategien mit Prioritäten und ggf. mit Entzug arbeiten.

5.3.4. SCHNITTSTELLE DER PHYSISCHEN EIN-/AUSGABE

Die Schnittstelle zwischen den Nutzprozessen und der physischen Ein-/Ausgabe kann

- eine Untermenge der allgemeinen Betriebssystemschnittstelle sein oder
- durch den direkten Aufruf der Ein-/Ausgabe ausgebildet sein.

Letztere wird insbesondere bei prozedurorientierten Drivern der Fall sein, während die erste Form für prozeßorientierte Driver im Sinne einer Konsistenz der Betriebssystemschnittstelle (s.Abschnitt 2.2.) für alle Betriebsystemdienste sinnvoll ist.

Die zu transferierenden Dateneinheiten und die Funktionen sind an dieser Schnittstelle geräteabhängig. Die notwendigen Informationen werden im Ein-/Ausgabeanforderungsblock (Abschnitt 5.3.2.1.) übergeben. Im Interfacemodul des Drivers wird der EAAB angenommen, ggf. aufbereitet und in die Warteschlange für das angesprochene Gerät eingereiht, und entsprechende Synchronisationsmaßnahmen (Abschnitt 5.3.5.) werden vorbereitet.

5.3.5. SYNCHRONISATION

Wie bereits in Abschnitt 5.3.3. festgestelt wurde, ist eine Synchronisation des Drivers einmal mit dem Nutzprozeß und zum anderen mit der GSE erforderlich. Im folgenden soll die Synchronisation eines prozeßorientierten Drivers anhand der Abb.5.19 und 5.26. erläutert werden.

Der Nutzprozeß wendet sich über die Betriebssystemschnittstelle an den Nutzprozeß-PUM (NP-PUM). Dieser identifiziert den Ruf als Ein-/Ausgabe und ruft den Modul"INTERFACE-NP" auf, der den eaab in die entsprechende Warteschlange einreiht, den Semaphor pid.ea_id der darüberliegenden Schicht der Nutzprozesse auf 0 setzt und mit der Operation über dem nichtbinären Semaphor "dienst" den Driverprozeß "DIENST" aktiviert. Dieser Prozeß ist ein unendlicher zyklischer Prozeß, der die eigentliche Ein-/Ausgabe mit Hilfe der Module "FEHLER", "PROTOKOLL" und "INTERFACE GSE" abwickelt, und er ist so lange aktiv, wie mindestens noch ein "eaab" vorliegt. Das nichtbinäre Semaphor "dienst" gibt die aktuelle Anzahl der noch zu erfüllenden "eaab" an. Die Synchronisation von "DIENST" mit der GSE erfolgt mit Hilfe des Semaphors "ibr", das wiederum durch die Interruptbehandlungsprozeß "IBR" gesetzt wird. Der unendliche zyklische Prozeß "IBR" wird durch das Semaphor "int" gesteuert, wobei ein Interrupt der GSE über den "Interrupt-PUM" der Semaphoroperation V(int) entspricht. Diese Zweistufigkeit der Interruptbehandlung ist notwendig, um den privilegierten Zustand der Nichtunterbrechbarkeit möglichst kurz zu halten. Der Prozeß "IBR" wird nur die notwendigen Statusinformationen im "eaab" sichern und dann über P(int) diesen Zustand verlassen. Falls kein neuer Interrupt (d.h. V(int)) anliegt, erhält der SV-PUM den Prozessor, der aufgrund der hohen Priorität

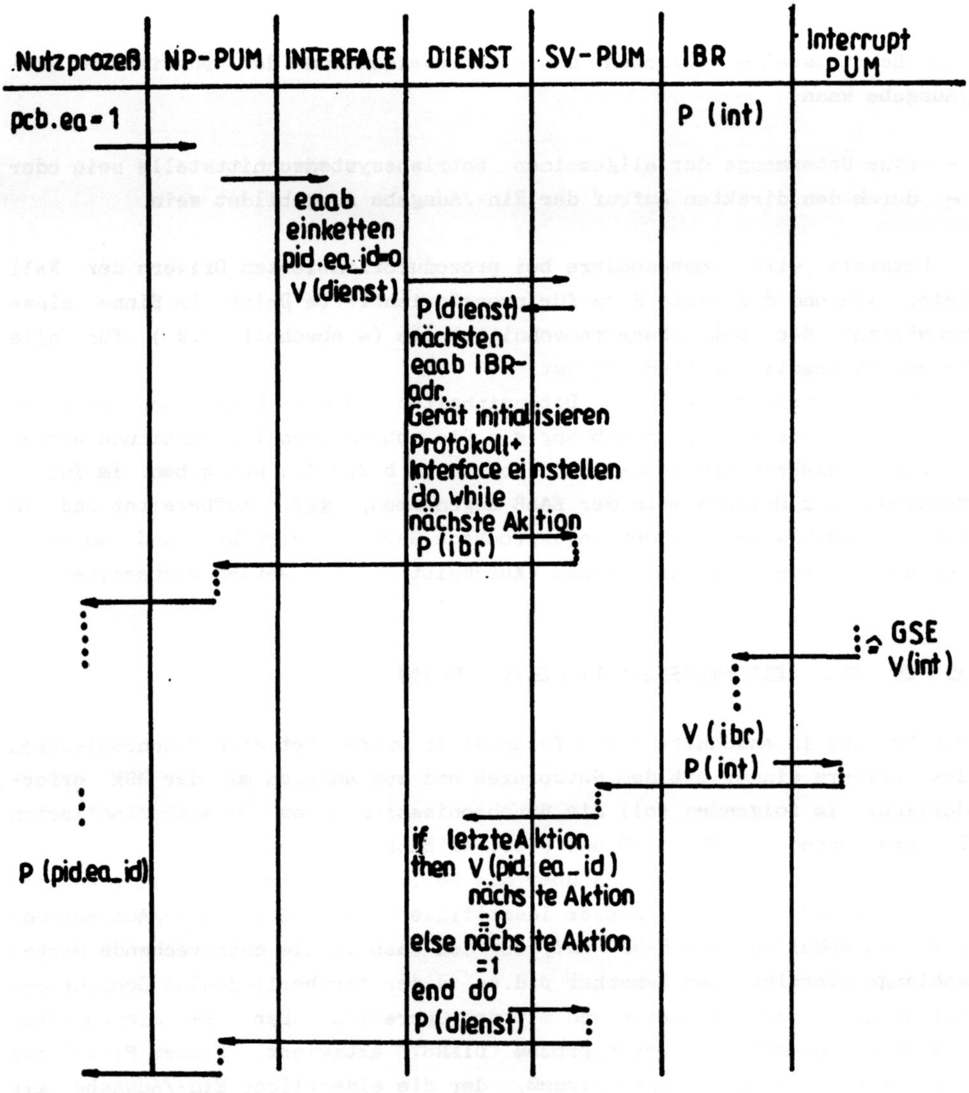

Abb. 5.26. Synchronisation der Driverprozesse

dem Prozeß "DIENST" den Prozessor zuteilen kann, da das Semaphor "ibr" den Wert 1 besitzt. Im Sinne der Betriebsmittelzuteilung liegt das verbrauchbare Betriebsmittel "ibr" vor. Wenn das die letzte Aktion für diesen "eaab" war, wird das Semaphor pid.ea_id=1 gesetzt. Damit könnte der Nutzprozeß seine Abarbeitung fortsetzen, falls er bei der Semaphoroperation P(pid.ea_id) angehalten wurde. Es sei noch bemerkt, daß die Semaphoroperationen V(sem) für die Semaphore "sem" der darüberliegenden Schicht aufgrund des höheren Privilegs einfache Inkrementationen bei nichtbinären Semaphoren und sonst Zuweisungen von "wahr" bedeuten.

Bei der Initialisierung des Betriebssystems werden die Prozesse "DIENST" und "IBR" mit Standardwerten nach Initialisierung der Semaphore

```
dienst := 0
int    := false
ibr    := false
```

kreiert.

Aus dem vorangehenden ist ersichtlich, daß die Prinzipien, nach denen die physische Ein-/Ausgabe in Betriebssystemen realisiert wird, nicht so vielfältig sind, wie es den Anschein hat. Die Vielfalt reduziert sich auf die unterschiedlichen

- Protokolle GSE - ZVE,
- Protokolle GSE - Gerät,
- Schnittstellen der GSE zur 2. Verbindungsstruktur,

die in den beiden Modulen

- PROTOKOLL GSE und
- INTERFACE GSE

zusammengefaßt werden können.

5.4. LOGISCHE EIN-/AUSGABE

Die Aufgabe der logischen Ein-/Ausgabe ist bereits in Abschnitt 5.1. hinreichend beschrieben worden. Durch die Entities in dieser Schicht (die sogenannten Handler) wird die Schnittstelle der logischen Ein-/Ausgabe auf die Schnittstelle der physischen Ein-/Ausgabe abgebildet. Beim Entwurf der logischen Ein-/Ausgabe sind die folgenden Probleme zu lösen

- Gestaltung der Schnittstelle (Datenobjekte und Funktionen über diesen),
- Transformation der Datenobjekte der logischen Ein-/Ausgabe auf Datenobjekte der physischen Ein-/Ausgabe,
- Transformation der Dienste der logischen Ein-/Ausgabe auf die Gerätefunktionen.

5.4.1. SCHNITTSTELLE DER LOGISCHEN EIN-/AUSGABE

Die Schnittstelle repräsentiert die Nutzung idealisierter Geräte. In Analogie zum virtuellen Speicher sollte man eigentlich besser von virtuellen Geräten sprechen, wenngleich in gängigen Betriebssystemen von logischen Geräten gesprochen wird. Die Lage dieser Schnittstelle ist in den einzelnen Betriebssystemen sehr unterschiedlich.

Im Betriebssytem CP/M[R] ist diese Schnittstelle sehr nahe der physischen Ein-/Ausgabe. Es wird z.B. hier eine virtuelle Diskette definiert mit den Eigenschaften:

- Diskettenlaufwerke A,.. , P ,
- Spurnummern 0,..., n-1 ,
- Sektornummern 1,..., m ,
- Sektorlänge 128 Bytes .

Die Schnittstelle des BIOS (Basis Input Output System) stellt nun eine Reihe von Diensten für diese virtuelle Diskette bereit:

- Auswahl Laufwerk,
- Auswahl Spur,
- Auswahl Sektor,
- ausgewählten Sektor lesen,
- ausgewählten Sektor schreiben.

Im CP/M[R] ist die physische Ein-/Ausgabe dem Nutzer verborgen! Das BIOS ist die logische Ein-/Ausgabe.

Im Betriebssystem MS-DOS[R] ab der Version 2 verschiebt sich diese Schnittstelle der logischen Ein-/Ausgabe weit in das Filesystem (s.Kapitel 6), bzw. das Filesystem ist so vereinfacht, daß es nur noch Datenströme des Files gibt. Jede Strukturierung ist aufgehoben. Es existiert hier also das virtuelle Gerät "Datenstrom" mit den Eigenschaften:

- lesbarer (ggf. endlicher) Datenstrom,
- schreibbarer (ggf. endlicher) Datenstrom.

Das DOS stellt dabei Dienste zur Verfügung, wie

- Eröffnen eines Datenstromes auf Tastatur, Bildschirm oder Drucker,
- Eröffnen eines Datenstromes auf einem File,
- Lesen von n Bytes aus dem Datenstrom,,
- Schreiben von n Bytes in den Datenstrom.

Es muß aber betont werden, daß im MS-DOS[R] auch im dortigen BIOS Dienste für virtuelle Geräte, z.B. einen Einheitsdrucker mit druckbaren und Steuerzeichen, existieren. Über welche Schnittstelle mit welchem Protokoll der Drucker angeschlossen ist, interessiert an der Schnittstelle der logischen Ein-/Ausgabe nicht. Für den Driver in der physischen Ein-/Ausgabe, die bei MS-DOS® -Systemen meist als Firmware in einem ROM ausgelegt ist, ist das aber durchaus relevant. Bei vorliegenden Betriebssystemen muß man also sehr sorgfältig unterscheiden zwischen der physischen und der logischen Ein-/ Ausgabe. Beim eigenen Entwurf eines Betriebssystems sollte man keineswegs auf diese Schicht verzichten.

Die logische Ein-/Ausgabe ist die unterste geräteunabhängige Schicht eines Betriebssystems. Alle auf die logische Ein-/Ausgabe aufbauenden Systeme brauchen die Gerätebesonderheiten nicht zu berücksichtigen. Sie gehen von virtuellen Geräten aus, die durch die Software (durch das Betriebssystem) definiert sind.

5.4.2. PUFFERUNG

Die physische Ein-/Ausgabe muß immer einen Hauptspeicherbereich als Puffer bereitstellen, der der Länge der Datenobjekte entspricht. Wenn keine Umcodierung der Daten (s.Abschnitt 5.4.3.) notwendig ist, kann dieser Datenbereich auch direkt der Bereich des Dienstnutzers an der Schnittstelle der logischen Ein-/Ausgabe sein. Die Parameterübergabe an dieser Schnittstelle und an der der physischen Ein-/Ausgabe erfolgt dann nicht durch Werte, sondern durch Referenzen. Damit spart man nicht nur internen Speicherplatz, sondern auch Prozessorzeit für das Umspeichern. Das funktioniert jedoch nur bei einer physischen Ein-/Ausgabe, die erst durch die logische Ein-/Ausgabe aktiviert wird. Der Nutzprozeß muß sich aber selbst um die Bereitstellung der Puffer kümmern und die Synchronisation mit dem Driverprozeß beachten (s.a. Erzeuger-Verbraucher-Problem in Abschnitt 3.4.). Bei dieser Form der Pufferung unterscheidet man folgende Varianten

- ein Puffer für ein Datenobjekt,
- zwei Puffer für je ein Datenobjekt,
- n Puffer für je ein Datenobjekt.

Im ersten Fall übergibt der Nutzprozeß die Pufferadresse an die Ein-/Ausgabe und muß ggf. warten, bis die Ein-/Ausgabe beendet ist. Durch Verwendung von zwei Puffern (Wechselpuffer, Pingpong-Puffer) kann der Nutzprozeß den einen Puffer bearbeiten, während die Ein-/Ausgabe leert bzw. füllt. Wenn die Schnittstelle die Ein-/Ausgabe mehrerer Datenobjekte gestattet, empfiehlt sich ein Ringpuffer aus n verketteten Elementen.

Stimmt die Länge der Datenobjekte von logischer und physischer Ein-/Ausgabe nicht überein, so muß eine Pufferung in der logischen Ein-/Ausgabe erfolgen. Im allgemeinen ist die Länge der Datenobjekte der logischen Ein-/Ausgabe kleiner als die der physischen Ein-/Ausgabe. Auf ein besonderes Problem wurde bereits in Abschnitt 5.2.3. eingegangen. Der Vorteil des schnelleren Zugriffs bei dieser sogenannten Blockung wird erkauft durch die Bereitstellung eines entsprechend ständig belegten Pufferraumes im internen Speicher. Stellt die logische Ein-/ Ausgabe den ganzen Puffer jeweils nur einem virtuellen Gerät zur Verfügung, muß bei Gerätewechsel der Puffer auf das entsprechende physische Gerät zurückgeschrieben werden (falls auf das logische Gerät und damit auf den Puffer geschrieben wurde) und in den Puffer vom neuen physischen Gerät geschrieben werden.

Diese Pufferungen in der logischen Ein-/Ausgabe ergaben sich immer durch Aktivitäten, die an der oberen Schnittstelle ausgelöst wurden. Auch bei der Anwendung von SPOOL (engl. Abkürzung von Simultaneons Peripheral Output OnLine) in der logischen Ein-/Ausgabe wird Pufferung notwendig. Der Dienst der logischen Ein-/Ausgabe verursacht nicht 1:1 einen Dienst an der physischen Ein-/Ausgabe, sondern liest bzw. schreibt n Bytes aus einem bzw. in einen Puffer. Ein gesonderter unendlicher zyklischer Prozeß schreibt bzw. liest Bytes in bzw. von dem Puffer, um sie über die physische Ein-/Ausgabe vom bzw. zum Gerät zu lesen bzw. zu schreiben. Dieser

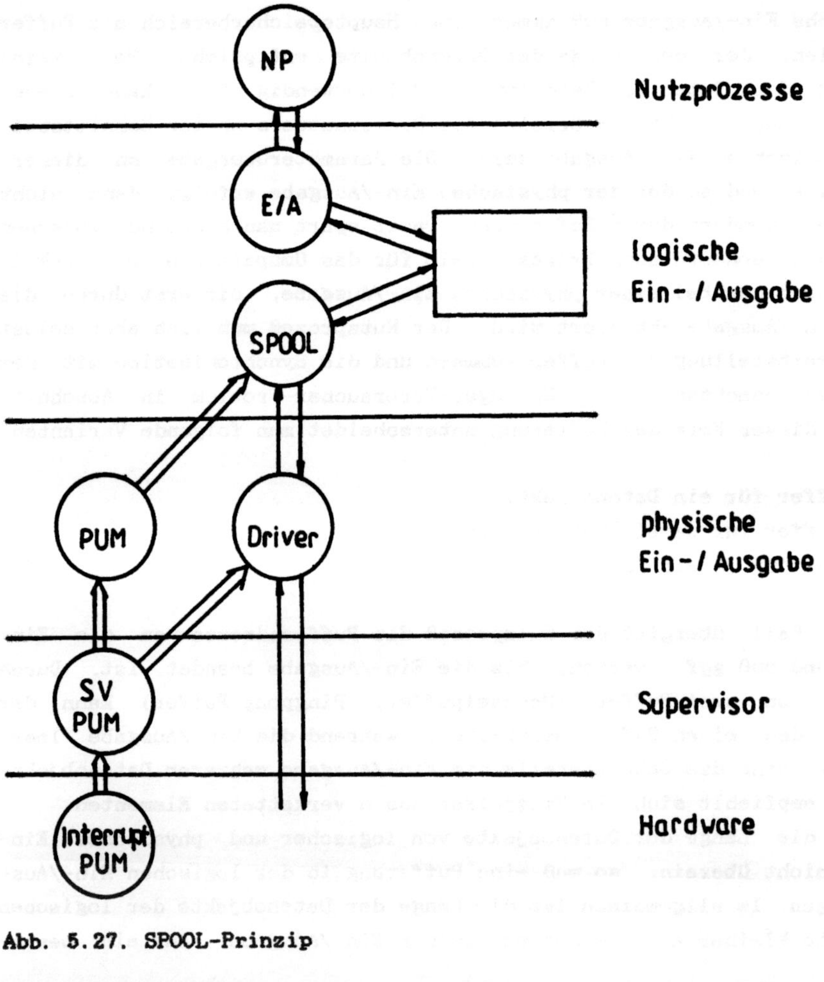

Abb. 5.27. SPOOL-Prinzip

Ein-/Ausgabeprozeß erhält den Prozessor aufgrund seiner Lage in der privilegierten Ein-/Ausgabe-Schicht mit hoher Priorität, nachdem durch einen Interrupt über den dazugehörigen PUM dem aktuellen Prozeß der Prozessor entzogen wurde (Abb. 5.27). Die beiden Prozesse "E/A" und "SPOOL" müssen bez. des Puffers in völliger Analogie zum Erzeuger-Verbraucher-Problem (Abschnitt 3.4.) synchronisiert werden. Dieses Spooling durch die logische Ein-/Ausgabe erhöht die Parallelität der Verarbeitung im Gesamtsystem, ohne die Nutzprozesse mit der Synchronisation zu belasten. Die Interrupts für die Spool-Prozesse können dabei durch die entsprechenden Geräte selbst (Zeichen aus GSE abgenommen/neues Zeichen in GSE angekommen) oder durch einen Uhrimpuls ausgelöst werden. Bei letzterem wird das Gerät dann - wie beim Polling - abgefragt, ob das erwartete Ereignis eingetreten ist. Es wird hier jedoch nur einmal bei jedem Uhrinterrupt abgefragt und im negativen Fall zum unterbrochenen Prozeß zurückgekehrt.

5.4.3. CODIERUNG

An der Schnittstelle der logischen Ein-/Ausgabe liegen die Daten in einem Code vor, der durch das definierte virtuelle Gerät festgelegt wurde. Wenn das virtuelle Gerät z.B. mit ASCII vereinbart wurde, der reale Drucker aber nur EBCDIC versteht, muß in dieser Schicht die Umcodierung vorgenommen werden. Besonders gilt das natürlich auch für nichtdarstellbare Zeichen, die Steuerzeichen (z.B. für Cursorposition, Magnetbandverschiebungen usw.). Diese unterscheiden sich i.allg. für die einzelnen Geräte sehr stark voneinander, wenngleich sich z.B. bei Druckern Standards (der Industrie) durchzusetzen scheinen.

5.4.4. SYNCHRONISATION

Bei der Synchronisation der Nutzprozesse mit der logischen Ein-/Ausgabe sind die folgenden zwei Fälle zu unterscheiden:

- Der logische Dienst aktiviert direkt einen physischen Dienst.
- Es liegt Spooling vor.

Im ersten Fall wird die Synchronisation einfach auf die der physischen Ein-/Ausgabe durchgereicht (s. Abschnitt 5.3.5.). Im zweiten Fall wird der Dienst mit dem Puffer sofort ausgeführt. Ist das nicht möglich, wird bis zur Ausführung gewartet. Da dieser Fall sehr selten ist, wird i.allg. der Komfort einer Warteschlange für Anforderungsblöcke vor dem Puffer nicht implementiert.

5.4.5. ZUORDNUNG VIRTUELLES – PHYSISCHES GERÄT

Ein virtuelles Gerät kann eineindeutig einem physischen Gerät zugeteilt werden, oder es können mehrere virtuelle Geräte einem physischen Gerät zugeordnet werden. Ein typisches Beispiel für den letzteren Fall ist ein Druckerspooler. Mehrere Nutzprozesse geben Druckausgaben auf, und zwar je Spool-Puffer im Sinne eines virtuellen Gerätes. Für die einzelnen virtuellen Geräte müssen aber ein eindeutiger Anfang und ein eindeutiges Ende des Datenstromes vorgesehen sein, sonst würden die Aufgaben wirr durcheinander auf dem Drucker erscheinen. Das kann über die Schnittstelle durch einen besonderen Dienst, könnte aber auch durch ein Protokoll der logischen Ein-/Ausgabe mit den Nutzern erfolgen /HEN87/.

Die Zuordnung des virtuellen Gerätes zum physischen Gerät kann sehr unterschiedlich erfolgen:

1. Installation des Betriebssystems
Während der Konfigurierung bzw. Installation des Betriebssystems wird das virtuelle Gerät einem ganz bestimmten physischen Gerät fest zugeordnet. Während der Arbeit des Betriebssystems kann daran nichts geändert werden. Zum Zeitpunkt der Installation kann aber ein beliebiges Gerät mit einem Driver in das System eingebracht werden, dem nun ein virtuelles Gerät zugeordnet werden kann.

2. Änderung von Zuweisungstabellen
Während der Arbeit des Betriebssystems lassen sich

- durch direkte Änderung der Tabellen,
- durch Dienste der logischen Ein-/Ausgabe oder
- durch ein Protokoll mit dem Nutzer (d.h. ein Kommando)

die Zuweisungstabellen ändern.

3. Temporäre Zuweisung
Beim Aufruf des Ein-/Ausgabedienstes oder durch ein Protokoll (z.b. JCL bei OS/ES) wird die Zuordnung nur für die Ausführung dieses Dienstes oder für die Lebensdauer des Jobs (Jobschrittes) vorgenommen.

5.5 . AUFGABEN

1. Welche Aufgaben hat die E/A-Steuerung in Betriebssystemen?
2. Erläutern Sie die Wirkungsweise des Interruptsystems eines Ihnen bekannten Rechners! Beschreiben Sie den Ablauf einer E/A-Unterbrechung!
3. Geben Sie einen Überblick über die wichtigsten Datenträger eines Rechnersystems, gruppiert nach Großrechner - Kleinrechner - Kleinstrechner!

4. Worin unterscheiden sich logische und physische Ein-/Ausgabe?
5. Was versteht man unter einem Driver? Erläutern Sie seine Aufgaben!
6. Welche Prinzipien der physischen Ein-/Ausgabe gibt es? Stellen Sie Vor- und Nachteile der einzelnen Verfahren einander gegenüber! Vergleichen Sie die Verfahren insbesondere bez. Prozessorauslastung und Möglichkeiten der Parallelarbeit!
7. Beschreiben Sie Aufbau und Funktionsweise eines Magnetplattenspeichers (Wechselplatte oder Diskette), und zwar sowohl des Geräts als auch des Datenträgers! Erklären Sie den Ablauf einer E/A-Anforderung für einen solchen Datenträger! Leiten Sie daraus Forderungen ab, die die Effektivität eines Betriebssystems wesentlich beeinflussen!
8. Gegeben sind folgende technischen Angaben einer 5,25"-Magnetdiskette und des zugehörigen Laufwerks K 5600.10: 40 Spuren, 48 tpi, 300 Umdehungen/min, Übertragungsrate 250 KBit/s.
   Wie groß ist der aus der Formatierung resultierende Verlust an Speicherplatz insgesamt und prozentual bei den Formatierungsformen
   - 16 Sektoren pro Spur zu je 256 Byte
   - 26 Sektoren pro Spur zu je 128 " ?

   Wie groß ist die Gesamtkapazität einer formatierten Diskette? Schätzen Sie den Anteil des für die Formatierung eines Sektors erforderlichen Speicherplatzes ab!
9. Berechnen Sie die (für Nutzer verfügbare) Gesamtkapazität und den Nutzungsgrad eines ESER-Magnetbandes von 730 m Länge, einer Kluftbreite von 16 mm und 32 Byte/mm Aufzeichnungsdichte!
10. Folgende Tabelle enthält einige ausgewählte Werte üblicher Plattenspeichergeräte bei Großrechnern, Kleinrechnern und Kleinstrechnern:

Gerät	t_p [ms]	u [1/min]	Übertragungsraten	Spuren	Zahl der Blöcke je Spur (Bytes je Block)
ES 5053	50	2 400	156 000 Byte/s	200	25(80), 11(256), 3(1024), 1(3625)
ES 5066	30	3 600	806 KByte/s	404	100(80), 1(13065)
SM 5400	50	2 400	300 KByte/s	200	12(512)
MF 3200	75	360	250 KBit/s	77	26(128), 4(1024)

(t_p - mittlere Positionierzeit, u - Umdrehungszahl).

a) Ermitteln Sie die Verhältnisse der Zeiten Transfer (physischer Zugriff) : Suchen : Positionieren, bezogen auf jeweils einen Block!
b) Diskutieren Sie die Abhängigkeit der Größe "Transferzeit:Gesamtzugriffszeit" von der Anzahl der einzulesenden (kontinuierlich gespeicherten) Blöcke einer sequentiellen Datei am Beispiel des Geräts SM 5400!
c) Berechnen Sie jeweils die dem Nutzer maximal zur Verfügung stehende Speicherkapazität!

11. Eine sequentielle Datei sei
   - auf einem Magnetbandgerät ES 5017 (1,5 m/s Bandgeschwindigkeit, 10 ms Start-Stop-Zeit für Anlauf und Anhalten des Geräts vor und nach einer Datenübertragung)

- einem Wechselplattenspeicher ES 5053,

  gespeichert; im letzten Fall ist zu unterscheiden, ob bei jedem Zugriff zu einem Block vorher zu positionieren ist oder nicht (warum?).

Stellen Sie die für den Zugriff auf einen Block insgesamt benötigten Zeiten für beide Speicherungsarten einander gegenüber! Welches ist die die Zugriffszeit bestimmende Haupteinflußgröße?

12. Wodurch ist der Multiprogrammbetrieb in RS möglich?
13. Auf welche Weise verwaltet das BS die zur Erfüllung von E/A-Anforderungen erforderlichen Informationen?

6. DATENVERWALTUNG

6.1. EINORDNUNG IN DAS BETRIEBSSYSTEM

Es ist in RS notwendig, Daten über die Lebensdauer eines Prozesses zu speichern. Dazu eignen sich Datenträger, die wiederverwendet werden können, wie Magnetband, Magnetplatte, Magnetblasenspeicher u.ä. (Kapitel 5). Selbst bei Vorliegen geeigneter Driver und Handler würde es jedoch insbesondere in Multiprozeßsystemen auf den Datenträgern zu einem Chaos führen, wenn jeder Nutzprozeß willkürlich Daten dort ablegen würde.

Also ist es notwendig, oberhalb der Driver bzw. Handler eine weitere Schicht in das BS aufzunehmen, die **Datenverwaltung**. Während der Driver eine Dienstschnittstelle für physische Geräte und der Handler eine Dienstschnittstelle für virtuelle (logische) Geräte bereitstellen, stellt die Datenverwaltung eine geräteunabhängige Dienstschnittstelle für Daten zur

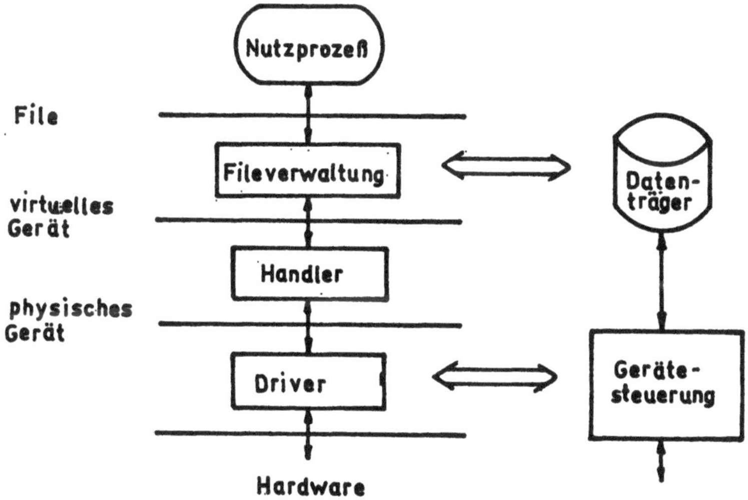

Abb. 6.1. Stellung der Datenverwaltung im BS

Verfügung. Daten können damit für den Nutzprozeß geräteunabhängig verwaltet werden. Damit sie in RS handhabbar sind, werden sie in Einheiten zusammengefaßt, in sogenannten **Dateien** (DATen + KartEI) oder **Files** .

Definition 6.1

Ein **File** ist ein selbständiges Objekt in einem RS und besteht aus einer Sammlung von Bytes. Jedes File ist durch einen Namen identifizierbar. Die Bytes eines Files sind abhängig von der Zugriffsform des Files erreichbar.

Die Bedeutung der Bytes ist für das BS nicht relevant. Nur die Nutzprozesse können sie als Zahlen, Zeichenketten, Bitfolgen interpretieren. Ein File ist also durch ein Tripel

F = (name, attribute, werte)

gekennzeichnet.

Die Attribute kennzeichnen die Zugriffsform, die Zugriffsberechtigung und ggf. die Nutzungsform eines Files. Da Files über die Lebensdauer der Prozesse und Laufzeit des BS hinaus existieren, müssen alle Verwaltungsinformationen mit den Files auf externen Speichern abgelegt werden. Für eine graphentheoretische Definition des Filebegriffs sei auf /NOL76/ verwiesen.

Die Aufgaben der Datenverwaltung sind die folgenden

- Verwaltung der Files im RS,
- Verwaltung der Files auf den Datenträgern,
- Realisierung einer Dienstschnittstelle für Nutzprozesse mit
  + Definition einer Zugriffsform zum File,
  + Funktionen zur Behandlung der Daten des Files,
  + Bindung logischer Namen der Nutzprozesse an die physischen Namen der Files,
- Verwaltung des Speicherraumes der Datenträger,
- Schutz und Sicherheit der Files.

6.2. DATENTRÄGER FÜR DIE SPEICHERUNG VON FILES

Das Software-Betriebsmittel File bedarf eines physischen Betriebsmittels, auf das es abgebildet werden kann. Dafür eignen sich die wiederverwendbaren Betriebsmittel

- Magnetband,
- Magnetplatte (Diskette), Magnettrommel o.ä.,
- Magnetblasenspeicher und
- Speicher, die auch als HS geeignet sind (RAM = Random Access Memory).

Ihr technischer Aufbau - soweit er für BS von Interesse ist - wurde im Kapitel 4 bei der Ein-/Ausgabe behandelt. Wenn wir von der letzten Speicherart absehen, ist die kleinste ansprechbare Dateneinheit immer eine Bytefolge, ein sogenannter Block.

Prinzipiell unterscheidet man

- nichtadressierbare externe Speicher(Magnetband, Magnetblasenspeicher),
- adressierbare externe Speicher (Magnetplatte, RAM).

6.2.1. NICHTADRESSIERBARE EXTERNE SPEICHER

Das wesentliche Kennzeichen dieser Datenträger ist das Fehlen einer Adresse der einzelnen Blöcke. Man kann also nicht einen bestimmten Block ansprechen. Es gibt z.B. keinen Block mit dem Namen "HAUS" oder keinen Block

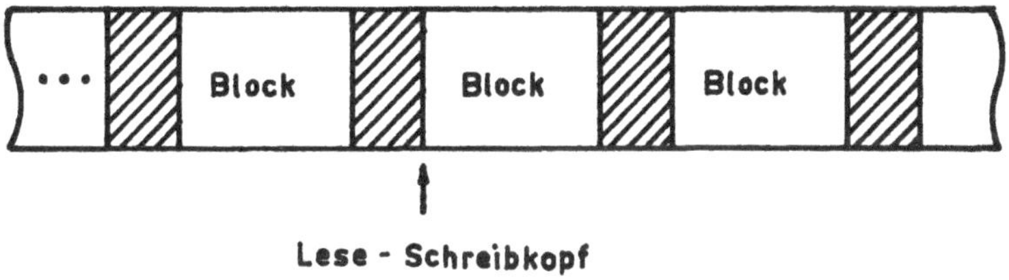

Abb. 6.2. Sequentielle Adressierung

der Adresse 17. Der Zugriff zu den einzelnen Blöcken erfolgt nur sequentiell. Es gibt nur den nächsten Block und ggf. den vorangehenden Block, wenn Rückwärtslesen möglich ist.

Die Speicherplatzvergabe erfolgt **konsekutiv fortlaufend**. Zwei Files werden i.allg. durch eine "Superkluft" und einen besonderen Kennzeichnungsblock (Abschnitt 6.3.) voneinander getrennt. Dadurch ist es nicht möglich, ein File auf einem nichtadressierbaren Datenträger ohne weiteres zu erweitern.

Manche Geräte für derartige Datenträger gestatten selbst ein Aktualisieren eines Blockes nicht. Man kann nicht einen Block lesen, zurücksetzen und erneut beschreiben. Das Entfernen eines Blockes ist nicht möglich, weil damit die Sequenz zerstört würde.

6.2.2. ADRESSIERBARE EXTERNE SPEICHER

Jeder Block auf einem Datenträger eines adressierbaren externen Speichers besitzt einen Namen bzw. eine Adresse. Dadurch ist er unmittelbar

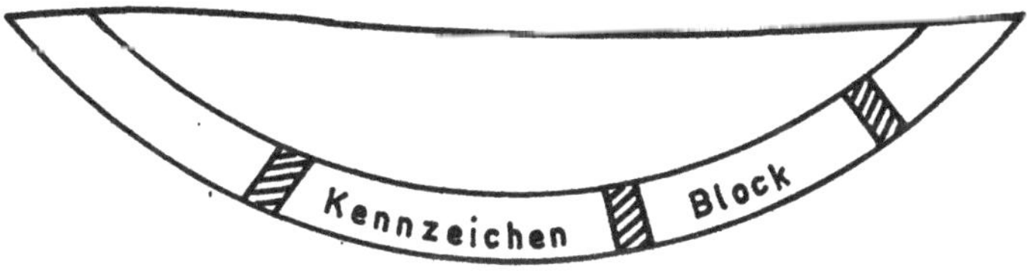

Abb. 6.3. Wahlfreie Adressierung

ansprechbar. Diese Adresse bzw. dieser Name stehen außerdem in einem Kennzeichnungsfeld unmittelbar beim Block (nicht beim RAM).

Der Name ist eine Bitfolge fester Länge. Der Zugriff zu einem Block über den Namen hängt von der Konstruktion des Gerätes ab. Bei einem Magnetplattenspeicher müßte dazu wenigstens noch die Zylinderadresse, besser jedoch noch die Spuradresse angegeben werden. Die Adresse hängt ebenfalls von der Konstruktion des Gerätes ab, beim Magnetplattenspeicher besteht sie aus drei Teilen

- Zylinderadresse,
- Spuradresse und
- Blocknummer in der Spur.

Je nachdem, welche Schnittstelle die Fileverwaltung benutzt, bezieht sich die Adresse auf ein virtuelles oder das physische Gerät (Abb. 6.1).

Oft benutzt die Fileverwaltung eine zusätzliche einstellige Adressierungsform mit einer generierbaren Umsetzung der Blockadresse des Filesystems auf die Blockadresse des virtuellen oder physischen Gerätes. Zur Erläuterung betrachten wir das BS CP/M (Abschnitt 8.3.1.).

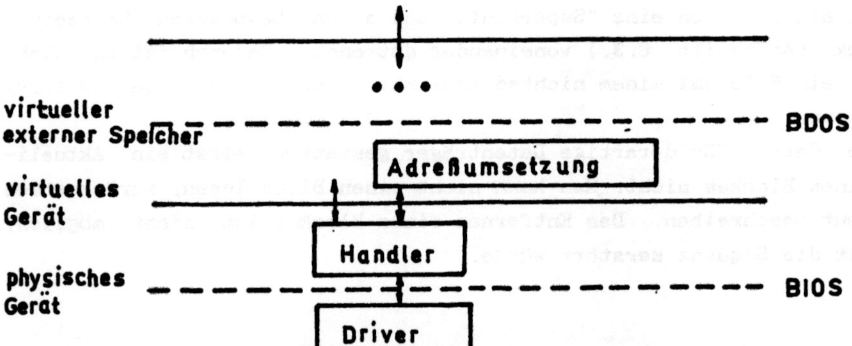

Abb. 6.4. Adressierung des externen Speichers im BS CP/M

Das BIOS liefert eine Dienstschnittstelle für einen "Einheitssektor" (einen Block in unserer Sprechweise) von 128 Bytes eines virtuellen Diskettengerätes mit y Spuren und z Sektoren pro Spur. Durch den Handler im BIOS wird das umgesetzt auf den tatsächlichen Sektor $2^n * 128$ Bytes mit einstellbarer Länge des physischen Diskettengerätes mit a Seiten, b Spuren und c Sektoren pro Spur, womit natürlich eine Pufferung vorhanden ist. Das BIOS adressiert einen virtuellen externen Speicher aus x Blöcken der Länge $2^m * 1024$ Bytes für die File- und Speicherverwaltung, das BDOS greift jedoch auf die Einheitssektoren zu. Damit wird eine weitgehende Unabhängigkeit des Filesystems vom externen Speicher erreicht. In RS mit CP/M oder MS-DOS wird oft sogar ein Teil des HS oder eine zweite "Speicherbank" als sogenannte RAM-Diskette angeschlossen. Dafür ist letztendlich nur ein spezieller Driver an das BIOS anzufügen.

Auf adressierbaren Datenträgern kann also jeder Block mit einem Zugriff erreicht werden. Bei einer Blockung im Handler mit dem Faktor BF sind es nur1/BF Zugriffe.

Die Speichervergabe an die Files auf adressierbaren Datenträgern erfolgt auf folgende Arten

- konsekutive Folge von Blöcken,
- verkettete Blöcke und
- Listen von Zeigern auf Blöcke.

Bei der ersten Art muß für jedes File vor der ersten Benutzung eine feste Anzahl konsekutiver Blöcke reserviert werden. Damit wird der Speicherraum des externen Speichers schlecht ausgenutzt. Es tritt eine Fragmentierung

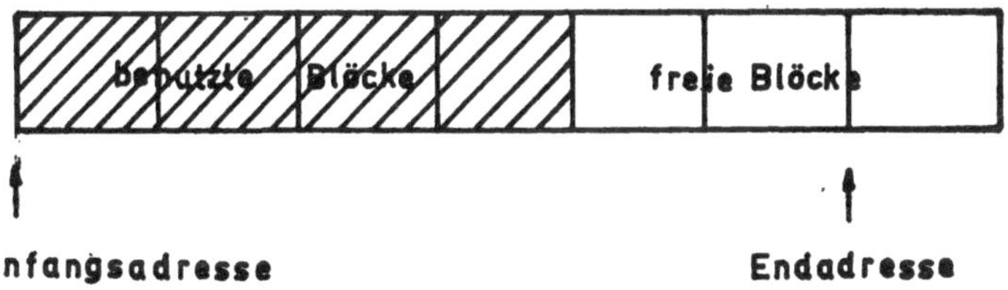

Abb. 6.5. Konsekutive Blockvergabe

für das ganze File auf, und unbenutzte Blöcke können nicht an die Dateiverwaltung zurückgegeben werden. Wenn es die Geräte erlauben, können jedoch mehrere Blöcke mit einem Zugriff erreicht werden.

Bei verketteten Blöcken tritt eine interne Fragmentierung je Block aufgrund der Kettungsinformationen auf. Es wird jedoch nur soviel Spei-

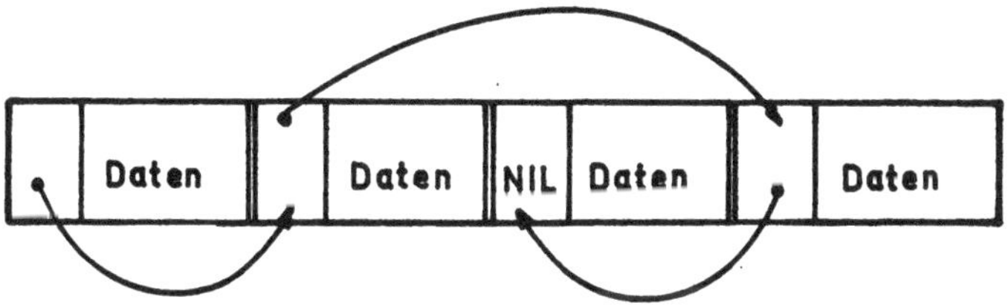

Abb. 6.6. Verkettete Blöcke

cherplatz belegt, wie für das File im Augenblick benötigt wird. Unbenutzte Blöcke können von anderen Files belegt werden. Der Zugriff auf einen bestimmen Block erfordert jedoch das Durchmustern der verketteten Blöcke.

Die Nachteile dieser beiden Arten der Speichervergabe werden im wesentlichen durch Listen von Zeigern auf die Blöcke beseitigt. Es tritt keine interne oder externe Fragmentierung auf. Wenn die Liste im HS geführt wird, wird nur ein Zugriff zum Gerät für jeden Block benötigt. Hinzu kommt jedoch die Verwaltung der Listen, die zur Erhaltung der Konsistenz bei Vergrößern eines Files auch auf dem Datenträger aktualisiert werden müssen.

Die Verwaltung der freien Blöcke auf dem Datenträger kann durch eine

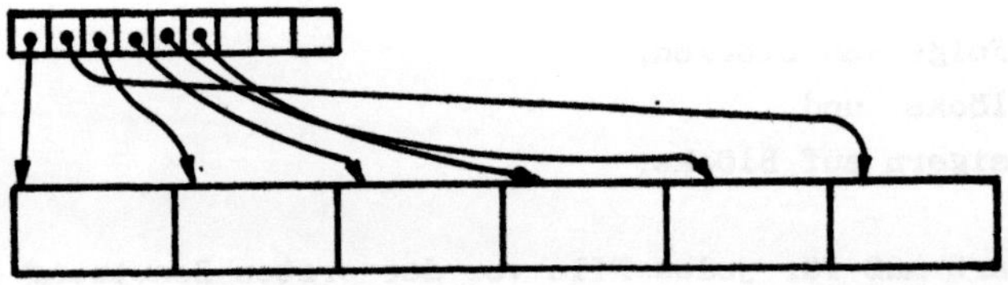

Abb. 6.7. Liste von Zeigern auf Blöcke

Adreß-Liste für alle Blöcke (MS-DOS), eine Bitliste (Bitmapping) aller Blöcke (CP/M), durch Bilden der Differenzmenge der vorhandenen und der belegten Blöcke oder durch Freispeicherkettung erfolgen. Die Methoden sind unterschiedlich schnell und sicher gegenüber Lese-Schreib-Fehlern. Deshalb werden diese Listen gelegentlich mehrfach auf dem Datenträger geführt, was aber wiederum mehr Zeit erfordert.

6.3. VERWALTUNG DER FILES IM RS UND AUF DEN DATENTRÄGERN

Da Files unabhängig von den laufenden Prozessen bzw. dem BS existieren, müssen sie in Verzeichnissen in vereinbarter Form auf den Datenträgern registriert sein. Dazu existiert ein Fileverzeichnis (VTOC = Volume Table Of Content, Directory) auf jedem Datenträger. Das kann vollständig auf einem gesonderten Bereich des Datenträgers erfolgen (OS/ES, CP/M) bzw. in einem Wurzelverzeichnis und im Filesystem selbst (RSX-11, VMS, UNIX, MS-DOS). Je nach Komfort können die folgenden Informationen gespeichert sein:

- Name des Datenträgers,
- Name des Files,
- Attribute des Files,
- Datum und Uhrzeit
  + der Filekreierung,
  + der letzten Nutzung,
  + des letzten Beschreibens,
- Zeiger auf Speicherbereich,

- Filegröße,
- Besitzer usw.

Die Fileverzeichnisse können auch mehrstufig aufgebaut sein unter Nutzung des Filesystems selbst. Das heißt, daß ein Unterverzeichnis selbst wieder

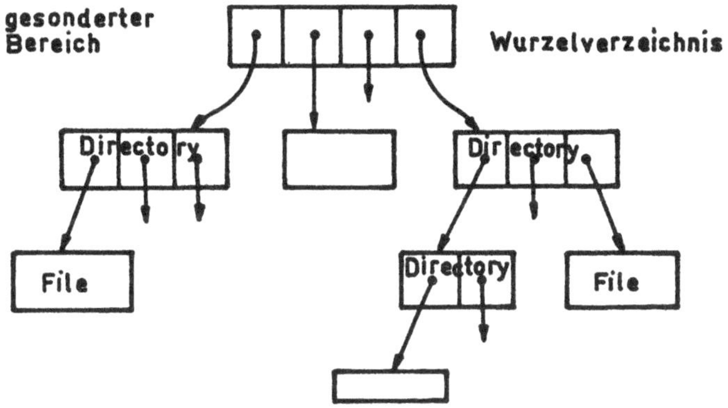

Abb. 6.8. Hierarchisches Fileverzeichnis

als File gespeichert ist. In diesen Fällen ist jedoch eine gesonderte Verwaltung des freien Speichers unbedingt erforderlich.

Mit einem VTOC bzw. Directory wird ein Datenträger verwaltet. Filenamen sind dadurch nur im Bereich des Datenträgers eindeutig. Für eine RS-weite Verwaltung ist ein übergreifender Katalog der Files erforderlich. Darin müssen wenigstens der Filename und der Datenträgername vermerkt sein (OS/ES). Ein solcher Katalog kann auch über mehrere Datenträger verteilt sein.

Auf sequentiellen Datenträgern werden die Informationen über ein File i.allg. beim File selbst als Vorsatz (Header) und Nachsatz geführt.

6.4. SCHNITTSTELLE DER DATENVERWALTUNG

6.4.1. ZUGRIFFSFORMEN ZU FILES

Der Zugriff zu Files hängt wesentlich von der Strukturierung ab. Es gibt

- unstrukturierte und
- in Sätzen strukturierte

Files.

Definition 6.2

Ein **Stapelfile** ist ein unstrukturiertes File. Es besteht aus einer Folge von Bytes. Der Zugriff erfolgt auf eine beliebige Unterfolge von Bytes ab dem aktuellen Zeiger, der sich um die Länge der Unterfolge erhöht.

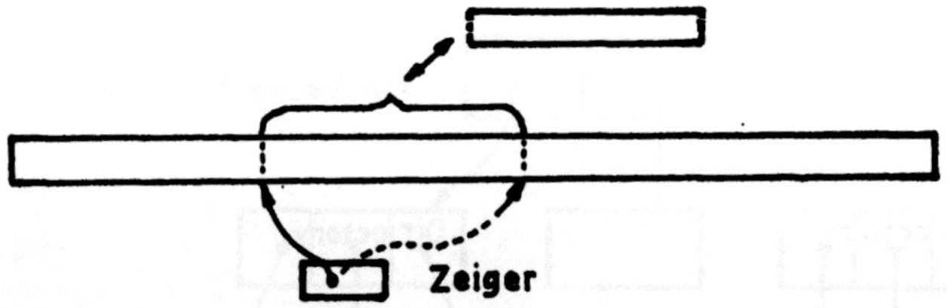

Abb. 6.9. Stapelfile

Der Name Stapelfile stammt aus den Anfängen der maschinellen Datenverarbeitung, als Daten über Lochkarten als Tupel (name, wert) in Rechner eingegeben und danach verarbeitet wurden. In neueren BS (UNIX, MS-DOS) fand diese Zugriffsform eine Renaissance, wobei nur Datenbytes gespeichert werden und das Zeigerkonzept eingeführt wurde. Funktionen zur Manipulation lassen Stapelfiles als Basis sowohl für sequentielle als auch für Direktzugriffsfiles auf einer höheren Schicht geeignet erscheinen.

Definition 6.3

Ein File, auf das **sequentiell** zugegriffen wird, ist in Sätzen strukturiert, die keinen Namen besitzen. Es kann nur auf einen kompletten Satz zugegriffen werden, und zwar auf den nächsten.

Der Satz ist eine festgelegte Strukturgröße des Files. Er ist nicht zu verwechseln mit dem Block! Im allgemeinen sind alle Sätze gleich lang. Die Satzlänge kann durch das BS festgelegt sein (bei CP/M 128 Bytes) oder durch den Nutzprozeß beim Kreieren des Files angegeben werden (OS/ES). In manchen BS (z.B. OS/ES) ist die Blocklänge nicht festgelegt. Beim Kreieren des Files kann die Blocklänge als sogenannter Blockungsfaktor

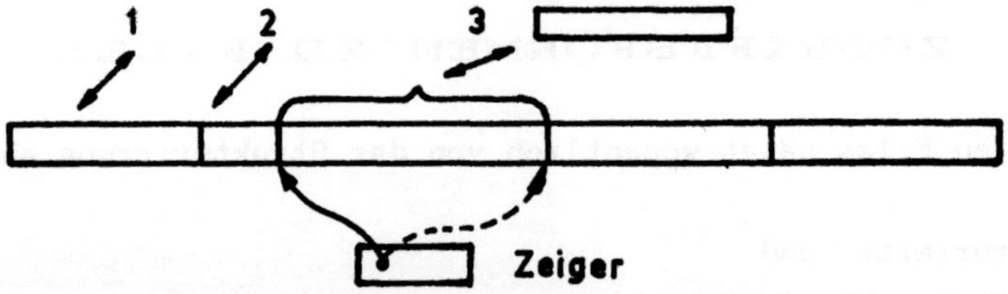

Abb. 6.10. Sequentieller Zugriff

BF = Anzahl Sätze/Block

angegeben werden. Dann muß die Datenverwaltung eine Blockung vornehmen, die unabhängig von einer weiteren Blockung in der Ein-/Ausgabe ist !

Definition 6.4

Ein File, auf das **wahlfrei** (DA-File = Direct Access File) zugegriffen wird, ist in Sätzen strukturiert, die einen Namen besitzen. Es kann auf einen **beliebigen** kompletten Satz zugegriffen werden.

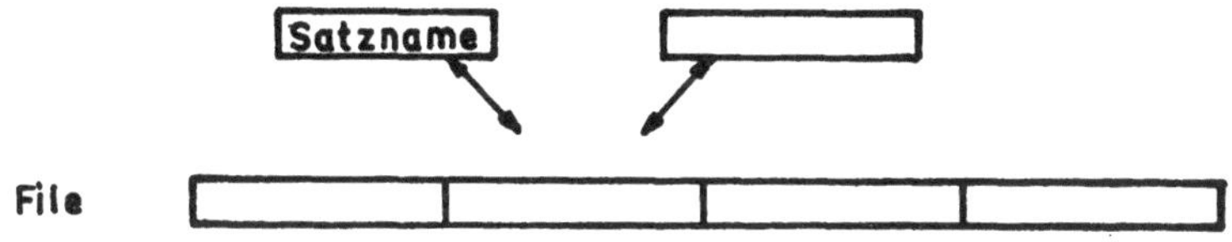

Abb. 6.11. Wahlfreier Zugriff

Die Sätze von DA-Files müssen gleichlang sein. Eine Blockung durch die Datenverwaltung ist nicht möglich. Es kann zu dem zugegriffenen Satz kein Vorgänger bzw. Nachfolger identifiziert werden. Als Satznamen finden beliebige Bytefolgen (sogenannte Schlüssel) oder ganze Zahlen Verwendung. Bei der Implementation der Zugriffsformen ist es bei der einen oder anderen Form durchaus möglich, daß auf ein- und dasselbe File sowohl sequentiell als auch wahlfrei zugegriffen werden kann (Abschnitt 6.5.).

6.4.2. DIENSTE

Die Datenverwaltung des BS hat Dienste

- für das File als Ganzes und
- für den Datentransfer zwischen File und HS

bereitzustellen. Zu den Diensten für ein File gehören die folgenden:

- File kreieren: Als Parameter sind die Attribute und ggf. der Datenträgername anzugeben.
- File löschen.
- File reorganisieren: Einige Implementationen (z.B. Indexlisten) erfordern eine Reorganisation des Files, um die Zugriffspfade (Abschnitt 6.5.) zu verringern.
- File umbenennen.
- Files mischen: Mehrere Files können zu einem File vereinigt werden.

Für sequentielle und Stapelfiles bedeutet das ein Aneinanderketten.
- File eröffnen: Vor dem Datentransfer zwischen File und HS muß dem BS eine Mitteilung gemacht werden, damit die Existenz des Files überprüft und der Datentransfer vorbereitet werden kann.
- File schließen: Das Schließen ist erforderlich, um ggf. vorhandene Puffer auf den Datenträger zu übertragen und die Verzeichnisse zu aktualisieren.

Nach dem Eröffnen eines Files können die Datentransferdienste in Anspruch genommen werden.

- File lesen: Als Parameter sind der HS-Bereich und die Länge der Bytefolge (bei Stapelfiles) bzw. der Satzname (bei DA-Files) anzugeben.
  File schreiben: Als Parameter ist der HS-Bereich und ggf. der Satzname anzugeben.
- File erweitern: Anfügen eines Satzes (sequentielles File) oder einer Bytefolge (Stapelfile) an das File.

6.4.3. BINDUNG LOGISCHER UND PHYSISCHER FILENAMEN

In den Programmtexten werden sogenannte logische Filenamen verwendet. Damit kann ein Programmtext in verschiedenen Prozessen mit unterschiedlichen Files (physischer Name) arbeiten. In den meisten BS wird beim Eröffnen die Angabe des physischen Namens verlangt. Dann hat sich der Nutzprozeß, ggf. durch eine eigene Nutzerkommunikation, um die Bereitstellung

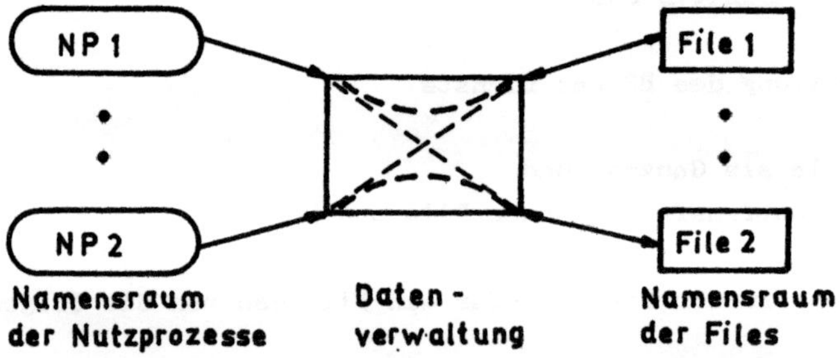

Abb. 6.12. Bindung logischer und physischer Filenamen

des physischen Namens zu kümmern. In einigen BS ist diese Bindung über die allgemeine Nutzerkommunikation des BS beim Prozeßstart möglich. Im OS/ES erfolgt das z.B. über die JCL-Anweisung

```
//log_name DD DSNAME=phys_name, ...
```

6.5. IMPLEMENTATION DER ZUGRIFFS-FORMEN

Die wesentliche Aufgabe der Datenverwaltung besteht in der Abbildung der Filesystemschnittstelle auf die Dienste der Driver bzw. Handler.

Die Filesystemschnittstelle ist gekennzeichnet durch

- die Objekte "Files",
- einen Namensraum für die Sätze eines Files,
- Dienste für Zugriffe zu Sätzen der Files.

Die Schnittstelle der Driver bzw. Handler ist gekennzeichnet durch

- die Objekte Gerät mit Datenträger,
- einen Adreßraum für die Blöcke auf den Datenträgern,
- Dienste für Zugriffe zu den Blöcken eines Datenträgers.

6.5.1. TRANSFORMATION DER SATZ-STRUKTUR

Die Sätze eines Files (außer Stapelfiles)

- besitzen einen Namen (zwangsläufig für wahlfreien Zugriff) oder keinen (ausreichend für sequentiellen Zugriff),
- besitzen eine feste Länge oder können variabel lang sein.

Da Driver immer einen kompletten Block für den Transfer fordern, muß im HS ein Puffer für einen Block durch die Datenverwaltung bereitgehalten werden. Geht man von einer festen Blocklänge des BS aus, so ergeben sich prinzipiell folgende Möglichkeiten der Transformation der Satzstruktur

- BF > 1 mehrere Sätze in einem Block,
- BF = 1 ein Satz in einem Block,
- BF < 1 ein Satz erstreckt sich über mehrere Blöcke.

Bei fester Blocklänge tritt dabei i.allg. eine interne Fragmentierung auf (Abb. 6.13). Werden jedoch zwei Puffer verwendet, können die Sätze über Blockgrenzen ohne Lücken abgespeichert werden. Für Stapelfiles und sequentielle Files ist das problemlos, für DA-Files gestaltet sich dann jedoch die Transformation des Satznamens auf die Blockadresse kompliziert.

Wenn jedoch die Driver- bzw. die Handlerschnittstelle Dienste für dynamisch veränderliche Blocklängen erlaubt (OS/ES), werden die angeführten Probleme gegenstandslos.

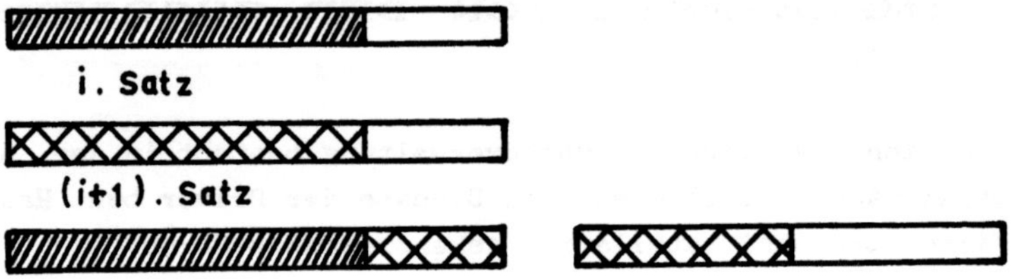

Abb. 6.13. Fragmentierung des externen Speichers

6.5.2. IMPLEMENTATION VON STAPELFILES UND SEQUENTIELLEN FILES

Tab.6.1. Implementation der Zugriffsformen

	Blöcke auf Datenträger	
Zugriffsform	nichtadressierbar	adressierbar
Stapelfile	* max. Blocklänge = Puffer im HS	* zusammenhängende Blöcke * gekettete Blöcke * Listen von Zeigern
sequentielles File	* Blockung	* zusammenhängende Blöcke * gekettete Blöcke * Listen von Zeigern * Bäume
DA-File	- effektiv nicht möglich	* eineindeutige Abbildungsfunktion * eindeutige Abbildungsfunktion (Hash-Codierung) * Listen von Zeigern * Bäume (* gekettete Blöcke)

Stapelfiles und sequentielle Files sind einfach auf nichtadressierbare Datenträger abbildbar. Für Stapelfiles wird man die Blocklänge so groß wie möglich (wenn möglich gleich der maximalen Puffergröße) wählen, um die Zugriffe zum externen Speicher mit seiner langen Zugriffszeit zu minimieren. Das gleiche trifft auch für sequentielle Files zu, wobei die Blockung so zu wählen ist, daß die Fragmentierung bei gegebener Puffergröße minimal bleibt. Die Abbildung dieser Files auf adressierbare Datenträger ist einfach auf physisch oder logisch zusammenhängende Blöcke möglich. Werden Bereiche physisch zusammenhängender Blöcke benutzt, entsteht eine externe Fragmentierung, da vorab der eventuell benötigte Speicher für das ganze File reserviert werden muß (OS/ES). Bei logisch zusammenhängenden Blöcken

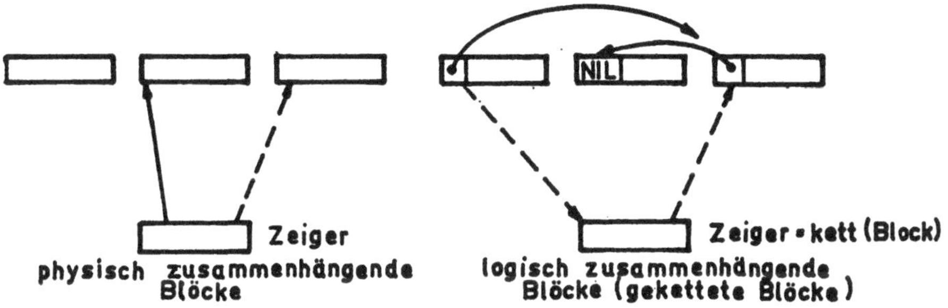

Abb. 6.14. Abbildung von Stapelfiles und sequentiellen Files auf adressierbare Datenträger

tritt diese Fragmentierung nicht auf. Wenn ein File erweitert werden soll, wird einfach ein neuer Block aus der Freispeicherkette angekettet. Der Zugriff zum nächsten Satz bzw. zur nächsten Bytefolge (Stapelfile) bildet sich auf den Zugriff zum nächsten Block ab, dessen Adresse in einem Zeiger durch die Fileverwaltung gemerkt werden muß.

Die beiden anderen Methoden sind ebenso für den wahlfreien Zugriff geeignet und sollen dort besprochen werden. Das sind aber keine besonderen Filearten, sondern nur spezielle Implementationen von Files des sequentiellen und des wahlfreien Zugriffs. Sie charakterisieren nicht Besonderheiten der Fileschnittstelle, sondern der Realisierung dieser Dienste im Inneren des BS. Das ist aber i.allg. für die Nutzprozesse nicht relevant !

6.5.3. IMPLEMENTATION DES WAHLFREIEN ZUGRIFFS

Die Implementation des wahlfreien Zugriffs ist nur auf adressierbaren Datenträgern sinnvoll. Die implementierte Fileverwaltung hat für den wahlfreien Zugriff die folgenden Aufgaben zu erfüllen:

- Satz finden,
  Satz löschen,
- Satz einfügen und
- File reorganisieren.

Die Implementationen können bewertet werden durch

- die Länge des Zugriffspfades und

- die Fragmentierung.

Da die Filestruktur vollständig auf dem Datenträger abgebildet sein muß, ist es unter Umständen erforderlich, mehrere Male auf den externen Speicher zuzugreifen. Jeder Zugriff bedeutet ein Schritt im Zugriffspfad. Da die Zugriffszeit zu einem Block i.allg. um den Faktor 1000 ...10000 größer ist als der Zugriff zum HS, gibt die Länge des Zugriffspfades Auskunft über die Zugriffszeit. Um diese Zeit zu verringern, werden oft Teile des Zugriffspfades im HS geführt. Dann müssen diese Informationen bei Änderung des Zugriffspfades bzw. beim Schließen eines Files auf den Datenträger geschrieben werden, um die Konsistenz des Files sicherzustellen.

Je nach Implementation muß für das File ein bestimmter Speicherbereich für das DA-File vorab reserviert werden. Das bedeutet jedoch eine externe Fragmentierung, die möglichst gering sein sollte.

Definition 6.5

Eine Implementation ist **reihenfolgeerhaltend**, wenn beim Zugriff zu einem Satz eindeutig auf den nächsten Satz (im Sinne des sequentiellen Zugriffs) zugegriffen werden kann.

Implementationen, die diese Eienschaften besitzen, können damit sowohl für den sequentiellen als auch den wahlfreien Zugriff verwendet werden.

6.5.3.1. LISTEN VON ZEIGERN

Ein einfacher Algorithmus beruht darauf, den Namensraum der Sätze einzuschränken auf eine Teilmenge der ganzen Zahlen

$$\text{satzname} \quad N = \{ 0, 1, 2, ..., n \}. \qquad (6.1)$$

Der Algorithmus muß nun eine eindeutige Abbildung

$$N \dashrightarrow M = \{ 1, 2, ..., m\} \qquad (6.2)$$

von N in die Menge M der Adressen der Blöcke sicherstellen. Dazu kann man eine Liste verwenden, deren Elementenummer dem Satznamen i entspricht und deren Eintrag die Adresse j des Blockes ist (Abb. 6.15).

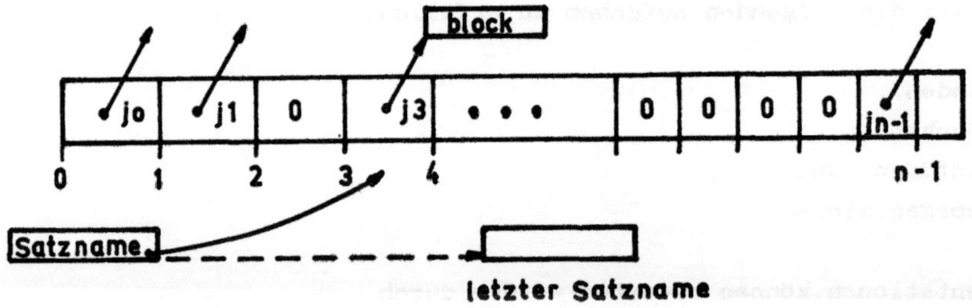

Abb. 6.15. Listen von Zeigern

Die Liste selbst muß dann auch auf dem Datenträger mit abgespeichert werden, oft erfolgt das im VTOC bzw. Directory. Der Zugriffspfad hat die Länge l = 2, eine externe Fragmentierung tritt nicht auf. Zur Verbesserung der Zugriffszeit kann die Liste bzw. können Teile davon im HS geführt werden. Es ist jedoch für jeden Satz ein Listenelement zu führen, wobei für unbenutzte Sätze z.B. eine Null eingetragen wird. Deshalb ist der Namensraum der Sätze in konkreten BS stark eingeschränkt ($n = 2^{16} \ldots 2^{18}$), um den zusätzlich erforderlichen externen Speicher gering zu halten. Es gibt dafür noch einige weitere Verbesserungen, nämlich

- Listenbereiche,
- Blockung,
- Blockbereiche.

Die Liste wird in äquidistante Listenbereiche (sogenannte extents) eingeteilt, die durchnumeriert werden. Tatsächlich wird ein Listenbereich nur angelegt, wenn mindestens ein Satz dieses Bereiches genutzt wird. Die interne Fragmentierung der Liste wird damit stark verringert.

Es kann auch mit Blockung gearbeitet werden, und dann ergibt sich der Index i' in der Liste aus der Satznummer i durch

$$i' = i / BF , \qquad (6.3)$$

wobei die Division ganzzahlig auszuführen ist. Die Satznummer i" im Blockpuffer erhält man zu

$$i'' = i \bmod BF . \qquad (6.4)$$

Die Liste kann weiter verkürzt werden, wenn die Fileverwaltung eine eigene Blockadressierung durch Blockbereiche vornimmt und in der Liste die Adressen der Blockbereiche eingetragen werden. Damit gilt

$$i' = i / (BF * \text{Länge Blockbereich}) \qquad (6.5)$$

für die Blockadresse j,

$$j = \text{Bereichsadresse} * \text{Länge Blockbereich} + i \bmod (\text{Länge Blockbereich})$$

und

$$i'' = i \bmod BF.$$

Die Implementation mit Zeigerlisten ist aufgrund der vollständigen Liste aller benutzten Sätze reihenfolgeerhaltend. Damit ist ein so implementierter Filezugriff für sequentielle und DA-Files geeignet, wenn in der Fileverwaltung der letzte Satzname gemerkt wird. Gelöschte Sätze werden durch Null gekennzeichnet. Für anzufügende Sätze wird ein neuer Block aus der Freispeicherkette ausgekettet und in der Liste an der Stelle des Satznamens die Blockadresse eingetragen.

Wenn Blockung und Blockbereiche verwendet werden, zieht die Existenz eines Satzes die Existenz aller Sätze des Blockes bzw. Blockbereiches nach sich, auch wenn sie nicht benutzt werden. Damit tritt eine interne Fragmentierung auf, die bei nur sequentiell genutzten Files im Mittel eine halbe Block- bzw. Blockbereichslänge beträgt. Die Implementation mit Zeigerlisten wird in den BS RSX-11, CP/M und MS-DOS verwendet.

6.5.3.2. EINEINDEUTIGE ABBILDUNGSFUNKTION

Man kann auch die inverse Liste verwenden, d.h., die Elementenummer ist die Blockadresse und die Eintragungen sind Kettungsinformationen der zu einem File gehörenden Blöcke. Unbenutzte Blöcke tragen ein besonderes Kennzeichen, so daß diese Liste auch gleichzeitig die Freispeicherkette enthält. Sätze lassen sich weder einfügen noch löschen. Damit können nur sequentielle bzw. Stapelfiles implementiert werden (2. Filesystem des MS-DOS ab Version 2.xx). Der Zeiger kann im File ohne Zugriff zu den Datenblöcken bewegt werden.

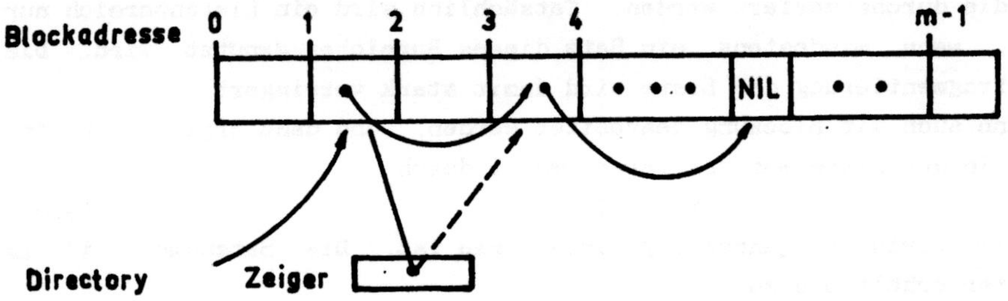

Abb. 6.16. Zeigerliste für Blöcke

Der Namensraum N der Sätze wird eineindeutig auf den Adreßraum M der Blöcke abgebildet. Das bedeutet, daß der zu reservierende externe Speicher denselben Umfang haben muß, so daß jeder Satz $i \in N$ gespeichert werden kann. Der einfachste Fall ist die Bereitstellung eines zusammenhängenden Speicherplatzes mit der Anfangsadresse aadr und der Länge m. Damit gilt

$$j = f(i) = aadr + i \quad . \tag{6.6}$$

Sinnvoll ist das nur für einen sehr eingeschränkten Namensraum N, und trotzdem tritt eine große externe Fragmentierung auf. Der Zugriffspfad hat immer die Länge 1. Die Reihenfolge wird eingehalten, so daß damit eine effektive Lösung für sequentiellen Zugriff auf adressierbaren Datenträgern vorliegt (OS/ES). Es muß natürlich der zuletzt benutzte Satz gemerkt werden. Darüber hinaus sind durch die Datenverwaltung Vorkehrungen zu treffen, daß auf noch nie benutzte Sätze nicht lesend zugegriffen wird. Das könnte durch Initialisierung der Blöcke, d.h. durch Setzen eines Unbenutztkennzeichens beim Kreieren des Files, erreicht werden.

6.5.3.3. EINDEUTIGE ABBILDUNS-FUNKTION

Will man einen umfangreichen Namensraum erhalten und trotzdem eine geringe Fragmentierung anstreben, so muß man die Eineindeutigkeit aufgeben. Das ist insbesondere dann erforderlich, wenn die Namen durch Schlüssel einer bestimmten Bytefolge gebildet werden. Eine Möglichkeit ist die sogenannte **Hash-Codierung**. Wir wollen ein einfaches Beispiel für die Abbildungsfunktion betrachten. Wenn im Mittel nur n' der n Satznamen genutzt werden, wählt man für m die kleinste Primzahl, die größer als n' ist. Dann gilt

$$j = f(i) = i \bmod m \,. \tag{6.7}$$

i ist eine natürliche Zahl, die durch Interpretation des Schlüssels als Dualzahl entsteht. Offensichtlich führen mehrere i zu denselben j, so daß sogenannte **Kollisionen** auftreten. Diese kann man aber nur eindeutig feststellen, wenn der Satzname zusätzlich zu den Satzdaten oder als deren integraler Bestandteil gespeichert wird. Der Zugriff teilt sich in die Berechnung von j und die Prüfung, ob der angegebenen Schlüssel mit dem im Block vorgefundenen übereinstimmt bzw. ob beim Schreiben der Block leer

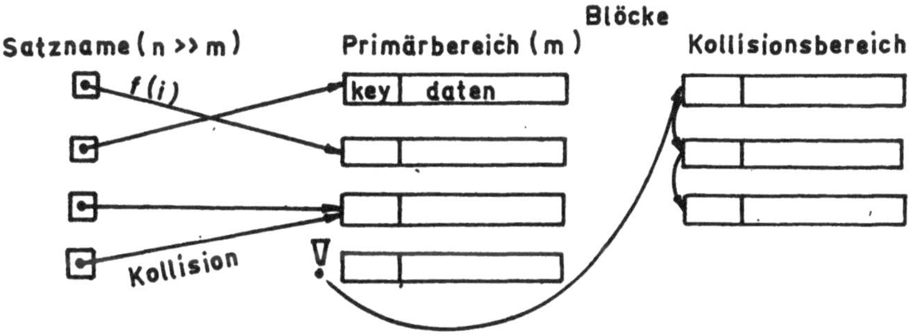

Abb. 6.17. Kollision bei der Hash-Codierung

ist. Anderenfalls ist der Block durch einen anderen Satz bereits belegt. Die kollidierenden Sätze müssen in einem besonderen Bereich gespeichert werden, der dann sequentiell durchsucht werden muß. Und offensichtlich nimmt die Häufigkeit von Kollisionen zu, wenn sich die Anzahl der benutzten Sätze m nähert. Da damit die Fragmentierung abnimmt, muß bei der Wahl von m ein Kompromiß unter den konkreten Nutzungsbedingungen gefunden werden. Der Zugriffspfad ist also größer als 1 und verlängert sich mit steigender Kollisionshäufigkeit. Es gibt umfangreiche Untersuchungen über geeignete Hash-Funktionen und die Gestaltung des Kollisionsbereiches.

Die Hash-Codierung hält nicht die Reihenfolge ein, so daß sie nicht für die Implementierung des sequentiellen Zugriffs geeignet ist.

Das Löschen eines Satzes erfolgt durch Kennzeichnung des Blockes als unbenutzt. Das Einfügen eines Satzes bedeutet das Eintragen in einem Block des Primär- bzw. Kollisionsbereiches. Damit ist offensichtlich, daß beim Kreieren eines Files alle Datenblöcke als unbenutzt zu kennzeichnen sind.

Diese Methode wird für REGIONAL-1-Files im OS/ES - PL/1 benutzt.

6.5.3.4. INDEXLISTEN

Beim Entwurf eines Algorithmus für den wahlfreien Zugriff kann das sogenannte m-Wege-Suchen zugrunde gelegt werden. Die Sätze sind mit ihren Satznamen (Schlüsseln) in m Blockbereichen des Datenträgers gespeichert.

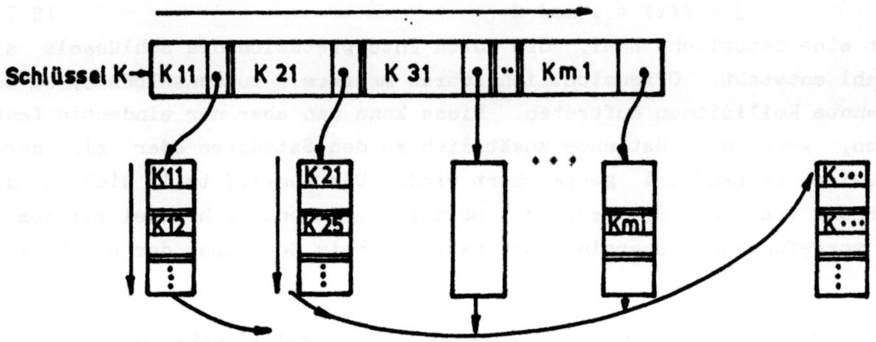

Abb. 6.18. m-Wege-Suchen

Zusätzlich ist als Repräsentant der Sätze eines Blockbereiches in einer gesonderten sortierten Liste, der sogenannten Indexliste, der kleinste Schlüssel dieses Blockbereiches gespeichert. In den Blockbereichen sind die Sätze nicht sortiert. Für die Elemente der Indexliste gilt

$$K_{11} < K_{21} < \ldots < K_{m}$$

und für die Schlüssel der Sätze benachbarter Blockbereiche

$$\forall k,l,l' \quad (K_{k,l} < K_{k+1,l'}) .$$

Der Zugriff erfolgt in zwei Stufen. In der Indexliste wird sequentiell der kleinste Schlüssel $K_{k,l+1}$ gesucht, für den

$$K < K_{k,l+1}$$

gilt, wobei K der Schlüssel des gesuchten Satzes ist. Danach wird im Blockbereich sequentiell überprüft, ob der gesuchte Schlüssel vorhanden ist. Das sequentielle Suchen in einer Indexliste und im Blockbereich begründet die Bezeichnung indexsequentiell für so implementierte Files. Der Zugriffspfad hat also die Länge

$$z = k + l .$$

Für den Erwartungswert $\bar{z}$ ergibt sich dann

$$\bar{z} = \sum_{k=1}^{m} \sum_{l=1}^{n/m} p_{kl} * (k + l)$$

und mit gleichverteiltem Zugriff

$$p_{kl} = 1/n$$

folgt daraus

$$\bar{z} = 1/2\ (m + n\ /\ m + 2) \qquad (6.8)$$

(n Anzahl der Sätze)

Daraus läßt sich ein m bestimmen, um $\bar{z}$ durch Extremwertberechnung zu minimieren:

$$d\bar{z}\ /\ dm = 1/2 - n\ /\ 2\ m^2 = 0\ .$$

Man erhält dann

$$m_{min} = \sqrt{n}$$

und (6.9)

$$\bar{z}_{opt} = \sqrt{n} + 1\ .$$

Damit wurden nur die Nutzungsanforderungen (n Sätze pro File) beachtet. Es sind aber auch die Randbedingungen durch die gegebene Hardware zu beachten. Ein Blockbereich könnte z.B. bei einer Magnetplatte durch eine Spur gebildet werden. Das hat den Vorteil, daß das zweite sequentielle Durchmustern mit **einem** Zugriff zum Gerät erfolgen kann. Das wird oft noch durch Gegebenheiten der Hardware insofern unterstützt, daß es Funktionen des Lesens/Schreibens eines Blockes gemäß Schlüssel in einer Spur gibt. Wenn die Indexliste im HS zusätzlich geführt wird, ist damit im günstigsten Fall nur ein Zugriff zum externen Speicher notwendig.

Gemäß den Ergebnissen in (6.9) ist es für den optimalen Fall die Anzahl der Sätze in einer Spur gleich der Spuranzahl. Für reale Files übersteigt aber die so bestimmte Spuranzahl die physisch vorhandene Spuranzahl in

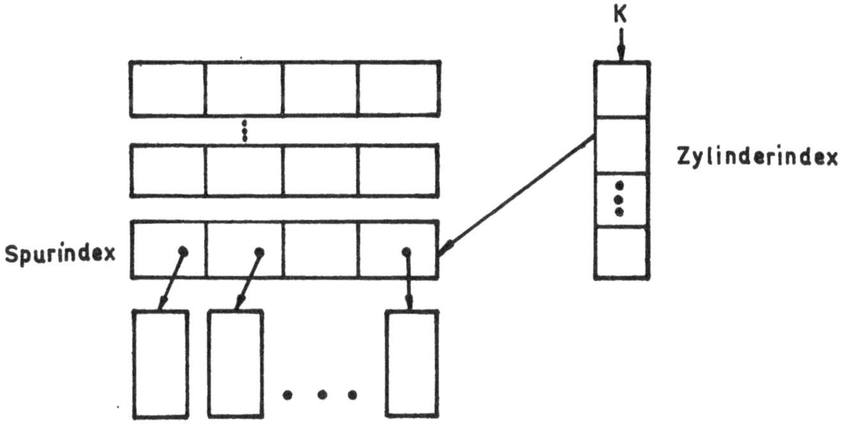

Abb. 6.19. Zylinder- und Spurindex

einem Zylinder. Da man sich an den technischen Gegebenheiten orientieren muß, wird oft die Indexliste in zwei oder mehr Stufen aufgebaut. Ein gesuchter Schlüssel wird erst in der Indexliste des Zylinders und dann in der Indexliste der entsprechenden Spur gesucht (Abb. 6.19). Die Hinzunahme jeder neuen Hierarchiestufe verlängert den Zugriffspfad jedoch um 1.

Bei der Implementierung der Abbildung der Sätze auf Blöcke mit Hilfe von Indexlisten müssen diese auf dem externen Speicher mitgespeichert werden. Wenn zur Beschleunigung der Arbeit diese Listen im HS geführt werden, müssen sie beim Schließen der Files zurückgeschrieben werden.

Indexlisten garantieren auch die Einhaltung der Reihenfolge der Sätze. Wenn der Schlüssel des letzten Satzes gemerkt wird, kann mühelos der Satz mit dem nächstgrößeren Schlüssel gefunden werden. Ein auf diese Weise implementierter Zugriff erlaubt also sowohl den wahlfreien als auch den sequentiellen Zugriff zum File. Dies ist auch bei anderen Implementationen der Fall. Es ist also keine Besonderheit der indexsequentiellen Files, wie das manchmal irrtümlich herausgestellt wird.

Das Einfügen eines Satzes erfolgt in den Blockbereich, der dem einzufügenden Schlüssel entspricht. Wenn dieser jedoch schon voll ist, muß ein Überlaufbereich vorgesehen sein, der derartige Sätze aufnimmt. Je geringer die Fragmentierung ist, desto häufiger tritt ein Überlauf ein. Diese Sätze im Überlaufbereich haben aber einen extrem langen Zugriffspfad. Es ist also notwendig, von Zeit zu Zeit ein indexsequentielles File zu reorganisieren. Dazu werden die Indexlisten neu aufgestellt und die zugehörigen Blockbereiche nicht vollständig mit Sätzen gefüllt, um neue Einfügungen im Primärbereich zu ermöglichen.

6.5.3.5. BÄUME

Die beiden voranstehenden Implementationen besitzen den Nachteil, daß für ein File ein vorab festgesetzter Speicherbereich vorzusehen war. Eine dynamische Erweiterung ist nicht möglich, das File muß reorganisiert werden. Diesen Nachteil kann man bei der Verwendung von Bäumen umgehen. Als Beispiel wollen wir die sogenannten B-Bäume /BAY72, KNU68/ betrachten. In deren Knoten werden sortierte Satzschlüssel und Verweise auf Unterbäume

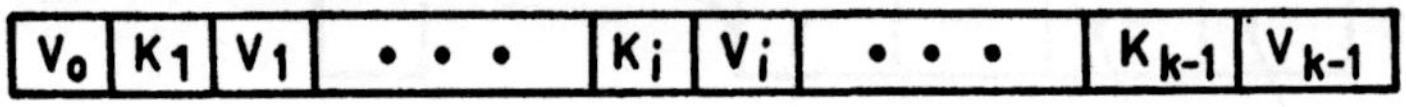

Abb. 6.20. Knotenaufbau in B-Bäumen

bzw. Blätter gespeichert. Die Blätter sind Blöcke, die die Sätze enthalten. Die Bäume stellen die Struktur des Files dar und müssen auf dem Datenträger in geeigneter Form gespeichert werden. Der Verweis links vom Schlüssel K_i verweist auf einen Unterbaum mit Schlüsseln, die kleiner als K_i sind. Der am weitesten rechts stehende Schlüssel verweist auf einen Unterbaum, der alle Schlüssel enthält, die größer als K_j sind.

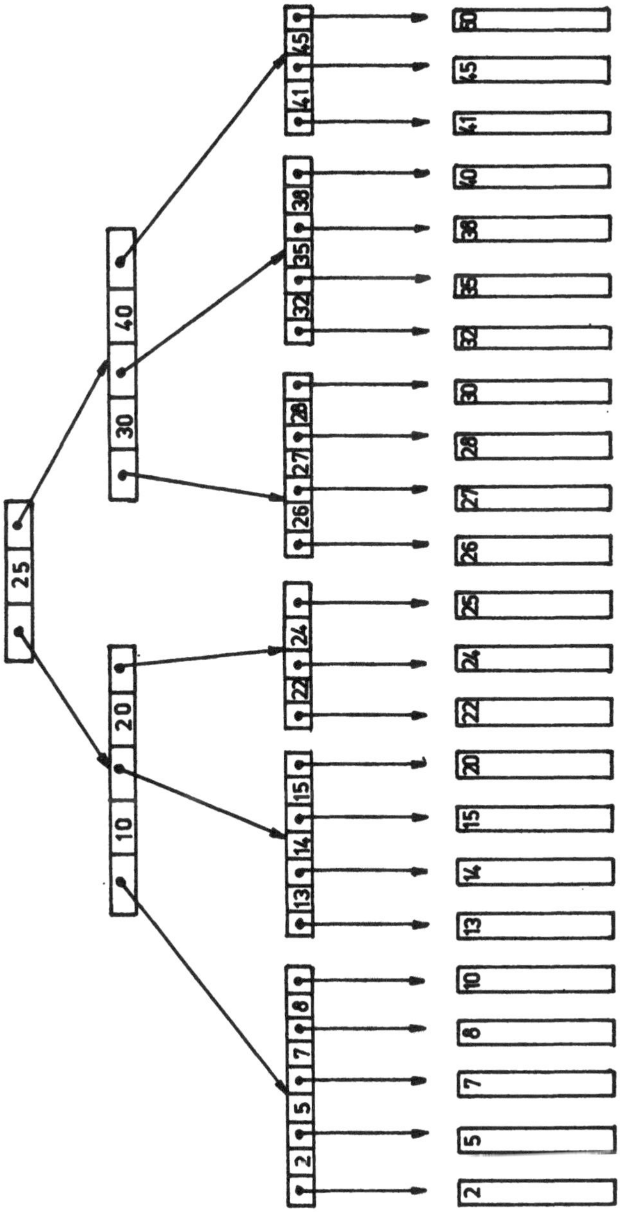

Abb. 6.21. Beispiel eines B-Baumes der Ordnung 5

Definition 6.6

Ein **B-Baum** der Ordnung **k** wird definiert durch die folgenden Eigenschaften:

- Jeder Knoten enthält maximal k Verweise.
- Entweder enthält jeder Knoten mindestens k/2 Verweise, oder er ist ein Blatt.
- Die Wurzel enthält mindestens 2 Verweise.
- Alle Blätter haben dieselbe Pfadlänge.

Die Division k/2 erfolgt im Bereich der ganzen Zahlen. Die Länge l des Zugriffspfades für alle Seiten ergibt sich im ungünstigsten Fall (alle Knoten haben nur k/2 Verweise) zu

$$l = \log_{k/2} ((n + 1) / 2). \tag{6.10}$$

Eine externe Fragmentierung tritt nicht auf! Es ist nur eine interne Fragmentierung für die Abspeicherung der Knoten vorhanden, die jedoch kleiner als die Hälfte des externen Speichers für den B-Baum ist.

Das Einfügen einer neuen Seite erfordert ggf. die Aufspaltung eines Knotens. In unserem Beispiel aus Abb. 6.20 zwingt die neue Seite 3 die Aufspaltung eines Knotens (Abb. 6.21). Das Löschen von Sätzen hat gegebenenfalls die Zusammenführung von zwei Knoten zur Folge, was vermehrte Zugriffe zum externen Speicher erfordert. Im Mittel tritt eine Zusammenführung bzw. eine Aufspaltung infolge Löschen oder Einfügen eines Satzes mit einer Wahrscheinlichkeit

$$1 / (k/2) \tag{6.11}$$

auf.

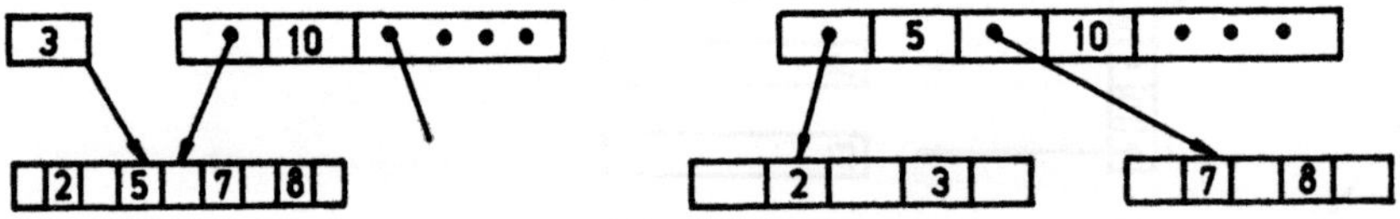

Abb. 6.22. Knotenaufspaltung bei Einfügen des Satzes 3

Statt einen Knoten aufzuspalten, kann man den benachbarten heranziehen, so daß aus zwei alten drei neue Knoten entstehen. Das ist aber gleichbedeutend mit einer Änderung der Definition 6.6.

Definition 6.7

Ein B^*-Baum wird definiert durch folgende Eigenschaften:

- Jeder Knoten enthält maximal k Verweise.
- Jeder Knoten enthält mindestens (2k - 1) / 3 Verweise.
- Die Wurzel enthält mindestens 2 und maximal 2 * ((2k -2) / 3) + 1 Verweise.
- Alle Blätter haben dieselbe Pfadlänge.

In den Formeln (6.10) und (6.11) ist dann k/2 durch (2k - 2) / 3 zu ersetzen, was eine geringe Pfadlänge und eine geringere Wahrscheinlichkeit für eine Knotenaufspaltung bzw. -zusammenführung zur Folge hat.

6.6. SCHUTZ VON FILES

Files sind in unserer Schichtenarchitektur Betriebsmittel in der Schicht der Nutzprozesse. Daraus resultiert ein Schutzproblem wie für alle anderen Betriebsmittel. Ein File kann von einem Prozeß exklusiv genutzt werden, oder mehrere Prozesse benutzen ein File gleichzeitig. Diese Problematik haben wir im Abschnitt 3.4.2. behandelt. Ein Betriebsmittel konnte durchaus mehrfach benutzt werden, die zeitweise exklusive Nutzung wurde durch die kritischen Abschnitte erzwungen. Bei der Prozeß-Synchronisation wurde ein Betriebsmittel gezielt zwischen den sich synchronisierenden Prozessen von jeweils einem Prozeß exklusiv benutzt.

Für Files muß man die Prozeßkooperation jedoch noch differenzierter betrachten. Während das Lesen eines Files durch mehrere Prozesse unproblematisch ist, bereiten Dienstfunktionen, wie Schreiben, Erweitern, Löschen u.ä., Probleme bei der Mehrfachnutzung. Deshalb wird in einigen BS die Mehrfachnutzung nur für das Lesen von Files erlaubt (OS/ES: Option SHR = Share). Die anderen Funktionen können grundsätzlich nur exklusiv genutzt werden. Das stellt eigentlich eine unnötige Einschränkung dar, da insbesondere bei der Synchronisation von Prozessen ein wechselseitiges Schreiben gerade sinnvoll ist. Die allgemein verfügbaren Synchronisationsmittel sind jedoch ausreichend, den entsprechenden Schutz zu organisieren, um die Konsistenz des Files in jedem Zeitpunkt zu gewährleisten.

Files existieren jedoch mit ihren Wertebelegungen über die Lebenszeit von Prozessen hinaus. Daraus erwächst eine völlig neue Kategorie des Betriebsmittelschutzes, und zwar in Relation zu einem anderen Objekt, das über die Lebensdauer von Prozessen existiert, dem Nutzer.

Nutzer kreieren über die Kommunikation mit dem BS Prozesse, die auf Files zugreifen können. Files müssen also durch die unberechtigte Nutzung durch einen von einem Nutzer kreierten Prozeß geschützt werden. Das ist aber nur möglich, wenn in BS eine Nutzerverwaltung existiert und die Prozesse nutzerbezogen im BS ablaufen.

6.6.1. ORGANISATORISCHER ZUGRIFFSSCHUTZ

Der Betreiber des Rechners schränkt die willkürliche Namensvergabe (ein erlaubter Rahmen des BS) ein. Das wird oft durch die Syntax des BS für die Filenamen unterstützt. Im OS/ES kann der Name aus maximal 44 Bytes bestehen, wobei jedoch durch "." getrennt mehrere Teile aneinandergefügt werden können, z.B.

nutzergruppe.nutzer.gebiet.file

Für sequentielle Files gibt es in diesem BS noch eine weitere Unterstützung durch sogenannte untergliederte Files, die nichts weiter darstellen als die Zusamenfassung mehrerer sequentieller Files unter einem Namen.

In anderen BS (UNIX, MS-DOS) kann das Directory a priori mehrstufig aufgebaut sein. Damit kann die hierarchische Struktur des Fileverzeichnisses der Nutzerstruktur angepaßt werden (Abb. 6.23).

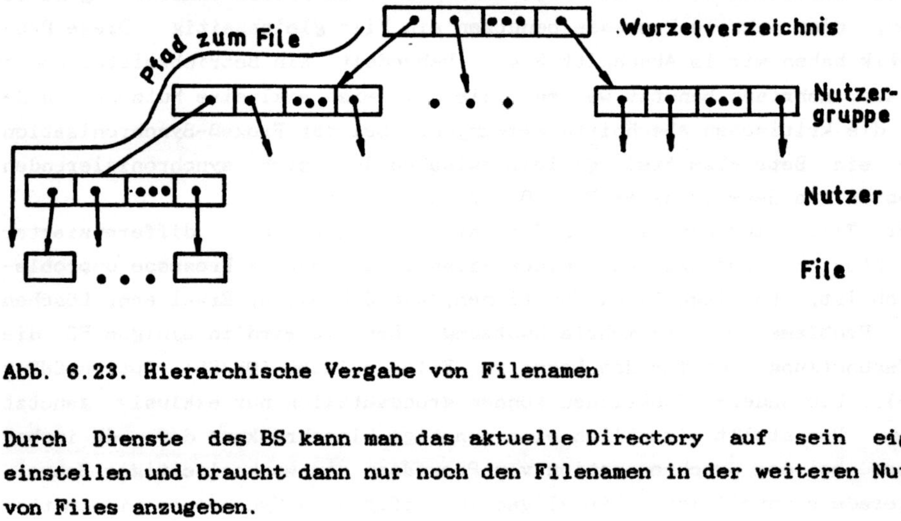

Abb. 6.23. Hierarchische Vergabe von Filenamen

Durch Dienste des BS kann man das aktuelle Directory auf sein eigenes einstellen und braucht dann nur noch den Filenamen in der weiteren Nutzung von Files anzugeben.

Der Schutz in diesen Systemen erfolgt nur durch organisatorische Regelungen des Betreibers. Das BS verhindert jedoch nicht die Benutzung fremder Files!

6.6.2. ZUGRIFFSRECHTE

Wenn im BS auch die Nutzer verwaltet werden, kann man die Files an die Nutzerhierarchie (Abb. 6.24) anpassen. Das bedeutet, daß das hierarchische Directory den gleichen Aufbau wie die **Nutzerhierarchie** hat. Jeder Nutzer kann sich nur in seinem Directory bewegen. Im PID müssen also der Gruppenidentifikator gid und der Nutzeridentifikator uid mitgeführt werden, da in der Gruppe bzw. im gesamten System zahlreiche Files existieren, die durchaus von mehreren Nutzern (bei Gleichzeitigkeit Prozeßsteuerung beachten!) verwendet werden können. Bei der bisherigen einfachen Methode müßten diese Files mehrfach existieren . Für dieses Problem gibt es mehrere Lösungen:

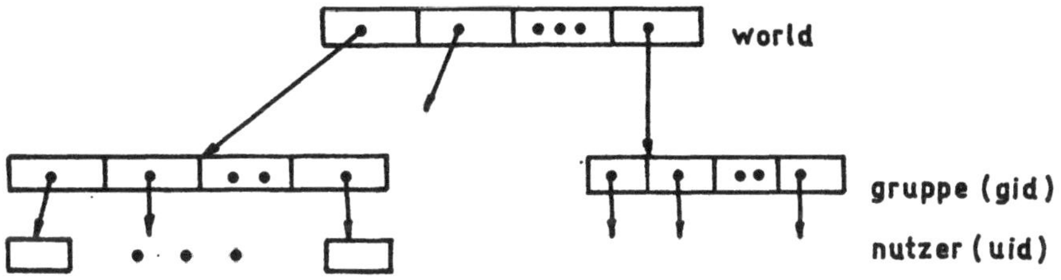

Abb. 6.24. Nutzerhierarchie

(1) Auf ein einziges File kann aus mehreren Directories verwiesen werden (z.B. UNIX)

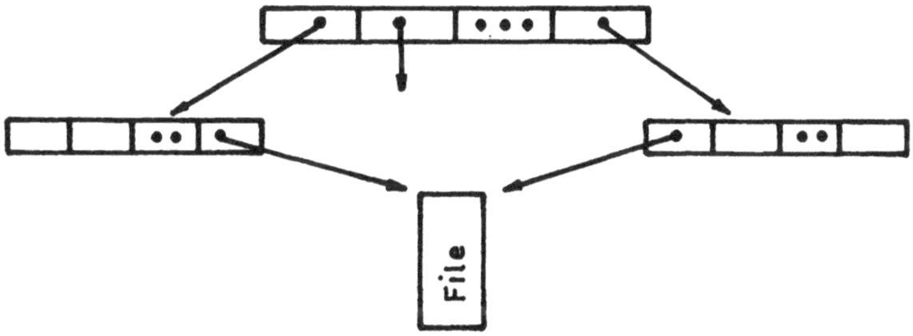

Abb. 6.25. Mehrfach referierte Files

(2) Files, die gruppenweit benutzt werden können, werden aus dem Gruppendirectory heraus referiert. Jeder Nutzer kann dann alle Files seines und aller übergeordneten Directories referieren.

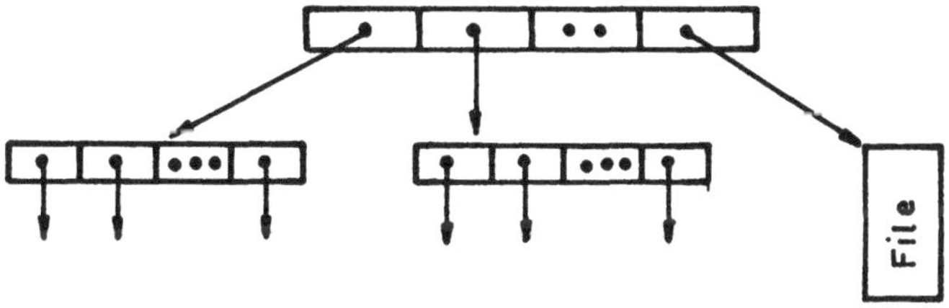

Abb. 6.26. Allgemeine Files

(3) Die Files enthalten ein zusätzliches Attribut, das Auskunft darüber gibt, von welchem Directory referiert werden darf.

Eine weitere Möglichkeit besteht in der Verwendung eines **Paßwortes** (OS/ES, CP/M 3.xx). Dazu ist beim Kreieren des Files das zusätzliche Attribut "Paßwort" anzugeben. Bei jedem Eröffnen eines Files ist das Paßwort mit anzugeben. Nur bei Übereinstimmung beider Paßwörter ist die Benutzung des Files möglich.

Eine komplexe Art des Fileschutzes besteht in der Verwendung eines **Berechtigunsprofils**. Dazu muß für jedes File eine Matrix (Abb. 6.27) geführt werden, wo für jede Nutzerhierarchie die Erlaubnis für eine bestimmte Zugriffsart vermerkt ist. Das bedeutet, daß beim Eröffnen die

		Nutzhierarchie		
		world	gruppe	nutzer
Zugriffs-berechtigung	dir	1	1	1
	lesen	0	1	1
	schreiben	0	0	1
	ausführen	0	1	1
	zugriff ändern	0	0	1

Abb. 6.27. Beispiel eines Berechtigungsprofils

Zugriffsart mit anzugeben ist (z.B. MS-DOS 3.xx). Neben den Zugriffsarten in Abb. 6.27 gibt es noch andere, wie Kopieren, Erweitern, Verändern usw.

Es sei noch auf ein weiteres Problem hingewiesen. Viele BS entfernen bzw. kennzeichnen beim Löschen nur den Eintrag im Directory, die Daten bleiben aber auf dem Datenträger erhalten. Konsequenterweise müßten sie auch gelöscht werden, was man wegen des Zeitaufwandes unterläßt. Andererseits hat man dann aber die Möglichkeit, ein irrtümlich gelöschtes File wieder herzustellen. Es hängt auch hierbei wieder von den Nutzungsanforderungen ab, was anzustreben ist!

6.6.3. DATENSICHERHEIT

Ein anderes Problem stellt die Sicherheit der gespeicherten Daten auf dem Datenträger dar. Ein falsches Bit in einem Block bei vorwärts geketteten Blöcken kann das ganze File unbrauchbar machen. Der damit belegte Speicher ist ebenfalls nicht mehr verwendbar.

Auch hier können organisatorische Maßnahmen helfen, die Daten durch Sicherungskopien des Datenträgers oder der Files auf einem gleichen oder einem anderen Datenträger zu sichern. Dabei ist ein Kompromiß zwischen Aufwand der Sicherung und Schaden durch einen eventuellen Datenverlust zu finden.

Aber auch das Filesystem selbst nimmt automatisch die Anfertigung von Sicherungskopien vor. Directories mit ihren Satz- bzw. Blocklisten werden oft mehrfach geführt (FAT im MS-DOS), was natürlich wieder einen erneuten Aufwand bedeutet.

Bei der Auswahl der Implementierung für einen bestimmten Zugriff muß man auch die Möglichkeit des Wiederherstellens des Filesystems nach einem Systemzusammenbruch beachten.

6.7. AUFGABEN

1. Beschreiben Sie Stellung und Aufgaben der Datenverwaltung innerhalb eines BS!
2. Beschreiben Sie die Implementationsmöglichkeiten der verschiedenen Organisationsformen einer Datei durch die unterschiedlichen Speicherformen eines Datenträgers!
3. Folgende Schlüsselwörter s sind in eine Liste einzutragen:
   program - begin - end - if - then - else - repeat - until - while - do - for - to - downto - function - procedure.
   Zum Eintragen wird folgendes Hash-Verfahren verwendet: x bzw. y bezeichne die Ordinalzahl des 1. bzw. 2. Buchstabens eines Schlüsselwortes im Alphabet (also z. B. begin: $x = 2$, $y = 5$). Zum Eintragen in die Liste (geeigneter Länge l!) wird

   $$h(s) = (y - x) \bmod l$$

   verwendet.
   a) Ermitteln Sie die mittlere Länge des Zugriffspfades (Zahl der Zugriffe, bis gesuchtes Schlüsselwort gefunden ist) bei
      - linearer Kollissionsbehandlung,
      - quadratischer Kollissionsbehandlung,
      - linearem Eintragen und Suchen (ohne Hash-Verfahren).
   b) Demonstrieren Sie die Abhängigkeit der mittleren Zugriffslänge vom Nutzungsgrad des Speicherplatzes an drei ausgewählten Werten!
4. Erläutern Sie die Begriffe B- und B^*-Baum!
5. Gegeben seien Datensätze mit den Schlüsseln
   7, 9, 10, 20, 24, 30, 32, 35, 38, 45, 50, 52, 60, 65.
   a) Geben Sie den Aufbau des B^*-Baumes 1. Ordnung an, wenn die Sätze in dieser Reihenfolge eingetragen werden!
   b) Fügen Sie den Satz mit dem Schlüssel 31 ein! Streichen Sie nunmehr zunächst den Satz mit dem Schlüssel 24 und danach mit dem Schlüssel 38!
6. Erläutern Sie verschiedene Schutzfunktionen für Files, die ein BS wahrnehmen muß. Wie werden diese Aufgaben in einem Ihnen bekannten BS realisiert? Worin besteht der qualitative Unterschied zum Schutz sonstiger Betriebsmittel?

7. KOMMUNIKATION MIT RECHNERSYSTEMEN

7.1. PROBLEMSTELLUNG

Ein RS arbeitet nicht für sich allein, es ist immer in eine Umwelt eingebettet. Die Verbindung des RS zur Umwelt wird durch Kommunikation von Prozessen im RS mit Partnern der Umwelt realisiert. Wir wollen dabei drei Klassen unterscheiden (Abb. 7.1).

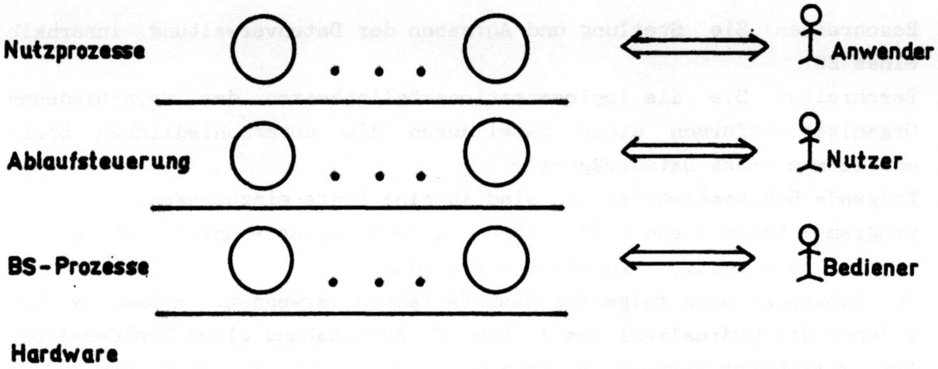

Abb. 7.1. Klassen der Kommunikation

Die Kommunikation des BS mit dem Bediener des RS ist unbedingt erforderlich und wird durch einen besonderen Prozeß bzw. eine besondere Prozedur im BS, die Bedienerkommunikation (OC= Operator Communication), durchgeführt. Diese Komponente muß in jedem BS vorhanden sein, damit es überhaupt gestartet werden kann. Ohne jene im BS integrierte Kommunikationskomponente läuft nichts!

Die zweite Ebene, die Kommunikation der Ablaufsteuerung mit dem Nutzer des RS, muß nicht im BS enthalten sein. Beim Start des BS muß nur gesichert werden, daß automatisch wenigstens ein Prozeß gestartet wird: Der ist dann selbst der Kommunikationspartner für den Nutzer in der Umwelt, oder er kreiert nur einen solchen Prozeß. In den BS UNIX und CP/M (Abschnitt 8.3.2) gehört die Kommunikation mit dem Nutzer eigentlich nicht mehr zum BS, wie es im BS OS/ES (Abschnitt 8.3.3.) der Fall ist. Diese Kommunikation ist jedoch eng mit dem BS verbunden, so daß noch näher darauf einzugehen ist.

Die Kommunikation auf der dritten Ebene zwischen Nutzprozeß und Anwender dieses Nutzprozesses gehört nicht mehr zum BS. Durch das BS können nur

Dienste zur Unterstützung dieser Kommunikation bereitgestellt werden. Das können Funktionen für die Gestaltung eines Bildschirmes (windowing), für die Darstellung von Daten (Grafik) oder Funktionen für besondere Eingabegeräte (Tastatur, Maus, Rollkugel usw.) sein. Diese Kommunikation wollen wir nicht weiter betrachten.

Die Gestaltung der Kommunikation gewinnt aus zwei Gründen eine zunehmende Bedeutung:

1. Immer mehr Nichinformatiker nutzen Rechner.
2. Die Komplexität von RA und BS nimmt ständig zu.

Damit ist einerseits die Notwendigkeit einer auch dem Laien verständlichen Kommunikation erforderlich, und andererseits muß die Kommunikation so gestaltet sein, daß die komplexen Möglichkeiten des RS auch ausgenutzt werden können.

Insbesondere die Nutzerkommunikation wird in /TAU82/ als wesentlicher Aspekt moderner BS betrachtet. Die Geräte, über die die Kommunikation mit dem Nutzer abgewickelt wird, haben sich wesentlich weiterentwickelt. Ein Rollmodus auf dem Bildschirm ist eigentlich ein Anachronismus, da die elektrische Schreibmaschine auf einem Bildschirm simuliert wird. Ein Fullscreen-Editor mit Nutzung von Farbe und Grafik und Betriebssystemdiensten für die Bildschirmgestaltung ist stattdessen zeitgemäß. Die Kommunikation kann dabei sowohl interaktiv als auch prozedural gestaltet sein (Abschnitt 7.3.).

7.2. BEDIENERKOMMUNIKATION

Die Kommunikation des BS mit dem Bediener besteht aus zwei Teilen:

- Kommunikation zur Inbetriebnahme des Systems und
- Kommunikation zur Steuerung des laufenden Betriebes.

Die Kommunikation erfolgt gemäß einem Protokoll, das durch die OC-Routine des BS festgelegt ist. Der Bediener muß seine Antworten in Form und Inhalt gemäß den festgelegten Regeln geben. Die Kommunikation ist natürlich stark abhängig von der Komplexität des RS und des Einsatzgebietes. Bei einem Einsprachensystem (Homecomputer mit BASIC) besteht die einzig mögliche Reaktion des Bedieners vielleicht nur im Betätigen der RESET-Taste, bei einem Universalsystem (Großrechner mit Netzeinbindung und Terminals) kann eine Systemkonfigurierung beim Start des BS oder ein weitgehender Eingriff in die Steuerung des BS erfolgen. Dabei muß aber bedacht werden, daß in Einnutzersystemen Bediener, Nutzer und Anwender ein und dieselbe Person ist, i.allg. ein Nichtinformatiker. Der Bediener eines großen Universalrechners hingegen ist ein Spezialist und nur mit dieser Aufgabe betraut. Ausführliche Kommentare würden ihn nur langweilen, für einen Laien sind sie aber unbedingt notwendig. Die Kommunikation des BS mit dem Bediener hat folgende Aufgaben:

- Laden des Systems von Anfang an (Kaltstart),
- teilweises Laden des BS und Zurücksetzen (Warmstart),
- Konfigurierung des RS:
  + verfügbare Geräte,
  + Verteilung des BS auf HS und Sekundärspeicher,
  + Auswahl von Schedulingalgorithmen für einzelne Betriebsmittel,
  + Einstellung der Betriebsweise (Job, Dialog, gemischt),
  + Aktualisierung von Bibliotheksverzeichnissen, Filenamen, Nutzerlisten u.ä.
  + Einstellung von Systemparametern (Pufferlängen, Zeitscheibe für Prozessoren, maximale Joblaufzeit),
  + Standardzuteilung von Geräten und Files,
- Starten der Nutzerkommunikation,
- Information des Bedieners durch das BS über den Systemzustand (Ressourcenbelegung, Joblaufzeiten usw.),
- Eingriff des Bedieners in die Steuerung des BS (zwangweises Beenden von Prozessen, Änderung von Prioritäten einzelner Prozesse, dynamische Änderung von Systemparametern usw.),
- Anforderung von Datenträgern,
- Anzeige von Filezuständen,
- Bedienerreaktionen auf Fehlerzustände.

Zusammenfassend besteht die Bedienerkommunikation aus dem unbedingt notwendigen Teil zum Laden und Starten des BS und möglichen Teilen, die den Bediener mit seinen intellektuellen und manuellen Fähigkeiten in das BS einbeziehen. Die Bedienerkommunikation in realen BS ist im Abschnitt 8.3. beschrieben.

7.3. NUTZERKOMMUNIKATION

Die Nutzerkommunikation hat das Ziel, die Erfüllung einer Aufgabe des Nutzers durch das BS zu gewährleisten. Durch die Nutzerkommunikation erhält das BS alle notwendigen Informationen für die Aufgabenstellung. Darüber hinaus teilt die Aufgabensteuerung mit, wie die Aufgabe abgearbeitet wurde. Die Verständigung zwischen Nutzer und Aufgabensteuerung erfolgt über ein Protokoll auf der Basis einer Kommandosprache. Die Kommandosprache muß über das Protokoll folgende Aktionen gewährleisten:

- Kreieren von Nutzprozessen,
- Zuordnung von logischen Geräten zu physischen,
- Parameterübergabe an die kreierten Nutzprozesse,
- Zuordnung von logischen Betriebsmittelnamen zu physischen,

- Beenden von Nutzprozessen,
- Ausgabe von Mitteilungen an den Nutzer über den Ablauf,
- Aufruf bzw. Einbindung von parametrisierbaren Kommandoprozeduren,
- HELP-Funktion zur Ausgabe von Informationen an den Nutzer.

Die Kommandosprache selbst sollte

- benutzerfreundlich sein,
- eine einfache Syntax und ein mnemonisches Vokabular besitzen,
- voreingestellte (default) Werte für Parameter implizieren und
- durch einfache übersichtliche Operationen gekennzeichnet sein.

Daß das in kommerziellen BS nicht immer der Fall ist, beweist die JCL im OS/ES (Abschnitt 8.3.3), wo es z. B. ein verwirrendes Durcheinander von Schlüsselwort- und Stellungsparametern gibt.

In den meisten BS bleibt der Nutzer nicht anonym. Eine **Nutzeridentifikation** ist erforderlich, die den folgenden Zielen dient:

- Regelung des Zugriffs zum BS generell,
- Zugriff zu Files (Abschnitt 6.6.2.),
- Voreinstellung eines Filepfades entsprechend der Nutzeridentifikation,
- Protokollierung der Kommunikation und deren Speicherung in nutzerbezogenen Files,
- Abrechnung der Systemleistungen.

Das Verhältnis von Nutzerkommunikation und Prozessablauf bestimmt zwei Arten der Ablaufsteuerung

- Jobsysteme und
- interaktive Systeme.

7.3.1. JOBSYSTEME

In Jobsystemen ist ein vollständig beschriebener Auftrag (Job) die Verwaltungseinheit für die Ablaufsteuerung, wobei der Job noch unterteilt sein kann in eine Folge von Jobschritten. Das wesentliche Kennzeichen der Jobsysteme ist die **zeitliche Trennung** von Kommunikation der Ablaufsteuerung mit dem Nutzer und der eigentlichen Abarbeitung des Auftrages.

Der READER-Prozeß (vom Bediener kreiert) liest den kompletten Auftrag, der in der JCL (Job Control Language = Jobsteuersprache) geschrieben ist und überprüft die Syntax. Bei Fehlern wird der Job nicht bearbeitet und mit Fehlermitteilungen in die Warteschlange für den WRITER eingeordnet. Eventuell findet noch eine teilweise semantische Überprüfung statt, ob der Nutzer zugelassen ist, ob er noch genügend Kredit für Betriebsmittel besitzt, ob seine Betriebsmittelforderungen den z. Zt. vorrätigen Gesamt

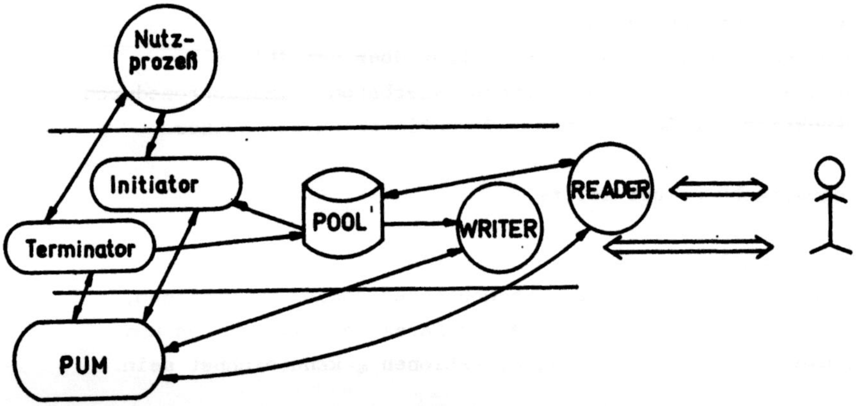

Abb. 7.2. Komponenten der Ablaufsteuerung in Jobsystemen

bestand übersteigen usw. Im fehlerfreien Fall wird der Job in einem POOL abgelegt. INITIATOREN für jede Jobklasse versuchen nun, aus den im POOL befindlichen Jobs eine Jobschritt auszuwählen auf der Basis der statischen Prioritäten der Jobschritte und der zur Verfügung stehenden Betriebsmittel. Dabei wird meistens nach dem Prinzip "alles oder nichts" verfahren, womit man an dieser Stelle auf einfachste Weise Verklemmungen von Prozessen verhindert. Jeder ausgeführte Prozeß gibt einen Rückkehrcode zurück, der in einer Bedingung für das Ausführen oder Auslassen eines Jobschrittes benutzt werden kann. Diese sich hierbei ergebenen Möglichkeiten lassen eine Klassifikation der JCL in

- deskriptive und
- exekutive

zu.

In **deskriptiven** JCL ist die Struktur des Ablaufes fest vorgegeben als eine nicht verzweigbare Folge von Jobschritten. Diese können lediglich parametrisiert (deskriptiv!) werden, und ein Jobschritt kann durch eine Bedingung gerade ausgeführt oder gerade nicht ausgeführt werden. Ein typischer Vertreter ist die JCL im OS/ES.

Exekutive JCL enthalten alle Elemente einer Programmiersprache, Datentypen (meist nur Zeichenketten) und die drei traditionellen Steueranweisungen

- Sequenz,
- Zyklus und
- bedingte Verzweigung.

Die Ablaufsteuerung erscheint in diesem Fall wie ein Interpreter für die exekutive JCL, d.h. wie ein virtuelles RS, wobei ein Nutzprozeß als eine Operation erscheint. Der klassische Vertreter ist die **shell** in UNIX.

Der TERMINATOR beendet den Jobschritt bzw. beim letzten Jobschritt den gesamten Job. Die benutzten Betriebsmittel werden vom Kredit des Nutzers abgebucht, und die Jobs in die Warteschlangen der WRITERs eingeordnet, die die Ausgabe der Nutzprozeßergebnisse und der Mitteilungen der Ablaufsteuerung vornehmen.

In großen komfortablen RS kann noch eine über Jobs hinausgehende Ablaufsteuerung vorgesehen sein, die eine a priori angegebene **Abhängigkeit** von **Jobs** berücksichtigt bzw. eine Jobfolge als Ergebnis einer Optimierung der Betriebsmittelnutzung bestimmt (Jobnetze).

7.3.2. INTERAKTIVE SYSTEME

Interaktive Systeme sind dadurch gekennzeichnet, daß die zwei Protokolle

- Anwender-Nutzprozeß und
- Nutzer-Ablaufsteuerung

zeitlich parallel abgewickelt werden. Meistens sind Anwender und Nutzer ein- und dieselbe Person, die die beiden Protokolle über ein einziges Terminal (z. B. Bildschirm) abwickelt. Die Ausgabe kann dabei getrennt werden

- durch besondere Bereiche auf dem Bildschirm,
- durch unterschiedliche nachgestellte Parameter,
- durch unterschiedliche Farben usw.

Die Eingabe muß natürlich auch getrennt werden. Dafür gibt es unterschiedliche Möglichkeiten. Jeder eingegebenen Protokolleinheit wird ein besonderes Zeichen vorangestellt, das kennzeichnet, ob die Protokolleinheit zur Ablaufsteuerung oder zum zugeordneten Nutzprozeß gehört. Das setzt natürlich voraus, daß Ablaufsteuerung und Nutzprozeß eine Protokolleinheit verlangen. Es kann aber auch die Regelung benutzt werden, daß eine eingegebene Nachricht dem Nutzprozeß übergeben wird, wenn dieser eine solche erwartet. Ansonsten erwartet die Ablaufsteuerung immer eine Nachricht. Mit dieser Regelung kann man nicht willkürlich die Ablaufsteuerung erreichen. Deshalb gibt es in vielen RS die Möglichkeit einer sogenannten externen Unterbrechung (sogenannte BREAK-Taste), die immer zuerst der Ablaufsteuerung die folgende Nachricht übergibt.

Die Implementation der BREAK-Taste ist meist keine echte externe Unterbrechung, sondern wird durch den Tastaturdriver simuliert. Eine primitive Regelung findet man oft in Einnutzersystemen (CP/M), wo die beiden Protokolle zwangsweise sequentialisiert werden und der jeweilige Partner im RS sich durch einen Prompter kennzeichnet. Damit kann während des Dialoges nicht willkürlich die Ablaufsteuerung erreicht werden! Eigentlich ist diese Kommunikation mit der Ablaufsteuerung eine Jobsteuerung für nur einen Job (einen einzigen Nutzprozeß).

Entsprechend der Ausbildung der beiden Protokolle

- Nutzer-Ablaufsteuerung und
- Anwender-Nutzprozeß

unterscheidet man die drei folgenden interaktiven Systeme

- Dialogsysteme,
- Transaktionssysteme und
- Teilhabersysteme.

Dialogsysteme sind dadurch gekennzeichnet, daß beide Protokolle gleichzeitig ablaufen. Der Nutzer ist jederzeit in der Lage, mit der Ablaufsteuerung in Kommunikation zu treten, indem z.B. laufende Prozesse beendet und neue Prozesse kreiert werden können. Aufgrund dieser Möglichkeiten können völlig neue Programmtexte erzeugt werden und Prozesse kreiert werden, die es bisher nicht gab. Es entsteht also der Eindruck, als ob der Nutzer **aktiv** das RS ändern könne. Das führte zu der auf u. E. Fischer /FIS72/ zurückgehende Bezeichnung **Teilnehmersystem**. Das ist aber nichts besonderes, sondern eine natürliche Folge der Möglichkeiten eines Dialogsystems. Neue Nutzprozesse können dabei

- durch Compilation oder
- Interpretation

erzeugt werden.

Bei der **Compilation** (Abb. 7.3) wird im Dialog mit der Ablaufsteuerung nacheinander mit einem Editor, einem Compiler und einem Programmverbinder gearbeitet. Der neue Nutzprozeß mit einem neuen Protokoll wird in derselben Schicht, in der auch Editor, Compiler und Programmverbinder ablaufen, kreiert.

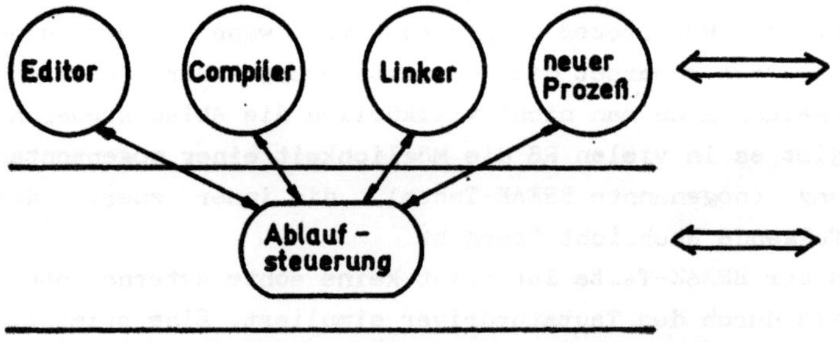

Abb. 7.3. Compilation

Die **Interpretation** geht von einem Interpreter mit integriertem Editor aus. Über das Protokoll mit dem Interpreter wird ein Nutzprozeß in einer neuen, hierarchisch niederen Schicht kreiert, der ebenfalls ein Protokoll nach außen besitzt. Der Nutzer am Rechner muß also gleichzeitig drei Protokolle abwickeln (Abb. 7.4).

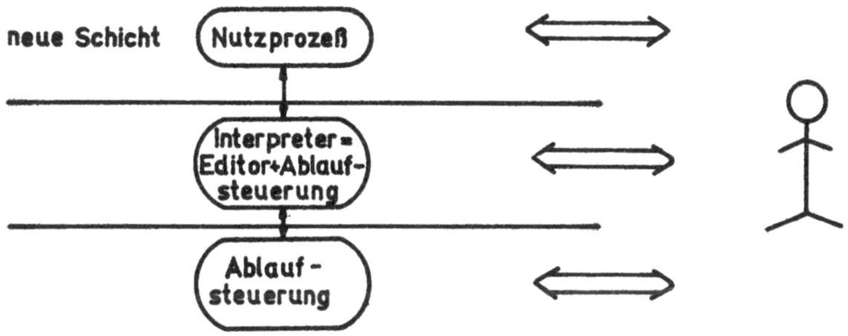

Abb. 7.4. Interpretation

Transaktionssysteme sind dadurch gekennzeichnet, daß eine Kommunikation mit dem Nutzprozeß eigentlich nicht stattfindet. Die Eingangswerte werden dem Nutzprozeß beim Kreieren übergeben, die Resultate werden dem Nutzer beim Prozeßbeenden über das Protokoll Nutzer-Ablaufsteuerung mitgeteilt.

In **Teilhabersystemen** ist es gerade umgekehrt. Die Kommunikation mit der Ablaufsteuerung ist verkümmert. Es findet nur eine Kommunikation von i.allg. mehreren Anwendern mit dem Nutzprozeß statt. Ein typisches Beispiel ist ein Reservierungssystem.

8. KOMPLEXE BETRIEBSSYSTEME

8.1. ENTWURF UND IMPLEMENTIERUNG VON BS

Betriebssysteme sind im Sinne der Softwaretechnologie auch nur große Programmsysteme. Für ihren Entwurf und ihre Implementierung gelten die gleichen Arbeitsweisen wie auch für andere Programmsysteme. Dennoch gibt es einige Besonderheiten.

(1) Die durch das BS zu steuernden Objekte sind von gleicher Art wie das BS selbst, nämlich Prozesse mit Betriebsmitteln. Beide benutzen sogar dieselben Betriebsmittel.

(2) BS finden keine Programmierumgebung vor, sondern eine "nackte" Maschine. Zum anderen ist die Schnittstelle für BS die Hardware. Die Zurechnung der BS zur hardwarenahen Software ist offensichtlich.

(3) Vom BS wird erwartet, daß es immer richtig arbeitet, denn die BS-Prozesse sind die Basis für die Nutzprozesse. Die hohe Zuverlässigkeit muß für eine umfangreiche, komplexe Software erreicht werden.

(4) Die Spezifikation der Nutzungsanforderungen an ein BS läßt sich i.allg. nicht exakt angeben. Trotzdem sind im praktischen Betrieb alle Nutzungsanforderungen zu befriedigen.

(5) Eine besondere Nutzungsanforderung stellt die Leistungsfähigkeit dar. Dazu müssen relevante Größen, wie Durchsatz, Verweildauer usw., definiert werden.

Im folgenden sollen diese vorgenannten Aspekte kommentiert werden. Eine ausführliche Behandlung würde ein eigenständiges Buch erfordern.

(1) Systemarchitektur

Wir hatten bereits festgestellt, daß sich auf dem Gebiet der BS eine Reihe von Prinzipien als Invarianten herausgestellt hat. (Letztendlich stellen die bisher behandelten Kapitel diese Tatsachen dar.) Im wesentlichen sind das:

- das Prozeßkonzept,
- die Betriebsmittelverwaltung,
- die Datenverwaltung und
- die Kommunikation mit der Umwelt.

Dabei ist eine geeignete Struktur für den inneren Aufbau zu verwenden. Wir haben eine Schichtenstruktur benutzt für die Einordnung der Invarianten. Sie ist gleichermaßen für den Entwurf geeignet, und zwar

- einerseits für den funktionellen Entwurf und
- andererseits für die Implementierung.

Wenn man sich die vielseitige Anwendung der Schichtenstruktur in diesem Buch vor Augen hält, scheint es begründet zu sein, für die Funktionen und deren Realisierung dieselbe hierarchische Schichtenstruktur zu verwenden. Daß ein solcher Entwurf unter dem Aspekt der Effizienz nicht ganz problemlos vonstatten geht, ist offensichtlich. Für die differenzierte Diskussion sei auf /LOE80/ verwiesen.

(2) Programmierumgebung

Im Gegensatz zum Entwurf anderer großer Programmsysteme liegt bei der Implementierung von BS nur die "nackte" RA vor. Zur Überwindung dieses Problems werden zwei Prinzipien benutzt:

- Implementierung des BS auf einem Wirtsrechnersystem und
- Bootstrapping.

Im ersten Fall wird auf einem Wirtsrechner das BS (bzw. Teile davon) programmiert und in den Code des Zielrechners übersetzt. Oft existieren auch Emulatoren für den Zielcode auf dem Wirtsrechner, so daß Tests weitgehend auf dem Wirtsrechner durchgeführt werden können.

Beim Bootstrapping wird auf dem Zielrechner zunächst in Maschinencode MC ein einfachstes Betriebssystem BS^0 geschrieben und getestet. Dann kann ein umfangreicheres BS^1 auf der Basis von BS^0 geschrieben werden und in MC umgesetzt werden usw. (Abb. 8.1). Durch sukzessive Fortsetzung erhält man dann das gewünschte BS.

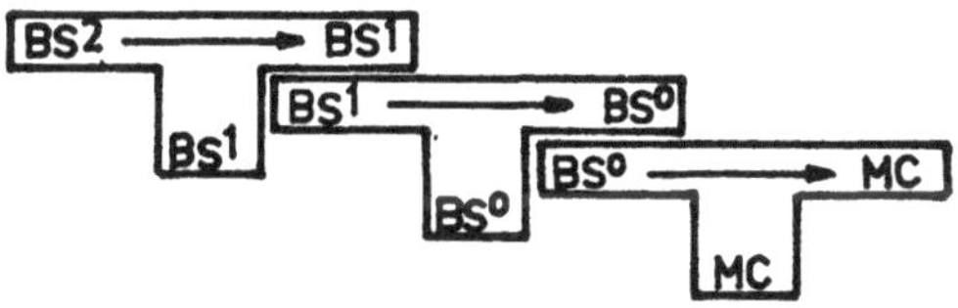

Abb. 8.1. Bootstrapping

Eine dem Bootstrapping ähnliche Vorgehensweise besteht darin, daß überhaupt nur die minimalen Funktionen eine BS in einem Kern (Kernel) realisiert werden /BRI77/. Das sind z.B. nur die Funktion für Listen- und Pufferverwaltung und ggf. eine Prozeßverwaltung. Dafür werden dann oft Schalenmodelle (daher Kern) zur Darstellung benutzt. Im UNIX gehört z.B. die Kommunikation nicht zum BS. Statt der Standard-Shell kann man eine beliebige eigene Kommunikationskomponente anfügen.

Ein weiteres Problem stellt die Wahl der Programmiersprache dar. Höhere Programmiersprachen bieten einige Vorteile. Sprachen, die die Modularität unterstützen, wie Modula-2, Concurrent Pascal, prüfen die Syntax der Modulbeziehungen. Außerdem liefern sie zumindest einen **sicheren** Code, d.h. einen Code, der den Spezifikationen des BS genügt. Die Verwendung höherer Programmiersprachen schließt natürlich auch einen Bootstrapping-Mechanismus für die Programmierumgebung (Compiler, Editor, Linker usw.) in Analogie zur Abb. 8.1 ein. Da reale Nutzprozesse bis zu 50% ihrer Prozessorzeit für BS-Dienste (UNIX) verwenden, ist ein effektiver Code erforderlich. Durch Systemmessungen kann man uneffektive Codeteile bestimmen und durch Maschinencode ersetzen.

Assembler und Maschinencode wurden und werden aus diesen Gründen vor allem als Implementierungssprache verwendet. Hier kehren sich die Vorteile höherer Programmiersprachen in Nachteile bei der Verwendung hardwarenaher Sprachen um.

Sollen vorhandene BS ergänzt werden, können höhere Programmiersprachen verwendet werden. Sie müssen aber die folgenden Funktionen bieten /GRA87/:

- Zugriff auf Bit, Byte und Wort der RA und der Register des Prozessors,
- Lokalisierung der Variablen auf bestimmte Speicherplätze,
- Datenaustausch mit maschinennahen Sprachen,
- Adreßbestimmung bestimmter Variablen und Prozeduren,
- Einfügen kurzer Folgen von Befehlen und Daten auf Maschinencode-Niveau,
- direkter Aufruf von BS-Diensten.

(3) Zuverlässigkeit

BS sind die Basis für eine Vielzahl umfangreicher Programmsysteme. Fehler im BS sind genauso katastrophal wie Fehler in der Hardware. Die Fehler resultieren im wesentlichen aus zwei Ursachen

- falsch ausgeführte Funktionen und
- Verlust von Daten.

"Falsch" kann nur am Ziel eines BS beurteilt werden. Der Entwurf sollte insbesondere so gestaltet werden, daß falsch (d.h. nicht die Ziele befriedigende) implementierte Funktionen lokal bleiben. Das wird sicher neben der Schichtenarchitektur durch eine heute fast selbverständliche modulare Implementierung unterstützt.

Der Datenverlust kann unter der Voraussetzung richtiger BS-Funktionen nur durch Fehler der Hardware entstehen, die ggf. durch redundante Hardware entdeckt werden könnten. In jedem Fall sollte jedoch gesichert sein, daß Hardwarefehler nicht auch zum Zusammenbruch des BS führen. Je häufiger Daten genutzt werden, desto wichtiger sind sie. Die Wahrscheinlichkeit eines Datenverlustes muß für wichtigere Daten fallen, was man i.a. durch höhere Redundanz erreicht. Das kann man durch fehlerbeseitigende Codes oder durch komplette Kopien wichtiger Tabellen erreichen. Im MS-DOS werden z.B. die Diskettenbelegungstabellen mehrfach angelegt. Andererseits sind die Systemdaten laufend, d.h. in äquidistanten oder ereignisgesteuerten Zeitintervallen, auf ihre Konsistenz zu überprüfen. Alle diese Maßnahmen tragen natürlich zum Systemoverhead durch zusätzlichen Speicher und zusätzliche Prozessorzeit bei. Aufgrund der vorgegebenen Systemziele ist also auch hier ein Kompromiß zu finden

(4) Nutzungsanforderungen

Die Formulierung der Ziele eines Betriebssystems ergibt sich aus dem Umfeld der vorgesehenen Nutzung. Dabei sind aber Randbedingungen zu beachten, die einerseits wieder aus der Nutzungsform und andererseits aus der verwendeten Hardware erwachsen. Aufgrund dessen kann man für das Gesamtsystem (Systemarchitektur) bzw. für einzelne Aspekte Modelle entwerfen, auf deren Basis Algorithmen für die Implementation entwickelt werden können (Abb. 8.2).

Betrachten wir ein Beispiel. Die Nutzung einer RA soll im Dialog für n gleichzeitig arbeitende Nutzer mit mittleren Prozessorzeiten $\bar{b}$ und Denkzeiten $\bar{d}$ erfolgen. Das Ziel besteht in einer fairen Behandlung aller

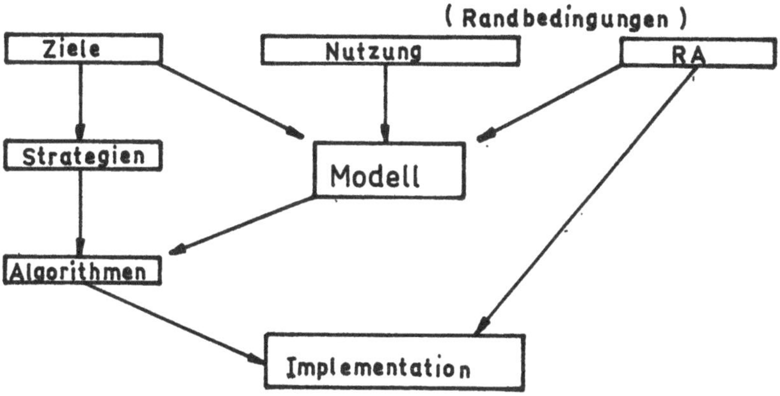

Abb. 8.2. Entwurf von BS

Nutzer, woraus sich die folgende Strategie ergibt. Nutzer mit kleinen Prozessorzeiten b_0 sollen schneller bedient werden als mit längeren. Das wird, wie wir im Abschnitt 4.3. gesehen haben, durch die Algorithmen RR und SET erfüllt. Aufgrund des gewählten Modells für das Prozessorscheduling kann man die Länge der Warteschlange vorhersagen. Für ein deterministisches Modell ist sie offenbar n-1, und für ein probabilistisches Modell ergibt sie sich aus den Formeln für $\bar{N}_q$.

Es wäre sehr uneffektiv, ein neues BS zu entwerfen, wenn nur eine Datenstruktur geändert werden muß. In den 60er Jahren wurden nicht mehr individuelle RA hergestellt, sondern sogenannte Rechnerfamilien. Sie waren durch kompatible Schnittstellen gekennzeichnet, die es erlaubten, eine den vorgesehenen Nutzungen angepaßte **Konfiguration** zusammenzustellen. In dessen Folge werden nicht Einzelbetriebssysteme für eine Rechnerkonfiguration und eine Zielstellung hergestellt, sondern BS, die in weiten Grenzen, aber immer im Rahmen einer fest vorgegebenen Architektur variiert werden können. Aus einer vorgegebenen Modulbibliothek kann ein den Anforderungen entsprechendes BS **generiert** werden. Durch Beobachtung des Systems (Abschnitt 8.2.) kann nun das generierte System mit den Anforderungen verglichen werden. Geringere Abweichungen lassen sich durch **statisches Tuning** oder sogar durch **dynamisches Tuning** /ISH82/ beseitigen.

8.2. BEWERTUNG VON BS

Die Leistungsfähigkeit eines BS kann man nicht isoliert von der unterliegenden RA behandeln. RA und BS stehen in einem engen Zusammenhang. Die Ursache für einen zu langsamen Datentransfer zwischen dem externen Speicher und dem HS kann sowohl an der Hardware, als auch am BS oder auch an beiden liegen. Die Bewertung eines BS dient

- zum Finden von Schwachstellen im BS und
- zur Feststellung, wie gut das vorliegende BS die gestellten Ziele unter den gegebenen Randbedingungen efüllt.

Dazu sind Kriterien und Maßzahlen festzulegen, die

- absolut oder
- relativ

sein können.
Die Werte schließlich kann man

- durch analytische Modelle des BS
- durch Simulation oder
- durch Messungen

erhalten.

8.2.1. MASSZAHLEN

Bei einer konkreten Anwendung von RS muß man mindestens die drei Schichten

- Hardware,
- Betriebssystem und
- Nutzprozeß

unterscheiden. Deshalb muß man sich im klaren darüber sein, was man bewerten will. Bei einem RS insgesamt meint man alle drei Schichten. Für den Betreiber ist natürlich die integrierte Bewertung von Interesse. Außerdem zeigt sich die Leistungsfähigkeit eines BS nicht nur als Summe der Leistung seiner einzelnen Dienste. Das ergibt sich aus der Komplexität der Dienste durch Nutzung gemeinsamer Betriebsmittel, aber auch durch das Emsemble von Prozessen eines gegebenen Nutzprofils. Letzteres erzeugt eine Last für das RS, die gekennzeichnet ist

- durch Lasteinheiten (Job, Transaktion usw.) mit einem bestimmten Bedienwunsch,
- durch die Verteilungsfunktion der Zwischenankunftsabstände und
- durch ihre Randbedingungen (z.B. minimale Antwortzeit für Echtzeitsysteme, mittlere minimale Antwortzeit für Dialog usw.).

Eine wesentliche Maßzahl /BUZ76/ ist der **Durchsatz**, die Anzahl der abgearbeiteten Lasteinheiten pro Zeiteinheit. Die "Rohleistung" der Hardware wird um den Anteil für das BS den Nutzprozessen zur Verfügung gestellt. Die Nutzung dieser Zeit liegt in der Verantwortung der Nutzprozesse. Ein Großteil der Nutzprozeßleistung (bis zu 50%) wird nicht direkt aus der Hardware bezogen, sondern aus dem BS (Abb. 8.3). Man darf aber diese Zeit

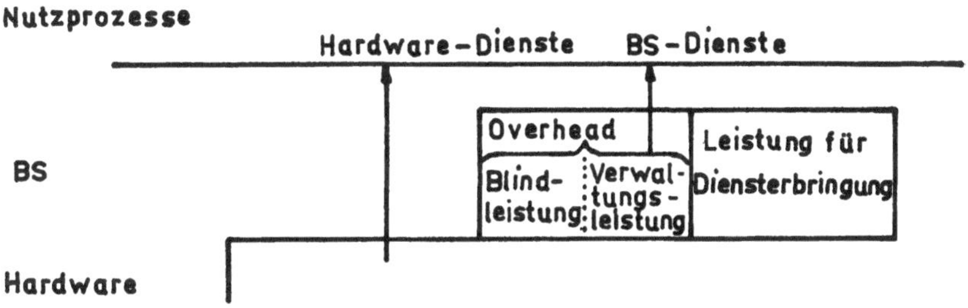

Abb. 8.3. Aufteilung der Leistung einer RA

nicht in das sogenannte Systemoverhead einbeziehen. Für die Erbringung eines Dienstes muß Leistung aufgebracht werden. Lediglich die durch die Algorithmen bedingten Wartezeiten und unproduktive Verwaltungsarbeiten (z.B. Prozeßumschaltung, Seitenaustausch) darf man dazu zählen. Als eine Maßzahl für das BS "im kleinen" kann man das Verhältnis

Zeit für Diensterbringung ohne Overhead/... mit Overhead

betrachten. Als eine Maßzahl für das BS "im großen" kann durchaus der Durchsatz des Gesamtsystems verwendet werden.

Die Bewertungsgröße Durchsatz gibt jedoch nur Auskunft über das Leistungsverhalten des BS und der Nutzprozesse insgesamt. Es interessiert aber auch die Leistungsfähigkeit für eine Lasteinheit. Das kann angegeben werden durch die Verweildauer, d.h. also die **Antwortzeit**. Man kann für ein RS aber noch viel mehr Maßzahlen definieren /BER88/.

Die Qualität eines BS drückt sich nur dadurch aus, wie nahe die im implementierten BS gemessenen Werte den geforderten kommen. Natürlich sind neben diesen quantitativen Größen noch qualitative Bewertungen vorzunehmen, wie

- Qualität der Schnittstellen,
- Zuverlässigkeit,
- Datensicherheit usw.

Für vergleichende Untersuchungen läßt man ein Ensemble realer Programme (Benchmarktest), synthetische Lasten oder einen Mix von BS-Diensten unter mehreren BS-Implementationen ablaufen.

Für detaillierte Untersuchungen, wie Schwachstellenanalyse, muß man differenziertere Untersuchungen durchführen. Das Gesamtsystem ist in eine Vielzahl von Bestandteilen zu dekomponieren und für diese jeweils Durchsatz und Antwortzeit zu bestimmen.

8.2.2. WERTEBESTIMMUNGEN

Das Messen in einer BS-Implementation mit einer realen oder einer synthetischen Last erfordert einige Sorgfalt. Insbesondere darf der Meßaufwand den realen Betrieb nicht wesentlich stören. Die einfachste Möglichkeit wäre ein Auszählen der Befehle, was jedoch wegen der Komplexität und der Datenabhängigkeit nur selten sinnvoll ist. Eine andere Möglichkeit ist, Monitore zu verwenden. Softwaremonitore liefern periodisch oder ereignisgesteuert Stichproben z.B. der Betriebsmittelnutzung, wobei die Datenauswertung zeitlich entkoppelt erfolgt. Im wesentlichen werden Daten bei Inanspruchnahme der BS-Schnittstellen gesammelt, da die Inanspruchnahme eines BS-Dienstes ein leicht erkennbares Ereignis für das BS ist. Das Aufstellen von Bediennetzen /IRM86/ und deren analytische Behandlung ist insbesondere für die Schwachstellenanalyse sehr wertvoll. Zur Parametrisierung der Verteilunsfunktionen müssen jedoch auch Messungen herangezogen werden. Dabei ist jedoch Vorsicht geboten, weil die Voraussetzungen für die Dekomposition nicht immer gegeben sind.

8.3. FALLSTUDIEN

In diesem Abschnitt werden einige Betriebssysteme vorgestellt, die weltweit eine große Verbreitung gefunden haben. Die wichtigsten Charakteristika werden angegeben. Sie reichen jedoch nicht aus, um diese BS in vollem Umfang nutzen zu können, sondern dazu bedarf es einer ausführlicheren Darstellung, wie sie in den entsprechenden Dokumentationen der Hersteller oder in speziellen Publikationen gegeben ist.

Wir wollen nur die folgenden Aspekte kurz kennzeichnen:

- Historie,
- Anwendungsgebiete und Entwurfsziele,
- Schichtenstruktur,

- Prozeßverwaltung,
- Betriebsmittel,
- Datenverwaltung,
- Dienste an der Betriebssystemschnittstelle und
- Kommunikation mit der Umwelt.

8.3.1. UNIX

8.3.1.1. HISTORIE

UNIX ist das erste Betriebssystem von weltweiter Bedeutung, das nicht vom Hardwarehersteller, sondern von Softwaregruppen entwickelt wurde. Ende der 60er Jahre wurde UNIX in den Bell Laborities des Konzerns AT&T zunächst als Einnutzersystem aufgrund der teueren Nutzung des Mehrnutzersystems MULTICS (MULTI user Control System) des MIT entwickelt. Daher entstand der Name durch Verballhornung des Begriffs Multics. Eng verbunden mit dieser Entwicklung war das Entstehen der Sprache C. 1973 wurde UNIX zu 95% in dieser höheren Programmiersprache für die PDP-11 umgeschrieben. Das machte UNIX portierbar auf beliebige Rechner, und heute existieren Versionen für 16-Bit-Mikrorechner bis zu Supercomputern (CRAY II). Die kostengünstige Weitergabe an Universitäten sorgte zumindestens für eine wissenschaftliche Verbreitung. Die gesteigerte Leistungsfähigkeit der Mikrocomputer (16-,32-Bit-Verarbeitungsbreite, Winchester-Disk > 20 MByte) lassen nunmehr auch Ende der 80er Jahre eine gewaltige kommerzielle Verbreitung erwarten (1985: ca. 1 Million Systeminstallationen, davon jedoch 70% XENIX, eine nicht von AT&T lizensierte Version für 16-Bit-PC). UNIX scheint zu einem Standardbetriebssystem zu werden, insbesondere dann, wenn sich IBM als Marktbeherrscher eindeutig dafür entscheidet. Neben den offiziellen Versionen von AT&T (Abb.8.4) existiert eine Vielzahl anderer Versionen mit gleicher Architektur, z.B. SINEX (Siemens), XENIX (Microsoft), MUTOS (Robotron).

8.3.1.2. ANWENDUNGSGEBIETE

Das ursprüngliche Hauptziel lag in der Bereitstellung eines flexiblen und komfortablen Systems zur Programmentwicklung für ein Kollektiv von Systementwicklern, natürlich vorrangig auf der Basis von C. Dementsprechend wurden auch besonders die interaktive Arbeit mehrerer Nutzer, d.h. die Kommunikation mit der Umgebung, sowie ein dafür geeignetes Filesystem und dazu passende Editierprogramme entwickelt. UNIX ist nicht geeignet für Echtzeitaufgaben und Massendatenverarbeitung (da das Filesystem nur für relativ kleine Files günstig ist). Die Haupteigenschaften lassen sich in folgenden Stichpunkten zusammenfassen:

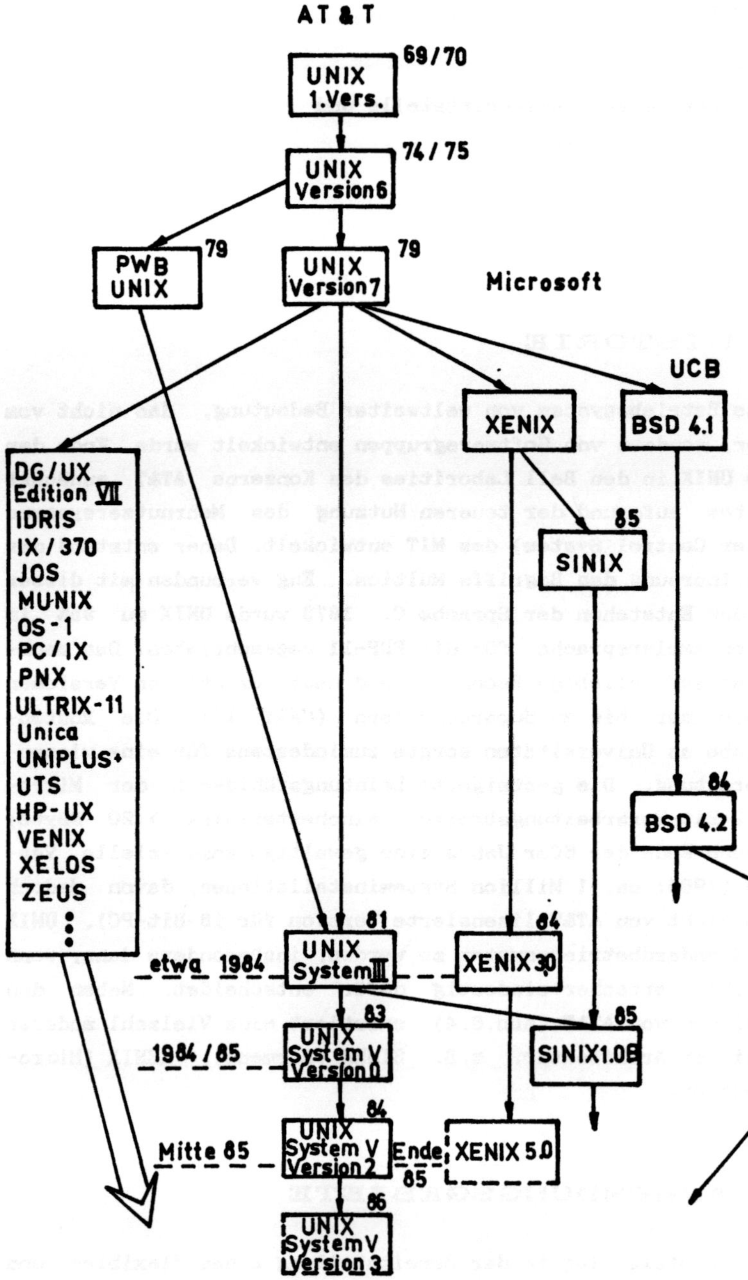

Abb. 8.4. Versionen von UNIX und UNIX-ähnlicher Systeme

- Portabilität des Betriebssystems,
- portable Anwendersoftware,
- Mehrnutzerbetrieb,
- Hintergrundarbeit,

- hierarchisches Filesystem,
- UNIX-Shell (komfortable Nutzerkommunikation),
- Pipelining und mit dem Filesystem konsistente Ein-/Ausgabe,
- Dienstprogramme,
- Textverarbeitungsprogramme und
- Software-Entwicklungsprogramme.

8.3.1.3. SCHICHTENSTRUKTUR

Die Architektur des Systems ist durch seine

- Einfachheit und
- klare Strukturierung

gekennzeichnet. Das eigentliche Betriebssystem besteht lediglich aus dem Kern (kernel). Die Schnittstelle zu diesem Kern ist durch Systemrufe gegeben. Vom Kern werden realisiert:

- die Prozeßverwaltung mit
  + Prozeßidentifikation und -synchronisation,
  + Prozessorvergabe,
  + Speicherverwaltung,
  + Swapping ;
- die Datenverwaltung mit
  + hierarchisch strukturiertem Filesystem,
  + "special files" für Verwaltung der E/A-Geräte,
  + Pufferverwaltung und Gerätetreiber.

Damit ergeben sich drei klar getrennte Schnittstellen, wie sie in Abb. 8.5 dargestellt sind.

Die Struktur des Kerns läßt erkennen, daß sein Hauptteil maschinenunabhängig ist und er also zwangsläufig in einer höheren Sprache geschrieben werden mußte. Dafür wurde die Sprache C entwickelt.

Lediglich die Interruptbehandlung und die primitiven Funktionen sind in der Maschinensprache bzw. im Assembler des konkreten Rechnersystems zu programmieren. Diese Gründe haben wesentlich die Übertragung von UNIX auf eine Vielzahl von Rechnersystemen gefördert.

Auch die logische Trennung von Programm- und Datenspeicher (wie in der HAVARD-Architektur von Rechnersystemen seit langem bekannt) trägt bei zur Konsistenz des Betriebssystems durch die Behandlung der Programmtexte als Ressource, wie Speicher oder Prozessor, und kommt damit auch der Speicherstruktur von Mikrorechnern entgegen.

Die primitive Ausbildung der Benutzerschnittstelle als Systemaufruf zeugt einerseits vom Profil der Autoren (Spezialisten der Systemprogrammierung), bringt aber andererseits wesentliche Vorteile durch die Verlage

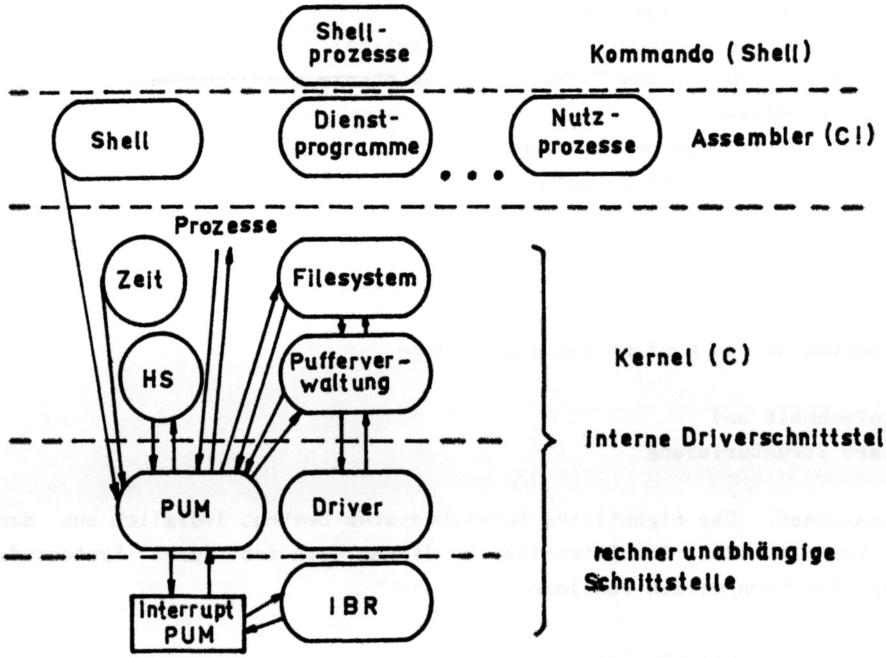

Abb. 8.5. Schichtenstruktur

rung herkömmlicher Komponenten eines Betriebssystems in die nicht zum privilegierten Systemkern gehörenden UNIX-Komponenten, nämlich

- Flexibilität und Erweiterbarkeit des Systems
- Überschaubarkeit und Sicherheit des Systemkerns.

Während Nutzprozesse grundsätzlich dem Scheduling der Prozeßverwaltung unterliegen, geben Kernelprozesse die Steuerung explizit an andere Kernelprozesse oder den PUM ab. Andere "Prozessoren" sind alle nur über Interrupts mit den Aktionen des einzigen Prozessors gekoppelt, so daß kritische Abschnitte mit DI - EI gesichert werden können. Damit kann für die höheren Schichten mit LOCK () - UNLOCK () gearbeitet werden. Für mehrere "echte" Prozessoren gibt es in UNIX keine Lösung /JAN86/. Dafür bietet sich dann die eine der folgenden Lösungen an, die entsprechend den gegebenen Randbedingungen ausgewählt werden kann:

- Der vorhandene Quelltext (in C !) des Kerns muß durchgesehen werden, und an den notwendigen Stellen müssen die kritischen Abschnitte durch LOCK() - UNLOCK() eingeschlossen werden.
- Es wird nur ein Kernel-Prozeß zugelassen. Das führt jedoch zu einem großen Leistungsverlust, da bei üblichen Anwendungen im Mittel 50% der Prozessorzeit für den Kernel verbraucht wird !
- Der UNIX-Kern wird neu geschrieben. Damit erreichen die Autoren für sich eine hohe Transparenz, Modularität und Zuverlässigkeit.

8.3.1.4. PROZESSVERWALTUNG

Prozesse in UNIX sind selbständig ablaufende Verwaltungseinheiten des Betriebssystems, die durch ein Programm gesteuert werden. Diese Prozesse laufen in einer Umgebung (environment), deren Daten über den PCB als Verwaltungseinheit geführt werden. Dazu gehören

- PCB:
  * PID
  * Verweise auf die drei Segmente (s.Abb. 3),
  * Disposition des Prozesses ,
- Systemdaten:
  * PID des Prozesses und seines Vaters,
  * Benutzer- und Gruppennummer des Nutzers,
  * Priorität,
  * Prozeßzustand,
  * Adresse der Dialogstation des Nutzers,
  * Status und Puffer von Files,
  * Prozessorumgebung,
  * Systemkeller,
- Benutzerdaten:
  * Kellerspeicher,
  * sonstige Daten,
- Programmtext:
  * nur lesbar,
  * von mehreren Prozessen verwendbar.

Die Tabelle der PCB wird im HS ebenso gehalten wie die Tabelle der Programmtexte (Abb. 8.6). Der Programmtext wird als ein mehrfach benutzbares Betriebsmittel verwaltet. Der PUM hat den Prozeßidentifikator (PID) 0 und der init-Prozeß den PID 1. Die einzelnen Systemprozesse sind eigentlich Prozeduren des PUM (Abb. 8.5). Sie werden nicht umgeschaltet, sondern rufen sich explizit auf.

In UNIX werden Benutzer (owner) und Benutzergruppen (groups) verwaltet entsprechend dem ursprünglichen Entwurfsziel eines interaktiven Systems. Sie dienen im wesentlichen dazu, den Prozeß durch den interaktiven Nutzer zu kennzeichnen und damit die Zugriffsrechte des Prozesses zu Files zu regeln. Ein Prozeß besitzt zwei Arten von Benutzernummern

- die effektive Benutzernummer und
- die reale Benutzernummer.

Die erste dient zur Prüfung der Zugriffsrechte zu den Files, die zweite ist die Nummer, die der den Prozeß aufrufende Nutzer besitzt. Ist im

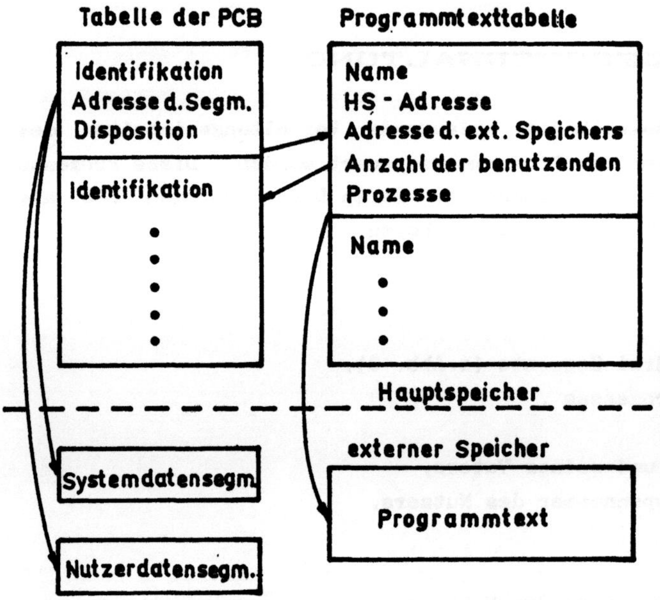

Abb. 8.6. Prozesse

Ausführungsrecht des Files x angegeben, werden beide der Nummer des aufrufenden Nutzers gleichgesetzt. Ist ein s angegeben, wird die effektive Nummer durch die Nummer des Filebesitzers (des Programmes) ersetzt. Damit können die Datenfiles des Programmbesitzers genutzt werden, aber nur in der durch das Programm vorgegebenen Weise.

Eine besondere Rolle spielt der sogenannte "Super"nutzer. Von ihm gestartete Prozesse können auf alle Files zugreifen. Die Benutzer- und Gruppennummern werden mit den Paßwörtern für diese in dem Paßwortfile geführt, das durch besondere Dienstprogramme verändert werden kann.

UNIX unterscheidet die Prozeßzustände

- aktiv,
- bereit,
- wartend,
- ausgelagert und
- nichtexistent.

Neue Prozesse werden durch den PUM kreiert als Folge des Systemrufes fork(). Es entsteht in UNIX eine Prozeßhierarchie (Abb. 8.7). Dazu wird ein neuer PCB eingerichtet, dessen Werte identisch sind mit denen des PCB des aufrufenden Prozesses außer dem PID.

PID (Sohn) = PID (Vater)modulo 32768

Der PUM gewährleistet dabei natürlich eine eindeutige Vergabe des PIDs. Damit verfügt auch der Sohnprozeß über alle in Bearbeitung befindlichen Files, und es existieren zwei identische Prozesse außer

- den unterschiedlichen PIDs und
- den unterschiedlichen Funktionswerten von fork() mit 0 für den Sohnprozeß und PID(Sohn) für den Vaterprozeß.

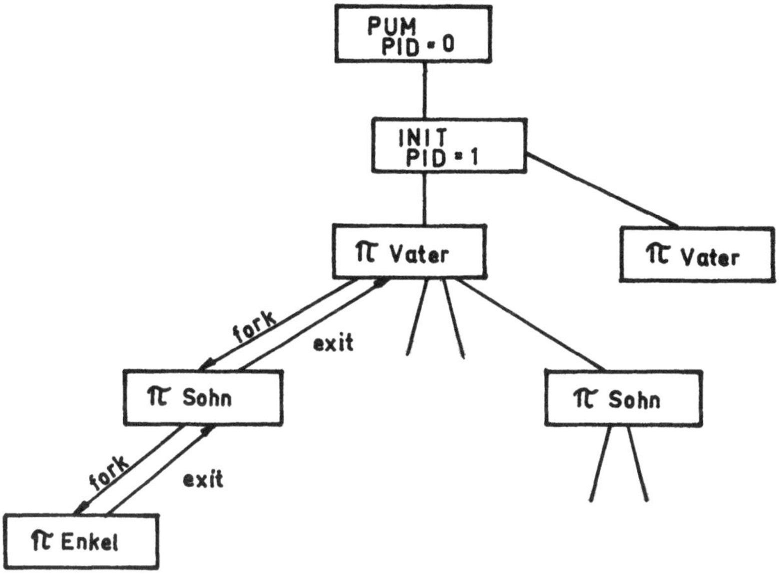

Abb. 8.7. Prozeßhierarchie

Durch diese elegante Methode braucht man sich beim Kreieren eines Prozesses nicht um das Einrichten des PCB des Sohnprozesses zu kümmern. Soll der Sohnprozeß durch einen anderen Programmtext gesteuert werden, wird durch den Systemruf

exec (filename, arg)

auf diesen Programmtext umgeschaltet. Falls der Programmtext für einen anderen Prozeß bereits im HS ist, erfolgt natürlich kein Laden aus dem Filesystem. Dabei bleibt die Prozeßumgebung (insbesondere die geöffneten Files) erhalten!

Das Beenden eines Prozesses erfolgt durch den Systemruf

exit (status).

Solange noch Sohnprozesse existieren, darf der Vaterprozeß sich nicht selbst beenden, weil dabei geöffnete Files nicht geschlossen werden würden!

Der Vaterprozeß kann mit

wait (status)

auf die Beendigung eines Sohnprozesses gewartet werden. Der Funktionswert gibt den PID des beendeten Sohnprozesses an. Das folgende Beispiel soll das verdeutlichen.

```
Vaterprozeß                         Sohnprozeß
       .
       .

int wait (status)                   int*status;
int execl (filen, argo, 0),
char*filen, *argo;
int a, b, c;                        ---------------------------
       .                                  .
       .                                  .
                                          .

switch (a=fork ())                  switch (a=fork())
 case 0: /*Sohn/                     case 0: /*Sohn*/
        execl('A/B','B',0);                 execl('A/B','B',0);
 case-1:  write ("Fehler");
 default: write ("PID(Sohn)=%d,a);          .
                                    ---------------------------
                                      /* Programm A/B */
                                    void exit (status) int*status;
a=wait (status);                            .
       /*warten auf Sohn*/          write ("Hier ist der Sohn");
b= *status&0xFF;
c= (*status>>8)&0xFF;
write ("PID (Sohn)=%x", a);           exit (5) ;
write (Signal (Sohn)=%x", b);         /*Sohn nicht mehr existent*/
write ("exitarg (Sohn)=%x", c);
       .
```

Mit fork() wird ein Sohnprozeß erzeugt, der parallel fortschreitet mit demselben Programmtext, wie der Vaterprozeß. Der Sohnprozeß (a=0) ruft einen neuen Programmtext (File /A/B) auf und schreitet nun gemäß diesem fort. Der Sohnprozeß endet mit exit(status), wobei neben dem PID(Sohn) als Ergebniswert von wait im Vaterprozeß in dem Parameter von wait der Parameter von exit an den Vater übergeben wird.

Jeder Prozeß innerhalb einer Prozeßhierarchie kann auch durch einen beliebigen Prozeß innerhalb dieser Hierarchie unbedingt beendet werden. Das erfolgt durch den Systemruf

kill (PID, 9).

Falls noch Söhne des Prozesses PID existieren, werden sie an den Prozeß init (PID=1) angehängt.

Nach dem Bootstrapping des UNIX wird der Prozeß init kreiert. Er ist der Wurzelprozeß für die gesamte Prozeßhierarchie. Nach Rückfrage von der

Startkonsole schaltet er auf Multiuser-Betrieb um und kreiert für jede ansprechbare Konsole einen Prozeß mit den drei Files

- Standardeingabe,
- Standardausgabe,
- Standardfehlerfile ,

Dieser Prozeß ist dann im wesentlichen für das LOGIN verantwortlich und startet einen Folgeprozeß (i.allg. die shell).

Eine Prozeßkommunikation bzw. Prozeßsynchronisation kann nur innerhalb einer Prozeßhierarchie erfolgen mittels

- wait - exit ,
- Signalen und
- Pipes .

Ab dem System V existieren weitere Mechanismen, die auch von Prozessen mehrerer Prozeßhierarchien genutzt werden können:

- Nachrichten: Je Nachrichtentyp werden die Nachrichten nach FIFO geschrieben und gelesen.
- Semaphore: Definition, Abfrage und Warten auf bestimmte Werte eines benannten Semaphors.
- Gemeinsamer Speicher: Prozesse können sich an einen Speicher anhängen und diesen lesen und in ihm schreiben.

Signale sind in UNIX asynchrone Ereignisse, die unterschiedliche Ursachen haben können.
Die mit * gekennzeichneten Signale erzeugen einen **Speicherabzug** (core dump) des Programms, sofern sie nicht explizit ignoriert oder abgefangen werden. Bei einem **Speicherabzug** wird eine Kopie des Prozesses, so wie er im Hauptspeicher steht, in das File core des aktuellen Katalogs geschrieben.

Jeder Prozeß kann jedoch alle Signale (bis auf SIGKILL) abfangen und mit einer eigenen Aktion reagieren. Das erfolgt mit dem Systemaufruf

signal (sig, action) .

Der Wert von signal ist die Adresse der alten Funktion action. sig ist die abzufangende Signalnummer und action die Adresse einer eigenen Funktion zur Behandlung des Signals. Nach Eintreffen des Signals wird wieder die alte Funktion action eingestellt. Da Prozesse selbst "soft"-Signale erzeugen können (15, 16, 17), besteht also die Möglichkeit einer Prozeßsynchronisation mit Hilfe des Paares von Systemrufen

kill - signal

<u>**Prozeß 1 (PID1)**</u>

```
        .
        .
{       .
int (*signal(sig,action))();
int sig, (*action)(),alt,pause();
        .
        .
alt=signal (16, action);
        .
pause () ;
        .
signal (16, alt);
return;
int (*action)();
/* signalbehandlung */
{signal (16, action);
return ;};
};
```

<u>**Prozeß 2**</u>

```
  .
  .
{ .
int kill (pid,signal);
int pid, *signal;
  .
  .
 kill (PID1, 16);

 };
```

Wird ein Sohnprozeß durch ein Signal abgebrochen, erhält der Vaterprozeß im Parameter status in dem am weitesten rechts stehenden Byte die Signalnummer mitgeteilt. Bit 7 = 1 in diesem Byte informiert über einen erfolgten Speicherabzug.

Für die Prozeßsynchronisation mit dem Signal kill ist die Kenntnis des PIDs des Vaterprozesses notwendig. Der Sohnprozeß kann den Vaterprozeß-PID nur über besonders programmierte Anweisungen erhalten.

<u>**Vater**</u>

```
main (pidv) int pidv;
        .
{
        .
pidv = get pid();
switch (a=fork())
{case 0:

};

pause ()
};
```

<u>**Sohn**</u>

```
main (pidv) intpidv;
{       .
{case 0: exec ("A/B","B",pidv, 0);
                .
 };             .
kill (pidv, 16);

};
```

Pipes sind temporäre Pufferfiles, die vom Vaterprozeß anzulegen sind (Abb. 8.8).

```
int pipe (filedesk) int filedesk  [2] ;

pipe (filedesk)
```

Abb. 8.8. Pipeline

Das Lesen/Schreiben von der bzw. in die Pipe erfolgt gemäß FIFO mit den üblichen Fileoperationen, wobei der Eingang und der Ausgang je ein File darstellen. Wenn die Pipe beim Lesen leer bzw. beim Schreiben voll ist, wird der Prozeß in den Wartezustand versetzt. Wenn der Pipeeingang beim schreibenden Prozeß geschlossen wurde, erhält der lesende Prozeß bei geleerter Pipe ein EOF. Wenn der Pipeausgang geschlossen wurde, wird bei Schreibversuchen das Signal SIGPIPE (13) erzeugt. Da nach der Kreierung des Sohnprozesses je zwei Verbindungen zum Ein- und Ausgang bestehen, muß der lesende Prozeß den Pipeeingang und der schreibende Prozeß den Pipeausgang schließen. Ansonsten würde kein EOF bzw. SIGPIPE erzeugt werden (die zweite Verbindung würde noch existieren!).

```
Vaterprozeß                     Sohnprozeß
{
pipe (filedesk);                 {


close (filedesk [0] );          close (filedesk [1] );
  /* Vater schreibt */            /* Sohn liest */
write (filedesk [1],puffer,n); read (filedesk [0],puffer,n);

};                               };
```

Für eine duplexe Verbindung müssen also zwei Pipes angelegt werden.

8.3.1.5. BETRIEBSMITTEL

Im UNIX werden die Betriebsmittel

- Prozessor,
- Hauptspeicher (HS),
- Ereignisse,
- Programmtexte und
- Zeit

verwaltet.

Die Zuteilung des Prozessors (Scheduling) an einen der "bereiten" Prozesse erfolgt durch den PUM (PID=0). Dabei wird nach einem Systemruf der Kern erst dann verlassen, wenn keine Systemprozesse mehr abgearbeitet werden können. Aus den bereitstehenden Prozessen wird der Prozeß mit der höchsten aktuellen Priorität ausgewählt. Dieser Schedulingalgorithmus ist an die Anforderungen eines interaktiven Systems angepaßt. Die dynamische Priorität Pr ergibt sich aus der bereits erhaltenen Prozessorzeit Pz und der Lebenszeit des Prozesses Lz als

$$Pr = Lz/Pz$$

Die Neuzuteilung erfolgt im Anschluß an einen Systemruf. Eine Ausnahme bildet nur eine Zeitunterbrechung, wenn nach n Sekunden kein Systemruf erfolgte. Damit wird rechenintensiven Prozessen der Prozessor entzogen, um anderen Prozessen den Vorrang zu geben (interaktives System !). UNIX ist durch dieses Prozessorscheduling für Echtzeitprobleme also nicht besonders geeignet. Die Prozessorumschaltung ist außerdem relativ zeitaufwendig, insbesondere dann, wenn noch eine Prozeßauslagerung erfolgt.

Die Trennung des HS-Bedarfs in Systemdaten, Nutzerdaten und Programmtext erfordert einen HS mit relativer Adressierung. Nichtaktive Prozesse (d.h. der Systemdaten- und der Nutzerdatenbereich) können ausgelagert werden, wenn andere bereitstehende Prozesse HS benötigen und sie entsprechend ihren aktuellen Prioritäten den Prozessor erhalten sollen. Also findet ein Swapping statt, eine prozeßorientierte scheinbare Vergrößerung des HS. Dazu wird auf jedem externen Speicher ein besonderer Bereich (SWAP-Bereich) reserviert, der außerhalb des Bereiches für das Filesystem liegt.

Eine interessante Lösung in UNIX ist die Verwaltung von Programmtexten. Das resultiert ebenfalls wieder aus den ursprünglichen Entwurfszielen von UNIX für ein effektives interaktives Betriebssystem zur Unterstützung der Programmentwicklung. Viele Nutzer benutzen dabei die gleichen Programmtexte, wie Editor, Compiler usw. Wenn mit exec(...) ein neuer Programmtext geladen werden soll, wird erst geprüft, ob dieser schon im HS ist. Die Programmtexte werden in einer Tabelle verwaltet, in der neben dem HS-

Bereich die Anzahl der benutzenden Prozesse und die Adresse im SWAP-Bereich angegeben sind. Zur Zeit nicht genutzte Programmtexte können also ausgelagert werden. Erst wenn kein Prozeß den Programmtext mehr nutzt, kann er aus der Tabelle und damit aus dem HS entfernt werden.

In UNIX gibt es eine Zeitverwaltung mit folgenden Funktionen:

- Setzen und Abfragen der Uhr **stime**(tp) - **ftime**(tp),
- Angabe der verbrauchten Prozessorzeit für den laufenden Prozeß und dessen Söhne, aufgeteilt in die Zeiten für den Prozeß selbst und die Systemzeiten **times** (buf) und
- Erzeugen des Signals SIGALARM (14) nach einem Zeitintervall **alarm** (seconds).

8.3.1.6. DATENVERWALTUNG

Files sind in UNIX nicht strukturiert. Die Daten im File können als eine Folge von Bytes betrachtet werden, wobei für jedes eröffnete File ein Zeiger existiert, der den aktuellen Ort in dieser Bytefolge angibt. Mit

read (filedesk, puffer, anz) und

write (filedesk, puffer, anz)

können anz Byte gelesen bzw. geschrieben werden. Der Zeiger wird dabei um anz inkrementiert. Es gibt in UNIX also nur einen sequentiellen Zugriff auf Files, wobei bei jedem Zugriff eine beliebige Anzahl von Byte transferiert werden kann. Mit

lseek (filedesk, diff, art)

kann der Zeiger verändert werden

- für art == 0 relativ zum Anfang,
- für art == 1 relativ zum alten Zeigerstand und
- für art == 2 relativ zum Ende,

wobei der Funktionswert von lseek der alte Zeigerstand ist. Jeder Prozeß kann also selbst einen Direktzugriff zum File organisieren.

Die Namen von Files in UNIX sind mehrstufig. Das entspricht einer Baumstruktur für den Zugriff zu jedem File (Abb. 8.9). Jede Hierarchiestufe entspricht einer Namensstufe, die durch / von anderen Namensstufen getrennt wird. Die eigentlichen Files (normal files) sind immer ein Blatt in dieser Baumstruktur. In UNIX weicht die Filehierarchie von einer reinen Baumstruktur ab, auf jedes File kann von mehreren Directories verwiesen werden. Derartige zusätzliche Verweise filename_2 für ein existierendes File filename_1 können mit

link (filename_1, filename_2)

hergestellt werden und mit

unlink (filename)

gelöst werden. Erst das Lösen des letzten Verweises bewirkt ein Löschen

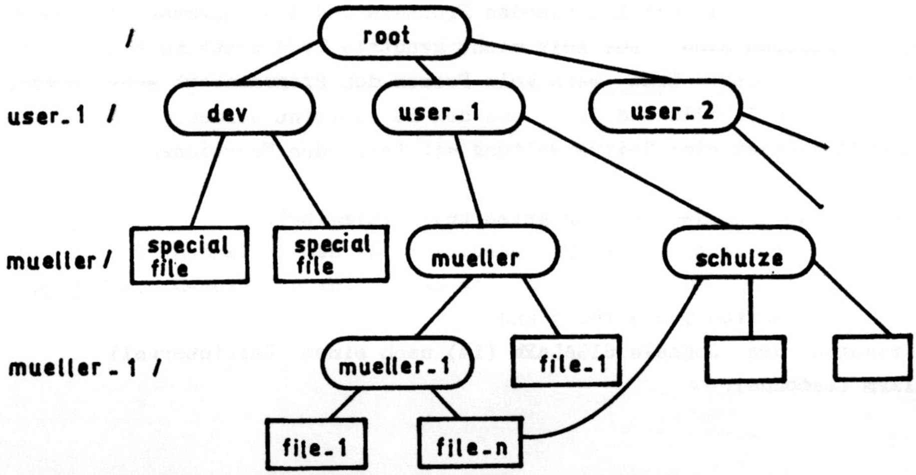

Abb. 8.9. Filehierarchie

des Files. Die Knoten sind Files, welche Fileverzeichnisse (Directories) darstellen. Der Zugriffsbaum ist also wieder selbst im Filesystem realisiert!

Die dritte Art von Files sind Gerätefiles (special files). In UNIX gibt es keine Systemrufe für die physische Ein-/Ausgabe. Sie erfolgt völlig konsistent mit dem read- bzw. write-Systemruf. Specialfiles belegen keinen Platz auf dem externen Speicher, sie enthalten im wesentlichen nur eine Adresse für den zugehörigen Gerätedriver.

Im Paßwortfile ist für jeden Benutzer ein Zugriffspfad im Filesystem zu seinem Directory (home directory) eingetragen. Prozesse des Nutzers mit dem Namen mueller_1 in Abb. 3.34 brauchen also nur einen verkürzten Filenamen (relative path name) anzugeben. Statt

/user_1/mueller/mueller_1/file_n

braucht nur

file_n

angegeben zu werden.

Mit

chdir (directoryname)

kann ein Prozeß das aktuelle Directory wechseln.

Vor der ersten Benutzung sind Files mit

filedesk = open (filename, mode)

zu eröffnen:

- **für Lesen mode == 0 ,**
- **für Schreiben mode == 1 und**
- **für Lesen/Schreiben mode == 2 .**

Eröffnete Files werden in einer Liste im Systemkern geführt. Die Listennummer ist der Filedeskriptor (eine ganze Zahl), die bei weiterer

Benutzung des Files statt des Filenamens (Zugriffspfades) anzugeben ist. Es gelten folgende Festlegungen

filedesk ==	1	Standardausgabe	Display
	2	Standardfehlerausgabe	
	3	Standardeingabe	Tastatur der Nutzerkonsole.

Das Schließen von Files

close (filedesk)

löscht das File aus der systeminternen Liste und schreibt Puffer zurück auf den externen Speicher. Der Schutz von Files ist durch je drei Bits für den Nutzer, die Nutzer der Nutzergruppe und für Fremde geregelt:

r : Lesen,
w : Schreiben,
x Ausführen (d.h. Programmtext).

Statt x kann auch s gesetzt sein. Dann kann ein Nutzer, dem dieses Programm nicht gehört, auch Files benutzen, die dieses Programm zwar anspricht, die dem Nutzer aber nicht gehören (Dienstprozesse zum Pflegen von Systemfiles, z.B. Ändern der Paßworte u.ä.).

In Directory-Files bedeutet r Lesen, w Eintragungen Ändern und x Durchsuchen. Die Schutzbits können mit

test = **access** (name, mode)

geprüft werden (test == 0 erfolgreich). Dabei ist

- für Lesen mode == 4
- für Schreiben mode == 2
- für Ausführen/Suchen mode == 1

fstat (filedesk, buf) und
stat (filename, buf)

stellen alle Informationen über das File in buf zur Verfügung.

chmod (filename, mode)

setzt die Zugriffsrechte

- für Besitzer 0700 ,
- für Gruppe 070 und
- für andere 07

Die Bitbelegung ist die gleaiche wie bei access. Neue Files werden mit dem Systemruf

filedesk = **creat** (filename, mode)

erzeugt. Für die Erzeugung von Gerätefiles und Directories gibt es den Systemruf

mknode (filename, mode, adr),

wobei ein neuer Inode als File mit den Zugriffsrechten mode und der

Driveradresse adr erzeugt.

Die Verwaltung des Speicherraumes des externen Speichers erfolgt in Blöcken zu 512 Byte oder einem Vielfachen davon. Eine Freispeicherkettung wird vorgenommen, wobei die ersten Blöcke Verwaltungsinformationen enthalten:

Block 0 : Boot-Bereich für Systemstart
1 : Superblock : + Anzahl der Blöcke insgesamt,
+ Anzahl der Blöcke der folgenden Bereiche,
+ Anker der Freispeicherkette,

Block 2,..., m-1 : Liste der Informationsknoten (Inode),
Block m,..., n-1 : Blöcke für Files,
Block n,..., o-1 : SWAP-Bereich .

Die Implementation der Files erfolgt über eine Baumstruktur (Abb.8.10, Abb.8.11). Jedes Directory ist ein File. Die Directories sind vorwärts und rückwärts gekettet. Für jedes File ist der Name und ein dazu gehöriger Inode angegeben. Im Inode sind einerseits die Fileinformationen (Abb.8.12) und andererseits Verweise zu den Datenblöcken angegeben. Die ersten 10 Datenblöcke sind über einen Aufruf des externen Speichers erreichbar, die nächsten 128 über zwei Aufrufe, die nächsten 128^2 über drei Aufrufe und die nächsten 128^3 über vier Aufrufe. Kleine Files sind also im Vorteil, und in interaktiven Systemen gibt es viele kleine Files!

Zur Erhöhung der Effektivität sind im UNIX-Kern eine Inode-Liste und Datenpuffer enthalten, so daß nicht jeder Filezugriff auch einen Zugriff zum externen Speicher bedeutet.

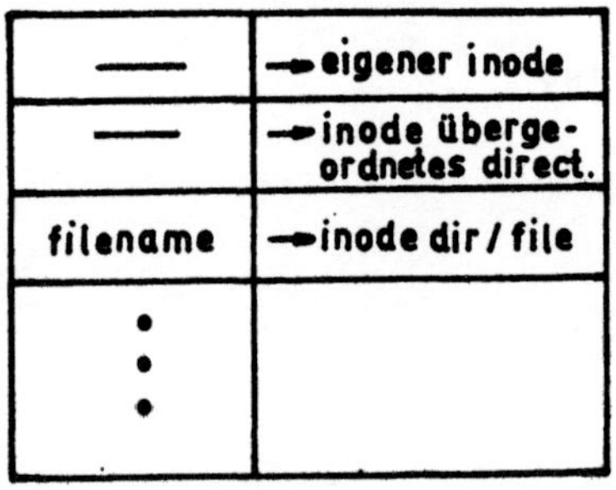

Abb. 8.10. Directory

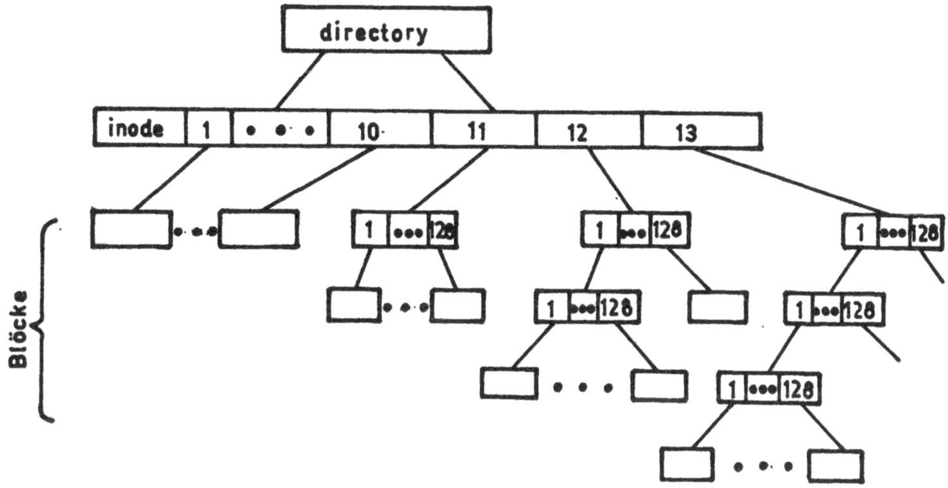

Abb. 8.11. Zugriffsbaum zu den Blöcken eines Files

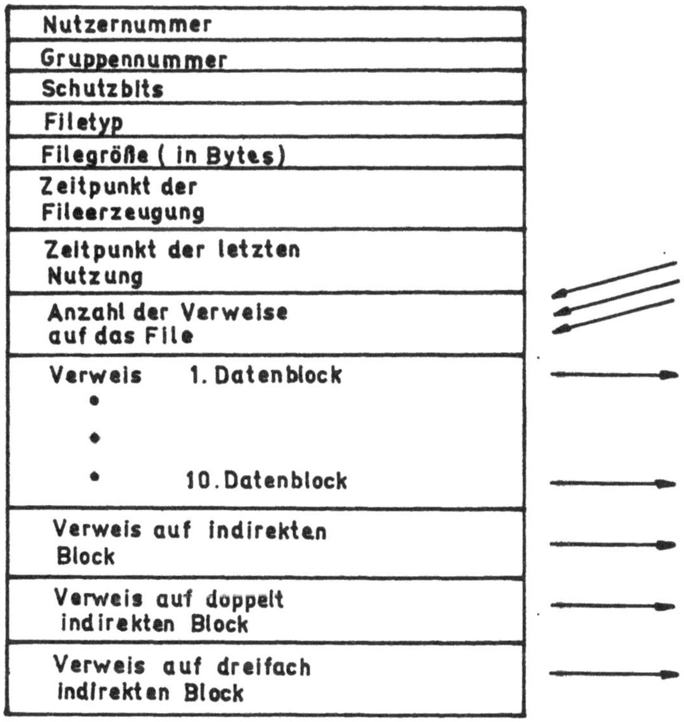

Abb. 8.12. Inode eines Files

8.3.1.7. DIENSTE VON UNIX

Da der Kern von UNIX selbst in C geschrieben ist, werden die Systemaufrufe durch eine C-Schnittstelle repräsentiert. Der C-Compiler für eine bestimmte Rechnerumgebung setzt diese automatisch in entsprechende Maschinenanweisungen um. Das können TRAPs (=SVC), also synchrone Interrupts (ESER, i8086, PDP-11), oder gewöhnliche CALLs sein. Eine Schnittstelle des Betriebssystems in Assembler bzw. im Maschinencode gibt es im UNIX nicht!
Im folgenden werden die wesentlichen Systemrufe angegeben, um einen Eindruck von der Leistungsfähigkeit der UNIX-Dienste zu vermitteln. Die Systemrufe sind ausnahmslos Funktionsaufrufe, sie liefern also einen Resultatwert.

Die Systemrufe in UNIX arbeiten grundsätzlich im Wartemodus,d.h. Prozesse arbeiten erst dann weiter, wenn das BS vollständig den Dienst erfüllt hat. Die Synchronisation zwischen Nutz- und Systemprozessen ist damit zwangsweise gegeben.

Prozeßverwaltung

int alarm(seconds) unsigned seconds

sorgt für ein **SIGALARM** Signal **seconds** Sekunden später oder löscht das Signal (**seconds** == 0). Geliefert wird das vom letzten Aufruf verbliebene Intervall.

int execl(name, arg0,...,argn, 0)

Das File **name** wird zur Ausführung gebracht und erhält die angegebenen Argumente.

exit(status)

Beendet den Prozeß und liefert das am wenigsten signifikante Byte von **status** als zweites Byte an den **wait** Aufruf des Vaters. Nur bei **exit** werden angebrochene Ausgabepuffer noch korrekt ausgegeben.

int fork()

verdoppelt den laufenden Prozeß mit allen Fileverbindungen, Signalen, usw. Resultatwert bei Erfolg ist 0 beim Sohn und die Prozeßnummer des Sohnes beim Vater, bei Fehler ist es -1 (also in nur einem Prozeß).

int getpid()

liefert die eigene Prozeßnummer.

int getuid(),
int getgid(),
int geteuid(),
int getegid()

liefern die wirkliche (get) oder die effektive (gete) Benutzer- (uid) oder Gruppennummer (id).

int kill(pid, sig)

schickt das Signal **sig** an den Prozeß mit der Nummer **pid**, an alle Prozesse in der eigenen Prozeßgruppe (**pid** == 0) oder (nur für den Super-User) an alle Prozesse (außer 0 und 1) im System (**pid** == -1). Resultatwert ist 0 bei Erfolg und -1 bei Fehler. (Arbeitet nur bei gleichen effektiven Benutzernummern oder für den Super-User.)

nice(incr)

verändert die Priorität des Prozesses relativ zur derzeitigen Priorität. Dabei gibt es absolut einen Bereich von -20(höchst wichtig) bis +20(höchst unwichtig) relativ zur normalen, voreingestellten, bisher gültigen Priorität. Prioritäten werden bei **fork** vererbt. (Höhere Priorität kann nur der Super-User verlangen.)

pause()

Der Prozeß wird suspendiert, bis ein Signal eintrifft. Wird das Signal dabei nicht abgefangen, so wird der Prozeß dann natürlich abgebrochen.

int pipe(fildes) int fildes [2];

Erzeugt in **fildes** [0] einen Filedeskriptor für Lesezugriff und in **fildes** [1] einen für Schreibzugriff. Dazwischen werden Daten in First-in-first-out-Manier transportiert; Die Prozeßbearbeitung wird von UNIX so gesteuert, daß nur eine begrenzte Datenmenge für die Pipeline gespeichert werden muß. Liest man von einer Pipeline, zu der kein Prozeß mehr eine Schreibverbindung besitzt, so erhält man 0 Bytes, also ein Fileende. Schreibt man in eine Pipeline, zu der kein Prozeß mehr eine Leseverbindung besitzt, so erhält man ein **SIPIPE** Signal. Resultatwert ist 0 bei Erfolg und -1 bei Fehler.

profil(...)

dient zur Erzeugung eines Histogramms der Prozeßausführung.

int ptrace(request, pid, addr, data) int *addr;

dient zur Überwachung eines zweiten Prozesses.

int setuid(uid)

int setgig(gid)

setzt wirkliche und effektive Benutzernummern (**setuid**) oder Gruppennummer (**setgid**). Resultatwert ist 0 bei Erfolg und -1 bei Fehler. (ist nur erlaubt mit den eigenen wirklichen Nummern oder für den Super-User.)

int (*signal(sig, func))() int (*func)();

verknüpft die Signalnummer **sig** mit der Funktion **func** zur Bearbeitung; trifft später dann das Signal mit der Nummer **sig** ein, so wird **func** mit **sig** als Argumentwert aufgerufen. Signale können ignoriert werden (**func == SIG_IGN**) oder wieder in die Voreinstellung (Prozeßabbruch) gebracht werden (**func == SIG_DFL**). Resultatwert ist ein Zeiger auf eine Integer-Funktion, nämlich die alte Einstellung für die Signalnummer bei Erfolg und -1 bei Fehler.

int wait(status) int * status;

Der Prozeß pausiert, bis ein Sohn terminiert hat oder bis ein Signal eintrifft. Ist **status** nicht Null, wird über den Zeiger im höherwertigen Byte eine 0 oder das Signal gespeichert, das den Abbruch des Sohnes verursachte; dazu kommt 0200_8, falls ein Speicherauszug erzeugt wurde. Im niederwertigen Byte wird der **exit**-Wert des Sohnes gespeichert. Resultatwert ist die Prozeßnummer des Sohnes bei Erfolg und -1 bei Fehler.

Datenverwaltung

int access(name, mode) char*name;

Prüft das File name auf Zugriffsrechte oder Existenz (mode == 0) für den wirklichen Benutzer. Sollen Zugriffsrechte geprüft werden, so ist mode die Summe von 4 für Lesezugriff, 2 für Schreibzugriff und 1 für Ausführung oder Katalog-Suchrechte. Resultatwert ist 0 bei Erfolg und -1 bei Fehler.

int chdir(name) char*name;

setzt den Arbeitskatalog auf den Katalog name. Resultatwert ist 0 bei Erfolg und -1 bei Fehler.

int chmod(name, mode) char*name;

setzt Zugriffsrechte und setuid/setgid Mode-Bits des Files name. Die Zugriffsrechte sind 0700_8 für den Besitzer, 070_8 für die Gruppe und 07_8 für andere; dabei bedeutet 4 Lesezugriff, 2 Schreibzugriff und 1 Ausführen oder Suchen in einem Katalog. Resultatwert ist 0 bei Erfolg und -1 bei Fehler. (Arbeitet nur für Super-User oder Filebesitzer.)

int chown(name, owner, group) char*name;

setzt Besitzernummer und Gruppennummer des Files name. Resultatwert ist 0 bei Erfolg und -1 bei Fehler. (Nur für Super-User.)

int close(fildes)

löst die durch fildes beschriebene Fileverbindung. Resultatwert ist 0 bei Erfolg und -1 bei Fehler.

int creat(name, mode) char*name;

erzeugt das File name mit Zugriffsrechten mode. Existiert das File, wird es auf Länge 0 verkürzt. Resultatwert ist ein Filedeskriptor zum Schreiben der File bei Erfolg und -1 bei Fehler.

int link(first, second) char*first, *second;

gibt dem File first auch noch den Namen second. Resultatwert ist 0 bei Erfolg und -1 bei Fehler. (Nur der Super-User darf Kataloge mehrfach benennen.)

long lseek(fildes, offset, whence) long offset;

verlegt den Angriffspunkt in das durch fildes beschriebene File auf offset(whence == 0), offset Bytes relativ zum momentanen Angriffspunkt (whence == 1) oder auf offset relativ zum Ende des Files (whence == 2). Resultatwert ist der alte Angriffspunkt bei Erfolg und -1 bei Fehler.

int mknod(name, mode, addr) char*name;

Erzeugt ein neues Inode als File name mit kompletter Mode mode und dem ersten Adreßwert addr; dient zur Konstruktion von Katalogen und Gerätedateien. Resultatwert ist 0 bei Erfolg und -1 bei Fehler. (Arbeitet nur für Super-User.)

int open(name, mode) char*name;

verbindet das existente File name für Lesezugriff (mode== 0), Schreibzugriff (mode==1) oder beide Zugriffsarten (mode==2). Resultatwert ist ein Filedeskriptor bei Erfolg und -1 bei Fehler.

int read(fildes, buffer, nbytes) char*buffer;

transferiert bis zu nbytes Bytes von der durch den Filedeskriptor fildes beschriebenen Fileverbindung in den HS-Bereich buffer. Resultatwert ist die Anzahl der wirklich transferierten Bytes bei Erfolg, 0 bei Fileende und -1 bei Fehler.

int stat(name, buf) char*name; struct stat*buf;

int fstat(fildes, buf) struct stat*buf;

füllen **buf** mit Information aus dem Inode des Files **name** oder derjenigen File, die mit dem Filedeskriptor **fildes** verbunden ist. Resultatwert ist 0 bei Erfolg und -1 bei Fehler.

sync()

aktualisiert im System alle Geräte, für die noch Information im Speicher gepuffert ist; ist notwendig, bevor man den Rechner anhält.

int unlink(name) char*name

entfernt den Katalogeintrag für das File **name**. Ist dies der letzte Name für das File, so wird der Platz für das File auf der Platte freigegeben, wenn der letzte Prozeß, der im Augenblick mit dem verbunden File ist, diese Verbindung löst. Resultatwert ist 0 bei Erfolg und -1 bei Fehler. (Den Namen des Katalogs kann nur der Super-User löschen.)

int utime(name, timep) char*name; time_t timep 2

ändert die Information über die Zugriffszeit für das File **name**. Resultatwert ist 0 bei Erfolg und -1 bei Fehler. (Nur für Super-User oder Filebesitzer zulässig.)

int write(fildes, buffer, nbytes) char*buffer

transferiert bis zu **nbytes** Bytes zu der durch den Filedeskriptor **fildes** beschriebenen Fileverbindung aus dem HS-Bereich **buffer**. Resultatwert ist die Anzahl der wirklich transferierten Bytes bei Erfolg (muß **nbytes** sein) und -1 bei Fehler.

Betriebsmittel

int brk(addr)

char*sbrk(incr)

brk sorgt dafür, daß Speicher wenigstens bis zur Adresse **addr** zur Verfügung steht; Resultatwert ist 0 bei Erfolg und -1 bei Fehler. **sbrk** sorgt dafür, daß wenigstens **incr** mehr Bytes zur Verfügung stehen; Resultatwert ist die Adresse des neuen Speicherplatzes bei Erfolg und -1 bei Fehler.

int ioctl(fildes, request, argp) struct sgtty*argp

manipuliert oder liefert besondere Eigenschaften des Geräts, das mit **fildes** verbunden ist. Resultatwert ist 0 bei Erfolg und -1 bei Fehler.

int stime(tp) long*tp

setzt die im System gültige Uhrzeit in Sekunden relativ zu 00:00 GMT am 1. Januar 1979 aus dem **long** Wert, auf den **tp** zeigt. Resultatwert ist 0 bei Erfolg und -1 bei Fehler. (Ist nur für Super-User zulässig.)

long time(tp) long *tp

time liefert die Uhrzeit, die mit Hilfe von **stime** initialisiert wurde. Ist **tp** kein Nullzeiger, so wird dieser Wert auch mit Hilfe dieses Zeigers gespeichert.

times(buf) long buf 4

liefert eine Zeitstatistik, gemessen in 1/HZ Sekunden, wobei in Europa meist HZ == 100 gilt. Folgende 4 Werte werden geliefert: User-Mode-Zeit für den aktiven Prozeß, Systemkern-Zeit für den aktiven Prozeß, Summe der User-Mode-Zeiten für alle verstorbenen Abkömmlinge, Summe der entsprechenden Systemkern-Zeiten.

8.3.1.8. KOMMUNIKATION MIT DER UMWELT

UNIX selbst besitzt keine Komponente für die Kommunikation mit der Umwelt, wenn man von LOGIN-Kommunikation beim Systemzugang absieht. Jeder Nutzprozeß hat sich selbst um die Kommunikation zu kümmern, oder es gibt einen allgemeinen bzw. für bestimmte Zwecke spezifizierten Prozeß für die Kommunikation. Der Nutzer wendet sich also nicht mehr direkt an das Betriebssystem. Der Kommunikationsprozeß liegt wie eine Schale um den Kern (das gilt natürlich nur aus der Sicht des Nutzers, nicht aber aus der Sicht der Nutzprozesse !), deshalb auch der Name des häufigsten Kommunikationsprogramms in UNIX

s h e l l .

shell erfüllt die Aufgaben

- Kreieren von Prozessen (Kommandos),
- Parallele Ausführung von Prozessen (batch jobs),
- Parallele Ausführung von über eine Pipe geketteten Prozessen,
- interpretative Abarbeitung von shell-Prozeduren.

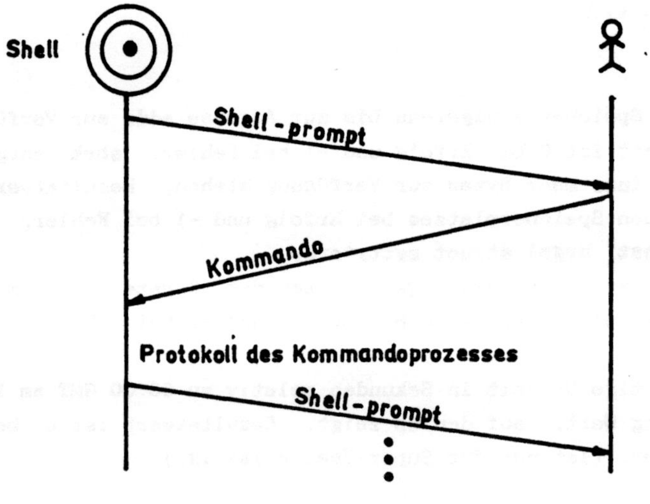

Abb. 8.13. Protokoll der Shell

Das Protokoll Shell-Nutzer ist sehr einfach (Abb. 8.13).Ein Shell-Kommando ist entweder ein Name eines ausführbaren Files mit durch besondere Zeichen getrennten folgenden Argumenten für den zu kreierenden Prozeß. Trennzeichen sind Leerzeichen oder Tabulator. Mehrere Kommandos, die sequentiell ausgeführt werden, sind durch Semikolon zu trennen. Reicht eine Zeile nicht aus, kann mit \n auf eine neue übergegangen werden. Erst nach Betätigen der Entertaste (i.allg." neue Zeile") beginnt Shell mit der Ausführung der Kommandos. Jeder kann selbst eigene Kommandos erzeugen, indem einfach ein ausführbares File angelegt wird. Auf die riesige Zahl vorgefertigter Kommandos soll nicht eingegangen werden.

Wird dem Kommando ein & nachgestellt, läuft es im Hintergrund ab. Shell teilt den PID des kreierten Prozesses mit und meldet sich sofort wieder mit seinem Prompt. Damit die Standard-Ein-/Ausgaben dieses Prozesses sich nicht asynchron auf dieselbe Konsole beziehen, sollten sie umgeleitet werden auf Files.

Das erfolgt durch

Kommando > filename

für die Standardausgabe und

Kommando < filename

für die Standardeingabe. In Shell-Prozeduren kann die Standardeingabe auf eine Bytefolge in der Prozedur temporär umgeschaltet werden durch

<< bel bytefolge bel ... ,

wobei bel ein beliebiges Zeichen ist.

Kommandos, die von der Standardeingabe einlesen und auf der Standardausgabe ausgeben, bezeichnet man als Filter. Sie können an ein voranstehendes Kommando angehängt werden, wobei die Verbindungen über eine Pipe hergestellt werden und beide Prozesse gleichzeitig kreiert werden.

Kommando_1|Kommando_2

Filenamen können auch mit den wild cards

* jede beliebige Zeichenkette,

? jedes beliebige Zeichen,

anf-end jedes beliebige Zeichen zwischen anf und end und

!anf-end keines der Zeichen zwischen anf und end

in jeder einzelnen Komponente des Filenamens angegeben werden. Shell sucht mit diesem Muster (pattern) das erste passende File.

Statt eines einzelnen Kommandos kann auch eine Prozedur mit Parametern aufgerufen werden

sh filename parameter...

Die Positionsparameter können mit den Shell-Variablen $1, $2, .. angesprochen werden. Weitere festgelegte Variablen sind

$0 Filename des Kommandos,

$/# Anzahl der Parameter,

$/$ alle Parameter,

$/§ alle Parameter, aber einzelne Abgabe,

$/* $/§ alle Parameter außer $/0,

$/? Exit-Status des letzten ausgeführten Kommandos,

$/$/ PID der Shell,

$/! PID des letzten batch-Kommandos,

$/- Flags(Optionen) der Shell,

$/HOME Voreingestelltes aktuelles Directory des Nutzers nach LOGIN mit einer Wertzuweisung zu HOME, oder durch das Kommando läßt sich das aktuelle Directory ändern,

$/PS1 1. Prompt der Shell ($/),

$/PS2 2. Prompt der Shell (i.a. >),

$/PATH in $/PATH können mehrere Pfadnamen angegeben werden, in denen Shell außer im Home-Directory aufgerufene usführbare Files sucht,

$/MAIL eine Nachricht wird bei Veränderung vor dem nächsten Prompt ausgegeben,

$/IFS Menge aller Trennzeichen.

In Prozeduren können weitere beliebige Variable verwendet werden, denen Zeichenketten zugewiesen werden können

```
dir = user_1/mueller/mueller_1
cd $dir
```

damit wird das aktuelle Directory in diesem Beispiel umgeschaltet. Shell-Variable können Werte (Zeichenketten) auch durch die Standardausgabe eines Prozessors erhalten.

```
pfad = 'pwd'
```

ist gleichbedeutend mit

```
pfad = $/HOME bzw.
pfad = user_1/mueller/mueller_2 ,
```

wenn im Paßwortfile für den aktuellen Nutzer das obige directory eingetragen ist.

Die Shell-Variablen gelten nur in ihrer Prozedur. Wird eine neue Prozedur aufgerufen, werden neue Variablen definiert, die ggf. Werte durch den Aufruf erhalten. Sollen in einer aufgerufenen Prozedur Variable mit Variablen der aufrufenden Prozedur identisch sein, sind sie als global in der aufgerufenen Prozedur zu erklären

```
export variable .
```

(außer $/0,.. , $/9, $/#).

Prozeduren können nicht nur sequentiell interpretiert werden, sondern mit den Steuerstrukturen

- Sequenz,
- Verzweigung und
- Zyklus

programmiert werden. Shell stellt also eine virtuelle Maschine dar, deren Daten Zeichenketten bzw. Variable von Zeichenketten und deren Operationen Kommandos (ausführbare Files) sind. (Abb. 8.14).

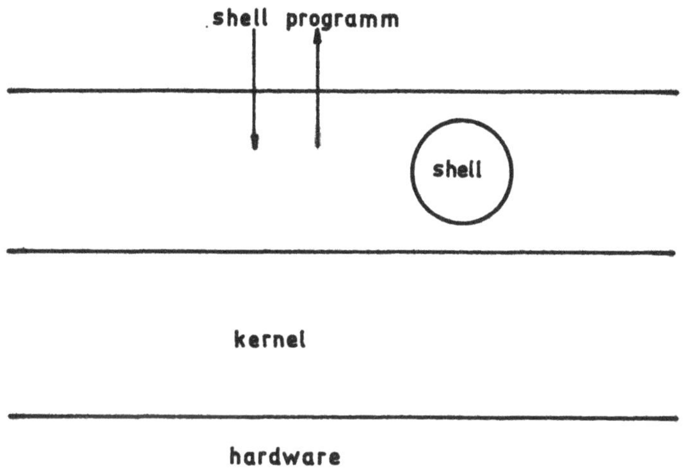

Abb. 8.14. Programmierung der Shell

Dazu existieren die Elemente

```
kommando_folge ;         bzw.  ( kommando_folge )
```

für die Sequenz sowie

```
IF  kommando_folge_1  THEN  kommando_folge_2
    ELIF  kommando_folge_3  then kommando_folge_4
    ELSE  kommando_folge_3
FI
                                                      bzw.
CASE  wort   IN
    muster_1  )      kommando_folge_1 ;;
    muster_2  )      kommando_folge_2 ;;
ESAC
```

für die Verzweigung und

```
  FOR  name  DO  kommando_folge   DONE   bzw.
  FOR  name  IN  worte    DO  kommando_folge  DONE   bzw.
WHILE  kommando_folge_1   DO  kommando_folge_2 DONE  bzw.
UNTIL  kommando_folge_1   DO  kommando_folge_2 DO
```

für den Zyklus.

8.3.2. CP/M

8.3.2.1. HISTORIE

Das Betriebssystem SCP (Single User Control Program) wird für Personalcomputer (PC) 1715 als SCP 1715 und für Bürocomputer (BC) A5120 und A5130 als SCPX 1526 vom Kombinat Robotron bereitgestellt. Es hat dieselbe Struktur und dieselben Schnittstellen und Protokolle wie das international weit verbreitete (mehrere Mio. Installationen) CP/M (Control Program for Microcomputer) der Firma Digital Research. Für dieses BS gibt es eine umfangreiche Software, wie Dienstprogramme, Assembler, Compiler für alle relevanten höheren Programmiersprachen, sogar für funktional-logische Sprachen mit allerdings eingeschränktem Umfang, Textsysteme, Datenbanksysteme sowie sehr viele Anwenderprogramme. Das BS wurde für 8-Bit-Rechner entwickelt, es gibt mittlerweile Versionen und neue BS für 16-Bit-Rechner, die prinzipiell die gleiche Struktur, die gleichen bzw. ähnliche Schnittstellen und Protokolle besitzen (Abb. 8.15).

```
i8080                                 +----------------- XENIX= UNIX
i8086                                 |
i80n86                       +--------+----------------- MS-DOS = PC-DOS
Z8000                        |
U8000                        |    +--------------------- CCP/M-86
                          +--+----+--------------------- CP/M-86
==========================+=======================================
i8080                     |
Z80   ------+-------------+----------------------------- CP/M = SCPX
U880        |__________________________________________  MP/M

-----+------+--+--+----+---------------------->
     75     78 79 81   83                       Jahr
```

Abb. 8.15. BS-Familie CP/M

Zahlen, die sich auf Adressen, Registerinhalte o.ä. beziehen, sind - wenn nicht gesondert vermerkt - im hexadezimalen System angegeben.

8.3.2.2. ANWENDUNGSGEBIETE

CP/M wurde das am weitesten verbreitete BS für 8-Bit-Personalcomputer. Es ist ausschließlich für den Einnutzerbetrieb vorgesehen, es bietet aber für

diesen einzigen Nutzer einen ähnlichen Komfort wie für einen Terminalnutzer eines Großrechners. Das liegt vor allem daran, daß in kurzer Zeit umfangreiche Software auf der Basis von CP/M entstand und in Millionen Stückzahlen vertrieben wurde. Es gibt Programmierumgebungen für alle relevanten Sprachen, von BASIC bis Prolog, Textverarbeitungssysteme, Datenbanksysteme, Kalkulationsprogramme und natürlich eine Unmenge von Computerspielen.

Die Bedienung des BS ist einfach, es kann relativ leicht als Basis für schlüsselfertige Systeme dienen. Darüber hinaus ist auch eine Stapelverarbeitung von Kommandofiles möglich.

8.3.2.3. SCHICHTENSTRUKTUR

Die weltweite Bedeutung erlangte das BS CP/M durch seine Struktur, die sich am besten durch ein Treppenmodell charakterisieren läßt (Abb. 8.16), und durch die unifizierten Schnittstellen und Protokolle. Die Implementationen (in der DDR: BCU880, CP/A, MikroDOS usw.) der einzelnen Bestandteile sind zwar verschieden und der jeweiligen Gerätetechnik angepaßt, gewährleisten jedoch die Nutzung der allgemeinen Software, meist sogar fast

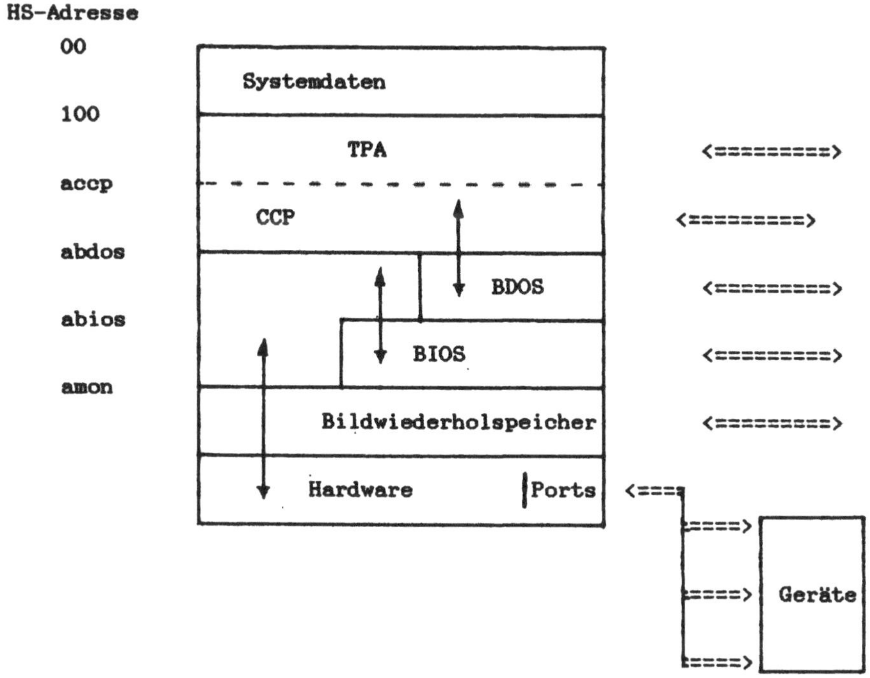

Abb. 8.16. Struktur der CP/M-kompatiblen BS
(↕: Schnittstelle, <==> Protokoll, TPA: Transient Program Area, CCP: Command Control Prozess, BDOS: Basis Disk Operating System, BIOS: Basis Input Output System)

aller Dienstprogramme. Die relative Lage der resident im HS liegenden Bestandteile des BS ist fest, die absoluten Adressen hängen von der jeweiligen Installation ab. Im SCP gelten die folgenden Werte der HS-Aufteilung:

	PC 1715	A5120/30
accp	C300	C800
abdos	CAB4	D000
abios	D900	DE00
amon	F800 (FC00)	F800 (FC00)

Der Nutzerbereich Transient Program Area (TPA) von 100 bis abdos kann vollständig durch den Nutzprozeß belegt werden. Für eine Weiterarbeit des BS muß dann aber der Nutzprozeß sich mit dem BS-Dienst "Warmstart" beenden. Wird die Kommandoprozedur Command Control Program (CCP) nicht überspeichert, genügt ein RETURN. Programmtexte für den Nutzprozeß werden vom Lader im CCP grundsätzlich auf die Adresse 100 geladen und bei 100 gestartet, auch Programme, die vom LINKER für eine andere HS-Adresse verbunden wurden. Ein vom LINKER erzeugtes und dem eigentlichen Programm vorangestelltes Programmstück (100,...,17F) sorgt beim Ansprung durch das CCP für die Umspeicherung auf die gewünschte HS-Adresse.

Achtung! Zuerst den Programmtext mit der höchsten HS-Adresse laden!

CP/M arbeitet immer mit einem "aktuellen" Diskettenlaufwerk, d.h. mit einem aktuellen Filesystem! Die Umschaltung kann entweder über das CCP-Protokoll oder einen BS-Dienst erfolgen.

Tab. 8.1. Systemdatenbereich (fcb: File Control Block)

0000,...,0002	jp abios
0003	IOBYTE
0004	aktuelles Laufwerk (0: A, 1: B, ...)
0005,...,0007	jp abdos
003F,...,003F	awboot
0040,...,0043	Uhr (hh mm ss in BCD, 10 ms hexadezimal), nur im SCP 1526 (BC).
005C,...,0068	1. fcb
006C,...,0078	2. fcb
0080,...,00FF	E/A Puffer des CCP

8.3.2.4. PROZESSVERWALTUNG

In CP/M gibt es keine Prozeßverwaltung, sondern dieses BS ist prozedurorientiert. Damit ist es für Steueraufgaben a priori nicht geeignet. Dafür ist es aber auch nicht vorgesehen, sondern für Arbeitsplatzrechner. Selbst die Kommunikation mit der Umwelt ist nicht in dieses BS integriert. Das BS ist auf den ersten 3 (2 bei Laufwerken 1.6) Spuren (CP/M:2) bzw. bei anderen Versionen (BCU80 u.a.) als File mit nur dem Bootstraplader auf den ersten 2 Spuren untergebracht. Das Protokoll ZVE mit PROM-Diskette läuft vereinfacht folgendermaßen ab:

```
                  |<---------------|  RESET = Start ZVE mit PROM bei 0

  Aufforderung    |--------------->|
  n Sektoren      |                |  n Sektoren (Bootstraplader)
                  |                |  lesen
 Fehler:          |                |
   kein System    |                |
   BAD SECTOR     |  - - - - - - ->|

  Aufforderung    |                |
  System laden    |--------------->|

                  |<---------------|  System laden

                  |--------------->|  System betriebsbereit A>
```

Abb. 8.17. Protokoll PROM-Diskette

0. RESET

wird im ausgeschalteten Zustand durch einmaliges Drücken und im eingeschalteten Zustand durch zweimaliges Drücken der RESET-Taste erzeugt. Dreimaliges Drücken schaltet den BC aus. Beim PC wird das Netz durch einen gesonderten Netzschalter ein- und ausgeschaltet. Beim Einschalten wird jedesmal auch ein RESET erzeugt. Ein einmaliges Drücken (> 2 s) der gesonderten RESET-Taste erzeugt hier das RESET.

1. Lader im PROM

- Löschen RAM 0,...,7FF
- IM2 einstellen
- BS-PIO auf MODE 3
- Lader nach RAM
- Abschalten PROM
- Laden Bootstraplader (Systemlader, 512 Byte) nach 400
- Wenn kein Bootstraplader ("SYL" als KZ in den Bytes 0,...,2), Fehler-

ausschrift
- Sprung zur Adresse 437

2. Bootstraplader
- Bildschirm löschen
- Ausschrift "Robotron LADER" oder ähnliche Firmenschrift
- Vergleich des eingelesenen mit berechnetem Sicherungszeichen
- Fehlerausschrift bei Ungleichheit
- Laden des BS (anschließend an Lader auf Systemspuren oder als File auf der Diskette)
- Sprung zum Kaltstarteintritt des BIOS

3. Kaltstart des BIOS
- I-Register laden (i.allg. mit F7)
- Löschen Interruptvektor (F7E0,...,F7FF)
- Löschen 0,...,7FF
- Initialisierung der Tastatur und des Druckers
- Ausschrift einer Meldung
- 0,...,2: Sprung --> wboot, 5,...,7: Sprung --> BDOS eintragen
- DMA-Adresse einstellen auf 80
- Sprung zum CCP (Warteschleife auf Eingabe).

Wenn das BS sofort mit einem Anwenderprogramm gestartet werden soll, muß im Eingabepuffer des CCP der Name dieses Programms mit eventuell folgendem Parameter stehen .

accp + 7: Länge des Programmnamen und der Parameter
accp + 8: Programmname und Parameter.
... +86

Bei jedem wboot wird dann dieses Programm automatisch geladen und gestartet. Im SCP 1715 (PC) ist das nur für den Kaltstart vorgesehen. Man sollte auf jeder Diskette das BS auf die Systemspuren schreiben, da diese ohnehin für nichts anderes genutzt werden können. Der Warmstart (wboot) wird ausgelöst durch Sprung zum abios+3 bzw. über das CCP-Protokoll durch Eingabe von ^C, das dann den Sprung zum abios+3 auslöst. Dabei wird

- der CCP von der Diskette neu geladen,
- die Diskettenlaufwerke zurückgesetzt (werden wieder schreibbar),
- das BS in den Grundzustand versetzt und
- die Warteschleife für die Kommandoeingabe im CCP angesprungen.

8.3.2.5. BETRIEBSMITTELVERWALTUNG

CP/M geht davon aus, daß das BS seine eigenen Betriebsmittel Geräte und HS besitzt. Geräte werden nur über BS-Dienste (Abschnitt 8.3.2.7.) genutzt und gehören dem BS. Das gleiche trifft für den HS zu. BS und Nutzprozedur besitzen disjunkte HS-Bereiche. Es gibt deshalb auch keine Verwaltung von Betriebsmitteln. Der Nutzprozedur steht der HS

100,...,< 6,...,7 >

zu und dem BS der Bereich

0,...,FF und <6,...,7 >,...,FFFF

Es hat den Anschein, als ob im BS CP/M eine optionale Zuordnung von Geräten möglich wäre. In manchen Implementationen gibt es Dienstprogramme, die die Zuordnung logisches-physisches Gerät - Driver ändern können. Letztendlich ist dies also eine Parametrisierung des BS.

Das BIOS liefert Dienste für die logischen Geräte (im INSTSCP CHANNEL genannt)

- LST		Listgerät für BIOS-Dienste abios+0F und abios+2A.
- PUN	(in SCP nicht	Punchgerät für abios+12
- RDR	realisiert)	Readergerät für abios+15
- CON		Console für abios+06, abios+09, abios+0C.

Diesen logischen Geräten können in Analogie zu den alten INTEL-CP/M-Varianten je vier physische Geräte (im INSTSCP SUBCHANNEL genannt) zugeordnet werden. Es ist immer nur **eine** Zuordnung logisches-physisches Gerät aktiv. Diese aktuelle Zuordnung wird in dem sogenannten IOBYTE auf der HS-Adresse 0003 gemerkt

<0003> = ll pp rr cc	ll, pp, rr, cc	= 0	1. physisches Gerät
		= 1	2. " "
		= 2	3. " "
		= 3	4. " "

Die physischen Geräte werden mit Namen bezeichnet, die außer in Dokumentationen im BS keine Rolle spielen. Im INSTSCP wird in den entsprechenden Menüs das aktuell zugeordnete physische Gerät (=SUBCHANNEL) durch * gekennzeichnet. Jedem dieser physischen Geräte (bzw. SUBCHANNEL) können bis zu vier Driver zugeordnet werden, die nun endlich mit den realen physischen Geräten zusammen arbeiten. **Ein** BIOS-Dienst stößt parallel alle zugeordneten Driver an. Wenn z.B. dem logischen Gerät LST das physische Gerät LPT mit zwei gleichen Drivern für ein und denselben physischen Drucker zugeordnet ist, erscheint jedes über den BIOS-Dienst abios+0F ausgegebene Zeichen **doppelt** auf dem Drucker.

Tab. 8.2. Zuordnung logisches - physisches Gerät

logisches Gerät	1. physisches Gerät	2. physisches Gerät	3. physisches Gerät	4. physisches Gerät
LST(ll)	TTY (Tele TYpe)	CRT (Cathode Radiation Tube)	LPT (Line Printer)	UL1 (User List 1)
PUN(pp)	TTY	PTP (Paper Tape Puncher)	UP1 (User Puncher 1)	UP2
RDR(rr)	TTY	PTR (Paper Tape Reader)	UR1 (User Reader 1)	UR2
CON(cc)	TTY	CRT	BAT (BATch)	UC1 (User Cons.1)

8.3.2.6. DATENVERWALTUNG

Files sind in CP/M in Sätze von 128 Bytes strukturiert. Auf die Sätze eines Files kann aufgrund der Baumorganisation der Implementierung sowohl direkt als auch sequentiell zugegriffen werden. Die Filenamen bestehen aus drei Bestandteilen, die durch : und . in der externen Darstellung getrennt werden :

```
filename ::= d:fn.ft
d   drive (Laufwerk)
fn  file name
ft  filetyp
d ::= A | B | ... | P
```

Es gibt immer ein aktuelles Laufwerk. Bezieht man sich auf dieses, kann d: entfallen.

```
{fn} ::= großbuchstabe |{fn}zeichen
{ft}                   |{ft}
zeichen ::= großbuchstabe | ziffer |
            sonderzeichen außer < > . , ; : = ? [ ] *
```

fn besteht aus maximal 8 Zeichen und ft aus maximal 3 Zeichen. Einige Programme, wie CCP, aber nicht EDIT, wandeln automatisch eingegebene Kleinbuchstaben in Großbuchstaben, wenn sie an Stellen stehen, die eindeutig ein fn oder ein ft bedeuten. Ist die Angabe von mehreren Files sinnvoll, können Gruppenangaben gemacht werden:

```
gruppenfilename::={    *      } {    *      }
                  {{zeichen}  } {{zeichen}  }
                  {{   ?   }...}.{{   ?   }...}
```

Der Typ besitzt für einige Programme ein bestimmte Bedeutung in dem Sinne, daß derartige Programme Files mit einem bestimmten Typ für die Eingabe erwarten bzw. erzeugen.

Tab. 8.3. Typfestlegungen einiger Programme

ft	Programm	Bedeutung
COM	CCP	ladefähiges Programm
MAC	M80, EDIT	Assemblerquelltext(MACroass)
REL	M80, L80	Objektcode
PRN	M80	Assemblerlisting
BAK	EDIT, TP	Vaterfile
SUB	Submit	Kommandofolge
$$$	Submit, PIP, ...	temporäres File
PAS	PASCMP	PASCAL-Quelltext
BAS	BASIC	BASIC-Quelltext
DBD	REDABAS	Datenbasis
DBF	dBASE II	Datenbasis
CMD	REDABAS, dBASE II	Kommando

Zusätzlich zu fn und ft können noch Nutzergruppen (0,...,15) definiert werden, so daß für jede Gruppe nur Files dieser Gruppe sichtbar sind. Die Einstellung der aktuellen Nutzergruppe (beim Systemladen wird Gruppe 0 eingestellt) erfolgt durch den BDOS-Dienst 20 oder durch das CCP-Kommando USER n.

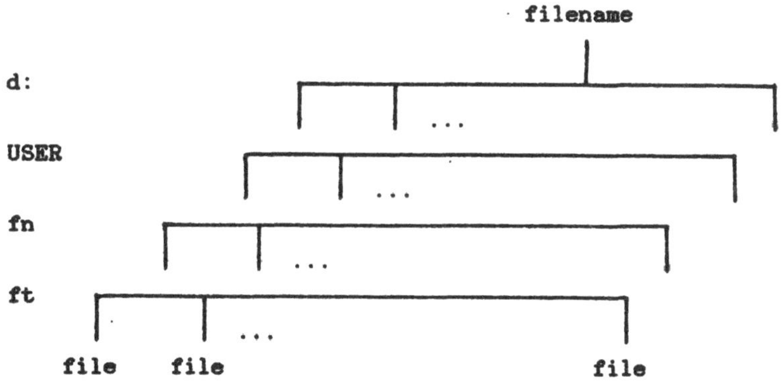

Abb. 8.18. Namenshierarchie für Files im SCP

Jedes File kann noch zwei Attribute besitzen

{R/O} : {File nur lesbar }
{R/W} : {File les/schreibbar }

{SYS} : {keine Anzeige bei DIR (im CCP)}
{DIR} : {Anzeige bei DIR (im CCP)}

Die interne Verwaltung der Filekennzeichnung erfolgt über die Laufwerksverwaltung im BDOS und die Directories (Verzeichnisse) auf jeder Diskette in Spur 2 oder 3 - je nach Diskettenformat und BS-Version - ab logischem Sektor 1. Für jedes File existiert mindestens ein Eintrag von 20 Bytes im

Verzeichnis und für eröffnete Files eine Kopie als fcb (File Control Block) mit den zusätzlichen Bytes 20,...,23 im HS.

Für jeden BDOS-Filedienst ist der 24 Byte lange fcb vom Nutzer bereitzustellen und in die Bytes 00,...,0B die entsprechenden Werte und in die Bytes 0C,...,24 0 (!) einzutragen.

Tab. 8.4. Filecontrolblock bzw. Directoryeintragung

Byte	Bedeutung	Bemerkung
0	dr	fcb: 0 aktuelles Laufwerk 1 LW A ... im Directory: {E5 KZ File gelöscht} {Bit 4,...,0 Nutzergruppe}
1,...,8	fn	Bit 6,...,0 Filename
9,...,0B	ft	Bit 6,...,0 Filetyp nur Bit7(ft1) {=1 R/O, =0 W/R} directory Bit7(ft2) {=1 DIR, =0 SYS}
0C	ex	aktuelle Extent-Nummer
0D,...,0E		BDOS-intern
0F	rc	Anzahl Sätze im aktuellen Extent
10,...,1F		Blockadressen
20	cr	aktuelle Satznummer für den nächsten sequentiellen Zugriff
21,...,23	r0,r1,r2	Direktzugriff r0 Low-Teil r1 High-Teil der Satznummer r2 Überlauf

Ein File ist in logische Sätze der festen Länge von 128 Bytes strukturiert. Die Sätze ein und desselben Files können vorwärts sequentiell <u>und</u> im Direktzugriff gelesen und geschrieben werden. Die Namen (Schlüssel) der Sätze sind ganze Zahlen 0,...,65535. **Achtung**! Es werden nur Blöcke auf der Diskette für das File vergeben, in denen angesprochene Sätze liegen. Dadurch können bez. der sequentiellen Folge nicht nur Blöcke, sondern auch ganze Extents fehlen. Aber: Wenn nur ein Satz eines Blockes beschrieben wurde, sind auch alle anderen logischen Sätze, die in diesem Block liegen, ohne Fehler erreichbar. Die Anzahl der Sätze nur sequentiell benutzter Files ist ausschließlich durch die Kapazität der Diskette begrenzt.

Der Speicherraum der Diskette wird ab Spur 2 (bzw.3) in Blöcke eingeteilt. Die ersten Blöcke ab Nummer 0 belegt das Directory. Die Angaben über die Blockgröße, die Gesamtzahl der Blöcke, die Anzahl der Blöcke für das Directory, die Anzahl der logischen Sektoren je Spur (Spurkapazität) sind in den Tabellen DPH(Disk Parameter Header) und DPB (Disk Parameter Block) im BIOS entsprechend den spezifischen Eigenschaften der Laufwerke festgehalten. Das BDOS teilt den einzelnen Files Speicher auf der Diskette in Portionen eines Blockes zu, so daß je File lediglich ein mittlerer Speicherverlust von einem halben Block entsteht. Ein File kann so völlig gestreut über eine Diskette gespeichert sein, je nachdem, welcher Block gerade bei Fortschreibung des Files frei war. Die Nummern der den Files zugeteilten Blöcke stehen in den Einträgen im Directory. Die 16 Bytes im Eintrag können entweder 8 Blocknummern (bei mehr als 255 Blöcken je Diskette) oder 16 Blocknummern (bei weniger als 256 Blöcken je Diskette) aufnehmen. Wird ein File größer, legt das BDOS einen 2.Eintrag (fcb) mit gleichem fn und ft an, aber mit einer Eintragsnummer ex=1 usw. Den Teil eines Files, der durch einen Eintrag beschrieben wird, nennt man Extent.

Wird vom BDOS der Zugriff zu einem Satz eines Files verlangt, wird zunächst die Blocknummer aus der Nummer des logischen Satzes entsprechend der Blockgröße bestimmt und aus dieser die Spuradresse und die Adresse des logischen Sektors (=128 Bytes), um mit Hilfe der BIOS-Dienste den logischen Sektor zu lesen oder zu schreiben. Da beim Eröffnen eines Files die Blocknummern in den HS-Eintrag eingetragen werden, ist für alle Zugriffe zu Sätzen eines Eintrags nur ein Diskettenzugriff erforderlich.

Tab. 8.5. Maximale Anzahl logischer Sätze je Eintrag im Directory
(= 1 Extent; Angaben dezimal)

Blockgröße [KB]	Anzahl Sätze je fcb (max. Satzanzahl je File)	
	<256 Blöcke/Diskette	>255 Blöcke/D.
1	128 (2048)	nicht möglich
2	256 (4096)	128 (2048)
4	512 (8192)	256 (4096)
8	1024 (16384)	512 (8102)
16	2048 (32768)	1024 (16384)

Im SCP werden Blockgrößen von 1 KByte und 2 KByte verwendet.

Tab. 8.6. Disk Parameter Header (DPH)

Byte	Bedeutung
0,...,1	>Zuordnungstabelle logischer-physischer Sektor< bei physischer Sektorlänge = 128 Bytes
2,...,3	aktuelle Spurnr.
4,...,5	aktuelle Sektornr.
6,...,7	aktuelle Nr. des Directory im Verzeichnissatz (0,...,3)
8,...,9	>Verzeichnissatz<
A,...,B	>DPB<
C,...,D	>Puffer< für Prüfung Diskettenwechsel
E,...,F	>Allocationvektor< für belegte Blöcke (0:frei,1:bel.)

Tab. 8.7. Disk Parameter Block (DPB).

Byte	Bedeutung
0,1	Anzahl logischer Sektoren je Spur
2	BSH = lg_2 (Blockgröße/128)
3	Blockmaske = $2^{BSH} - 1$
4	Extentmaske = $2^S - 1$ S = lg_2 (Speicherbereich in KB je Eintrag/16KB) 0:16KB,1:32KB,3:64KB...
5,6	Anzahl Blöcke - 1 je Diskette
7,8	Anzahl Eintragungen im Directory (à 32 Bytes)
9,A	Allocationsvektor für Directory-Blöcke
B,C	Länge des Prüfpuffers für Diskettenwechsel
D,E	Anzahl Systemspuren

8.3.2.7. DIENSTE AN DER BS-SCHNITTSTELLE

In CP/M gibt es zwei Schnittstellen für das BS (Abb. 8.16), das BIOS und das BDOS. Während die BIOS-Dienste über eine Sprungtabelle selektiert werden, wird im BDOS grundsätzlich ein Unterprogramm-Sprung zur HS-Adresse 5 mit dem Funktionscode im Register C ausgeführt. Die Schnittstelle des BIOS ist einheitlich für alle Versionen und Varianten definiert durch einen Sprungverteiler und Parameterübergabe durch Register. Achtung: BIOS zerstört alle Register!

Die BIOS-Dienste werden durch Driver für die einzelnen Geräte realisiert. Sie arbeiten grundsätzlich im Wartezustand, eine Parallelarbeit des Anwenderprogramms mit einem Driver ist nicht realisiert! Aufgrund der unterschiedlichsten Hardware ist die innere Struktur von der Variante und der Version einer Variante abhängig!

Das BDOS stellt qualifiziertere Dienste als das BIOS für die E/A-Geräte und als wesentlichen Dienst eine Datenverwaltung zur Verfügung. Auch die BDOS-Dienste zerstören die Register! Die Schnittstelle hat die Form

```
LD   C,dienstcode
CALL 5
```

mit Parametervermittlung über Register. Die Parameter der Dienste werden in folgender Form angegeben:

Eingabeparameter: <reg> = wert

Resultatparameter: wert = <reg>.

Die Dienstcodes sind im folgenden hexadezimal angegeben. Da das BDOS die BIOS-Dienste nutzt, arbeiten alle Dienste im Wartemodus.

Tab. 8.9: BIOS-Dienste

Adresse	Bedeutung	E-Parameter	A-Parameter
abios			
+ 0	Kaltstart (boot)	-	-
+ 3	Warmstart (wboot)	-	-
+ 6	Tastaturabfrage	-	<A>=FF Taste gedrückt 00 Taste nicht gedrückt
+ 9	Tastatureingabe	-	<A>=Tastencode
+ C	Ausgabe auf Monitor ab Cursor	<C>=Zeichen	-
+ F	dito auf Drucker	<C>=Zeichen	-
+ 12	-	-	-
+ 15	-	-	-
+ 18	Kopf aktuelles LW auf Spur 0 stellen	-	-
+ 1B	LW-Auswahl	<C>=LW A:0, B:1,...	<HL>= >DPH<
+ 1E	Spurnr. einstellen	<BC>=Spurnr.	-
+ 21	Sektor einstellen	<BC>=Sektor n	-
+ 24	HS-Adr. einstellen für E/A-Diskette	<BC>= >HS<	-
+ 27	Sektor lesen	-	<A>=0 fehlerfrei 1 Fehler
+ 2A	Sektor schreiben	-	<A>=0 fehlerfrei 1 Fehler
+ 2D	Druckerstatus	-	<A>=0 Drucker besetzt FF Drucker bereit
+ 30	Zuordnung logischer-physischer Sektor	-	<DE>= >Zuordnungstabelle< <BC>= logische Nummer <HL>= physische Nummer

System-Neustart <C> = 0

Mit dieser Funktion erfolgt die Rückkehr in den CCP-Status durch Veranlassung eines Warmstarts. Die Wirkung ist gleich der eines Sprungs auf die Adresse 0 , da dort der Sprung zum Warmstart des BIOS eingetragen ist. Nach dem System-Neustart oder dem Sprung an die Adresse 0 meldet sich CCP mit dem aktuellen Laufwerk und dem Bereitschaftszeichen, und es erwartet eine neue Kommandoeingabe.

Konsolen-Eingabe <C> = 01
zeichen = <A>

Das nächste Zeichen von der Tastatur wird in das Register A übergeben. Die Routine wartet solange, bis ein Zeichen eingegeben wurde. Das eingegebene

Zeichen wird auf dem Bildschirm stets mit ausgegeben.

Konsolen-Ausgabe <C> = 02

Das sich im Register E befindende Zeichen wird auf dem Bildschirm und zusätzlich auf dem Drucker (falls eingeschaltet) ausgegeben.

Drucker-Ausgabe <C> = 05

Das Zeichen, das im Register E steht, wird auf dem Drucker an der aktuellen Position ausgegeben.

Direkte Konsolen - E/A <C> = 06

<E> = {FF, {zeichen} = <A>}
{ { 00 } }
{zeichen }

Enthält das Register E den Wert FFH, so wird im Register A das Zeichen von der Tastatur übernommen. Wurde keine Taste betätigt, so enthält das Register A den Code 00. Es wird also nicht auf eine Eingabe gewartet. Falls <E> ≠ FF, wird dieses Zeichen in jedem Fall nur auf Bildschirm ausgegeben.

Ausgabe einer Zeichenkette <C> = 09

<DE> = >zeichenkette<

Mit diesem Dienst wird eine Zeichenkette auf dem Bildschirm ausgegeben. Die Zeichenkette mit dem Endekennzeichen $ (24), das nicht mit ausgegeben wird, ist mit dem Registerpaar DE adressiert.

Tastatur-Eingabe in Puffer <C> = 0A

<DE> = >puffer<

Dieser Dienst dient der Eingabe einer ganzen Zeile in einen durch das Registerpaar DE adressierten Puffer, wobei gleichzeitig die Anzeige der eingegebenen Zeichen auf dem Bildschirm und - bei Drucker an - auf dem Drucker erfolgt.

Das 1. Byte des Puffers gibt die Pufferlänge an, das 2. Byte des Puffers enthält nach Ausführung des Dienstes die tatsächliche Anzahl der eingegebenen Zeichen. Ab der 3. Position des Puffers stehen die eingegebenen Zeichen. Der Puffer wird vor der Eingabe nicht gelöscht, so daß nach dem zuletzt eingegebenen Zeichen noch beliebige Zeichen folgen können.

Abfrage Tastatur-Status <C> =0B

{01} = <A>
{00}

Mit diesem Dienst wird geprüft, ob ein Zeichen von der Tastatur eingegeben wurde. 00 in <A> zeigt an, daß keine Taste betätigt wurde, sonst 01 =<A>. Die Eingabe der Zeichen erfolgt dann mit einem der Dienste 01,06,0A.

Abfrage Versionsnummer <C> = 0C

{00} = <H>
{01}
nn = <L>

00 = <H> : SCP, sonst MP/M . nn : Versionsnummer.

Rücksetzen Diskettensystem <C> = 0D

Um in einem Programm Disketten ohne Warmstart (der zum Programmabbruch führt) wechseln zu können, ist diese Funktion erforderlich. Sonst führt ein Diskettenwechsel zu R/O-Fehler. Mit diesem Dienst wird das Laufwerk A zum aktuellen Laufwerk, alle Laufwerke erhalten den R/W-Status, und die aktuelle DMA-Adresse wird auf 80 eingestellt

Aktuelles logisches Laufwerk selektieren <C> = 0E
<E> = d

Der Inhalt vom Register E gibt an, welches logische Laufwerk für die folgenden Fileoperationen das aktuelle Laufwerk ist.

Eröffnen eines Files (OPEN)
<DE> = >fcb<
{nn} = <A>
{FF}

Mit diesem Dienst wird das im fcb benannte File aktiviert, das auf dem Laufwerk existieren muß, welches durch das Byte 0 des fcb ausgewählt wird. Anschließend können die Funktionen für das Lesen und Schreiben ausgeführt werden .

nn*20 : >fcb< im Puffer des Directory-Satzes.
FF : File existiert nicht.

Im Namen des Files im fcb können auch ? (Codierung 3F) enthalten sein. Das erste File im Directory wird aktiviert, das mit den Zeichen in den anderen Positionen übereinstimmt. Soll nach dem Eröffnen der Datei sequentiell auf den ersten Satz zugegriffen werden, so ist das Byte cr im fcb auf 0 zu setzen.

Schließen eines Files (CLOSE) <C> = 10
<DE> = >fcb<
{nn} = <A>
{FF}

Mit diesem Dienst werden die im fcb gespeicherten Informationen in die entsprechende Directory-Eintragung übernommen. Das File muß aber vorher durch den Dienst 0F oder 16 aktiviert worden sein. Wurde vom File nur gelesen, ist kein Schließen erforderlich, nach Schreiboperationen aber unbedingt.

Suchen nach erster Eintragung <C> = 11
<DE> = >fcb<
{n } = <A>
{FF}

Mit diesem Dienst werden dem Benutzer die Directory-Eintragungen zugänglich gemacht. Das Directory wird von Anfang an nach der ersten Eintragung entsprechend dem fcb durchsucht. Der logische Sektor mit der ersten gefundenen Eintragung wird im DMA-Puffer abgelegt.

>fcb< = >DMA< + (n-1) * 20.

Suchen nach nächster Eintragung <C> = 12
<DE> = >fcb<
{n } = <A>
{FF}

Dieser Dienst wirkt ähnlich dem Dienst 11, das Durchsuchen des Directory erfolgt aber ab der aktuellen Position. Dieser Dienst ist im Anschluß an den Dienst 11 zu programmieren, wenn nach weiteren Files (im Namensfeld des fcb sind Fragezeichen enthalten) oder weiteren Eintragungen des gleichen Files (große Files können mehrere Eintragungen belegen) gesucht wird.

Löschen eines Files

<C> = 13
<DE> = >fcb<
{n } = <A>
{FF}

Ein Gruppenfilename (gruppenfilename) im fcb ist zulässig, es werden dann alle passenden Files gelöscht.

Sequentielles Lesen

<C> = 14
<DE> = >fcb<
00 { = } <A>
{ ≠ }

Mit diesem Dienst wird ein logischer Satz (128 Bytes) von diesem File in den DMA (Direct Memory Area = HS-Bereich) eingelesen. Die Speicheranfangsadresse (DMA-Adresse) ist entweder 80, oder sie ist vorher durch den Dienst 1A zu setzen. Die Angabe cr im fcb gibt den nächsten zu lesenden Satz an (cr=0 bedeutet also, es wird der 1. Satz gelesen). Nach dem Lesen wird cr automatisch um 1 erhöht. Wird die Extentgrenze erreicht, so wird auch automatisch auf den folgenden Extent umgeschaltet und cr auf 0 gesetzt. Wird im Register A ein Wert ≠0 gemeldet, so ist das Fileende erreicht. Bei erfolgreichem Lesevorgang steht im Register der Wert 0.

Sequentielles Schreiben

<C> = 15
<DE> = >fcb<
00 { = } <A>
{ ≠ }

Vom aktuellen DMA wird ein Satz in das im fcb angegebene File übertragen. Nach dem Schreiben wird cr automatisch um 1 erhöht. Das Umschalten auf einen nächsten Extent erfolgt ebenso automatisch, cr wird dabei auf 0 gesetzt. Ein erfolgreicher Schreibversuch wird mit 0 im Register A zurückgemeldet. Ist die Diskette voll und der Satz kann nicht mehr aufgezeichnet werden, so steht im Register A ein Wert ≠ 0.

Beachte: Nach dem letzten Schreiben muß ein CLOSE folgen, damit die Informationen des Directory und des Puffers auf die Diskette zurückgeschrieben werden.

File anlegen

<C> = 16
<DE> = >fcb<
{n} = <A>
{FF}

Der Dienst OF (OPEN) ist nur für bereits existierende Files wirksam!
Da bei diesem Dienst keine Kontrolle auf ein bereits unter gleichem Namen

bestehendes File erfolgt, sollte sicherheitshalber vorher der Dienst 13 (Löschen eines File) ausgeführt werden. Nach dem Dienst 16 ist keine Ausführung des Dienstes 0F (OPEN) erforderlich!

File umbenennen <C> = 17

<DE> = >fcb<

{n } = <A>

{FF}

Aufbau des fcb: Die Bytes 00,...,0F enthalten im üblichen Format die alte Filebezeichnung einschließlich der Laufwerksangabe, die Bytes 10,...,1F die neue Filebezeichnung. Hier ist die Laufwerksangabe bedeutungslos.

Abfrage nach Laufwerken im On-line-Zustand

<C> = 18

000edcba = <A> = <L>

Mit diesem Dienst läßt sich feststellen, mit welchen Laufwerken bereits gearbeitet wurde.

a|b|c|d|e = { 0 : Laufwerk bereits benutzt }
{ 1 : Laufwerk noch nicht benutzt }

Abfrage nach aktuellem Laufwerk <C> = 19

000edcba = <A>

a|b|c|d|e = { 1 : aktuelles Laufwerk }
{ 0 : nicht aktuelles Laufwerk}

DMA-Adresse einstellen <C> = 1A

<DE> = >DMA<

Für den Datentransfer mit der Diskette ist ein 128 Byte großer Puffer erforderlich. Nach Kaltstart, Warmstart und Reset Diskettensystem (Dienst 0D) hat dieser Puffer die Adresse 80. Durch diesen Dienst kann eine andere Adresse für diesen Puffer eingestellt werden. Die DMA-Adresse bleibt wirksam bis zum nächsten Dienst 1A, Dienst 0D oder bis zum nächsten Kalt-oder Warmstart.

Adresse des Allokationvektors bereitstellen

<C> = 1B

>Allokationsvektor< = <HL>

Gilt nur für BIOS mit einem Puffer von 128 Bytes und physischen Sektoren der Länge 128 Bytes. Dann steht im Allokationsvektor im i-ten Byte die Nummer des physischen Sektors für den i-ten logischen Sektor.

Diskette mit Schreibschutz versehen <C> = 1C

Nach diesem Dienst kann von der Diskette im aktuellen Laufwerk nur noch gelesen werden. Ein Schreiben wird verhindert, und in diesem Fall wird folgende Ausschrift auf dem Bildschirm erscheinen:

SCPX ERR ON d:R/O

Abfrage nach Laufwerk mit Schreibschutz <C> = 1D

000edcba = <A> = <L>

a|b|c|d|e = { 0 : R/W }
{ 1 : R/O Laufwerk mit Schreibschutz }

Der R/O-Status kann durch den Dienst 1C und durch einen Diskettenwechsel (ohne folgenden Dienst 0D) gesetzt sein.

File-Attribute setzen <C> = 1E

<DE> = >fcb<

Mit diesem Dienst können Files mit den Attributen R/O (Nur-Lese-File) oder R/W (Lese-Schreib-File) sowie DIR (File wird beim residenten Kommando DIR angezeigt) oder SYS (keine Anzeige bei DIR) versehen werden. Ist das Bit 7 von t1 gesetzt, so wird das File mit diesem Dienst zu einem R/O-File. Ist das Bit nicht gesetzt, wird das File zu einem R/W-File. Ein gesetzes Bit 7 von t2 versetzt das File in den SYS-File-Status. Im anderen Fall erhält das File das DIR-Attribut.

Adresse der Laufwerksparameter bereitstellen

<C> = 1F

>DPB< = <HL>

Benutzercode einstellen/abfragen <C> = 20

<E> = {FF }
{000usercode }
[usercode = <A>]

Mit <E> = FF wird der aktuelle Benutzercode abgefragt (<A>), sonst wird er gesetzt.

Achtung! Mit dem residenten Kommando USER lassen sich nur die Benutzerbereiche 0,...,F einstellen, so daß die anderen Kommandos nur in diesen Benutzerbereichen wirksam werden können. Deshalb sollte generell nur mit dem Benutzercode 0,...,F gearbeitet werden.

Lesen mit direktem Zugriff <C> = 21

<DE> = >fcb<

rc = <A>

Für den direkten Zugriff sind die Bytes r0, r1 und r2 im FCB erforderlich. Im r0 ist der L-Teil und in r1 der H-Teil der Position des Satzes einzutragen, der gelesen werden soll. Das Byte r2 ist auf 00 zu setzen. Der Satz wird in den DMA gelesen.

Im Gegensatz zum sequentiellen Lesen wird die Satzposition nach dem Zugriff nicht um 1 erhöht, so daß ein sofort folgender Dienst 21 den gleichen Satz lesen würde.

Nach dem Lesen werden durch diesen Dienst außerdem die aktuelle Satznummer cr und die Extentnummer ex gesetzt. Damit ist ein anschließendes sequentielles Arbeiten möglich. Dabei ist aber zu beachten, daß der zuletzt gelesene Satz eingestellt ist, anderenfalls ist cr im fcb zu ändern.

cr	Ursache
00	Satz gelesen
01	Es sollte ein Satz mit unbeschriebenen Daten gelesen werden.
03	Vor diesem Dienst wurde der Dienst Schreiben mit direktem Zugriff ausgeführt. Die jetzt eventuell erforderliche Aktualisierung der Directory-Eintragung, durch das vorherige Schreiben hervorgerufen, konnte nicht ausgeführt werden.
04	Es sollte ein Satz von einem unbeschriebenen Extent gelesen werden.
06	Mit der eingestellten Satzposition würde das Diskettenende überschritten werden.

Schreiben mit direktem Zugriff <C> = 22

<DE> = >fcb<

rc = <A>

An die in r0 und r1 angegebene Satzposition wird der Satz aus dem DMA-Bereich geschrieben und, falls ein neuer Extent dafür erforderlich ist, dieser Extent in das Directory eingetragen. Die Satzposition wird wie beim Lesen nicht erhöht. Bez. cr und ex gilt das gleiche wie für <C> = 21. Die Fehlercodes sind die gleichen wie beim Lesen mit direktem Zugriff (außer 01 und 04), dazu kommt der Fehlercode 05. Diese Fehlermeldung signalisiert, daß im Directory für die erforderliche neue Eintragung kein Platz mehr frei ist.

Nächste freie Satzposition bereitstellen

<C> = 23

<DE> = >fcb<

Nach Ausführung des Dienstes enthalten die Bytes r0 und r1 die Position nach dem letzten Satz des Files.Damit ist es einfach möglich, eine File mit Direktzugriff weiterzuschreiben. r0 und r1 geben nur bei Files, die vorher lückenlos beschrieben wurden, die Satzanzahl an !

Aktuelle Satzposition bereitstellen

<C> = 24

<DE> = >fcb<

r0 und r1 enthalten die Satzpositionen des letzten sequentiellen Zugriffs. Damit kann z.B. auf einfache Weise vom sequentiellen zum direkten Zugriff übergegangen werden.

8.3.2.8. KOMMUNIKATION MIT DER UMWELT

Die Kommunikation des Nutzers mit dem BS erfolgt über den Console Command Prozessor (CCP). Das CCP ist eigentlich ein Dienstprogramm, das unterhalb des BDOS im TPA bei jedem Warmstart (und damit bei jedem Kaltstart = Systemstart) neu geladen und gestartet wird. Es meldet sich mit d> und erwartet eine Eingabe. Das CCP stellt also keine Dienste für Nutzprogramme bereit, sondern wickelt nur ein Kommunikationsprotokoll mit dem Nutzer über die Console ab. Die Tastatureingabe wird dabei über den BDOS-Dienst 0A realisiert. Die Protokolleinheit des Nutzers zur Eingabe an das BS hat folgenden Aufbau:

```
{kommandoname}[ƀparameter]
{[d:]fn      }
parameter::={text                                  }
            {[d1:]fn1[.ft1][ƀ[d2:]fn2[.ft2][ƀtext]]}
```

Das CCP wandelt grundsätzlich alle Buchstaben dieser Protokolleinheit in Großbuchstaben um. Die Parameter (Text mit nur Großbuchstaben) werden für die weitere Nutzung durch die gestartete Prozedur in einem Puffer ab 80 (80:parameterlänge, 81,...,FF: parameter) und d1:fn1.ft1 (als Teil eines fcb) in einem Puffer ab 5C und d2:fn2.ft2 in einem Puffer ab 6C abgelegt.

Das CCP beinhaltet einige Kommandos, die sofort abgearbeitet werden, und erwartet danach wieder eine Eingabe. Anderenfalls wird angenommen, daß d0:fn0 ein ausführbares File (d0:fn0.COM) ist. Dieses wird grundsätzlich nach 100 geladen und gestartet. Ein RET bzw. der Aufruf des BDOS-Dienstes 00 (wboot) führt wieder ins CCP. Falls im zweiten Falle kein Diskette mit dem BS aufliegt, erfolgt eine Fehlerausschrift.

CCP und Nutzprogramm erhalten also alternativ den Prozessor, so daß das CCP nicht erreichbar ist, solange der Nutzprozess aktiv ist.

Achtung! Das CCP stellt beim Aufruf nur einen 8 Bytes langen Stack bereit, wovon bereits 2 Bytes für die Rücksprungadresse vergeben sind. Nutzprogramme sollten einen eigenen Stack benutzen!

Soll bei jedem wboot (und damit bei jedem Systemstart) sofort eine Prozedur gestartet werden (für einen Nutzer), muß im Puffer des CCP die entsprechende Protokolleinheit stehen.

ccp+0	:	Pufferlänge
+1	:	aktuelle Länge der Protokolleinheit
+2,...,ccp+<ccp+1>+1	:	Protokolleinheit

CCP-Kommandos

DIR [filename]
Anzeige der spezifizierten Files, die das Attribut DIR tragen.

ERA [filename]
Löschen der spezifizierten Files, die das Attribut R/W tragen.

REN [d:]fn[.ft]$_{neu}$=[d:]fn[.ft]$_{alt}$

Umbenenennen des spezifizierten Files. Existiert das File nicht bzw. existiert bereits der neue Name, wird das Kommando abgebrochen.

TYPE [d:]fn.ft
Ausgabe eines Textfiles auf der Console im Rollmodus. Rollen stoppen/fortsetzen : ^S.

SAVE s [d:]fn[.ft]
Abspeichern des Hauptspeichers 100,...,(s+1)*100-1 in dem File [d:]fn[.ft]. Ein bereits vorhandenes File wird vorher gelöscht, soweit es nicht das Attribut R/O besitzt. Das gilt so nur für SCP-Versionen mit der Länge 100 (256_{10}) der physischen Sektoren.

[d:]USER n
Nach diesem Kommando sind für alle Kommandos und das durch das CCP gestartete Nutzprogramm nur Files des Benutzerbereiches n auf der Diskette im Laufwerk d zugänglich (Tab. 8.4).

8.3.3. SVM UND OS/ES

8.3.3.1. HISTORIE

Mit dem Erscheinen der Rechnerfamilie IBM/360 Mitte der 60er Jahre kamen in kurzer Folge auch zwei Betriebssysteme für diese Rechner auf den Markt, DOS/360 und OS/360. Dieser Rechnerfamilie entspricht die Rechnerfamilie ESER I mit den Betriebssystemen DOS/ES und OS/ES (Abb.8.19). Das DOS war

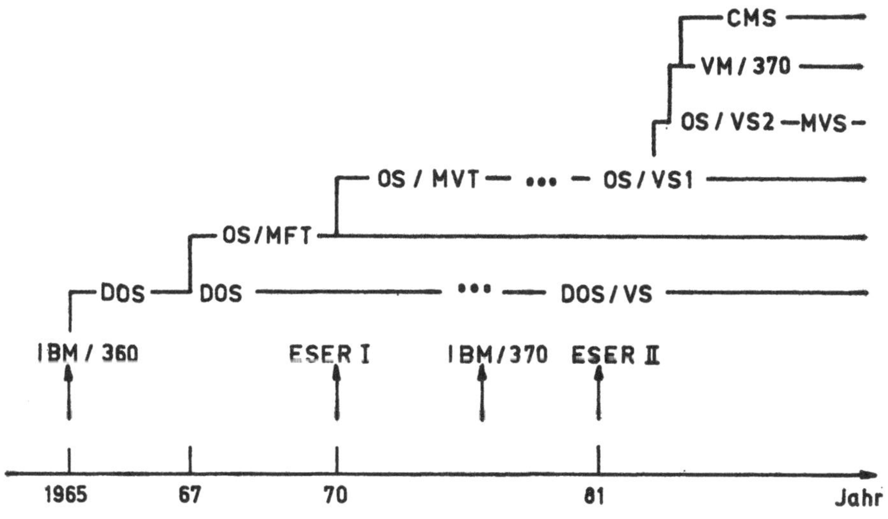

Abb. 8.19. Entwicklungslinien der ESER II-Betriebssysteme

für kleine Anlagen vorgesehen und benötigte minimal 16 KB Hauptspeicher, während das OS annähernd 160 KB benötigte. Im DOS ist der Multiprogrammbetrieb bescheiden (3 Partition, im DOS/VS 5 Partition), die Kommunikationssprache mit dem Betriebssystem ist einfach und die Datenverwaltung eingeschränkt. Zwischen beiden Betriebssystemen gibt es keine Kompatibilität, selbst auf Quelltextniveau sind Unterschiede der Compilerimplementationen zu beachten. Durch eine entsprechende Hardwareunterstützung (Adreßrechnung Seite ---> Kachel bei jedem Befehl und Kacheltabelle als Assoziativspeicher) in den Modellen IBM/360 bzw. ESER II konnte der virtuelle Speicher in den VS-Versionen der beiden Betriebssysteme eingeführt werden. Durch das Betriebssystem VM wurde die Virtualisierung auf eine höhere Stufe gestellt, es können auf einer Hardware mehrere Betriebssyteme parallel arbeiten.

8.3.3.2. ANWENDUNGSGEBIETE UND ENTWURFSZIELE

Die genannten Betriebssysteme sind für die kommerzielle Nutzung großer Anlagen vorrangig im Stapelbetrieb vorgesehen. Die interaktive Arbeit war zunächst nur als Zusatzoption (CRJE = Conversational Remote Job Entry, TSO = Time Sharing Option, CICS = Customer Information Control System) vorgesehen. CMS ist eigentlich das erste interaktive Betriebssystem für IBM/360-Rechner. Es deckt jedoch nicht alle Funktionen eines Betriebssystemes ab und wird i.allg. standardmäßig mit OS benutzt. Damit sind auch gute Voraussetzungen für Programmentwicklungen und Dialogverarbeitung gegeben.

Um auch eine umfangreiche Datenverarbeitung zu gewährleisten, wurde es mit einem vielseitigen Filesystem ausgestattet. Neuere Erkenntnisse mit anderen Systemen führten zur Einführung einer neuen Organisationsform von Daten, der sogenannten Virtual Storage Access Method (VSAM).

Für Prozeßsteuerung sind VM bzw. OS nicht vorgesehen. Die Orientierung lag ursprünglich ausschließlich in dem Bestreben, einen hohen Jobdurchsatz zu erzielen und die Betriebsmittel gut auszulasten. Erst später wurden Kompromisse gemacht in Bezug auf Dialogarbeit. Dementsprechend wurden die Strategien für die Prozeßumschaltung und das Scheduling der Betriebsmittel ausgewählt. Diese sind für Steuerungszwecke i.allg. nicht geeignet.

8.3.3.3. SCHICHTENSTRUKTUR

Das Betriebssystem VM kann auf den Modellen der Typenreihen

- ESER II,
- IBM/370,
- IBM 303x,
- IBM 308x,

- IBM 43xx und
- PC XT370 (hat keine Bedeutung erlangt)

arbeiten. Es laufen aber auch ähnliche bzw. sogar kompatible Betriebssysteme auf Rechnern anderer Hersteller.
VM besteht aus zwei Bestandteilen:

- dem Steuerteil CP (Control Program) und
- dem Dialogteil CMS (Conversational Monitor System).

Jedes CMS unterstützt **ein** Terminal mit **einem** Nutzer bei der Programmentwicklung und -ausführung. Dafür werden die Compiler, das Filesystem, die Betriebssystemdienste usw. eines realen Betriebssystems genutzt, standardmäßig des OS.

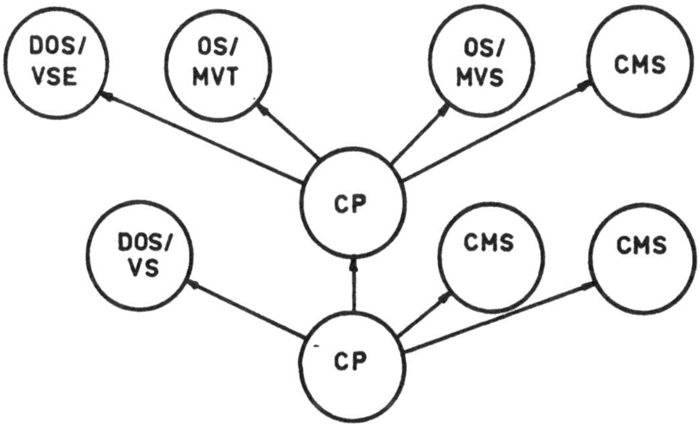

Abb. 8.20. VM-Betriebssystemhierarchie

Unter VM können neben den genannten Betriebssystemen (Abb.8.20) auch noch IX (UNIX) und VM selbst laufen. Das Basis-Steuerprogramm CP stellt nur solche Funktionen bereit, die Interferenzen zwischen den einzelnen Betriebssytemen zu vermeiden, wie

- Verteilung der dem CP zur Verfügung stehenden Betriebsmittel auf die einzelnen Betriebssyteme,
- Transformation von Hardwarefunktionen (Maschinenfehler, Restart usw.) auf die virtuelle Maschine für die einzelnen Betriebssysteme.

Jedes der gestarteten Betriebssysteme arbeitet so, als ob unmittelbar eine originale Hardware unterliegt. Damit werden auch alle Funktionen realisiert (zum größten Teil auch simuliert), die sich auf die Hardware beziehen. Die BS brauchen also nicht geändert zu werden, wenn sie statt mit der originalen Hardware mit einer virtuellen Maschine z.B. des Typs ES-1057 oder IBM 4361 arbeiten. Diese vom CP bereitgestellten virtuellen Maschinen bestehen aus

- virtueller Bedienerkonsole,
- virtuellem Speicher,
- virtuellem Prozessor,
- virtuellen Kanälen und
- virtuellen Geräten.

Das Terminal, über das sich der Nutzer beim CP meldet, dient gleichzeitig als virtuelle Bedienerkonsole für das gestartete Betriebssystem. Damit besitzt der Nutzer alle Möglichkeiten des Bedieners, denn er muß gleichzeitig das Bedienerprotokoll des gestarteten Betriebssystems abwickeln.

Jedem BS wird ein eigener virtueller HS-Adreßraum von 2^{24} Adressen bereitgestellt, die voneinander total abgegrenzt sind. Die Verwaltung dieses Adreßraumes hängt vom jeweiligen Betriebssystem ab. Im OS/MVS wird dieser Adreßraum nochmal in je einen Adreßraum von 2^{24} Adressen für jeden Prozeß (Task) gesplittet.

Der virtuelle Prozessor wird durch einen modifizierten (adaptiven) Round-robin-Algorithmus vom CP erzeugt. Die Interaktionen mit dem Terminal werden beobachtet: eine große Anzahl läßt auf Dialogbetrieb und eine kleine Anzahl auf Stapelbetrieb schließen. BS mit Dialognutzung erhalten häufiger eine kleinere Zeitscheibe als BS mit Stapelnutzung, die weniger häufig eine größere Zeitscheibe erhalten. Virtuelle Maschinen, für die

- ein HS-Seitenwechsel stattfindet,
- eine E/A-Operation läuft bzw.
- ein Kommando für CP abgearbeitet wird,

erhalten keine Zeitscheibe.

Zur Benutzung der Kanäle wird durch das CP eine Adreßumsetzung vorgenommen, und die Kanäle werden dann gemäß FIFO den einzelnen virtuellen Maschinen nacheinander zugeteilt.

Die Zuordnung virtuelles Gerät - physisches Gerät hängt vom Gerätetyp ab. Sogenannte Unit Record Devices (Lochkarte, Paralleldrucker) werden durch CP gesteuert und über SPOOLING den virtuellen Maschinen bereitgestellt. Die anderen Geräte werden vollständig durch das entsprechende BS gesteuert. CP erzeugt die virtuellen Geräte (und Adreßumsetzungen) durch zeitliches Multiplexing (Magnetbänder) bzw. durch lokales Multiplexing (Verteilung mehrerer virtueller Platten auf einer physischen). Insgesamt simuliert CP allen BS die Ausführung aller Anweisungsfunktionen der unterstellten Hardware. Damit läuft jedes Programm **determiniert** ab, aber langsamer, da durch die Simulation einige Zeit verbraucht wird. Die Kommunikation des Nutzers wird um ein Programm erweitert, nämlich um die Kommunikation mit CP (Abb.8.21).

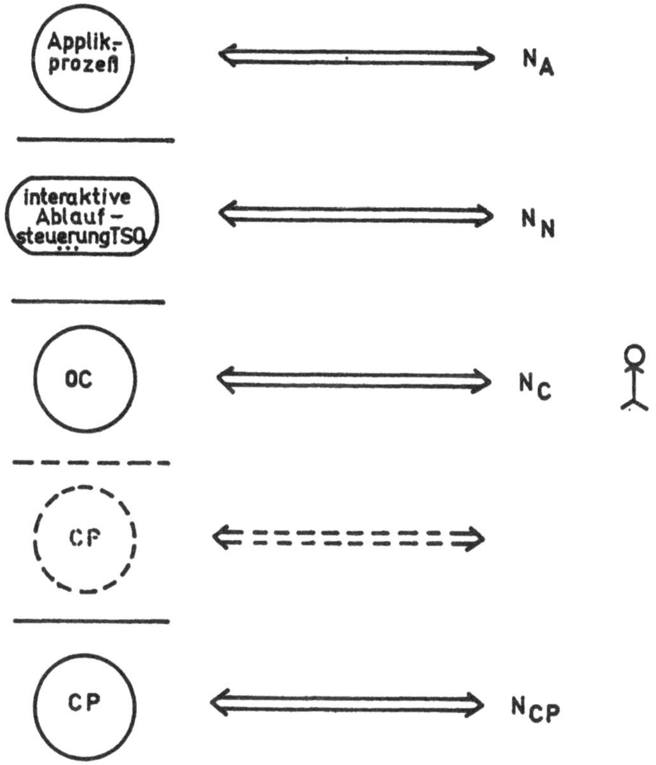

Abb. 8.21. Kommunikationsprotokolle im SVM

Von den verschiedenen BS wollen wir im weiteren das OS/MVT etwas detaillierter betrachten. In einer groben Strukturierung (Abb. 8.22) kann man die Schichten

- Hardware (bzw. virtuelle Maschine),
- Supervisor (Prozeßsteuerung, Ein-/Ausgabe und Operatorkommunikation),
- Auftragssteuerung (Stapelverarbeitung über JCL bzw. Dialogsteuerung über TSO, CICS,...) und
- Applikationen (Nutzprozesse)

unterscheiden.

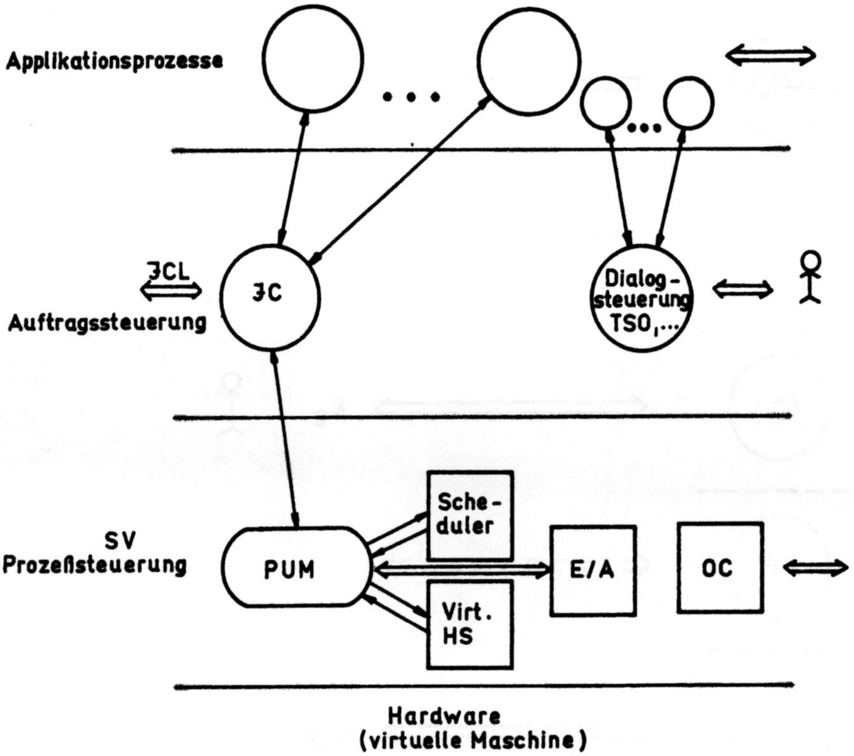

Abb. 8.22. Schichten in OS/MVT

8.3.3.4. PROZESSVERWALTUNG

Die Prozeßverwaltung in OS/MVT umfaßt sowohl Applikationsprozesse als auch Systemprozesse. Für beide werden PCB (in OS/MVT TCB = Task Control Block) angelegt, die enthalten

- HS-Bedarf und HS-Anfangsadresse,
- Speicherschutzschlüssel,
- Adressen der dazugehörigen Programmtexte um HS,
- E/A-Geräte,
- Verweis auf benutzte Files,
- maximale Prozessorzeit,
- benutzte Prozessorzeit,
- Priorität,
- Startzeit des Prozesses,
- Prozessorumgebung,
- PID und
- diverse Zustandsanzeigen.

Die TCB werden im SV-Bereich durch die Jobsteuerung mit Hilfe des SVC-Makros ATTACH angelegt. Sie sind vorwärts gekettet (zuerst die Systemprozesse). Von einem Anker im Supervisor wird auf den Anfang der Liste und auf den TCB des aktiven Prozesses verwiesen.

Die Umschaltung auf einen neuen Prozeß erfolgt im OS/MVT prinzipiell bei jedem Aufruf des SV

- durch einen SVC irgendeines Prozesses,
- durch einen Interrupt der Ein-/Ausgabe oder
- durch einen Interrupt der Uhr.

Damit wird für die Prozessorzuteilung die Strategie (Abb. 8.23) verfolgt

- nach festen Prioritäten,
- bei gleicher Priorität der älteste Prozeß bzw.
- der nächste Prozeß (Zeitscheibe).

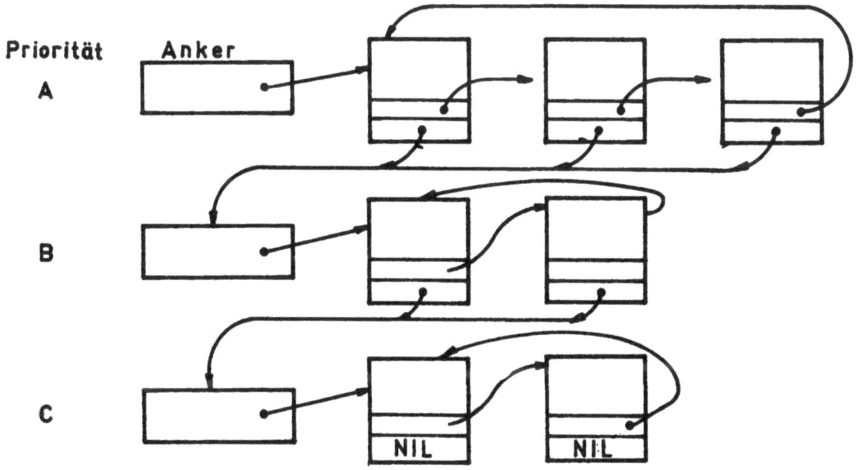

Abb. 8.23. Verkettung der TCB im OS/MVT

8.3.3.5. BETRIEBSMITTEL

Im OS/MVT werden die Betriebsmittel

- HS,
- Prozessor,
- File,
- Signal (=Ereignis = event),
- Kanal,
- Gerät und

- Datenträger

verwaltet. Die Vergabe der Betriebsmittel, die sich bereits aus den Jobsteueranweisungen ergibt (Abb. 8.24), erfolgt nach der Strategie "alles oder nichts". Wenn alle Betriebsmittel zur Verfügung stehen, wird durch

JCL	Betriebsmittel
//STEP EXEC	
// PGM=...	→ Programmtext
// REGION=...	→ HS
// TIME=...	→ Prozessor
//DDNAME DD DSN=...	→ File
// UNIT=...	→ Gerät
// VOL=...	→ Datenträger

Abb. 8.24. In der JCL angegebene Betriebsmittel

die Ablaufsteuerung aus dem Jobschritt ein Prozeß erzeugt. Damit verhindert man in dieser Schicht mögliche Deadlocks.

Programmtexte werden in OS als Betriebsmittel verwaltet, sie können reentrant bzw. reusable von mehreren Prozessen benutzt werden (wenn sie dementsprechend geschrieben werden). Sie werden durch PRB (=Program Request Block) beschrieben. Alle in den HS geladenen PRB sind vorwärts und rückwärts gekettet, die gerufenen PRB sind einfach vorwärts in einer Ringliste mit dem TCB verkettet (Abb. 8.25). Im PRB sind u.a. festgehalten

- Kettadressen,
- Name und Größe des Programmtextes,
- Eintrittspunkt,
- PSW des aufrufenden Moduls,
- Statusanzeigen und
- Benutzungszähler.

Wenn kein Verweis auf einen PRB erfolgt, ist der Benutzungszähler=0 und der Programmtext kann entfernt werden.

Es gibt folgende Betriebssystemdienste:

- ATTACH: neuen Prozeß kreieren, ggf. mit Programmtext laden,
- LOAD : Programmtext laden,
- LINK, XTCTL: ggf. laden und aufrufen (XTCL: keine Rückkehr),
- CALL : Verzweigen zu Programmtext wie Unterprogramm,
- DELETE : Benutzungszähler verringern und aus der Kette entfernen.

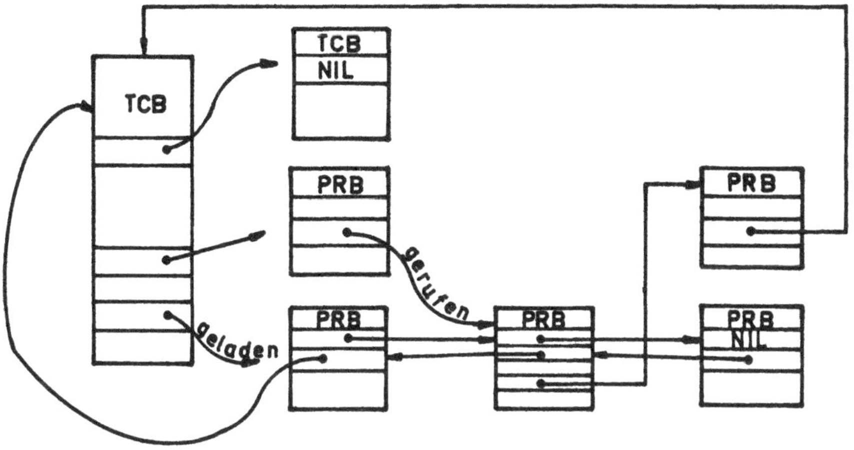

Abb. 8.25. Verkettung von TCB und PRB

In OS/MVT wird der HS dynamisch verwaltet. Zu Beginn wird der HS in einer Freispeicherkette verwaltet. Für jeden kreierten Prozeß wird ein Steuerblock (PQE = Partition Queue Element) angelegt. Diese sind untereinander vor- und rückwärts gekettet und an sie wiederum die TCB und die Freispeicherbereiche gekettet Jeder Prozeß kann nun in seiner Partition zusätzlich (d.h. nach dem Prozeßstart durch die Ablaufsteuerung) HS mit

GET MAIN

anfordern und mit

FREE MAIN

wieder freigeben. Diese HS-Bereiche können auch von in dieser Partition erzeugten Subprozessen gemeinsam genutzt werden (Abb. 8.26). Die Probleme der kritischen Abschnitte und von Deadlocks sind damit jedoch nicht gelöst.

Signale werden in OS durch ECB (=Event Control Block) verwaltet. Damit ist sowohl eine Synchronisation zwischen Nutzerprozessen als auch zwischen Nutzer- und Systemprozessen (z.B. Driver für Ein-/Ausgabe) möglich mit Hilfe der BS-Dienste

- WAIT ECB und
- POST ECB

Die Zeit kann mit Hilfe der Makros

- TIMER (Zeitabfrage) und
- STIMER (Signalerzeugung nach Zeitintervall)

verwaltet werden.

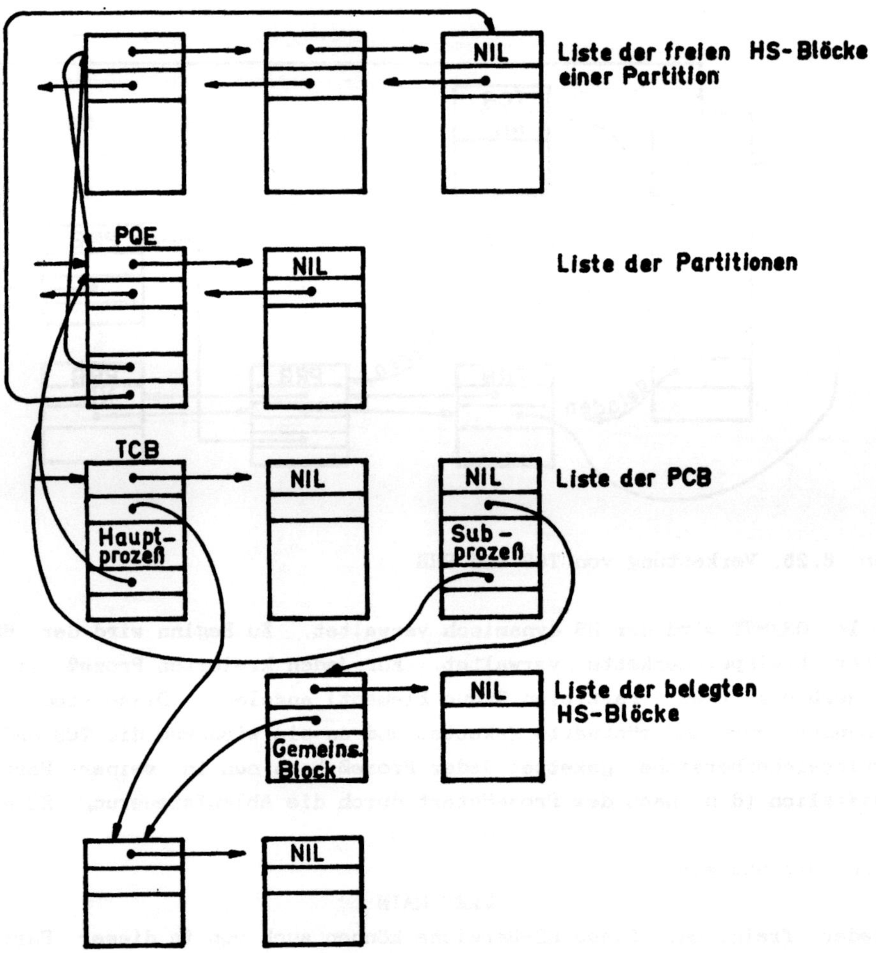

Abb. 8.26. HS-Zuteilung

8.3.3.6. DATENVERWALTUNG

In OS existieren mehrere Implementationen von Filezugriffen, nämlich

- sequentielle Files (BSAM, QSAM),
- Direktzugriffsfiles (BDAM),
- Files für sequentiellen und Direktzugriff auf der Basis von Indexlisten (BISAM, QISAM) und
- Files in VSAM.

Sogenannte untergliederte Files sind nichts weiter als eine Sammlung sequentieller Files unter einem Namen.

Die Abkürzungen bedeuten

AM = Access Method : Zugriffsmethode,
B = Basis : Basis-,
S = Sequential : sequentiell,
D = Direkt : direkt,
Q = Queued : mit Warteschlange,
I = Indexed : Index-,
VS = Virtual Storage: Virtueller Speicher.

VSAM-Files umfassen den sequentiellen und den Direktzugriff (gemäß Schlüssel und relativer Satznummer) mit einer einheitlichen Schnittstelle in Speichern mit virtuellem Speicher.

Der Zugriff zu Files ist wie üblich in das Paar von BS-Diensten

OPEN DCB
CLOSE DCB

eingeschlossen. Für diese und auch für die Dienste GET (bzw. READ) und PUT (bzw. WRITE) ist ein Filesteuerblock DCB (=Data Control Block) nötig. Der DCB ist durch den Namen des Files im Programmtext (den sogenannten DD-Name) gekennzeichnet. Die notwendigen Angaben im DCB erfolgen durch

- den Applikationsprozeß mit Hilfe des Makros DCB,
- die Ablaufsteuerung aufgrund der DD-Anweisung,
- den Filekennsatz beim OPEN.

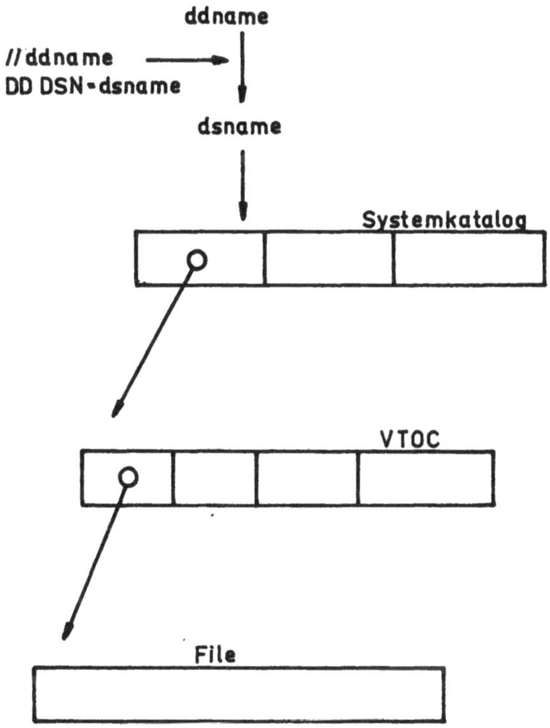

Abb. 8.27. Zugriff zu Files in OS

Der Zugriff zum File ist in Abb. 8.27 dargestellt. Hervorzuheben ist, daß in OS alle externen Speicher ein einheitliches Filesystem bilden. Die physischen Filenamen (DSNAME) sind im System eindeutig. In einem Katalog können auch für die Files die Namen der entsprechenden Datenträger angegeben werden, so daß in der DD-Anweisung nur der DSNAME und der DISP-Parameter angegeben werden muß. Für jeden einzelnen Satz sind dann alle notwendigen Angaben im HS enthalten.

Die Speicherplatzvergabe erfolgt beim Anlegen eines Files durch eine feste Zuteilung von externem Speicher. Dadurch entsteht eine hohe Fragmentierung bzw. ein Speicherüberlauf, wenn der reservierte Bereich zu knapp bemessen wurde.

Mit dem DCB ist ein ECB verkettet, über dessen Ereignis eine Synchronisation zwischen Applikations- und Systemprozeß der Datenverwaltung erfolgen kann.

8.3.3.7. DIENSTE DES OS/ES

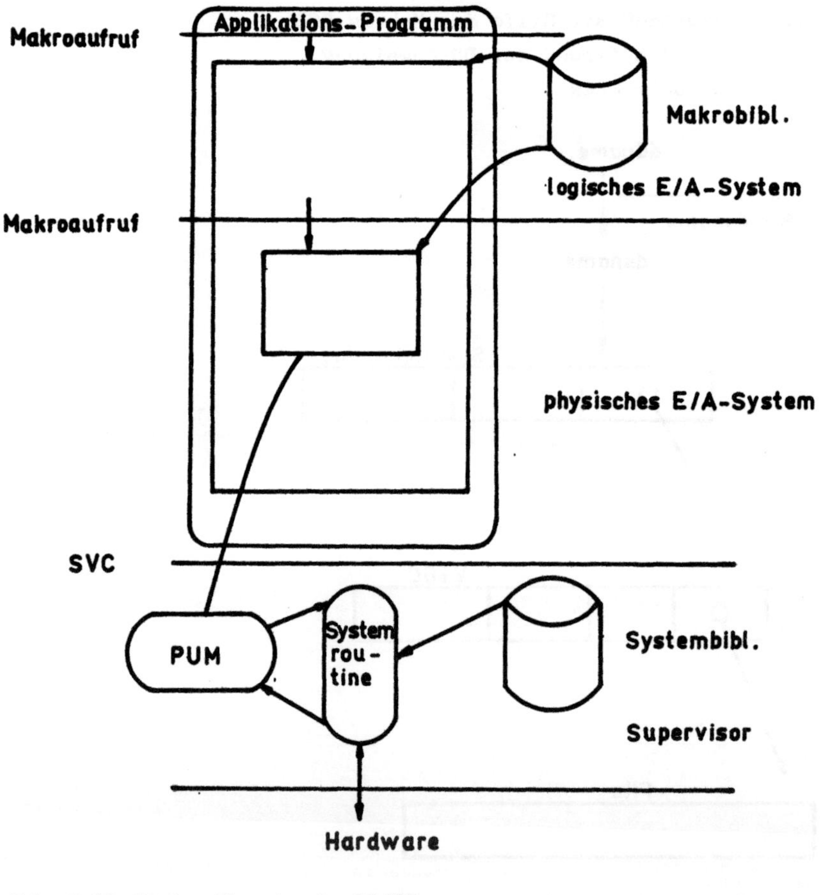

Abb. 8.28. Systemdienste in OS/ES

Die Dienste des Betriebssystems OS werden über eine Hierarchie von Makros, Systemroutinen und Funktionen des Betriebssystemkerns, des Supervisors, realisiert (Abb. 8.28). Die Makros werden zur Übersetzungszeit aus den entsprechenden Makrobibliotheken als In-Line-Code in den Objektmodul eingefügt. Über eine Vielzahl von Parametern sind sie konfigurierbar. Sie sind strukturell und funktionell selbst geschriebenen Makros völlig gleich. Der erzeugte Quellcode der Makro's enthält Maschinenprogramme und/oder SVCs (= Super Visor Call = Betriebssystemruf). Die Makros der Schicht "physische Ein-/Ausgabe" fordern darüber hinaus z.B. die Bereitstellung der Maschinenprogramme für die Ein-/Ausgabeprozessoren (Kanalprogramme). Der Programmtext des auszuführenden Applikationsprozesses enthält also selbst die meisten Routinen für die Betriebssystemdienste. Das gilt insbesondere für die Ein-/Ausgabe, wo das Betriebssytem lediglich den Start bzw. den Stopp der Ein-/Ausgabe, die Warteschlangenverwaltung und die Synchronisaton wahrnimmt.

Die eigentlichen Betriebssystemdienste werden dynamisch durch SVCs in Anspruch genommen, also durch sogenannte synchrone Interrupts. Für einen Interrupt gibt es einen Interruptvektor mit der Adresse der Interruptroutinen, in unserer Sprechweise des PUM. Die einzelnen Funktionen werden durch die Nummer des Interrupts unterschieden, die im PSW (Program Status Word) als Unterbrechungsschlüssel auf den Bitstellen 16,...,31 gespeichert wird. Durch den Typ werden vier Arten von BS-Routinen unterschieden:

Typ 1: Diese Routinen sind immer resident. Während ihrer Abarbeitung wird keine maskierbare Unterbrechung zugelassen.

Typ 2: Diese Routinen sind ebenfalls resident, aber sie sind teilweise unterbrechbar oder rufen andere SVC-Routinen auf, die nicht zum Typ 1 gehören.

Typ 3: Diese Routinen unterscheiden sich von den Routinen des Typ 2 nur dadurch, daß sie nicht resident sind. Sie werden bei Bedarf in den SVC-Transientbereich geladen.

Typ 4: Dies sind SVC-Routinen vom Typ 3 mit Multiphasenstruktur.

SVC-Nr. (hexad.)	Typ	Makro	Komponenten-zugehörigkeit	Bedeutung
0	1	EXCP	SVC-	
0	1	XDAP	Tran-	
1	1	WAIT	sient-	
1	1	PRTOV	rou-	
2	1	POST	tine	
3	1			
4	1	GETMAIN		Anfordern von HS
5	1	FREEMAIN		
6	2	LINK		Laden und Verzweigen
7	2	XCTL		
8	2	LOAD		Laden Programmtext
9	1	DELETE		Entfernen Programmtext
	1	GETMAIN oder FREEMAIN (R Operand)		
A	1	FREEPOOL		
B	1	TIME		Uhrzeit lesen
C	2	SYNCH		
D	4	ABEND		Abbruch eines Jobschrittes [mit Speicherabzug]
E	2,3	SPIE		Interruptvektor ändern
F	1		E/A-	
10	2,4	PURGE	Super-	
11	3	RESTORE	visor	
12	2	BLDL		
12	2	FIND		
13	4	OPEN		
14	4	CLOSE		
15	3	STOW		
16	2,4	OPEN TYPE = J		
17	3	CLOSE TYPE= T		
18	3	DEVTYPE		
19	3		Daten-	
1A	3	CATALOG	verwal-	
1A	3	INDEX	tung	
1A	3	LOCATE	(Berech-	
1B	3	OBTAIN	nung	
1C	3	CVOL	der	
1D	3	SCRATCH	Spurrest-	
1E	3	RENAME	kapazität)	

SVC-Nr. (hexad.)	Typ	Makro	Komponenten-zugehörigkeit	Bedeutung
1F	3	FEOV		
20	3	ALLOCATE	DADSM	
21	3	IOHALT		
22	4	MGCR		
23	3,4	WTO		Ausgabe an Bediener
23	3,4	WTOR		Ausgabe an Bediener mit Antwortanforderung
24	4	WTL		
25	2	SEGLD		
25	2	SEGWT		
26	2		Test-	
27	3	LABEL	hilfs-	
28	1,2, 3	EXTRACT	pro- gramm	
29	2,3	IDENTIFY		
2A	2,3	ATTACH		Prozeß erzeugen
2B	2,3	CIRB		
2C	1	CHAP		
2D	2		Pro- gramm-	
2E	1	TTIMER	verbin- der und	Restart feststellen
2F	2	STIMER	Überla- gerungs- super-	Unterbrechung nach n Sekunden
30	2,3	DEQ	visor	
31	3	TEST	Test- hilfs-	
33	4	SNAP	programm	Ausgabe von HS- und Systemdaten
34	4			
35	3	RELEX		
36	2	DISABLE	BISAM	
37	3	EOV		
38	2,3	ENQ	Datenver-	
38	2,3	RESERVE	waltung	
39	3	FREEDBUF		
3B	3		OLTEP	
3C	3	STAE		
3D	3		Test-Hilfs-	
3E	2	DETACH	programm	

SVC-Nr. (hexad.)	Typ	Makro	Komponenten-zugehörigkeit	Bedeutung
3F	4	CHKPT		
40	3	RDJFCB		
44	4	SYNADAF		
44	4	SYNADRLS		
45	3	BSP		
46	2	GSERV		
47	4	RLSEBFR		
47	4	ASGNBFR		
47	4	BUFINQ		
48	4		Nach-richten-	
49	3	SPAR	dispo-nent	
4A	3	DAR		
4B	3		Graphi-sche Zu-griffsme-thode	
4C	3		E/A-Super-visor	
4E	3	LSPACE	DADSM	
50	4		Jobsteue-rung	
52	4		Dienst-programme	
54	1		Graphi-sche Zu-	
56	4	ATLAS	griffs-methoden	
62	4	PROTECT		

Die **Ein-/Ausgabeoperationen** werden mit Hilfe der DCB (Data Control Block) gesteuert. Zur Erzeugung des DCB existiert das Makro DCB mit einer Vielzahl von Operanden. Die Operanden können ihre Informationen aus dem Makroaufruf, der DD-Steueranweisung, dem Kennsatz (bei Files) bzw. durch den Prozeß während der Abarbeitung erhalten. In Tab. 8.11 sind die unbedingt notwendigen Operanden (neben einer Vielzahl weiterer, die durch Standards vorgesetzt werden) und die möglichen Quellen angegeben. Für Ein-/Ausgabe existiert für die einzelnen Zugriffsmethoden eine Vielzahl von Makro's für das Öffnen/Schließen von Files, den Datentransfer, die Synchronisation der Applikationsprozesse mit der Ein-/Ausgabe, die Änderung des DCB, die Gerätesteuerung, die Pufferverwaltung, die Ausführung eines

Kanalprogramms usw.

Tab. 8.11. Operanden des Makro DCB

Operand	Zugriffsmethode					Quelle			
	QSAM	BSAM	QISAM	BISAM	BDAM	Makro	DD	Kenn-satz	Prozeß
DSORG=	PS	PS	IS	IS	DA	x	-	-	-
MACRF=	GET, PEND, PUT, WRITE	dito	dito	dito	dito	x	-	-	-
BLKSIZE=	x	x	x	-	x	x	x	x	x
DDNAME=	x	x	x	x	x	x	-	-	x
LRECL=	x	x	x	-	-	x	x	x	x
RECFM=	x	x	x	-	-	x	x	x	x

8.3.3.8. KOMMUNIKATION MIT DER UMWELT

Entsprechend dem ursprünglichen Entwurfsziel des Betriebssystems OS als einem joborientierten System besteht die Kommunikation mit der Umwelt in einer komplett beschriebenen Aufgabe für die Abarbeitung und in einem mehr oder weniger vollständigen Abarbeitungsprotokoll des Systems (Abb. 8.29). Selbst die später hinzugefügte Dialogkomponente TSO folgt im Prinzip diesen Regeln. Der Auftrag wird Job genannt, und die Sprache zur Beschreibung des Jobs ist die Job Control Language (JCL). Die JCL ist also eine Programmiersprache zur Notation einer Abarbeitungsfolge von Auftragsschritten für das OS.

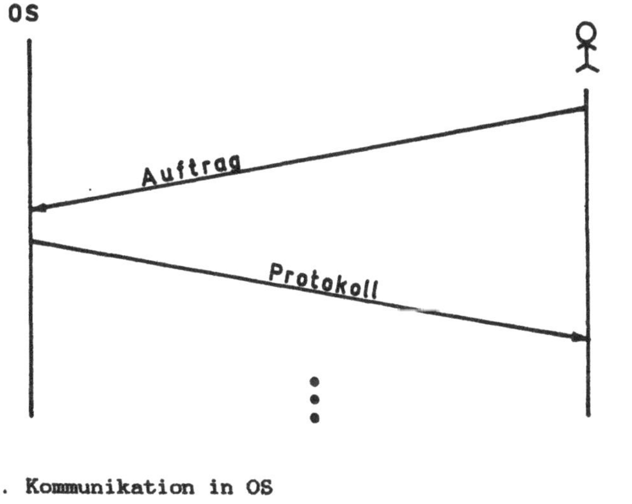

Abb. 8.29. Kommunikation in OS

Ein Job hat folgenden prinzipiellen Aufbau

```
JOB                                    Beginn der Jobs
EXEC  programm_1
DD    filename_11                      1. Jobschritt
DD    filename_12

        .

EXEC  programm_2
DD    filename_21                      2. Jobschritt
DD    filename_22
        .

        .
                                       Ende des Jobs
```

Jeder einzelne Jobschritt erzeugt also einen Prozeß mit dem Programmtext programm und Files, aus denen der Prozeß Daten liest bzw. in die er Daten schreibt (Abb. 8.30). Darüber hinaus erzeugt er einen Bedingungscode, der von den folgenden Jobschritten getestet werden kann. Diese können bei Erfüllung einer Bedingung gerade ausgeführt bzw. gerade nicht ausgeführt werden. Zyklen, wie sie in UNIX oder MS/DOS möglich sind, können nicht ausgeführt werden. Die JCL erlaubt also nur reine lineare Programme.

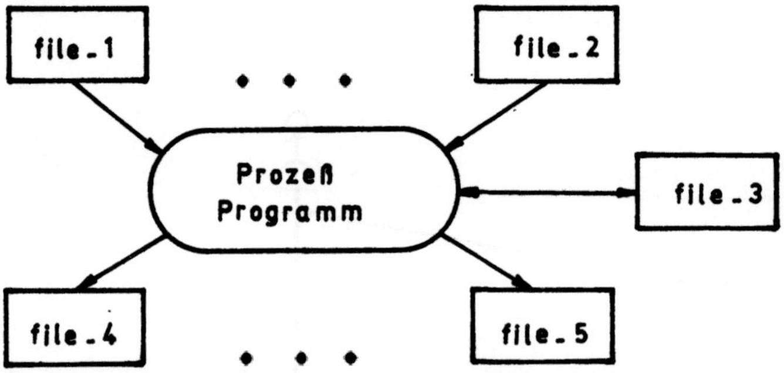

Abb. 8.30. Jobschritt in OS

Mehrere Jobschritte können aber zu Prozeduren zusammengefaßt werden. Diese können im Job selbst am Anfang definiert und dann mehrfach aufgerufen werden oder mit Dienstprogrammen in eine Prozedurbibliothek gespeichert und von allen Jobs genutzt werden. Die Bibliothek hat i.allg. den Namen

SYS1.PROCLIB

und stellt ein untergliedertes File dar, worin jeder Bestand (= sequentielles File) eine Prozedur ist.Typische Prozeduren sind Jobschrittfolgen zum Compilieren, Verbinden und Ausführen von Programmen in höheren Programmiersprachen.

Prozeduren haben den prinzipiellen Aufbau

```
//proc_name   PROC
      Jobschritte
//            PEND
```

Prozeduren können symbolische (formale) Parameter enthalten. Diese können beim Aufruf mittels

parametername = wert

durch aktuelle ersetzt werden. Es würde den Umfang des Buches sprengen, auf alle Feinheiten der JCL einzugehen. Wir wollen nur die wesentlichen Aspekte darstellen. Die JCL ist noch an dem in den Anfängen vorherrschenden Datenträger, die Lochkarte, orientiert. In den ersten beiden Positionen stehen immer zwei //, denen ein Name, ein Operationscode und Parameter folgen. Das kann bis zur 71. Position ausgedehnt werden. Reicht das nicht aus, wird auf einer 2. Karte (die mit // beginnt) fortgesetzt. Die ersten Parameter sind Stellungsparameter, deren Reihenfolge vorgeschrieben ist, die Schlüsselwortparameter können in beliebiger Reihenfolge dahinter angegeben werden.

Als Beispiel betrachten wir:

```
//jobname  JOB  ([abr_nr],[abr_nr_2]) [nutzername]
//   [CLASS=jobklasse] [MSGLEVEL=([0/1/2] [,0¦,1])
//   [REGION=n K] [Time=(min, sek)] [PRTY=priorität]
```

Diese Jobanweisung kennzeichnet den Beginn eines Jobs. CLASS kennzeichnet die Jobklasse für die Einordnung in die entsprechende Warteschlange. MSGLEVEL legt den Umfang der Nachrichten der Jobsteuerung an den Nutzer fest. Mit REGION wird für jeden der Jobschritte ein gleicher HS-Bereich gefordert. TIME kennzeichnet die maximale Prozessorzeit für den kompletten Job. Mit PRTY wird eine Priorität für alle Jobschritte gefordert.

```
//jobschrittname   EXEC    {PGM={programmname
//                               (*.schrittname.dd.name})
                          {[PROC] prozedurname}
//   [COND=(zahl,operator,schrittname[,EVEN])]
//   [REGION=n K]  [TIME=(min,sek)]
```

Ein Jobschritt besteht aus einem Schritt (PGM) oder aus der Expandierung durch eine Prozedur (PROC) auf mehrere Schritte. Der COND-Parameter stellt eine Bedingung für die Ausführung des Jobschritts dar. Wenn die Bedingung

zahl operator rc (schrittname)

wahr ist, wird der Jobschritt nicht oder nur genau dann (EVEN) ausgeführt.

In OS sind die Files im gesamten System bekannt. In einem Filekatalog können die Namen der Datenträger, auf denen sie existieren, gespeichert sein. Dann ist für die Beschreibung des Files nur notwendig:

```
//dd_name  DD DSN=filename DISP=(vorher,nachher)
```

dd_name ist der Name des Files im Programmtext, während filename den Namen des Files (unabhängig von irgendeinem Programm) im Katalog und im Datenträgerverzeichnis (VTOC) angibt. vorher in DISP gibt den Status des Files vor Ausführung des Jobschritts an, nachher legt fest, was mit dem File nach Ausführung erfolgen soll.

NEW: Das File wird neu angelegt (weitere Parameter sind erforderlich).
OLD: Das File existiert bereits.
MOD: Das sequentielle File soll vergrößert werden.
SHR: Das File existiert und kann von mehreren Prozessen genutzt werden.
DELETE: Das File wird nach Ausführung aufgegeben.
KEEP: Das File wird aufbewahrt.
PASS: Das File wird in folgenden Jobschritten noch genutzt.
CATLG: Das File wird aufbewahrt und katalogisiert.
UNCATLG: Das File wird aufbewahrt, aber aus dem Katalog gestrichen.

Man kann sich auch auf bereits definierte Files beziehen mit

DSN=*[jobschrittname] dd_name

Es sollen noch zwei besondere Files angegeben werden. Ein File kann auch als Eingabefile im Jobstrom liegen:

```
//dd_name  DD {*|DATA}
      daten
/*                              Fileendekennzeichen
```

Ein Ausgabefile kann auf einem besonderen Gerät durch einen WRITE für eine Ausgabeklasse angegeben werden

```
//dd_name  DD   SYSOUT=ausgabeklasse.
```

Für nichtkatalogisierte Files sind noch das Gerät und der Datenträger durch Parameter anzugeben

```
UNIT=({geräteadresse|gerätetyp|gruppenname})
VOL=({SER=datenträgernummer|REF=*[.jobschrittname].dd_name})
```

Wie bereits früher bemerkt, können auch durch die Jobsteuerung Werte im DCB angegeben werden.

```
DCB=(schlüsselwort=wert,.. )
```

Das Jobende wird gekennzeichnet durch

```
//      kommentar.
```

Kommentare können angegeben werden durch

```
//*     kommentar.
```

8.3.4. MS-DOS

8.3.4.1. HISTORIE

Der Hersteller des auf 8-Bit-PC am weitesten verbreiteten Betriebssystems CP/M, Digital Research, brachte eine Version CP/M-86 für 16-Bit-Prozessoren heraus. Dieses BS ist funktionell und strukturell dem CP/M sehr ähnlich. Ein anderes Softwarehaus, Microsoft, hatte von der Firma Seattle Computer Products die Lizenz für das Betriebssystem QDOS (Quick and Dirty Operating System) gekauft, dessen Autor zu Microsoft überwechselte. Noch stark unter dem Einfluß von CP/M (ein geübter CP/M-Nutzer findet sich sofort in MS-DOS zurecht!) wurde dieses Betriebssystem unter dem Namen MS-DOS (MicroSoft-Disk Operating System) als Version 1.0 1981 auf den Markt gebracht. Die große Verbreitung fand das MS-DOS unter dem Namen PC-DOS, als IBM alle Rechte erwarb und es zum Standardbetriebssystem für seine Arbeitsplatzrechner PC-Junior, PC, XT, AT deklarierte. Mit schätzungsweise mehr als 5 Millionen Installationen (1986) ist es das am weitesten verbreitete BS überhaupt. Der Version 1 folgten die Versionen 2.xx mit einem völlig neuen Filesystem und einer Reihe von neuen bzw. erweiterten Kommandos und Funktionen. Mit dem IBM/AT-PC kamen die Versionen 3.xx, die gekennzeichnet sind durch

- mehrere Disketten-Formate,
- länderspezifische Modifikationen (Alphabet, Tastatur),
- neue externe Kommandos,
- Konfigurationsmöglichkeiten und
- neue bzw. erweiterte Dienste.

Auf der Basis der Versionen 3.xx existieren einige zusätzliche Optionen, wie

- -MS-WIN : für Fenstertechnik,
- -MS-NET : für Vernetzung von PC und
- -MS-GDI : für graphische Verarbeitung.

Kompatibel zu MS-DOS 3.20 ist das Betriebssystem DCP (Disk Control Program) von Robotron.

8.3.4.2. ANWENDUNGSGEBIETE UND ENTWURFSZIELE

MS-DOS ist ein BS für Arbeitsplatzrechner (=Personalcomputer), wie CP/M ist es ein Ein-Nutzer- und Single-Process-System. Es wird Wert auf definierte Schnittstellen innerhalb des MS-DOS gelegt. Der Einfluß von UNIX auf die höheren Versionen ist unverkennbar: Dazu zählen das Filesystem ab V.2.0, das Umleiten von Standard-Ein/Ausgaben, das Einrichten von Pipelines und Filtern in der COMMAND-Schicht und COMMAND selbst. Die Zusatzoptionen und die verbesserten Hardwaremöglichkeiten gestatten bessere Kommunikationsmöglichkeiten und eine verteilte Verarbeitung.

Letztendlich dient das MS/DOS als Basis für alle kommerziellen Anwendungen von Arbeitsplatzrechnern. Es stehen nicht nur Programmierumgebungen für alle wesentlichen Sprachen zur Verfügung, sondern auch die bekannten Applikationssysteme, wie Wordstar, WORD, dBASE, Kalkulationsprogramme. Das MS-DOS ist nicht für Steueraufgaben geeignet und vorgesehen. Es gibt keine Prozeßverwaltung, wenngleich erste Ansätze dafür in Form von Systemdiensten für Programmladen, -beenden usw. existieren.

8.3.4.3. SCHICHTENSTRUKTUR

MS-DOS ist ähnlich wie CP/M strukturiert (Abb. 8.31). Für den Nutzprozeß zugänglich sind die Schnittstellen

- des DOS
- des ROM-BIOS und
- der Hardware.

Die Schnittstellen des DOS und des ROM-BIOS sind festgelegt, so daß die vielen Programme, die auf MS-DOS basieren, leicht portierbar sind. In zunehmendem Maße setzt sich auch eine Standardisierung der Hardware-Schnittstellen auf der Basis der IBM-XT durch. Während der Quelltext des ROM-BIOS veröffentlichte wurde, ist die Schnittstelle des I/O nur intern in der jeweiligen Implementierung des Herstellers bekannt.

Eigentlich sollte das ROM-BIOS eine hardwareunabhängige Schnittstelle schaffen, auf der alle Programme aufbauen sollten. Da sie insbesondere für Graphik zu langsam ist, nutzen viele Programme die Hardwareschnittstelle direkt. Um die Softwareprodukte trotzdem portieren zu können, liefern die

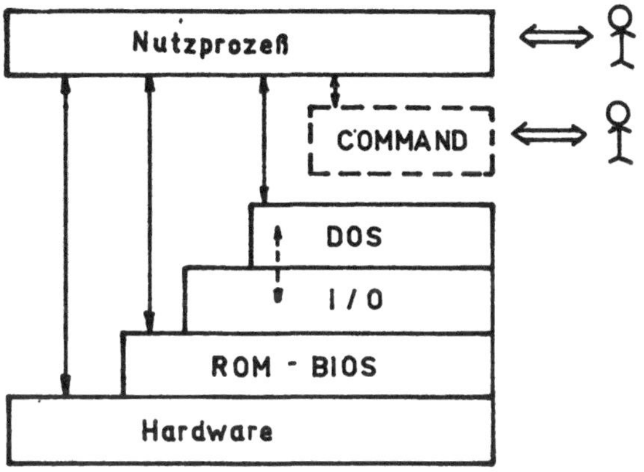

Abb. 8.31. Schichtenstruktur von MS-DOS

Hardwarehersteller eine IBM-XT-kompatible Schnittstelle (z.B. ROBOTRON AC 7150, ES-1834). Die Lage der MS-DOS-Bestandteile ist in Abb. 8.32 angegeben. MS-DOS orientiert sich an der Schaltkreisfamilie i8086/88. In diesem System wird grundsätzlich mit Basisregistern (CS = Command Segment, DS = Data Segment, SS = Stack Segment, ES = Extra Segment) gearbeitet. Die Basisadresse kann auf jede 10_{16}-Stelle im Adreßraum gelegt werden, d.h. auf 0,16, 32,.... Die vollständige Adresse ergibt sich dann zu

(13,...,0) <=== <Basisregister> *10 + offset,
XXXX YYYY

so daß die Adreßangaben i.allg. in der Form

XXXX : YYYY

erfolgen.

Das ROM-BIOS sollte eigentlich durch Bereitstellung geeigneter Dienste die Geräteunabhängigkeit gewährleisten. Im BIOS sind die festinstallierten Driver für die angeschlossenen Geräte enthalten, aber der Nutzer kann auch selbst Driver an das MS-DOS anfügen. Dafür gibt es eine Vorschrift für die Gestaltung dieser Driver /MIS86/. Das DOS ist der eigentliche Kern des BS, der die Dienste für den Nutzprozeß bereitstellt. Er hat die drei wesentlichen Aufgaben

- Ein-/Ausgabe,
- Datenverwaltung und
- eine eingeschränkte Programmverwaltung.

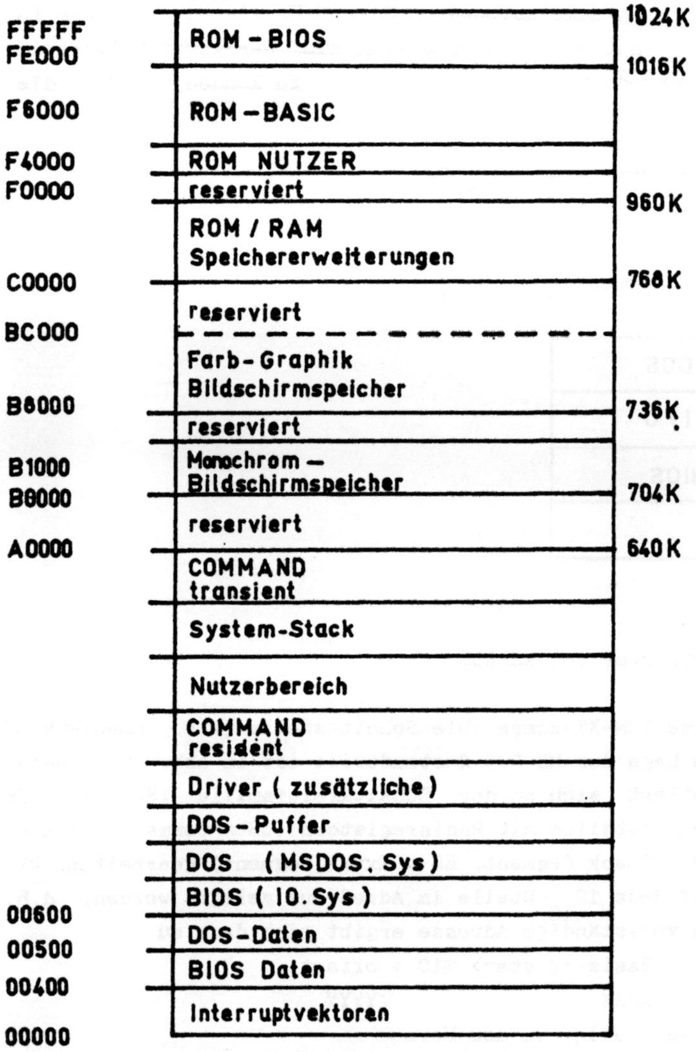

Abb. 8.32. Speicheraufteilung von MS-DOS

Die Kommunikation mit dem Nutzer wird durch das COMMAND realisiert. Es besteht aus einem residenten Teil, der den Start interner (permanent im HS vorhandener) und externer (nachladbarer) Systemkommandos bzw. Nutzerprogramme) Kommandos organisiert, und dem transienten Teil für die Systemkommandos. COMMAND ist wie die shell im UNIX programmierbar, so daß Ablauffolgen insgesamt gestartet werden können.

8.3.4.4. PROZESSVERWALTUNG

Eine Prozeßverwaltung im eigentlichen Sinne gibt es in MS-DOS nicht. Es existiert jedoch eine einfache Prozedurverwaltung, die es im CP/M nicht gab. Die Originaldokumentation spricht zwar von Prozessen, vielleicht in Vorbereitung künftiger Versionen, wo eine Verwaltung paralleler Prozesse denkbar wäre. Bereits in den Versionen 1.xx gab es Dienste für eine Prozedurverwaltung, die in den höheren Versionen unter einer gewissen Anlehnung an UNIX eine höhere Qualität erhielten und die im folgenden betrachtet werden sollen.

Für jede durch das Betriebssystem im HS angelegte Prozedur gibt es ein PSP (Program Segment Prefix), in dem Informationen über diese Prozedur abgelegt sind (Tab. 8.12). Weitere Informationen sind in der Prozedurumgebung (environment) enthalten.

Tab. 8.12. Aufbau des Program Segment Prefix (PSP)

Offset der Start-	End- adresse	Beschreibung
00H	01H	beinhaltet INT 20H; ein Sprung (long jump!) aus dem Programm an diese Stelle beendet das Programm
02H	03H	Zeiger auf das erste freie Speichersegment (für das Programm nicht mehr verfügbar; Speicher ab dieser Adresse kann jedoch mit Funktion 48H für das Programm reserviert werden)
04H	04H	für MS-DOS reserviert
05H	09H	Long Call (intersegment) zum Funktionsaufruf der Funktionen 00H,...,24H; call function dispatcher via BIOS call, hierbei muß die Funktionsnummer in CL stehen; veralteter Aufruf!
0AH	0DH	beinhaltet eine Adresse, die bei der Beendigung eines Programms angesprungen wird (terminate adress: Kopie von Interrupt-Vektor 22H)
0EH	11H	beinhaltet die Adresse, die bei der Betätigung von Control-C (^C) angesprungen wird (Control-C exit address, Kopie von Interruptvektor 23H)
12H	15H	beinhaltet die Adresse, die bei der Behandlung fataler Disk-Fehler (hard error exit address, Kopie von Interruptvektor 24H) angesprungen wird
16H	2BH	für MS-DOS reserviert
2CH	2DH	Segmentadresse des die Programmumgebung beschreibenden Bereichs (country-dependent environment); hier steht u.a., über welchen Pfad der Kommando-Prozessor aktiviert werden kann (COMSPEC=...), alle mit GET definierten Variablen und der mit PATH=... definierte Suchpfad für das Auffinden von Programmen, die im momentanen Subdirectory nicht enthalten sind; der Environment-String beginnt bei Offset 0, und darf maximal 32 KB lang sein und besteht aus mit 00H beendeten Zeichenketten; das Ende des Environments wird durch 00H,

	00H gekennzeichnet
2EH 4FH	für MS-DOS reserviert
50H 52H	beinhaltet INT 21H, (far !) RET, also eine Aufrufmöglichkeit aller Funktionen (00H,...,57H) des Funktion-Dispatchers über einen Long Call
53H 5BH	für MS-DOS reserviert
5CH*	File Control Block 1 (FCB1) mit dem ersten im aufrufenden Kommando übergebenen Dateinamen im Format eines ungeöffneten FCBs
6CH*	File Control Block 2 (FCB2) mit dem zweiten im aufrufenden Kommando übergebenen Dateinamen im Format eines ungeöffneten FCBS
80H FFH	Disk Transfer Adress (DTA); dieser Pufferbereich wird nach dem Programmstart als Disk-Puffer benutzt, bis mit Funktion 1AH ein anderer Pufferbereich angewählt wird. Nach dem Programmaufruf ist in diesem Bereich die Kommandozeile gespeichert

Das PSP wird durch MS-DOS vor dem Programmtext im HS angelegt. Die Prozedurumgebung ist eine Folge von ASCII-Zeichen der Form

Schlüsselwort= wert 00 Schlüsselwort= wert ... 0000.

Das sind u.a. die folgenden Angaben

- COMSPEC = ... Pfadname zu COMMAND.COM,
- PATH = ... Pfad zur aufgerufenen Prozedur,
- PROMT = ... letztes Prompt,
- VERIFY = {ON|OFF} Schreiben in Files mit/ohne Lesen.

Die Inhalte 00,01 und 05,...,09 des PSP sind Zugeständnisse an eine scheinbare Kompatibilität zu CP/M (Warmstart und Aufruf von DOS-Funktionen.)

Ebenso stellen die Bereiche 5C,...,6B, 6C,...,7B und 80,...,FF Analogien zu den entsprechenden HS-Bereichen in CP/M (hier Bereiche im PSP !) dar. Das eigentliche Neue in MS-DOS besteht darin, daß

- das Laden und Starten von Prozeduren als Betriebssystemdienst bereitsteht,
- mehrere selbständige Prozeduren gleichzeitig in einer Kette existieren können und
- Programmtexte im HS resident gemacht werden können (Abb. 8.33):

Die Prozessorzuteilung an die Prozeduren wird nicht durch das Betriebssystem, sondern durch die Prozeduren selbst erledigt. Prozeduren können dabei über drei Adressen verlassen werden, nämlich über

- Rückkehr zur Elternprozedur,
- Unterbrechungsprozedur,

- Fehlerprozedur.

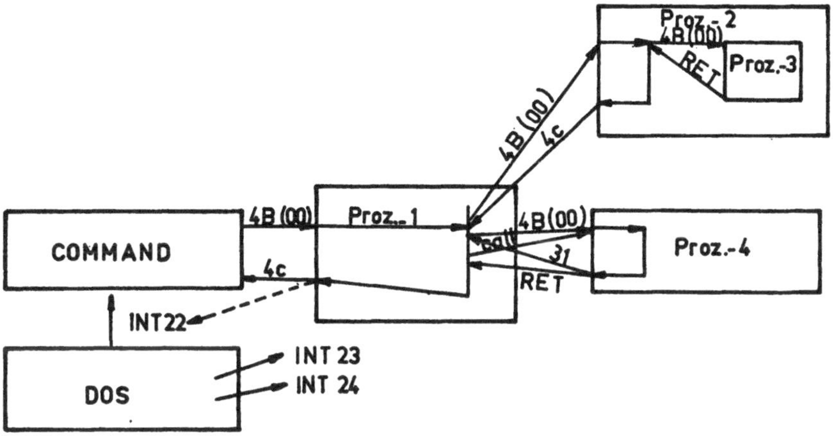

Abb. 8.33. Prozedurverwaltung im MS-DOS

Die Rückkehr zur Elternprozedur erfolgt durch INT21, <AH> = 4C, dabei wird durch das Betriebssystem die Rückkehradresse aus dem Interruptvektor für INT22 genommen und die im PSP (0A,...,0DH) gerettete alte Rückkehradresse wieder im Interruptvektor für INT22 eingetragen. Im Register AL kann ein Returncode an die Elternprozedur übergeben werden. Alle Files werden geschlossen, und der belegte HS-Bereich wird freigegeben. Mit INT21, <AH> = 31 wird ebenfalls mit Rückkehrcode zur Elternprozedur zurückgekehrt, der HS bleibt jedoch mit <DX> Segmenten (à 16 Bytes) belegt, so daß die Prozedur ohne Neuladen mit CALL erneut benutzt werden kann. Damit lassen sich z.B. zusätzliche Driver im HS resident anlegen. Die Elternprozedur kann den Rückkehrcode mit INT21, <AH> = 4D abfragen. In MS-DOS gibt es außerdem die Möglichkeit, von außen eine Prozedur abzubrechen. Der Tastaturdriver arbeitet parallel zur laufenden Prozedur dadurch, daß durch einen Uhrinterrupt in einem vorgegebenem Takt geprüft wird, ob eine Taste betätigt wurde. Wenn der Tastencode dem der Break-Taste (i.allg. ^C, wird beim Systemstart festgelegt) entspricht, wird durch den Driver ein INT23 ausgelöst. Der Unterbrechungsvektor für INT23 (HS-Adresse 8C,...,8F) zeigt auf die Abbruchroutine. Die Beachtung der Breaktaste kann durch INT21, <AH> = 33 an- bzw. abgeschaltet oder abgefragt werden. Jede Nutzerprozedur hat also die Möglichkeit, eine eigene Abbruchroutine durch Auswechseln des HS-Bereiches <8C,...,8F> anzuschließen. In gleicher Weise wird durch das Betriebssystem bei Auftreten eines Fehlers (insbesondere bei File- und Diskettendiensten) ein INT 24 (Unterbrechungsvektor = <90,...,93>) ausgelöst. Die Standardroutine des DOS besteht in einer Fehlerausschrift und der Frage

IGNORE, RETRY, ABORT.

Entsprechend der Antwort wird der Fehler ignoriert, der DOS-Dienst noch einmal versucht zu erfüllen bzw. abgebrochen. Der Anschluß eigener Bedingungs- bzw. Fehlerroutinen entspricht dem Mechanismus von ON und ERROR in PL/I. Im PSP werden die Interruptvektoren für die Breakroutine (0E,...,11) und die Fehlerroutine (12,...,15) vor dem Prozeduraufruf gerettet.

Eine Prozedur wird eingerichtet durch die Funktion LOAD and EXECUTE Program (INT21, <AH> = 4B, <AL> = 00, DS:DX = Zeiger auf Pfadname des Programmtextes, ES:BX = Zeiger auf Parameterblock (Tab.8.13).

Tab. 8.13. Parameterblock (>>..<< bedeutet Segmentadresse)

Byte	Inhalt
0,1	>> environment <<
2,...,5	> Kommandozeile < ==> 80,...,FF im PSP
6,...,9	> 1. fcb < ==> 5C,...,6B im PSP
A,...,D	> 2. fcb < ==> 6C,...,7B im PSP

Mit <0,1> = 0 wird das Environment der Eltern vererbt. Die eröffneten Files werden grundsätzlich vererbt (COMMAND vererbt also insbesondere alle Standard-Ein-/Ausgabe-Geräte !). Für die neue Prozedur wird ein PSP erzeugt und vor den Programmtext im HS angelegt mit u.a. folgenden Eintragungen:

0A,...,0D	geretteter Interruptvektor für INT22
0E,...,11	geretteter Interruptvektor für INT23
12,...,15	geretteter Interruptvektor für INT23
2C,2D	Segmentadresse des Environment.

Die Interruptvektoren für INT22 (Beenden) und INT23 (Abbruch) werden auf die Adresse des Befehls, der dem Aufruf dieses Betriebssystems folgt, gesetzt. INT24 verweist auf den Standard des MS-DOS (im permanenten Teil von COMMAND). Das Laden und Ausführen einer Überlagerungsprozedur (im HS-Bereich der rufenden Prozedur !) erfolgt mit gleichen Parametern, außer <AL> = 03. Ein PSP wird nicht angelegt, und der Parameterblock enthält

0,1 = Segmentadresse für HS-Bereich der Überlagerungsprozedur

1,2 = Verschiebungsfaktor, falls die ladende Prozedur ein .EXE-File ist.

Mit INT21, <AH> = 62 kann man sich die Segmentadresse des Register BX beschaffen.

8.3.4.5. BETRIEBSMITTEL

In MS-DOS werden die Betriebsmittel

- Programmtext,
- HS und
- Zeit

verwaltet, wobei eine echte Verwaltung nur des HS erfolgt.

Eine eigentliche Programmtext-Verwaltung wird nur für den transienten Teil der COMMAND-Prozedur durchgeführt, der den Kommandointerpreter und die internen Kommandos enthält. Dieser Teil liegt am oberen Ende des HS und wird zuletzt durch .COM-Prozeduren überspeichert. Jedesmal, wenn dieser Teil angesprochen werden soll, wird von dessen Speicherbereich eine Prüfsumme gebildet, um zu überprüfen, ob der ursprüngliche Programmtext noch erhalten ist.

Für Nutzerprozeduren findet eine solche Prüfung nicht statt, es können also durchaus mehrere Exemplare desselben Programmtextes in den HS geladen und als Prozedur gestartet werden. Man kann das z.B. ausnutzen, um die aufwendige Parameterbereitstellung für die Kreierung einer neuen Prozedur mit INT21, <AH> = 4B zu umgehen. Man ruft diesen Dienst einfach mit dem Parameterblock

<0,1> = 0000
<2,...,5> = > Kommandozeile <
<6,...,9> = 00000000
<A,...,D> = 00000000,

dem Kommando

COMMAND

und der Kommandozeile

zeilenlänge/C commando OD

auf.

Für Programmtexte gibt es in MS-DOS zwei Formen

- .COM-Files in Anlehnung an CP/M $\leq$ 64 KByte,
- .EXE-Files beliebiger Länge.

Erstere sind durch eine einzige Segmentadresse als Basisadresse ab jeder durch 10_{16} teilbaren Adresse ladbar. Basisregister CS, DS, SS und ES enthalten denselben Wert. Obgleich maximal 64 KByte belegt werden können, wird in DOS durch die Funktion INT21, <AH> = 4B der gesamte übrige HS bis zur oberen Grenze als belegt gekennzeichnet. Oberhalb der tatsächlichen Länge des Programmtextes wird ein 100_{16} Byte langer Stack angelegt und die obersten 4 Byte mit 0 initialisiert, so daß mit einem RET (im PSP vor dem Programmtext steht ein INT20, was ebenfalls zur Prozedurbeendigung führt) zur Elternprozedur zurückgekehrt werden könnte.

Tab. 8.14. Aufbau des Header eines .EXE-Files

Offset	Inhalt
0 ,1	'MZ' = 4D 5A
2 ,3	Anzahl Bytes in der letzten Seite (1 Seite = 512 Byte)
4 ,5	Anzahl der Seiten des .EXE-Files
6 ,7	Anzahl Eintragungen in Relocation-Tabelle
8 ,9	Länge des Headers
A ,B	Minimale Anzahl Bytes von Ende Prozedur bis HS-Ende
C ,D	Maximale Anzahl Bytes von Ende Prozedur bis HS-Ende
E ,F	Anfangswert an Spitze des Stack
10,11	< SP >
12,13	Negative Summe aller Worte des .EXE-Files
14,15	< IP >
16,17	< CS >
18,19	Offset des Prozedurentry
1A,1B	Anzahl der Overlays

.EXE-Files benötigen Verschiebeinformationen für das Laden in den HS (Tab. 8.14). Diese stehen zu Beginn in einem Header, der gekennzeichnet ist durch die Buchstaben 'MZ' am Anfang. Neben der Größe des Programmtextes in Sektoren und der Relocation-Tabelle sind die minimale Anzahl und die maximale Anzahl von benötigten Segmenten oberhalb des Programmtextes im Header enthalten. Damit läßt sich die Prozedur auf beliebige Stellen im HS (soweit er noch frei ist) unterbringen. Sind beide Angaben = 0, wird die Prozedur am oberen Ende plaziert.

Neben der internen Verwaltung des HS durch das Laden von Programmtexten gibt es die folgenden Dienste für die HS-Verwaltung über INT21

- HS anfordern <AH> = 48, <BX> = Anzahl, <AX> = >>HS-Segmente Bereich<<
- HS freigeben <AH> = 49, <ES> = >>HS-Bereich<<
- HS-Bereich ändern <AH> = 4A, <BX> = neue Anzahl Segmente
<ES> = >>HS-Bereich<<

Mit dem Laden von Programmtexten bzw. dem Dienst "HS anfordern" werden HS-Bereiche definiert, die durch ihre Segmentadresse (>>...<<) gekennzeichnet werden. Sie können aufgegeben (49) bzw. in ihrer Länge (4A) verändert werden.

Die Strategie der HS-Vergabe kann mit der Funktion INT21, <AH> = 58 abgefragt (<AL> = 0) bzw. gesetzt (<AL> = 1) werden.

<BX> = 0 : first fit,
<BX> = 1 : best fit,
<BX> = 2 : last fit.

Da es keine eigentliche Prozeßverwaltung gibt, spielen Datum und Zeit nur die Rolle eines Kalenders bzw. einer Uhr, die gesetzt und abgefragt werden können.

Datum: <CX> = Jahr (1980 ≤ a ≤ 2099)
<DH> = Monat (1 ≤ m ≤ 12) {alles im Dualsystem}
<DL> = Tag (1 ≤ d ≤ 31)
<AL> = Wochentag (0 = Sonntag,...) {nur bei GET}

- GET Date <AH> = 2A
- SET Date <AH> = 2B.

Uhrzeit: <CH> = Stunde (0 ≤ h ≤ 23)
<CL> = Minuten (0 ≤ m ≤ 59)
<DH> = Sekunden (0 ≤ s ≤ 59)
<DL> = 1/100 Sekunden (0 ≤ s100 ≤ 99)

- **GET Time** <AH> = 2C
- **SET Time** <AH> = 2D

8.3.4.6. DATENVERWALTUNG

In MS-DOS sind zwei Filesysteme implementiert: ab der Version 1.00 ist dies ein Filesystem wie in CP/M und ab der Version 2.00 zusätzlich ein UNIX-ähnliches Filesystem. Die Funktionscodes der Dienste des CP/M-Filesystems stimmen mit denen in CP/M überein, nur daß sie im Register AH statt im Register C anzugeben sind.

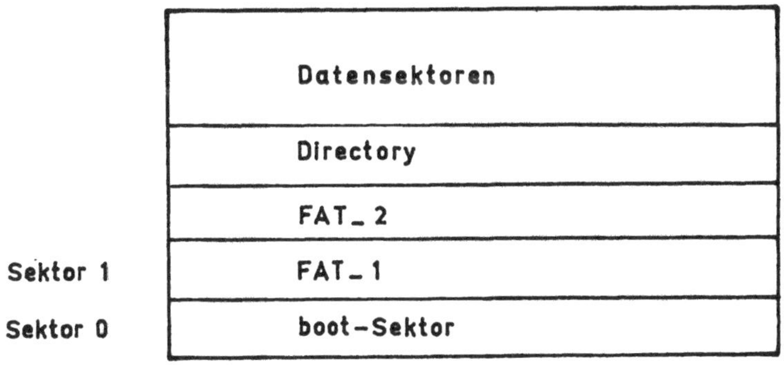

Abb. 8.34. Diskettenaufteilung in MS-DOS

Die Speicherung der Files unterscheidet sich grundsätzlich von der in CP/M. Es wird davon ausgegangen, daß die Diskette mit logischen Sektoren à 512 Bytes arbeitet und diese mit 0 beginnend durchnumeriert sind in der Reihenfolge Seite 0, Spur 0; Seite 1, Spur 0; Seite 0, Spur 1; Seite 1, Spur 1; usw. (Achtung: Die Numerierung der Sektoren auf jeder Spur beginnt mit 1 !). Der 0. Sektor ist der 1. Sektor des Datenbereiches nach dem sogenannten Boot-Sektor, den zwei oder mehreren identischen Exemplaren der Diskettenbelegungstabelle FAT und dem Directory (Abb. 8.34). Die unterschiedlichen Formate (ab Verion 3.10) sind in Tab. 8.15 dargestellt.

Der Speicherraum der Diskette wird in Cluster (2^0, 2^1, 2^2,...Sektoren) aufgeteilt. Den Files werden jeweils nur soviel Cluster zugeteilt, wie sie benötigen. Diese Zuteilung erfolgt jedoch anders als in CP/M. Es wird eine Liste für alle Cluster geführt (FAT = File Allocation Table) und die Cluster eines Files gekettet, so daß im Directory-Eintrag eines Files nur eine Clusternummer eingetragen ist (Abb. 8.35). Aus Integritätsgründen wird mindestens eine 2. Kopie der FAT gespeichert. Die Länge der FAT-Einträge ist abhängig von der Anzahl der Cluster auf einer Diskette: bis 4085 sind sie 12 Bit lang, sonst 16 Bit. Da die ersten Cluster durch den Boot-Sektor, die mindestens zwei FAT und das Wurzeldirectory belegt sind, können die ersten beiden Einträge für andere Zwecke genutzt werden. Der erste Eintrag beschreibt z.B. das Diskettenformat (Tab. 8.15). Falls die Diskette als Systemdiskette genutzt werden soll, muß das erste File nach dem Directory IO.SYS (=IBMBIO.COM) und das zweite MSDOS.SYS (=IBMDOS.COM) sein. Das Cluster mit der Nummer 2 beginnt beim 0. logischen Sektor des Datenbereiches. Die Angaben über das Diskettenformat sind i.allg. im Boot-Sektor enthalten (Offset in Tab. 8.15). Für jedes File gibt es einen Eintrag im Hauptdirectory (alle CP/M-Files und UNIX-Files) oder in einem Unterdirectory (nur für UNIX-Files). Es können nur soviel CP/M-Files verwaltet werden, wie Einträge im Hauptdirectory möglich sind. Die Anzahl der UNIX-Files hängt nur von der Diskettenkapazität ab, da ein Subdirectory selbst ein File ist und beliebig groß sein kann (Abb. 8.36).

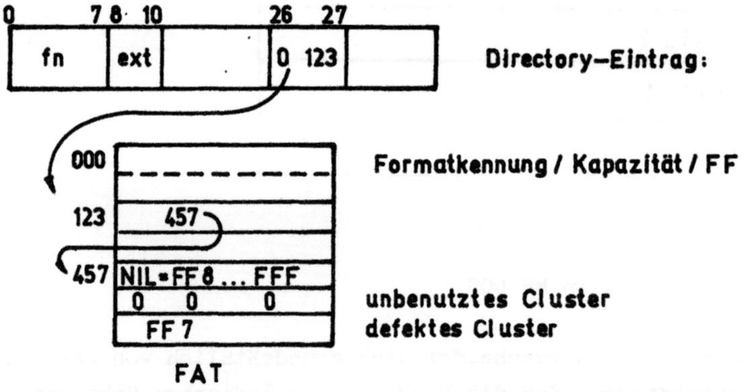

Abb. 8.35. Speicherzuteilung für Files in MS-DOS

Tab. 8.15. Standards für Diskettenformate im MS/DOS

Offset (hexad.)	Diskettengröße in Zoll											
	5 1/4 oder 3 1/2								8			
14 Formatkennung	FF8	FF9	FFA	FFB	FFC	FFD	FFE	FFF	FF9	FFE	FFD	FFE
Anzahl der Spuren(Zyl.)	80	80	80	80	40	40	40	40	80	77	77	77
19 Anzahl der Seiten	1	2	1	2	1	2	1	2	2	1	1	2
A Bytes pro Sektor	512	512	512	512	512	512	512	512	512	128	128	1024
C Sektoren pro Cluster	2	2	2	2	1	2	1	2	1	4	4	1
17 Sektoren pro Spur	9	9	8	8	9	9	8	8	15	26	26	8
15 Sektoren pro FAT	2	3	1	2	2	2	1	1	7	6	6	2
12 Anzahl Sektoren	7200	1440	640	1280	360	720	320	640	2400	2002	2002	616
Kapazität (in KByte)	360	720	320	640	180	360	160	320	1200	250	250	616
10 Anzahl Sektoren/ Directory	7	7	7	7	4	7	4	7	14	17	17	6
F Anzahl	2	2	2	2	2	2	2	2	2	2	2	2

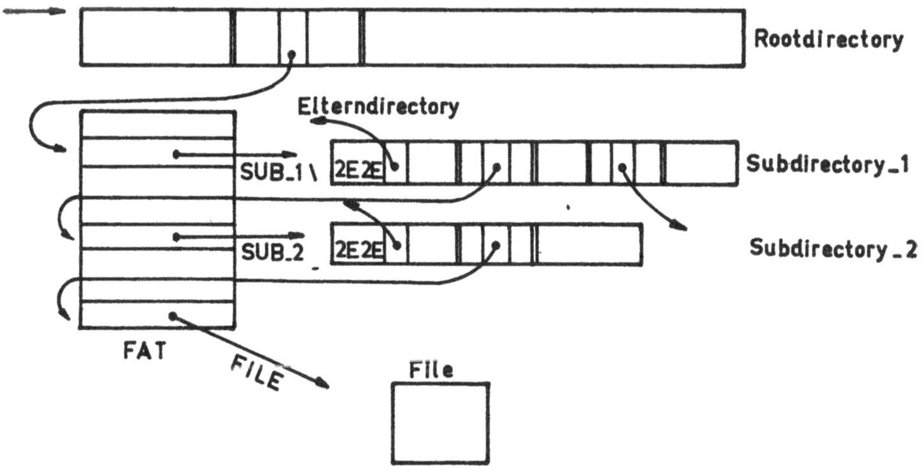

Abb. 8.36. Zugriffsbaum zu UNIX-Files in MS-DOS
(SUB_1\SUB_2\file als Beispiel)

Tab. 8.16. Eintrag für ein File, Subdirectory bzw. Volumelabel im Wurzeldirectory

Offset	Bedeutung
0,...,7	fn (=Filename). Las 0. Byte hat eine besondere Bedeutung. 00: Eintrag frei E5: File wurde gelöscht 05: Das 1. Byte ist tatsächlich E5 2E: Spezieller Eintrag innerhalb dieses Subdirectory-Files. Wenn das 1. Byte ebenfalls 2E enthält, bedeutet die Clusternummer die des Elterndirectory. Damit ist auch eine Rückwärtskettung der Directories gegeben. Ansonsten sind die Byte 1,...,A Leerzeichen und die Clusternummer dieses Eintrags ist die Clusternummer dieses Subdirectory.
8,...,A	ft (=Filetype)
B	Fileattribute Bit 0: read only 1: Verborgenes File Keine Anzeige bei norma- 2: Systemfile ler Directoryanzeige 3: Kennzeichen des Eintrags als Volumelabel (Byte 0,...,A) nur im Bootdirectory 4: Kennzeichen eines Eintrags für Subdirectory (keine Anzeige bei normaler Directoryanzeige) 5: File beschrieben und geschlossen (Archivbit)
C,...,15	reserviert
16,17	Zeit des letzten Beschreibens: n n n n m m m (17) m m m s s s s s (16) Dualzahlen s ≙ 2 Sekunden.
18,19	Datum a a a a a a a m (19) jahr = 0 ≙ 1980 m m m d d d d d (18)
1A,1B	Nummer des 1. Clusters x x (1A) (niederwertig) 0 x (1B) (höherwertig)
1C,...,1F	Filegröße in Byte x x x x (1C1D) (niederwertig) x x x x (1E1F) (höherwertig)

In Tab. 8.16 ist der Aufbau der Directoryeinträge angegeben. Einige spezielle dienen zur Aufnahme eines Volumelabels, der Rückwärtskettung der Subdirectories zu ihrem jeweiligen Elterndirectory und zur Verwaltung der eigenen Clusternummer des Subdirectory.

Die Dienste für das CP/M-ähnliche Filesystem (Version 1.xx) besitzen noch gegenüber CP/M zwei Besonderheiten. Die Satzlänge ist nicht fest (128 Byte), sondern kann beliebig angegeben werden für jede Nutzung. Zum anderen kann mit dem erweiterten fcb ein OPEN gemäß Attributbyte durchgeführt werden (Tab. 8.17).

Tab. 8.17. File Control Block (fcb)

Offset	Bedeutung	
-7	Kennzeichen für Erweiterung (=FF)	extended
-6,.. ,-2	reserviert	fcb
-1	Attribute (s. Abb. 3.70)	
0	Laufwerk (0: aktuelles, 1:A, 2:B,...)	unge-
1,...,8	fn	öffneter
9,...,B	ft	fcb,
C,D	aktuelle Blocknummer (1 Block ≙ 128 Sätze, nach OPEN = 0)	
E,F	Satzlänge (nach OPEN = 128)	
10,. .,13	Filegröße x x x x (10) nieder- x x x x (11) wertig	
14,15	Datum letztes Schreiben	
16,17	Uhrzeit letztes Schreiben	
18,...,1F	reserviert	
20,	aktueller Satz im aktuellen Block	
21,...,24	relative Satznummer (4 Byte bei Satzlänge < 64 Byte, 3 Byte bei Satzlänge > 64 Byte).	

Die Dienste des UNIX-Filesystems erfordern kein fcb, es ist lediglich der Pfadname zum eröffnenden File anzugeben. Durch die Funktion <AH> = 3B

Tab. 8.18. Standard File-Handle in MS-DOS

File-handle	Gerät
0	Konsole: Eingabe
1	Konsole: Ausgabe
2	Fehlerfile
3	Hilfsgerät (auxiliary)
4	Drucker (Printer)

kann ein Subdirectory voreingestellt werden, so daß nur das letzte Element des hierarchischen Pfadnamens zum betreffenden File in diesem Subdirectory auszugeben ist. Der Rückgabeparameter von OPEN <AH> = 3D ist eine 16-Bit lange Filenummer (handle), mit der die anschließenden Fileoperationen ausgeführt werden. Durch Standard-Filenummern (Tab. 8.18) für die üblichen Geräte existiert somit eine konsistente Dienstschnittstelle für alle Ein-/Ausgaben auf dem Niveau File. UNIX-Files werden als ein kontinuierlicher Bytestrom aufgefaßt, über den mit Hilfe der Funktion <AH> = 42 ein Pointer gesetzt werden kann (natürlich nur in speicherbaren Files). Ab diesem Pointer können dann beliebig viele Bytes gelesen bzw. geschrieben werden. Mit der Funktion <AH> = 46 kann ein Handle auf ein anderes bezogen werden,

damit läßt sich z.B. die Standardausgabe auf ein Diskettenfile umleiten. Das Eröffnen eines Files erfolgt mit einem Zugriffscode im Register AL (Tab. 8.19). Da ab Version 3.10 über ein Kommunikationssystem mehrere

Tab. 8.19. Zugriffscode zu Files

Bit	Bedeutung
7	ererbtes File (=0)
4-6	0: Jeder anderer Prozeß kann auch eröffnen
	1: exklusiv für Lesen/Schreiben
	2: exklusiv für Schreiben
	3: exklusiv für Lesen
	4: exklusiv generell
0-3	0: Lesen
	1: Schreiben
	2: Lesen/Schreiben

Prozeduren (jetzt besser Prozesse) parallel zu einem File zugreifen können, muß die parallele Nutzung (Bit 4,...,6) vereinbart werden. Mit den Funktionen <AH> = 58, <AL> = 0 (LOCK) und <AH> = 5C, <AL> = 1 (UNLOCK) lassen sich Bereiche eines Files durch einen Prozeß in einem kritischen Abschnitt exklusiv nutzen. Mit weiteren Funktionen lassen sich Attribute und andere Kennzeichen im Directory-Eintrag ändern.

8.3.4.7. DIENSTE AN DER BETRIEBSSYSTEMSCHNITTSTELLE

Gemäß dem Treppenmodell (Abb.8.31) gibt es drei Schnittstellen des MS-DOS

- **ROM-BIOS,**
- **BIOS und**
- **DOS.**

Das BIOS stellt eine Anpassung des DOS an die ROM-BIOS-Schnittstelle bzw. an die Hardware dar. Da es keinen Standard für die Schnittstelle BIOS-DOS gibt, ist diese implementationsabhängig und von Nutzprozeduren nicht ansprechbar.

Die Schnittstelle zum DOS und zum ROM-BIOS wird über synchrone Interrupts realisiert (Abb. 8.37). Es hat den Anschein, als ob die Dienste prozeßorientiert sind. Bis zur Version 3.20 sind sie jedoch prozedurorientiert,, d.h., die Nutzprozedur muß warten, bis der Dienst komplett erledigt ist. Die Richtlinien für die Konstruktion von nutzerspezifischen Drivern sehen jedoch eine Prozeßorientierung (Nutzprozeß und Ein-/Ausgabeprozeß

parallel) für spätere Versionen vor.

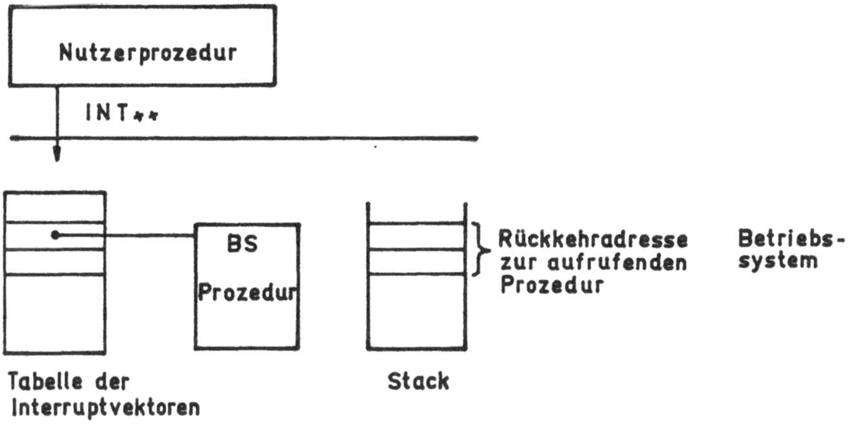

Abb. 8.37. Schnittstelle der Betriebssystemdienste in MS-DOS

Eine derartige Organisation erlaubt, die Dienstprozeduren leicht permanent oder temporär zu ändern. Die Tabelle der Interruptvektoren dient außerdem zur systemweit bekannten Festlegung von Adressen von Eintrittspunkten (Break-, Beendigungs- und Fehlerroutine) und von Tabellen (Tab. 8.20). In der 2. Spalte ist der Verursacher des Interrupts angegeben.

Interrupt 0: Es wird zu einer Interruptbehandlungsroutine (IBR) im DOS verzweigt.

Interrupt 1: Standardmäßig tritt der Prozessorbefehl INT1 nicht auf. Unter DEBUG wird der Einzelschrittmodus eingeschaltet und damit zur IBR im DEBUG verzweigt.

Interrupt 2: Standardmäßig ist ein Speicherfehler auf diesen Interrupt verdrahtet.

Interrupt 3: Durch DEBUG wird bei einer gewünschten Stopadresse ein INT3 eingetragen und dadurch zur IBR im DEBUG verzweigt.

Interrupt 4: Standard durch DOS mit IRET als IBR initialisiert, also ohne Wirkung.

Interrupt 5: Der Interrupt wird durch INT5 im BIOS (Tastaturdriver, Ctrl Prtsc) oder in der Nutzerprozedur erzeugt. Die IBR im BIOS führt zum Druck des Bildschirminhalts. Da beide Aufrufe asynchron erfolgen können, dient die Speicherzelle 00500 als Synchronisationsvariable

<00500> = 0 : letzter Druck abgeschlossen,
= 1 : letzter Druck noch nicht beendet,
= FF : Fehler während des Drucks.

Interrupt 8: Der Zeitgeber i8253 bringt alle 0,0549254 s einen Interrupt. Die IBR im BIOS incrementiert die Systemuhr auf den Speicherzellen

0046C,...,0046D : Low-Teil
0046E,...,0046F : High-Teil.

Außerdem wird noch ein INT1C ausgelöst, wo eine nutzereigene IBR zur Zeitverwaltung angeschlosen werden kann.

Tab. 8.20. Interruptvektoren des BIOS

		initialisiert		
Interrupt		Name	auf	von
0	Pro-	Division durch Null	abhängig vom DOS	DOS
1	zessor	Einzelschritt	abhängig vom DOS	DOS
2		nicht maskierbar	NMI_INT(F000:E2C3)	BIOS
3		Haltepunkt	abhängig vom DOS	DOS
4		Überlauf	abhängig vom DOS	DOS
5		Bildschirm drucken	PRINT_SCREEN (F000:FF54)	BIOS
6		nicht verwendet		
7		nicht verwendet		
8	Inter-	8253 Systemzeitgeber	TIMER_INT (F000:FEA5)	BIOS
9	rupt	Tastatur	KB_INT(F000:E987)	BIOS
A		nicht verwendet	- -	
B	kontrol-	nicht verwendet	- -	
C		reserviert	- -	
D	le	nicht verwendet	- -	
E		Diskette	- -	
F		reserviert		
10		Bildschirm-E/A	VIDEO_IO(F000:F065)	BIOS
11		Ausrüstungstest	EQUIPMENT(F000:F84D)	BIOS
12		Speichergröße	MEMORY-SIZE (F000:F841)	BIOS
13	BIOS	Disketten-E/A	DISKETTE_IO (F000:EC59)	BIOS
14		Kommunikations-E/A	RS232_IO(F000:E739)	BIOS
15		Kassetten-E/A	CASSETTE_IO (F000:F859)	BIOS
16.		Tastatur-E/A	KEYBOARD_IO (F000:E82E)	BIOS
17		Drucker-E/A	PRINTER_IO(F000:EFD2)	BIOS
18		Kassetten-Basic	(F600:0000)	BIOS
19		Einschalt-Start	BOOT_STRAP(F000:E6F2)	BIOS
1A		Zeit	TIME_OF_DAY	BIOS
			(000:FE6E)	BIOS
1B	Benutzer-	Tastaturunterbr.	abhängig vom DOS	DOS
1C	routinen	Zeitgebertakt	DUMMY RETURN (F000:FF53)	BIOS
1D	BIOS-	Bildschirminit.	VIDEO_PARMS (F000:F0A4)	BIOS
1E	Parameter	Diskettenparameter	DISK_BASE(F000:EFC7)	BIOS
1F		Grafikzeichen	(0000:0000)	BIOS

Interrupt 9: Die Tastatur erzeugt den Interrupt, der im Tastaturdriver des BIOS behandelt wird.

Interrupt E: Dito für Diskettenlaufwerk.

Interrupt 10: Der Bildschirm kann im Text- oder Grafikmodus mit einer

Monochrom- oder Farbadapterplatte bedient werden. Der Bildwiederholspeicher liegt für Monochromadapterplatte und Text ab 80000 (4 KByte) und für die Farbadapterplatte (Text oder Grafik) ab B8000 (16 KByte). Eigentlich sollte die Bildschirm-Ein-/Ausgabe über den BIOS-Ruf INT10 erfolgen, viele Nutzprozeduren beschreiben jedoch den Bildwiederholspeicher direkt (das geht schneller). Im Textmodus werden zwei Byte für jede Bildschirmposition gespeichert, je eines Byte für das Attribut und für das darzustellende ASCII-Zeichen. Mit Farbadapter im Textmodus können mehrere Seiten gespeichert werden, die alternativ auf dem Bildschirm sichtbar gemacht werden können. Die einzelnen Funktionen sind in Tab. 8.21 angegeben.

Tab. 8.21. Bildschirm-E/A mit dem Interrupt 10

(AH) Operation	weitere Register	Ergebnisregister
Bildschirm-schnittstellen-routinen		
0 Videomodus einstellen	(AL) = 0 40*25 s/w, Text (Standard) = 1 40*25 Farbe, Text = 2 80*25 s/w, Text = 3 80*25 Farbe, Text = 4 320*200 Farbe, Grafik = 6 640*200 s/w, Grafik = 7 Monochromadapter	keine
1 Cursorzeile einstellen	CH Bit 0,...,4 = Startzeile CH Bit 5,...,7 = 0 CL Bit 0,...,4 = Endzeile Cursor CL Bit 5,...,7 = 0	keine
2 Cursor positionieren	(DH,DL)= Zeile, Spalte (0,0) = oben links (BH) = Seitennummer (0 bei Grafik)	keine
3 Cursorposition lesen	(BH) = Seitennummer (0 bei Grafik)	(DH,DL) = Zeile, Spalte des Cursors (CH,CL) = aktueller Cursormodus

(AH) Operation	weitere Register	Ergebnisregister
4 Lichtgriffel-position	keine	(AH) = 0 Lichtgriffel nicht gedrückt (AH) = 1 gültige Lichtgriffelwerte (DH,DL)=Zeile, Spalte (CH) = Grafikzeile(0,...,199) (BX) = Grafikspalte (0,...,319,639)
5 Aktive Bildschirmseite wählen	(AL) = gewünschte Seite (0-7 bei Modus 0 und 1) (0-3 bei Modus 2 und 3)	keine
6 aktive Seite aufwärts scrollen	(AL) = Anzahl Zeilen. Frei werdende Zeilen am Fensterende werden gelöscht. (AL)=: das ganze Fenster wird gelöscht. (CH,CL) = Zeile, Spalte links oben (DH,DL) = Zeile, Spalte rechts unten (BH) = Attr. für gelöschte Zeilen	keine
7 aktive Seite abwärts scrollen	(AL) = Anzahl Zeilen. Freie Zeilen am Fensteranfang werden gelöscht. (AL) = 0: das ganze Fenster wird gelöscht. (CH,CL) = Zeile, Spalte links oben (DH,DL) = Zeile, Spalte rechts unten (BH) = Attr. für gelöschte Zeilen	
Zeichenbehandlungsroutinen		
8 Zeichen/Attribut an Cursorposition	(BH) = Bildschirmseite (Textmodus) lesen	(AL) = Zeichen (AH) = Attribut des Zeichens
9 Zeichen/Attribut an Cursorposition schreiben	(BH) = Bildschirmseite (Textmodus) (BL) = Attribut des Zeichens (Text) = Farbe des Zeichens(Farbe) (CX) = Anzahl zu schreibender	keine

(AH) Operation	weitere Register	Ergebnisregister
10 Nur Zeichen an Cursorposition schreiben	Zeichen (AL) = zu schreibendes Zeichen (BH) = Bildschirmseite (Text) (CX) = Anzahl zu schreibender Zeichen (AL) = zu schreibendes Zeichen	keine
Grafikroutinen		
11 Farbpalette einstellen (Grafikmodus 320*200(	(BH) = Nr. der Farbpalette (0-127) (BL) = mit dieser Nr. zu verwendender Farbwert	keine
12 Grafikpunkt setzen	(DX) = Zeilennummer (CX) = Spaltennummer (AL) = Farbwert. Wenn Bit 7 von AL gesetzt ist, wird der Farbwert exklusiv-ODER mit dem aktuellen Punktwert verknüpft	keine
13 Grafikpunkt lesen	(DX) = Zeilennummer (CX) = Spaltennummer	(AL) = gelesener Punkt
ASCII-Teletype-Routinen für Ausgabe		
14 Zeichen auf Bildschirm schreiben und Cursor vorwärts bewegen	(AL) = zu schreibendes Zeichen (BL) = Vordergrundfarbe (Text) (BH) = Bildschirmseite (Text)	keine
15 aktuellen Bildschirmstatus lesen	keine	(AL) = aktueller Modus Beschreibung unter (AH) =0 (AH) = Anzahl Zeichen/Zeile (BH) = aktuelle Bildschirmseite

Anmerkung: Außer den hier genannten Registern sichern diese Routinen die Register CS, SS, DS, ES, BX, CX und DC. Es sollte davon ausgegangen werden, daß alle anderen Register verändert werden.

<ES> = >> Bildwiederholspeicher <<

Interrupt 11: Mit dem BIOS-Ruf INT11 kann man die Konfiguration der Hardware erfragen (Tab. 8.22).

Tab. 8.22. Konfiguration in <AX>

Bit	Bedeutung
0	= 1 : Diskette vorhanden
2,3	RAM auf ZE-Platte
	(<2,3> +1) * 16 KByte
4,5	Videomodus.
	= 01: 40*25, s/w, Farbadapter
	= 10: 80*25, s/w, Farbadapter
	= 11: 80*25, Monochromadapter
6,7	Anzahl Disketten
	<6,7> +1
9,...,B	Anzahl V.24-Adapter
E,F	Anzahl Drucker

Interrupt 12: Der BIOS-Ruf INT12 liefert in <AX> die Größe des RAM in KByte.

Interrupt 13: Der BIOS-Ruf INT13 realisiert die physische Disketten-Ein/-Ausgabe (Tab. 8.23).

Interrupt 14 : BIOS-Ruf für die Bedienung der V.24.

Interrupt 15: BIOS-Ruf für Kassettten-Ein/-Ausgabe.

Interrupt 16: BIOS-Ruf für Tastatur. Jede Taste besitzt einen Tastencode. Unabhängig von einem BIOS-Ruf liest der Driver bis zu 15 Tastencodes ein und speichert jeden mit dem entsprechenden ASCII-Code in einen Puffer ab. Werden mehr Tasten gedrückt, ohne daß ein INT16 erfolgte, gehen die letzten verloren. Der ASCII-Code hängt von eventuell zusätzlich gedrückten Tasten Shift, Ctrl, Alt und Numlock ab (Tab. 8.24). Für nicht im ASCII vorhandenen Zeichen wird 00 als Zeichen zurückgegeben. Diese Tasten geben keine Eintragung in den Puffer. Neben diesem Puffer wird der aktuelle Zustand der Tastatur in den Speicherzellen 00417,...,00418 gemerkt (Tab. 8.25).

<AH> = 0	tastencode = <AH>	zeichencode = <AL>
Wenn Puffer leer ist , wird auf nächste Taste gewartet.		
<AH> = 1	1 = <ZF> Puffer leer	0 = <ZF> Zeichen im Puffer
<AH> = 2	statusbyte (00417) = <AL>	

Tab. 6.23. Disketten E/A

(AH) Operation	weitere Register	Ergebnisregister
0 Disketten-system rücksetzen	keine	keine
1 Disketten-status lesen	keine	<AL> = Disketten-status
2 Sektoren einlesen	<DL> = Laufwerksnummer (0,...,3) <DH> = Kopfnummer (0,1) <CH> = Spurnummer (0,...,45) <CL> = Sektornummer (1,...,9) <AL> = Anzahl Sektoren <ES:BX> = >Puffer<	<AL> = Anzahl der gelesenen Sektoren CF = 0 Operation erfolgreich <AH> = 0 CF = 1 Operation nicht erfolgreich <AH> = Status
3 Sektoren schreiben	wie Leseroutine	wie Leseroutine
4 Sektoren überprüfen	wie Leseroutine, ES:BX ist jedoch nicht erforderlich	wie Leseroutine
5 Spur formatieren	<DL> = Laufwerksnummer (0,...,3) <DH) = Kopfnummer (0,...,1) <CH) = Spurnummer <ES:BX) = Sektorinformation	wie Leseroutine, AL bleibt nicht erhalten

Sektorinformation

Spurnummer (0,...,4F)
Kopfnummer (0,1)
Sektornummer (0,...,9)

je Sektor eine Sektorinformation

Anzahl Bytes pro Sektor (0≙128, 1≙256, 2≙512, 3≙1024)

Statusbyte in <AL>

Bit		
0,1	= 00:	Operation ausgeführt
	= 01:	ungültiger Aufruf bzw. mehr als 64 KByte Daten
	= 10:	Adreßmarke nicht gefunden
	= 11:	Schreibversuch auf schreibgeschützter Diskette
2	= 1:	Sektor nicht gefunden
3	= 1:	DMA-Überlauf
4	= 1:	CRC falsch beim Lesen
5	= 1:	Controllerfehler
6	= 1:	Suchoperation erfolglos
7	= 1:	Laufwerk nicht ansprechbar

Tab. 8.24. Tastencodes

Tastencode	Normal	Shift	Ctrl	Alt
01	ESC	ESC	ESC	ESC
02	1	!	-	00
03	2	"	-	00
04	3	%	-	00
05	4	$	-	00
06	5	%	-	00
07	6	&	-	00
08	7	/	-	00
09	8	(	-	00
0A	9	)	-	00
0B	0	=	-	00
0C	ß	?	-	00
0D	'	'	-	00
0E	Backspace	Backspace	DEL	-
0F	TAB	00	-	-
10	q	Q	DCI	00
11	w	W	ETB	00
12	e	E	ENQ	00
13	r	R	DC2	00
14	t	T	DC4	00
15	z	Z	SUB	00
16	u	U	NAK	00
17	i	I	HT	00
18	o	O	SI	00
19	p	P	DLE	00
1A	ü	Ü	-	00
1B	+	*	-	-
1C	CR	CR	LF	-
1D Ctrl	-	-	-	-
1E	a	A	SOH	00
1F	s	S	DC3	00
20	d	D	EOT	00
21	f	F	ACK	00
22	g	G	BEL	00
23	h	H	BS	00
24	j	J	LF	00
25	k	K	VT	00
26	l	L	FF	00
27	ö	Ö	-	00
28	ä	Ä	-	00
29	#	'	-	-

Tastencode	Normal	Shift	Crtl	Alt
2A Shift	-	-	-	-
2B	<	>	-	-
2C	y	Y	EM	00
2D	x	X	CAN	00
2E	c	C	ETX	00
2F	v	V	SYN	00
30	b	B	STX	00
31	n	N	SO	00
32	m	M	CR	00
33	,	,	-	-
34	.	.	-	-
35	-	-	US	-
36 Shift	-	-	-	-
37	*	-	00	-
38 Alt	-	-	-	-
39	SP	SP	SP	SP
3A Caps Lock	-	-	-	-
3B F1	00	00	00	00
3C F2	00	00	00	00
3D F3	00	00	00	00
3E F4	00	00	00	00
3F F5	00	00	00	00
40 F6	00	00	00	00
41 F7	00	00	00	00
42 F8	00	00	00	00
43 F9	00	00	00	00
44 F10	00	00	00	00
45 NumLock	-	-	-	-
46 Scroll Lock	-	-	-	-
47 Home	7	Bildschirm löschen		00
48 C.up	8	-		00
49 PgUp	9	Textanfang und Home		00
4A -	-	-		-
4B Ctrl left	4	vorheriges Wort		00
4C -	5	-		00
4D Ctrlright	6	nächstes Wort		00
4E +	+	-		00
4F End	1	Ende der Zeile löschen		00
50 C.down	2	-		00
51 PgDn	3	Bildschirmende löschen		00
52 Ins	0	-		00
53 Del	.	-		-

erweiterter Code	Funktion
54,...,5D	F11,...,F20 (F1,...,F10 mit Umschalttaste)
5E,...,67	F21,...,F30 (F1,...,F10 mit Ctrl)
68,...,71	F31,...,F40 (F1,...,F10 mit Alt)
72	Ctrl-PetSc (Ausgabe auf Drucker ein/aus)
73	Ctrl-Cursor links (Wort zurück)
74	Ctrl-Cursor rechts (Wort weiter)
75	Ctrl-End (Zeilenende löschen)
76	Ctrl-PgDn (Bildschirmende löschen)
77	Ctrl-Home (Bildschirm löschen)
78-83	Alt 1, 2, 3, 4, 5, 6, 7, 8, 9, 0, ß',
84	Ctrl-PgUp (Bildschirm aufwärts)
Alt + Ctrl + Del	Reboot
Ctrl + Break	INT1B
Ctrl + NumLock	Warten auf nächste Taste
Shift + PrtSe	INT5

Tab.8.25. Statusbyte der Tastatur (=1 bedeutet ein)

Byte	Bit	Bedeutung
00417	0	rechtes Shift
	1	linkes Shift
	2	Ctrl
	3	Alt
	4	Scroll-Lock-Status
	5	NumLock-Status
	6	CAPS-Lock-Status
	7	INSERT-Modus
00418	3	Ctrl NumLock-Status
	4	ScrollLock
	5	NumLock
	6	CAPSLock
	7	INSERT

Interrupt 17: BIOS-Ruf für Drucker.

<AH> = 0, <AL> = zeichen, <DX> = druckernr.
status = <AH>

<AH> = 1 status = <AH>
initialisieren

<AH> = 2, status = <AH>
statusabfrage

Tab. 8.26. Statusbyte des Druckers (= 1 : Status gilt)

Bit	Bedeutung
0	Zeitfehler
3	Ein-/Ausgabefehler
4	ausgewählter Drucker
5	Papierende
6	Rückmeldung
7	nicht aufnahmebereit

Interrupt 18: Aufruf des Kasssetten-BASIC im ROM.
Interrupt 19: ROM-BIOS-Ruf zum Reboot.
Interrupt 1A: BIOS-Ruf zum Stellen oder Abfragen der Systemuhr (s. Interrupt 8)

<AH> = 1, <CX> = high_teil, <DX> = low_teil des Initialisierungswertes
<AH> = 0 aktueller Wert = <CX>, <DX>

Interrupt 1B: Wenn im Rahmen der IBR zu INT9 ein Ctrl-Break festgestellt wird, wird INT1B aufgerufen. DOS ändert den Interruptvektor während der Initialisierung auf eine IBR im DOS, die wiederum INT23 aufruft.
Interrupt 1C: Dieser Interrupt wird in der IBR von INT8 ausgelöst. Bei der Initialisierung weist das auf ein IRET (Dummy-IBR). Eine Nutzerprozedur kann also eine eigene Uhrroutine anschließen.

Der Interruptvektor für INT1D zeigt auf eine Tabelle für INT1D, für INT1E auf eine Tabelle der Diskettenparameter und für INT1F auf eine Tabelle zusätzlicher Grafikzeichen für INT13.
Die Interrupts 20,...,3F sind für das DOS reserviert.
Interrupt 20: Prozedur beenden (besser INT21, <AH> = 4C verwenden !)
Interrupt 22: Interruptvektor enthält Adresse für weitere Arbeit nach normalem Ende einer Prozedur.
Interrupt 23: Interruptvektor enthält Adresse für Abbruch (Ctrl Break = Ctrl C).
Interrupt 24: Interruptvektor enthält Adresse für Fehlerabbruch.
Interrupt 27: Prozedur beenden, Programmtext im HS belassen (besser INT21, <AH> = 31 verwenden !)
Interrupt 25 und 26: DOS-Rufe für physisches Lesen und Schreiben von Disketten.

<AL> = Laufwerk, <DS;BX> = DTA, <CX> = anzahl_sektoren,
<DX> = log_nr_1.sektor, fehlercode = <AL>, falls 1 = <CF>

Die eigentlichen DOS-Dienste werden über INT21 aufgerufen, wobei <AH> und ggf. <AL> den Funktionscode enthalten. Die Dienste <AH> = 0,...,24 sind in ihrer Funktion identisch mit den entsprechenden CP/M-Diensten. Interessant sind nur die Dienste

<AH> = 3 e_zeichen = <AL>,
<AH> = 4, <DL> = a_zeichen,

die ein Zeichen eingeben bzw. ausgeben über eine asynchron bediente Leitung (entspricht dem logischen Gerät "Auxiliary", Handle = 3). Tab. 8.27

zeigt in der Übersicht die im wesentlichen bisher besprochenen Dienste.

Tab.8.27. DOS-Dienste des INT21

<AH>	Name	Bedeutung
HS-Dienste		
48	Allocate Memory	Anfordern eines HS-Segments
49	Free Allocated Memory	Freigeben eines mit 48 angeforderten HS-Segments
4A	Set Block	Änderung der Größe eines mit 48 angeforderten HS-Segments
Prozedur-Dienste		
31	Keep Prozedur	Prozedur beenden und Programmtext im HS belassen
4B, <AL>=0	Load and Execute Program	Laden eines Programmtextes und Ausführen als Prozedur
4B, <AL>=3	Load Overlay	Laden eines Programmtextes in das mit 4B00 angeforderte HS-Segment und Ausführen als Prozedur
4C	End process	Prozedur beenden und HS-Segment freigeben
4D	Get Return Code of Child Process	Bereitstellung des Rückkehrcodes einer beendeten Kindprozedur
62	Get PSP	Bereitstellung von >> PSP <<
File-Dienste		
3C	Create Handle	Erzeugen eines Files gemäß Pfadname, ein existierendes File gleichen Namens wird gelöscht
3D	Open Handle	Öffnen eines Files
3E	Close Handle	Schließen eines Files
3F	Read Handle	Lesen einer Bytefolge eines Files
40	Write Handle	Schreiben einer Bytefolge in ein File
42	More File Pointer	Setzen des Zeigers in der Bytefolge eines Files
45	Duplicate File Handle	Erzeugen eines zusätzlichen Handles für ein existierendes File
46	Force Duplicate File Handle	ein existierendes Handle wird auf ein existierendes File bezogen (E/A-Umlenkung !)
5A	Create Temporary File	Erzeugen eines temporären Files
5B	Create New File	falls ein File gleichen Pfadnamens existiert, wird kein File erzeugt und 1 = <CF>

<AH>	Name	Bedeutung
Kritische Abschnitte		
5C, <AL>=0	LOCK	ein Teil eines Files wird als exklusiv nutzbar gekennzeichnet
5C, <AL>=1	UNLOCK	Aufheben der Exklusivität
Directory-Dienste		
39	Create Directory	Erzeugen eines Subdirectory
3A	Remove Directory	Löschen eines Subdirectory (nur möglich, wenn es leer ist)
3B	Change Current Directory	Ändern des aktuellen Subdirectory
41	Delete Directory Entry (Unlink)	Löschen eines Files
43	Get/Set File Attributes (Chmode)	Anzeigen/Ändern der Fileattribute
47	Get Directory	Anzeige des Pfadnamens des aktuellen Subdirectorys eines Laufwerks
4E	Find First File	Suchen eines ersten Files, dessen Name in den angegebenen Pfadnamen (mit ? und *) paßt
4F	Find Next File	Suchen des nächsten passenden Files
56	Change Directory	Änderung eines Filenamens im Directory-Eintrag
57	Get/Set Date/Time of File	
Netzfunktionen		
44, <AL>=9	IOCTL IS Redirected Block	Prüfen, ob ein Laufwerkbezeichner ein lokales Laufwerk oder eines des entfernten Servers ist
44, <AL>=A	IOCTL IS Redirected Handle	Prüfen, ob ein Handle ein lokales oder das eines Servers ist
5E, <AL>=0	Get Machine Name	Anzeigen des Netznamens des eigenen Rechners
5E, <AL>=2	Printer Setup	Steuerfolge für ein auszusuchendes File für einen Printserver
5F, <AL>=2	Get Assign List Entry	Anzeige eines Laufwerkbezeichners oder Handles, des Rechnernamens des Servers sowie des dortigen Directorys bzw. Handles
5F, <AL>=3	Make Assign List Entry	Zuordnung eines lokalen Laufwerks oder Handles zu einem Server-Directory bzw. Handle
5F, <AL>=4	Cancel Assign List Entry	Löschen einer Zuordnung

<AH>	Name	Bedeutung
Management-Dienste		
25	Set Interrupt Vektor	Setzen eines Interruptvektors
29	Parse File Name	Prüfen eines Pfadnamens
2A	Get Date	
2B	Set Date	
2C	Get Time	
2D	Set Time	
2E	Set/Reset Verify Flag	Setzen/Rücksetzen Lesen nach Schreiben auf Diskette
2F	Get Disk Transfer Address	
30	Get MS-DOS Version	
33	Control-C Check	Anzeige von ^C-Status
35	Get Interrupt Vector	Anzeige Interruptvektor
36	Get Disk Free Space	Anzeige freier Speicher auf Diskette
38	Get/Set Country Data	Anzeige/Setzen länderspezifische Parameter
54	Get Verify State	Anzeige des Status des Verify Flags
58	Set Memory Strategy	Abfragen bzw. Setzen der HS-Zuteilungsstrategie

8.3.4.8. KOMMUNIKATION MIT DER UMWELT

Im Betriebssystem MS-DOS ist die Betriebssystemprozedur COMMAND für die Kommunikation verantwortlich. Ähnlich wie in UNIX kann man auch eine anwendungsspezifische Kommunikationsprozedur statt COMMAND verwenden , um sogenannte schlüsselfertige Systeme bereitzustellen. Das kann durch den Parameter SHELL = in CONFIG.SYS erreicht werden. Wir wollen den Standard SHEll = COMMAND betrachten.

Das Betriebssystem insgesamt wird in folgenden Schritten durch Netzeinschalten bzw. Drücken der Tasten Ctrl-Alt-Del, was zum INT19 (Reboot) führt, gestartet:

1. ROM-BIOS

- Hardwaretest, Bestimmung der aktuellen Konfigurationsparameter und deren Ablage im HS 00410,...,00411, 00413,
- Lesen des Boot-Sektors (Seite = 0, T = 0, S = 1) in den HS 07C00,...,07DFF und Start der Boot-Prozedur bei 07C00.

2. Boot-Prozedur

- Laden des Files IO.SYS (IBMIO.COM) von der Diskette unmittelbar nach dem Directory,
- Laden des Files MSDOS.SYS (IBMDOS.COM) von der Diskette unmittelbar nach IO.SYS,
- Start von IO.SYS.

3. IO.SYS

- Ersetzen bzw. Parametrisieren der BIOS-Driver,
- Ersetzen oder Anfügen von nutzerspezifischen Drivern, falls das File CONFIG.SYS existiert,
- Start des MSDOS.SYS.

4. MSDOS.SYS

- Tabellen im DOS zurücksetzen,
- Laden von COMMAND.COM und Starten des Initialisierungsteils.

5. COMMAND.COM

- Der Initialisierungsteil startet das Batch-File (s.u.) AUTOEXEC.BAT, falls es existiert,
- Bestimmung der Ladeadresse für Nutzerprozeduren (der Initialisierungsteil wird überlagert !),
- Start des residenten Teils von COMMAND.

Der residente Teil enthält neben den COMMAND- Daten lediglich

- die Standardroutine für Fehler (INT24),
- die Standardroutine für Abbruch (INT23),
- sich selbst als Standardroutine für Prozedurende (INT22),
- die Routine zum Prüfen der Notwendigkeit des Neuladens des transienten Teils und
- die Routine zum Neuladen des transienten Teils.

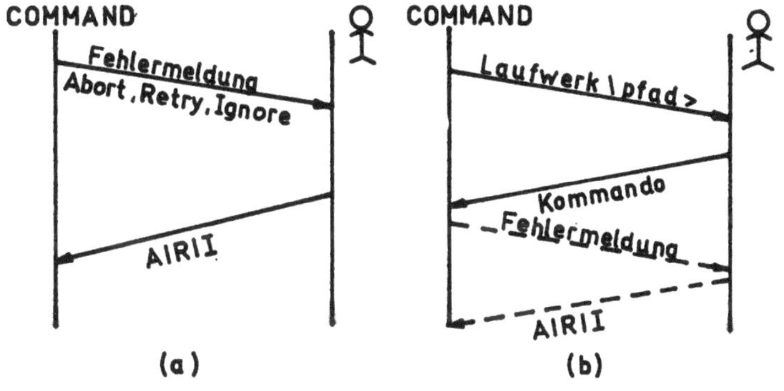

Abb. 8.38. Kommunikationsprotokoll des COMMAND

Das Kommunikationsprotokoll der Fehlerroutine (Abb.8.38) ist denkbar einfach. Bei Auftreten eines Fehlers in einem Betriebssystemdienst wird gefragt, wie fortgefahren werden soll:

- Abort : Abbruch des Dienstes,
- Retry : nochmaliger Versuch der Diensterbringung,
- Ignore : Ignorieren des Fehlers.

Das Protokoll des an das obere Ende des Nutzerbereiches geladenen transienten Teils (Abb.8.39) erwartet nach Abfrage des COMMAND-Prompts die Eingabe eines Kommandos, das

- ein internes Kommando (I)
- ein externes Kommando (E) oder
- ein Batchkommando (B)

sein kann.

Neben dieser Protokollroutine sind im transienten Teil die internen Kommandos enthalten. Sie werden über eine Sprungtabelle sofort angesprungen und geben die Steuerung nach Ausführung an die Protokollroutine zurück. Die Kommandos nutzen DOS-Dienste, wo Fehler aufgrund der Hard- oder Software oder durch falsche Parameter auftreten können. COMMAND ersetzt die Fehlercodes durch verständliche Fehlerausschriften. In Tab. 8.28 sind die internen Kommandos aufgelistet. COMMAND erlaubt das Umleiten von Standard-Ein-/Ausgaben von bzw. in Files.

Falls ein angegebenes Kommando nicht in der Liste der internen Kommandos steht, wird angenommen, daß es

- ein Lademodul fn.COM oder
- ein Lademodul fn. EXE oder
- ein Batchfile (s.u.) fn.BAT

ist. In der angegebenen Reihenfolge wird nach einem passenden File im spezifizierten Verzeichnis, im aktuellen bzw. im früher durch PATH festgelegten gesucht. Ein Lademodul wird dann von COMMAND mit INT21, <AH> = 4B als Prozedur zur Ausführung gebracht. Einige allgemeine Programme sind in Tab. 8.29 angegeben.

Tab. 8.28. Interne Kommandos

Syntax	Zweck
BREAK [ON|OFF]	Prüfen/Setzen von Ctrl Break
{CD|CHDIR} d:[pfad]	Wechsel/Anzeige des Pfades
CLS	Löschen des Bildschirms
COMMAND [d:pfad][P][C string]	Aufruf einer sekundären Kopie des Kommmandoprozessors COMMAND.COM
COPY [A][B][ld:pfad]	Kopiert Files von Laufwerk zu Laufwerk
CTTY gerät	Ändert die Gerätezuordnung für die Standard-Ein-/ Ausgabe.
DATE mm-tt-jj	Zeigt das Datum an oder verändert es
DIR [l:][pfad\ filename.ext][P][W]	Listet beliebige oder sämtliche Files auf
{DEL|ERASE} d:pfad [\filename.ext]	Löscht ein oder mehrere Files
{MD|MKDIR}d:pfad\dirname	Legt ein Teilverzeichnis an
PATH dl:pfadl;d2:	Pfadname für künftige Kommandos
PROMPT "promptstring"	Prompt ändern
REN[AME] d:pfad\ filename1.ext1 filename2.ext2	Ändert den Namen von Files
{RD|RMDIR} d:pfad	Löscht ein Teilverzeichnis
SET[name=string]	Definiert oder zeigt die Listenumgebung
TIME hh:mm:ss.xx	Setzen bzw. Anzeige der Uhrzeit
TYPE d:pfad\filename.ext	Gibt den Dateiinhalt auf dem Bildschirm aus
VER	Zeigt die Nummer der DOS-Version auf dem Bildschirm an
VERIFY [ON|OFF]	Prüflesen nach Schreiben auf Diskette
VOL[d:]	Datenträgerkennzeichnung ausgeben

Ebenso wie in UNIX ist die Abarbeitung von Batch-Files möglich. Es sind Zyklen, unbedingte Sprünge und bedingte Ausführungen von Kommandos möglich. Beim Aufruf können Zeichenketten als aktuelle Parameter für die formalen Parameter % 0, % 1,.. angegeben werden. Mit Hilfe des Beendigungscodes des vorangehenden Kommandos können Bedingungen aufgestellt werden. Die speziellen Batchkommandos sind in Tab. 8.30 aufgelistet.

Tab. 8.29. Einige externe Kommandos

Syntax	Zweck
CHKDSK[d:filename.ext][F][V]	Überprüft das Inhaltsverzeichnis
DISCOPY d1:d2:	Kopiert den gesamten Disketteninhalt spurenweise auf eine andere Diskette.
EXE2BIN d1:pfad1\ filename1.ext1 d2:pfad2\ filename2.ext2	Verwandelt entsprechend formatierte .EXE-Files in.COM-Files.
FIND/V/C/N string d:pfad\ filename.ext	Suchen nach Zeichenkette in File
FORMAT d:/O/V/S/B/1/4/8	Initialisiert Diskette
LABEL d:etikett	Datenträgerkennzeichnung einer Diskette
MORE [d:]pfad	Ausgabe mit Halt nach jedem vollen Bildschirm
PRINT d1.filename1. ext1/P/T/C 12:	Printspooler
RECOVER [d:][pfad][filename]	Wiederherstellen von Files
SORT /R/+c	Sortiert Zeilen von Standardeingabe nach Standardausgabe
SYS 1:	Betriebssystem kopieren

Tab. 8.30. Batchkommandos

<table>
<tr><th>Syntax</th><th>Zweck</th></tr>
<tr><td>ECHO {meldung|[ON|OFF]}</td><td>Meldung auf Bildschirm</td></tr>
<tr><td>FOR %%variable IN (liste) DO Kommando</td><td>Wiederholte Ausführung eines Kommandos</td></tr>
<tr><td>GOTO marke:marke kommando</td><td>Unbedingter Sprung</td></tr>
<tr><td>IF [NOT] bedingung kommando
bedingung::= ERRORLEVEL zahl|
string 1== string 2|</td><td>Bedingte Ausführung</td></tr>
<tr><td>SHIFT</td><td>Schiebt aktuelle Parameter nach links in formale Parameter</td></tr>
<tr><td>REM kommentar</td><td>Kommentarausgabe, falls <ECHO> = ON</td></tr>
</table>

9. ANHANG. ZYKLISCHE CODES

Wir betrachten zunächst einen algebraischen Körper mit nur zwei Elementen

$$
\begin{aligned}
E_0 &= 0 \;, \\
E_1 &= 1 \;,
\end{aligned}
\qquad (9.1)
$$

also einen Körper, der nur aus dem Nullelement 0 und dem Einselement 1 im Sinne der Abelschen Gruppen besteht. Die 1. Operation ist die Antivalenz (Addition modulo 2).

x_1	x_2	$x_1 + x_2$	$x_1 - x_2$
0	0	0	0
0	1	1	1
1	0	1	1
1	1	0	0

(9.2)

Die 2. Operation ist die Konjunktion (Multiplikation modulo 2).

x_1	x_2	$x_1 * x_2$	x_1 / x_2
0	0	0	-
0	1	0	0
1	0	0	-
1	1	1	1

(9.3)

Wie man sieht, gelten die beiden Beziehungen

$$
\begin{aligned}
x + x &= x - x = 0 \\
x * x &= x
\end{aligned}
\qquad (9.4)
$$

Einen so definierten Körper bezeichnen wir als binären Körper. Zur Erläuterung der Rechnungen dient das folgende Beispiel

$$(z^7+1) : (z^3+z+1) = z^4 + z^2 + z + 1$$

$$
\begin{array}{l}
z^7 + z^5 + z^4 \\
\quad z^5 + z^4 + 1 \\
\quad z^5 + z^3 + z^2 \\
\qquad z^4 + z^3 + z^2 + 1 \\
\qquad z^4 + z^2 + z \\
\qquad\quad z^3 + z + 1 \\
\qquad\quad z^3 + z + 1
\end{array}
$$

Es sollen k Bit gespeichert oder übertragen werden. Zur Sicherung werden zusätzlich n-k Bit gebildet, so daß insgesamt n Bit gespeichert bzw. übertragen werden.

Dazu wird von einem Generatorpolynom g(z) ausgegangen

$$g(z) = g_0 + g_1 * z + \ldots + g_{n-k} * z^{n-k} \tag{9.5}$$

mit g_i, z { 0, 1 },

für das gilt

$$(z^n + 1) / g(z) = h(z)$$

$z^n + 1$ ist also durch das Generatorpolynom g(z) ohne Rest teilbar. Die k zu übertragenden Bit werden als Polynom

$$c(z) = c_0 + c_1 * z + \ldots + c_{k-1} * z^{k-1}$$

aufgefaßt, und statt der c_i werden die Koeffizienten v_i von

$$v(z) = c(z) * g(z) \tag{9.6}$$

gespeichert bzw. übertragen.

Beim Empfang bzw. beim Lesen muß v(z) ohne Rest durch g(z) teilbar sein. Die Koeffizienten v_i in (9.6) lassen sich aber nicht einfach bestimmen, außerdem sind die k Informationsbit nicht direkt aus den v_i abzulesen. Deshalb verwendet man folgende Codierungsvorschrift:

1. Multiplikation von c(z) mit z^{n-k}, d.h., c(z) wird n-k Stellen nach links verschoben.
2. Bestimmung des Restes r(z) der Division

$$c(z) * z^{n-k} / g(z) = q(z) + r(z) / r(z) \tag{9.7}$$

3. Bestimmung der zu übertragenden bzw. zu speichernden Folge von n Bit c(z)

$$v'(z) = c(z) * z^{n-k} + r(z) ,$$

d.h. Anhängen des Restes r(z) an c(z)

Dieses Polynom v'(z) ist durch g(z) teilbar, da (z) * z^{n-k} - r(z) nach (9.7) durch g(z) teilbar ist und Addition und Subtraktion im binären Körper gleich sind.

Betrachtet man nun ein beliebiges Polynom c(z), dann ist auch

$$p(z) = c(z) * z$$

ein Polynom mit um 1 erhöhtem Grad. Führt man nun diese Multiplikation modulo dem Generatorpolynom $g(z)$ aus, so gilt

$$\begin{aligned} p(z) &= (c(z) * z + g(z)) \bmod g(z) \\ &= (c(z) * z) \bmod g(z) + g(z) \bmod g(z) \qquad (9.8) \\ &= (c(z) * z) \bmod g(z) + 0 . \end{aligned}$$

$p(z)$ hat also maximal einen Grad, der um 1 niedriger als der von $g(z)$ ist.

Wir betrachten nun als Beispiel

$$g(z) = z^3 + z + 1$$

und berechnen die Potenzen

$$p_i(z) = z^i \bmod g(z).$$

$$p_0 = 1$$

$$p_1 = p_0 * z = z$$

$$p_2 = p_1 * z = z^2$$

$$p_3 = p_2 * z = z^3 + z^3 + z + 1 = z + 1 \quad (\text{da } z^3 + z^3 = 0 \text{ nach } (9.2))$$

$$p_4 = p_3 * z = z^2 + z$$

$$p_5 = p_4 * z = z^3 + z^2 + z^3 + z + 1 = z^2 + z + 1$$

$$p_6 = p_5 * z = z^3 + z^2 + z + z^3 + z + 1 = z^2 + 1$$

$$p_7 = p_6 + z = z^3 + z + z^3 + z + 1 = 1$$

Man stellt folgendes fest:

- Es gibt eine Periode q, sie ist maximal $q = 2^{n-k} - 1$
- $z^7 \bmod g(z) = z^0 \bmod g(z)$, woraus allgemein folgt

  $(z^q + 1) \bmod g(z) = 0$. Das heißt, $z^q + 1$ enthält $g(z)$ als Teiler. Man kann also nur maximal q Informationspolynome unterscheiden.
- Die Polynome $p_i(z) = z^i \bmod g(z)$ lassen sich einfach durch ein rückgekoppeltes Schieberegister berechnen (Abb. 9.1). Jeder Schiebetakt er-

zeugt das folgende Polynom p_i im Register.

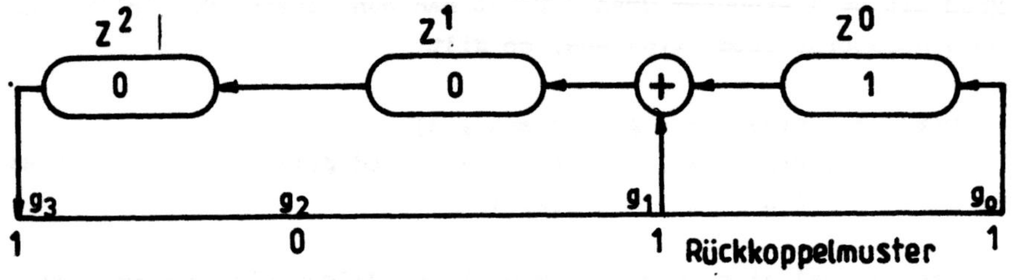

Abb. 9.1. Rückgekoppeltes Schieberegister für das Polynom
$g(z) = z^3 + 0 * z^2 + z + z^0 = z^3 + z + 1$

- Eine links hinauslaufende 1 hat die Wertigkeit z^{n-k}.
  Statt dessen wird das Polynom

$$g'(z) = g_0 + g_1 * z + \ldots + g_{n-k-1} * z^{n-k-1} \qquad (9.9)$$

über Addierglieder modulo 2 addiert, was wegen der Rechnung modulo $g(z)$ das gleiche ist:

$$z^{n-k} \bmod g(z) = (z^{n-k} + g(z)) \bmod g(z)$$

$$= g_0 + g_1 * z + \ldots + g_{n-k-1} * z^{n-k-1},$$

da für $g_{n-k} \neq 0$ gilt

$$z^{n-k} + z^{n-k} = 0 \ .$$

Damit läßt sich eine Schaltung aufbauen, mit der man den Rest der

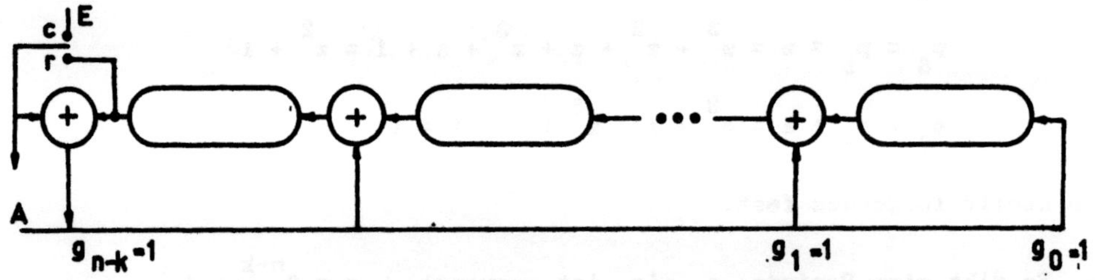

Abb. 9.2. Rückgekoppeltes Schieberegister für die Bestimmung der zu speichernden bzw. zu übertragenden Bitfolge

Division eines Polynoms durch $g(z)$ bestimmen kann. In dem rückgekoppelten Schieberegister(SR) nach Abb. 9.2 ist ein zusätzlicher Eingang mit der (n-k)ten Stelle über ein Addierglied modulo 2 verbunden, dessen Ausgang das Polynom $g'(z)$ zum Schieberegister addiert. Mit (9.9) ergibt sich dann

$$< SR >_{i+1} = < SR >_i * z + X * z^{n-k} . \qquad (9.10)$$

Wenn die k zu übertragenden Bit $c_{k-1}, \ldots, c_0$ über E taktweise einlaufen, ergibt sich mit dem Anfangsinhalt 0 des rückgekoppelten Schieberegisters

Takt	E=	SR
0		0
1	c_{k-1}	$c_{k-1} * z^{n-k}$
2	c_{k-2}	$c_{k-1} * z^{n-k} * z + c_{k-2} * z^{n-k} = c_{k-1} * z^{n-k+1} + c_{k-2} * z^{n-k}$
.	.	.
.	.	.
.	.	.
k	c_0	$c_{k-1} * z^{k-1} + c_{k-2} * z^{n-2} + \ldots + c_0 * z^{n-k}$

Dabei wird eine Rechnung mod g(z) unterstellt. Um den Inhalt des rückgekoppelten Schieberegisters nach k Takten (den k Informationsbit) zu erkennen, addieren wir formal zur letzten Zeile

$$v'(z) \bmod g(z) = 0$$

und berücksichtigen die Addition modulo 2

$$< RS > = c_{k-1} * (z^{n-1} + z^{n-1}) + \ldots + c_0 * (z^{n-k} + z^{n-k}) +$$
$$r_{n-k-1} * z^{n-k-1} + \ldots + r_1 * z + r_0 .$$

Im Schieberegister steht also das Restpolynom r(z), das mit den nächsten n-k Takten gelesen werden kann. Im rückgekoppelten Schieberegister sind an der Stelle i für alle $g_i \neq 0$ Additionsglieder modulo 2 einzusetzen. Ist der Schalter für die ersten k Takte auf c und für die letzten n-k Takte auf r gestellt, so erhält man am Ausgang A die zu übertragende bzw. zu speichernde Bitfolge.

Da die entstehenden Bitfolgen aufgrund des Codes zyklisch sein können, ist die Fehlersicherung empfindlich auf Verschiebungen. Wenn die empfangene Bitfolge um 1 Bit verschoben wird, ist die Information sehr stark gestört, obwohl nur eine fünfzigprozentige Wahrscheinlichkeit für das Entdecken des Fehlers besteht (das hinzukommende falsche Bit ist 0 oder 1). Um das zu verhindern, können noch die ersten 16 Bit von c(z) und v(z) invertiert werden.

In analoger Weise kann man auch das orthogonale Polynom n(z) verwenden. Dann ist jedoch ein k-stelliges Schieberegister notwendig.

Die Kontrolle der empfangenen bzw. gelesenen n Bit v'_i des eventuell fehlerhaften Polynoms v'(z) = v(z) + f(z) erfolgt in dem gleichen rückgekoppelten Schieberegister. Mit der Rechnung modulo 2 ergibt sich nach n

Takten

$$\begin{aligned} < SR > &= v'_{n-1} * z^{n-k+n-1} + v'_{n-2} * z^{n-k+n-2} +\ldots+ v'_1 * z^{n-k+1} + v'_0 * z^{n-k} \\ &= z^{n-k} * (v'_{n-1} * z^{n-1} +\ldots+ v'_0) \\ &= z^{n-k} * (v(z) + f(z)) \\ &= z^{n-k} * f(z). \end{aligned} \tag{9.11}$$

Der Inhalt des Schieberegisters enthält dann das Fehlerpolynom. Also müssen alle Stellen auf 0 getestet werden, um Fehlerfreiheit festzustellen.

10. LITERATUR

/AND80/ Anderson, B.: Type Syntax in the Language C. ACM SIGPLAN Notices 15 (1980) H. 3.

/BAC85/ Bach, F., P.Domann und W.Remmele: UNIX transparent. Springer, Berlin 1985.

/BAN84/ Banahan, M., und A.Rulter: UNIX. Carl Hanser Verlag, München 1984.

/BAY72/ Bayer, R., und E. McCreight: Organization and Maintenance of Large Ordered Indexes. Acta Information 1 (1972), 173-189.

/BEL82/ Bellmann, R.: Mathematical Aspects of Scheduling and Application. Pergamon Press, London 1962.

/BER77/ Bergholz, G.: Verhaltensmodelle von Prozeßrechnern. Akademie-Verlag, Berlin 1980.

/BER88/ Bergholz, G.: Leistungsmodellierung von Rechnersystemen. Akademie-Verlag, Berlin 1988.

/BER76/ Berg, H.K.: Mikroprogrammierung. Informatik Fachberichte vol.16. Springer-Verlag,Berlin, Heidelberg, New York, Tokyo 1976, 339-372.

/BIE86/ Biethan, G.: MS-DOS/PC-DOS. Kurz und bündig. Vogel-Verlag, Würzburg 1986.

/BOL82/ Bolch, G., und I.F. Akyildiz : Analyse von Rechnersystemen. B.G. Teubner, Stuttgart 1982.

/BOY75/ Boyse, J.W., und D.R. Warn: A Straightforward Model for Computer Performance Prediction. ACM Computing Surveys 7(1975) 2 , 73-94.

/BRI72/ Brinch-Hansen, P.: A comparison of two synchronizing concepts. Acta Informatica 1 (1972), 190-199.

/BRI77/ Brinch-Hansen, P.: Betriebssysteme. Carl Hanser Verlag, München 1977.

/BRI81/ Brinch-Hansen, P.: Konstruktion von Mehrprozeßprogrammen. R.Oldenbourg Verlag, München 1981.

/BRU80/ Vor der Brück, H., und G. Liefländer: Zur Organisation der Unterbrechungsbehandlung und der Prozeßumschaltung in Betriebssystemen. Elektron. Rechenanlagen 22 (1980) 1, 14-21.

/BRU80a/ Vor der Brück, H.: Einfluß der Sicherheitskern-Architektur auf die Strukturierung von Betriebssystemen. Elektron. Rechenanlagen 22 (1980) 4, 173-179.

/BUR46/ Burks, A.W., H.H.Goldstine und J.von Neumann: Prelimary Discussion of the Logical Design of an Electronic Computing Instrument. In: Taub,A.H.(Hrsg.), Collected Works of John von Neumann, Vol.5, Macmillan, New York 1963, 34-79.

/BUS79/ Busch, R., und H. Mühlenbein: Betriebssysteme - Systemvergleich. GMD-Studien 49, St.Augustin 1979.

/BUZ76/ Buzen, J.P.: Fundamental Cows of Computer System Performance. In: Proc. of the International Symposium on Computer Performance Modelling, Measurement and Evaluation, Cambridge (Mass.) 1976,

200-210.

/CAL83/ Calingert, P. : Betriebssysteme aus Nutzersicht. R.Oldenbourg Verlag, München 1983.

/CAS74/ Caspers,P.G.: Aufbau von Betriebssystemen. Walter de Gruyter-Verlag, Berlin, New York 1974.

/COF73/ Coffmann, E.G., und P.J. Denning: Operating Systems Theory. Prentice-Hall , Englewood Cliffs 1973.

/COL73/ Colin, A.J.T.: Betriebssysteme. BSB B.G.Teubner Verlagsgesellschaft, Leipzig 1973.

/COM84/ Comer, D.: Operating System Design: The X in U Approach. Prentice Hall, Englewood Cliffs 1984.

/DAL68/ Daley, R.C., und J..B. Dennis: Virtual Memory, Processes and Sharing in MULTICS. Commun. ACM 11 (1968) 5, 306-312.

/DEN73/ Dennis, J.B.: The design and construction of software systems. In: Bauer,F.L.(Hrsg.), Advanced Course on Software Engineering. Lecture Notes in Economics and Mathematical Systems Vol.81. Springer-Verlag, Berlin, Heidelberg, New York, Tokyo 1973, 12-28.

/DEN75/ Dennis, J.B.: Concurrency in Software Systems. In: Software Engineering. Lecture Notes in Computer Science 30. Springer-Verlag, Berlin,Heidelberg, New York, Tokyo 1975, 111-127.

/DEN68/ Denning, P.J.: The Working Set Model for Program Behavior. Commun.ACM 11 (1968) 5, 323-333.

/DEN80/ Denning, P.J.: Working Sets Past and Present. IEEE Transactions on Software Engineering 6 (1980) H.1.

/DET84/ Detering, R.: UNIX - Handbuch. Sybex-Verlag, Düsseldorf 1984.

/DEU74/ Deussen, P.: Description of Processes. In: Proc. of the Intern. Computer Symp., North Holland Publ.Comp.1974, 11-17.

/DEV85/ De Voney, Chr.: Das MS-DOS-Kompendium. Markt&Technik, München 1985.

/DIJ65/ Dijkstra, E.W.: Solution of a problem in concurrent programming control. Commun. ACM 8 (1965) 9, 569-574.

/DIJ68/ Dijkstra, E.W.: The Structure of the "THE"- Multiprogramming Systems. Commun. ACM 11 (1968) 5, 341-346.

/DIJ68a/ Dijkstra, E.W.: Cooperating Sequential Processes. In: Programming Languages. Academic Press, London 1968,.43-112.

/DIJ71/ Dijkstra, E.W.: Hierarchical Ordering of Sequential Processes. Acta Informatica 1 (1971), 115 - 138.

/DIJ78/ Dijkstra, E.W.: On the fly garbage collection: on exercise in cooperation. Commun. ACM 21 (1978) H.11.

/DIN72/ DIN 44300: Informationsverarbeitung (1972). In:Deutsches Institut für Normung (Hrsg.), DIN-Taschenbuch 25. Beuth Berlin,Köln 1985.

/DON76/ Donovan, J.J.: Systemprogrammierung. Vieweg-Verlag, Braunschweig 1976.

/DUN86/ Duncan, R.: Advanced MS-DOS. Microsoft Press, Redmont 1986.

/ECK77/ Ecker, K.: Organisation von parallelen Prozessen. BI, Mannheim 1977.

/EIC81/ Eichholz, St.: Erfahrungen mit einem System zur Simulation des Verhaltens von Rechnersystemen. Elektron.Rechenanlagen23 (1981) 2, 79-86.

/FER78/ Ferrari, D.: Computer Systems Performance Evolution. Prentice Hall, Englewood Cliffs 1978.

/FIS73/ Fischer, U.E.:Teilnehmerbetrieb. R.Müller, Köln-Braunsfeld 1973.

/FRA69/ Frank, H.: Analysis and optimization of disk storage devices for time sharing systems. J. ACM 16(1969) 4, 602-620.

/FUR81/ Furrer, F.: Fehlerkorrigierende Block-Codierung für die Datenübertragung. Birkhäuser Verlag, Basel 1981.

/GAG72/ Gagliarde, U.O., und R.P. Goldberg: Virtualizable Architectures. In: Proc.ACM AICA Int. Comp. Symp., Venedig 1972, 527-538.

/GER83/ Germain, C.B.: Das Programmierhandbuch der IBM-OS-Systeme. Carl Hanser Verlag, München.1983.

/GER85/ Germain, C.B.: Das Programmierhandbuch für den IBM PC und XT. Carl Hanser Verlag, München 1985.

/GIL78/ Giloi, W.K.: Grundlagen, Operationsprinzipien und Strukturen von innovativen Rechnerarchitekturen. In: Gesellschaft für Informatik, 8.Jahrestagung. Informatik Fachberichte 16. Springer-Verlag Berlin, Heidelberg, New York, Tokyo 1978.

/GIL81/ Giloi, W.K.: Rechnerarchitektur. Springer-Verlag, Berlin, Heidelberg, New York, Tokyo 1981.

/GNE83/ Gnedenko, B.-W., D. König u.a.: Handbuch der Bedienungstheorie. Bd.I: Grundlagen und Methoden. Bd.II: Formeln und andere Ergebnisse. Akademie-Verlag, Berlin 1983,1984.

/GOE81/ Görg, C.: Neuere Entwicklungen und Projekte auf dem Gebiet der Betriebssysteme. Informatik Spektrum 4 (1981) 2, 68-81.

/GOL74/ Goldberg, R.B.: Survey of Virtual Machine Research. Computer 7(1974) 6 , 34-45.

/GOO72/ Goos, G.: Some Principles in Structuring Operating Systems. In: Hoare,C.A.R., und Perrot,R.H.(Hrsg.), Operating System Techniques. Academic Press, London 1972.

/GRA87/ Grafik, W.: Ein systematischer Zugang zur hardwarenahen Programmierung in höheren Programmiersprachen. Dissertation B, Humboldt-Universität zu Berlin 1987.

/GRU81/ Grund, F.: Prinzipien des Betriebssystems OS/ES. VEB Deutscher Verlag der Wissenschaften, Berlin 1981.

/GUE74/ Günther, K.: Vermeidung von Deadlocks im allgemeinen und von Puffer-Deadlocks bei Store-and-Foreward-Kommunikation im besonderen. GMD, Bonn 1974.

/GUL80/ Gulbins, J., und I.Varsek: Einführung in die Benutzung der PDP 11 mit dem Betriebssystem RSX 11 M. Neuer Verlag Berhard Bruschka, Tübingen 1980.

/GUL84/ Gulbins, J.: UNIX. Springer-Verlag, Berlin, Heidelberg, New York, Tokyo 1984.

/HAB69/ Habermann, A.N.: Prevention of system deadlocks. Commun. ACM 12

(1969) 7, 373-385.

/HAB81/ Habermann, A.N.: Entwurf von Betriebssystemen. Springer-Verlag, Berlin, Heidelberg, New York, Tokyo 1981.

/HAE86/ Härder, T., und E. Rahm: Mehrrechner-DB-Systeme für Transaktionssysteme hoher Leistungsfähigkeit. Informationstechnik 28 (1986) 4, 214-225.

/HAH84/ Hahne, H.: Einführung in das Betriebssystem VM CMS. Deutsches Krebsforschungszentrum, Technical Report 32/1984.

/HAN78/ Handzel, G.: Strukturen der Betriebssystemfamilie (BSF). Angew. Informatik 20(1978) 9, 389-395.

/HAS74/ Hasselmeier, H.: Der virtuelle Speicher im IBM System-370. In: Hasselmeier,H., und Spruth,W.G.(Hrsg.),Rechnerstrukturen. Oldenbourg Verlag, München 1974, 224-260.

/HAV68/ Havender, J.W.: Avoiding deadlock in multitasking systems. IBM System J. 7 (1968) 2, 74-84.

/HEN87/ Hennig,S. :Printserver in LAN. Diplomarbeit,TU Dresden 1987.

/HOA72/ Hoare, C.A.R.: Operating Systems Techniques. Academic Press, New York 1972.

/HOA72a/ Hoare, C.A.R.: Towards a theory of parallel programming. In: Hoare, C.A.R., und Peroff,R.H.(Hrsg.), Operating Systems Techniques. Academic Press, London 1972, 61-71.

/HOA74/ Hoare, C.A.R.: Monitors: An Operating System Structuring Concept Commun. ACM 17 (1974) 10, 549-557.

/HOA85/ Hoare,C.A.R.: Communicating Sequential Processes. Prentice Hall, Englewood Cliffs 1985.

/HOE87/ Höntsch, D.: Aufbau, Struktur und Anwendung von Echtzeitbetriebssystemen für heterogene Mikrorechnersysteme. Dissertation, TU Dresden 1987.

/HOF84/ Hofmann, F.: Betriebssysteme: Grundkonzepte und Modellvorstellungen. B.G. Teubner Stuttgart 1984.

/HOL72/ Holt, R.C.: Some deadlock properties of computer systems. Comput. Surveys 4 (1972), 179-196.

/HOL82/ Holsworth, F.: 16-Bit Operating System Support Multiprocessing. Electronic Design 30 (1982) 8, 171-178.

/HOP78/ Hoppe, J.: Betriebssystemtypen und ihre Grundlagen. Dissertation, ETH Zürich 1978.

/HOR84/ Horn,Th.: Arbeitsunterlagen des Betriebssystems OS-RW.Ingenieurhochschule Dresden 1984.

/HOW73/ Howard, J.H.: Mixed solutions for deadlock problem. Commun. ACM 16 (1973) 7, 427-441.

/HUE86/ Hückstädt, J.: CP/M 3.0 Anwenderhandbuch C 128. Markt&Technik Verlag, Haar 1986 .

/HYM86/ Hymann, I.M.: Memory resident utilities, Interrupt and Disk Management with MS and PC DOS. Management Information Source, Portland 1986.

/ILL84/ Illik, A., und K. Wandel: Betriebssysteme für Kleinrechner. Hand buch der modernen Datenverarbeitung 117 (1984), 5-39.

/IRM85/ Irmscher, K.: Analytische Modellierung von Rechnersystemen mit Hilfe geschlossener Bedienmodelle. Dissertation B, TU Dresden 1985.

/ISH82/ Ishikawa, C., K.Sakamura und M.Maekawa: Dynamic Tuning of Operating Systems. In: Makawa,M., und Belady,L.A.(Hrsg.), Operating System Engineering. Lecture Notes in Computer Science vol.143. Springer-Verlag, Berlin, Heidelberg, New York, Tokyo 1982, 119-142.

/ISO79/ ISO/TC 97/SC 16 : Reference model of open system interconnection, Doc. N 227, Newport Beach 1979.

/ISO81/ ISO/TC97/SC16: Open Systems Interconnection-Basic Reference Model (ISO Draft Poposal 7498), Newport Beach 1982.

/JAC84/ Jackson, D.L., J. Cowan: The Proposed IEEE 855 Microprocessor Operating Systems Interface Standard. IEEE Micro (1984) 8, 63-81.

/JAN86/ Janssens, M.D., J.U. Annot und A.J. van de Eoor: Adapting UNIX for a Multiprocessor Environment. Commun. ACM 29 (1986) 9, 895-901

/JUE73/ Jürgens, J.: Synchronisation paralleler Prozesse anhand von Zuständen. Dissertation,TU München 1973.

/KAL77/ Kalfa, W.: Beispiel eines Direktzugriffssystems für Datenverarbeitungsanlagen. Wiss.Z. TH Leipzig 1 (1977) 3, 211-218.

/KAL86/ Kalfa, W.: Betriebssystem SCP für PC. Preprint,TU Dresden 1986.

/KAR69/ Karp, R.M., und R.E. Miller: Parallel program schemata. J. Computer and Systems Sci. 3 (1969) 5, 147-195.

/KAT73/ Katzan, H.: Operating Systems. Van Nostrand Reinhold Comp., New York,Cincinnati, Toronto, London, Melbourne 1973 (russ. Übers.: Mir, Moskva 1976).

/KER77/ Keramidis, S.: Ein allgemeines formales Modell für Betriebssysteme und dessen Implementierung. Arb.Ber. IMMD Erlangen Nürnberg 10(1977) H.13.

/KER78/ Kernighan, B.W., und D.M. Ritchie: The C Programming Language. Prentice Hall, Englewood Cliffs 1978.

/KER82/ Kernighan, B.W., und S.P. Morgan: The UNIX Operation System: A Model for Software. Design American a Model for Software Association for the Advancement of Science 215 (1982), 780-783.

/KER84/ Kernighan, B.W., und R.Pike: UNIX - Programming Environment. Prentice Hall, Englewoode Cliffs 1984.

/KIN85/ King, R.A.: IBM-PC-DOS Handbuch. Sybex-Verlag, Düsseldorf 1985.

/KLE67/ Kleinrook, L.: Time-shared Systems: A Theoretical Treatment. J. ACM 14 (1967), 242-261.

/KLE74/ Kleinrock, L.: Queuing Systems. John Wiley, New York 1974, 2.Bd.1976 (russ.übers.: Mir, Moskva 1979).

/KNO65/ Knowtown, U.C.: A fast storage allocater. Commun. ACM 8 (1965), 623-625.

/KNU66/ Knuth, D.E.: Additional comments on an problem in concurrent programming. Commun. ACM 9 (1966) H.5.

/KNU68/ Knuth, D.E.: The art of computer programming. Addison Wesley, Reading, Mass. 1968 (russ.Übers.: Mir, Moskva 1976).

/KRA75/ Krayl, H., E.J. Neuhold und C. Unger: Grundlagen der Betriebssysteme. Walter de Gruyter-Verlag, Berlin, New York 1975.

/KRE82/ Kreifelts, Th., und Schnupp, P. (Hrsg.), UNIX, Konzepte und Anwendungen. Fachseminar des German chapter of the ACM, 9.-10.12.1982 Bonn. Berichte des German Chapter of the ACM 12, Bonn 1983.

/KUE83/ Kühn, P.J., und K.M.Schulz: Messung, Modellierung und Bewertung von Rechnersystemen. In: Informatik Fachberichte vol.61.Springer-Verlag,Berlin,Heidelberg, New York, Tokyo 1983.

/LAM68/ Lampson, B.W.: A Schedulinag Philosophy for Multiprocessing Systems. Commun. ACM 11 (1968) 5, 347-359.

/LEV81/ Levi, R.: Betriebssysteme für Realzeitrechner. Datakontext-Verlag Köln 1981.

/LOE80/ Löhr, K.-P.: Architektur von Betriebssystemen. Informatik-Spektrum 3 (1980) 3, 229-245; 4 (1981) 1, 40-48.

/LOE84/ Löffler, H.: Rechnerverbundsysteme. Akademie-Verlag , Berlin 1984

/LOE87/ Loeper, H., H.-J. Jäkel und W. Otter: Compiler und Interpreter für höhere Programmiersprachen. Akademie-Verlag, Berlin 1987.

/LOR81/ Lorin, H., und H.M. Deitel: Operating Systems. Addison Wesley, Reading (Mass.) 1981 (russ.Übers.: Finanzy i statistika, Moskva 1984).

/MAE82/ Maekawa, M., und L.A. Belady: Operating Systems Engineering. Lecture Notes in Computer Science vol.143. Springer-Verlag Berlin, Heidelberg, New York, Tokyo 1982.

/MAE82a/ Maekawa, M.: Operating Systems, Conceptual Model for ease of extension. In: Maekawa,M., und Belady,L.A. (Hrsg.),Operating Systems Enginering. Lecture Notes in Computer Science vol.143. Springer-Verlag Berlin, Heidelberg, New York, Tokyo 1982,175-205.

/MAR75/ Martin, J.: Systems Analysis for Data Transmission. Prentice Hall, Englewood Cliffs 1972.

/MEH86/ Mehl, W., et al.: Erste Anwendungen mit dem IBM-PC. B.G.Teubner Verlag, Stuttgart 1986.

/MIC86/ Microsoft: MS-DOS 3.1. Programmer's Reference Manual, Markt&Technik, Haar 1986.

/NIE83/ Nievergelt, E.: Das Computer-Betriebssystem "UNIX". Output 12 (1983) 2, 37-43.

/NIE86/ Nieder, H.C.: MS-DOS Version 3. Markt&Technik, Haar 1986.

/NOL72/ Noltemeier, H.: Datenstrukturen und höhere Programmiertechniken. Walter de Gruyter-Verlag, Berlin New, York 1972.

/NOL76/ Noltemeier, H.: Graphentheorie mit Algorithmen und Anwendungen. Walter de Gruyter-Verlag, Berlin, New York 1976.

/NOR81/ Norman, D.: The Trouble with UNIX. Datamation 11 (1981) 12, 139-150.

/NOR85/ Norton, P.: Programmer's Guide to the IBM PC. Microsoft Press, Bellevue 1985.

/NOR85/ Norton, P.: Die verborgenen Möglichkeiten des IBM PC. Carl Hanser Verlag, München 1985.

/OPP68/ Oppenheimer, G., und N. Weizer: Resource Management for a Medium Scale Time-Sharing Operating System. Commun. ACM 11 (1968) 5,313-323.

/ORG72/ Organick, E.I.: The MULTICS System: An Examination of Its Structure. MIT Press, Cambridge 1972.

/PAR75/ Parnas, D.L., und D.P. Siewiorek: Use of the concept of transparency in the design of hierarchically structured systems. Commun. ACM 18 (1975) 7, 401.

/PAR76/ Parnas, D.L.: Some hypotheses about the "uses"hierarchy for operating systems. Forschungsbericht BSI76/1, TH Darmstadt 1976.

/PES74/ Peschlow, K.: Einführung in das BS SCOPE 3.4 der Rechenanlage CDC CYBER 72. Schriftenreihe der Universität Köln (1974) H.19.

/PIE77/ Pieper, F.: Einführung in die Programmierung paralleler Prozesse. R. Oldenbourg-Verlag, München 1977.

/POL76/ Polze, Ch.: Konzeptionelle Grundlagen der Mehrfachzugriffssystems MS. Dissertation B, Humboldt Universität zu Berlin 1976.

/POL79/ Polze, Ch.: Implementation und Analyse von Betriebssytemen. ZfR-Informationen 79.17 (1979).

/POL81/ Polze, Ch.: Betriebssysteme digitaler Rechenanlagen. Verlag Die Wirtschaft, Berlin 1981.

/POR84/ Port, S.: MS-DOS 2.0 und 2.11. IWT-Verlag GmbH, Vaterstetten 1984.

/RAN68/ Randell, B., und C.J.Kuehner: Dynamic Storage Allocation Systems. Commun. ACM11 (1968) 5, 297-305.

/REI82/ Reimann, D.: Zu Problemen den Ressourcenteilung in Dialogsystemen. Dissertation A, TH Leipzig 1982.

/RIC85/ Richter, L.: Betriebssysteme. BG Teubner Verlag, Stuttgart 1985.

/RIT74/ Ritchie, D.M.: UNIX Time Sharing System. Commun.ACM 17(1974), 365-375.

/RIT78/ Ritchie, D.M., und K. Thompson: The UNIX Time Sharing System. Bell Systems Techn. J. 57 (1978) 6, 1905-1930.

/RIT83/ Ritchie, D.M.: The UNIX Time-Sharing Systems. Commun. ACM 26(1983) 1, 84-89.

/ROB73/ Kombinat Robotron: MOS, Einführung in das Betriebssystem OS/ES. Robotron Dresden 1973.

/ROC85/ Rochkind, M.J.: Advanced UNIX Programming. Prentice Hall, Englewood Cliffs 1985.

/ROU84/ Rouse, R., und Th. Bugnitt: Programmieren mit dem IBM-PC: Fortran 77. Markt&Technik Verlag, Haar 1984.

/SAK68/ Sakata, M., S. Noguchi und J. Oizumi: An Analysis of the M/G/1 Queue under Round-Robin Scheduling. Operation Research 19 (1971), 371-385.

/SAL70/ Saltzer, J.H., und J.W. Gintell: The Instrumentation of Multics. Commun. ACM 13 (1970) 8, 495-500.

/SCA73/ Schaßberger, R.: Warteschlangen. Springer-Verlag, Berlin, Heidelberg, New York, Tokyo 1973.

/SCA85/ Scanlon, L.J.: Die Assemblersprache des IBM-PC & XT. Markt & Technik, Haar 1985.

/SCM84/ Schmidt, C., und D. Albrecht: Echtzeit-Betriebssysteme für Mikrorechner. Markt & Technik, Haar 1984.

/SCR74/ Schroff, R.: Vermeidung von totalen Verklemmungen in bewerteten Petrinetzen. Dissertation, TU München 1974.

/SCR77/ Schroeder, M.D., D.D. Clark und J.H. Saltzer: The MULTICS Kernel Design Projekt. ACM SIGOPS Operating Systems Rev. 11 (1977) 5, 43-53.

/SHA74/ Shaw, A.: The logical Design of Operating Systems. Prentice Hall, Englewood Cliffs 1974 (russ. Übers.: Mir, Moskva 1981).

/SHE74/ Sherman, St.W.: Trace driven studies of deadlock control and job scheduling. In: Lecture notes in Computer Science vol.26 Springer-Verlag, Berlin, Heidelberg, New York, Tokyo 1974, 386-395.

/SIL84/ Silvester, P.P. The UNIX System Guide Book. Springer-Verlag, Berlin 1984.

/SMO85/ Smode, D.: MS-DOS intern. MC 1985 H.10.

/STA73/ Stahl, H.-M.: Hashcodingverfahren. Angew. Informatik 10(1973), 435-440.

/STI76/ Stimler, S.: Leistungsbewertung, Leistungsmessungen und Leistungsverbesserung von Datenverarbeitungsanlagen. R.Oldenbourg Verlag, München 1976.

/STO80/ Stoffel, C.: Formale Beschreibung der Peripheriesteuerung. Hochschulverlag, Freiburg 1980.

/SVM83/ SVM : Betriebssysteme auf virtuellen Maschinen. Systemunterlagen-Dokumentation C 5604-0523-1. VEB Robotron-Projekt Dresden 1983.

/SWO73/ Swoboda, J.: Codierung zur Fehlerkorrektur und Fehlererkennung. R.Oldenbourg Verlag, München 1973.

/TAK82/ Takeshita, T.: Perspective of OS Interface to Users. In: Maekawa, M., und Belady, L.A. (Hrsg.), Operating Systems Engineering. Lecture Notes in Computer Science vol.143. Springer-Verlag, Berlin, Heidelberg, New York, Tokyo 1982, 208-232.

/TAY82/ Taylor, M., und P. Clemmons: A Comparison of CP/M-86 and MS-DOS. Byte 7 (1982) 7, 330- 350.

/TER84/ Terplan, C.: Werkzeugorientierte Leistunsoptimierung von Computersystemen und Rechenanlagen in der Praxis. Handbuch der modernen Datenverarbeitung 119 (1984) 1.

/THO82/ Thomas, R., und J. Yates: UNIX. Computerworld 4 (1982).

/THO82a/ Thomas, R.: A User Guide to the UNIX Systems. Berkeley 1982.

/THO83/ Thomas, R., und J. Yates: UNIX Anwenderhandbuch. te-wi-Verlag, München 1983.

/TRA74/ Trachtengerz, B.A.:(Трахтенгерц, Б.А.): Математическое обеспечение АСУ. Статистика, Москва 1974.

/TSI74/ Tsichritzis, D.C., und P.A. Bernstein: Operating Systems. Academic Press, London 1974 (russ. Übers.:Mir, Moskva 1977).

/VAL81/ Valdorf,W., et al.: PORTOS: Ein Beispiel für Strukturierung und Standardisierung in einer Familie von Betriebssystemen. Elektron.Rechenanlagen 23 (1981) 6, 259-269.

/VAX82/ VAX Software Handbook. Digital Equipment, Meynard 1982.

/VOE85/ Völzing, P.P.: MS-DOS im Detail. IWT-Verlag, Vaterstetten 1985.

/WAE80/ Wähner, G.: Leistungsmessung und -analyse. BSB B.G. Teubner Verlagsgesellschaft, Leipzig 1980.

/WAG86/ Wagner, M.: On the Error Detecting Capability of CRC Polynomials. Informationstechnik 28(1086) 4, 236-241.

/WAT71/ Waters, S.J.: Blocking sequentially processed magnetic Files. Computer J. 14 (1971) H.8.

/WEÇ83/ Weck, G.: Prinzipien und Realisierung von Betriebssystemen. B.G. Teubner Verlag, Stuttgart 1983.

/WEC84/ Weck, G.: Datensicherheit. B.G. Teubner Verlag, Stuttgart 1984.

/WER83/ Werner, D.: Programmierung von Mikrorechnern. Verlag Technik, Berlin 1983.

/WET80/ Wettstein, H.: Systemprogrammierung. Carl Hanser Verlag, München 1980.

/WET84/ Wettstein, H.: Architektur von Betriebssystemen. Carl Hanser Verlag, München 1984.

/WIR83/ Wirth, N.: Algorithmen und Datenstrukturen. B.G. Teubner Verlag, Stuttgart 1983.

/ZIM76/ Zima, H.: Betriebssysteme - parallele Prozesse. B.I., Mannheim, Berlin, Zürich 1976.

/ZOE84/ Zöbel, D.: Ein geschlossenes Konzept zur effizienten Behandlung der Deadlockproblematik in Betriebssystemen. Elektron. Rechenanlagen 26 (1984) 1, 3-12.

/ZOE86/ Zöbel, D.: Programmtransformationen zur Ende-Erkennung bei verteilten Berechnungen. Informationstechnik 28 (1986) 4, 204-213.

11. ABKÜRZUNGEN

AC: Arbeitsplatzcomputer
ACM: Association for Computing Machinery
$B = (b_1,\ldots,b_m)$: Betriebsmittel
BC: Bürocomputer
BM: Betriebsmittel
BS: Betriebssystem
EDVA: Elektronische Datenverarbeitungsanlage
FIFO: First In First Out
GSE: Gerätesteuereinheit
HASP: Houston Automatic SPOOLing Priorities
HS: Hauptspeicher = interner Speicher = Operativspeicher = Arbeitsspeicher = Kernspeicher (= core memory)
KC: Kleinstcomputer
LAN: Local Area Network
LIFO: Last In First Out
LSI: Large Scale Integration
MULTICS: MULTIplexed Information and Communication Service
MSI: Middle Scale Integration
OEM: Original Equipment Manufacturing
Π_j^i Prozeß Π_j der Schicht S^i
PC: Personalcomputer
PCB: Process Control Block
PUM: ProzeßUMschalter
RA: Rechenanlage = Rechner = Hardware = Computer = EDVA
RS: Rechnersystem = RA + BS
S^i: Schicht
SPOOL: Simultanous Peripheric Output OnLine
SVM: System of Virtual Machine
VLSI: Very Large Scale Integration
WAN: Wide Area Network

12. SACHWORTVERZEICHNIS